Kai-Uwe Hellmann · Thorsten Raabe (Hrsg.)

Vergemeinschaftung in der Volkswagenwelt

Konsumsoziologie und Massenkultur

Herausgegeben von
Kai-Uwe Hellmann
Dominik Schrage

In der Reihe „Konsumsoziologie und Massenkultur" erscheinen Sammelbände und Monografien, die sich dem in der deutschen Soziologie bislang vernachlässigten Forschungsgebiet der Konsumsoziologie widmen. Der Akzent liegt auf Beiträgen, die den Bereich der Konsumsoziologie mit Blick auf gesellschafts- und kulturtheoretische Fragestellungen erschließen und den modernen Konsum als Herausforderung für die soziologische Theoriebildung begreifen.
Das Konzept der Massenkultur verweist vor allem auf die gesellschaftsdiagnostische Komponente konsumsoziologischer Forschung. „Massenkultur" kann als die übergreifende Kultur der gegenwärtigen Gesellschaft verstanden werden, die kulturelle Gehalte und Bedeutungen auf vielfältige Art und Weise für die Gesamtheit der Bevölkerung verfügbar macht. Massenkultur leistet die wichtigste Orientierung in der modernen, durch Technisierung, Ökonomisierung, Ästhetisierung und Demokratisierung geprägten Wirklichkeit, indem sie all jene Wahrnehmungs- und Handlungsmuster bereitstellt, die in ihrer Gesamtheit für jeden Einzelnen ein Universum von Selbstverständlichkeiten ausmachen. Deren Geltung ist dabei keine primär normative, sondern abhängig von der am Markt, in den Medien und durch den Konsum manifestierten Akzeptanz eines Massenpublikums.
Durch die Verbindung von Konsumsoziologie und Massenkultur können die in den einzelnen Beiträgen erforschten Konsumphänomene auf die Frage nach der gesellschaftlichen Funktion des Konsums in modernen Gesellschaften bezogen werden.

Kai-Uwe Hellmann
Thorsten Raabe (Hrsg.)

Vergemeinschaftung in der Volkswagenwelt

Beiträge zur
Brand Community-Forschung

Bibliografische Information der Deutschen Nationalbibliothek
Die Deutsche Nationalbibliothek verzeichnet diese Publikation in der
Deutschen Nationalbibliografie; detaillierte bibliografische Daten sind im Internet über
<http://dnb.d-nb.de> abrufbar.

1. Auflage 2011

Alle Rechte vorbehalten
© VS Verlag für Sozialwissenschaften | Springer Fachmedien Wiesbaden GmbH 2011

Lektorat: Cori Mackrodt

VS Verlag für Sozialwissenschaften ist eine Marke von Springer Fachmedien.
Springer Fachmedien ist Teil der Fachverlagsgruppe Springer Science+Business Media.
www.vs-verlag.de

Das Werk einschließlich aller seiner Teile ist urheberrechtlich geschützt. Jede Verwertung außerhalb der engen Grenzen des Urheberrechtsgesetzes ist ohne Zustimmung des Verlags unzulässig und strafbar. Das gilt insbesondere für Vervielfältigungen, Übersetzungen, Mikroverfilmungen und die Einspeicherung und Verarbeitung in elektronischen Systemen.

Die Wiedergabe von Gebrauchsnamen, Handelsnamen, Warenbezeichnungen usw. in diesem Werk berechtigt auch ohne besondere Kennzeichnung nicht zu der Annahme, dass solche Namen im Sinne der Warenzeichen- und Markenschutz-Gesetzgebung als frei zu betrachten wären und daher von jedermann benutzt werden dürften.

Umschlaggestaltung: KünkelLopka Medienentwicklung, Heidelberg
Umschlagbild: Volkswagen Aktiengesellschaft
Gedruckt auf säurefreiem und chlorfrei gebleichtem Papier
Printed in Germany

ISBN 978-3-531-17899-8

Inhalt

Thorsten Raabe
Vorwort 7

Kai-Uwe Hellmann/Thorsten Raabe
Vergemeinschaftung in der Volkswagenwelt: Zur Einführung 11

Konzepte und Kritiken 21

Thorsten Raabe
Marketing Myopia 2.0
Brand Communities und Kurzsichtigkeiten im Marketing 23

Kai-Uwe Hellmann
Zwischen Netzwerk und Bewegung
Die „Brand Community"-Forschung auf dem Prüfstand 37

Typologien und Praktiken 71

Melanie Wenzel
Mitgliederprofile und Typologisierung von *VW* Brand Communities
Ergebnisse einer quantitativen Onlinebefragung
und Implikationen für das Marketing 73

Jörg Marschall
Praktiken von Brand Communities
Ethnographische Einblicke in eine *VW Golf I*-Community 103

Kampagnen und Kontaktpunkte 127

Felix Teschner
VW Community Monitoring
Eine neue Methode zur Exploration von Brand Communities 129

Vivian Hartleb
Verschenktes Potential
Händler als zentrale Schnittstelle zwischen Herstellern
und Brand Communities 158

Diskursanalysen von Markenkulturen 175

Michael Friedemann
Der Wille des Herstellers und der Eigensinn der Verwender
Eine diskursanalytische Untersuchung der *VW Golf*-Markenbedeutung
im Zeitvergleich 1974–1982 und 2005–2008 177

Thomas Heun
Markenkultur in Online-Communities
Zur Bedeutung von Diskursen internetbasierter Brand Communities ... 209

Kai-Uwe Hellmann
Beiträge zur „Brand Community"-Forschung: Ein Nachwort 243

Autorenangaben 247

Vorwort

Thorsten Raabe

Denkt man Marktwirtschaft neoklassisch, hat man es mit einem Aufeinandertreffen von Angebot und Nachfrage zu tun, wobei „Markt" durch Kommunikation stattfindet. Es wird über Leistungen, Mengen und Preise verhandelt, Präferenzen und Erwartungen werden ausgetauscht und das ggf. mit verschiedenen Marktteilnehmern synchron. Das so beschriebene Bild von Markt als Verhandlungssituation umfaßt typischerweise zwei Akteure. Mehr brauchte es für dieses ökonomische Bild nicht – auch angesichts der Anonymität von Konsumgütermärkten und des Voranschreitens medial vermittelter Austauschprozesse hat es sich im Kern lange nicht gewandelt. Man weiß zwar, daß jeder dieser Akteure als Person in bestimmte soziale Netzwerke, gar Organisationen eingebunden ist, wie Haushalte oder Betriebe. Aber für die Analyse – zumindest von Konsumgütermärkten – erschien dieser sozialstrukturelle Hintergrund lange Zeit vernachlässigbar, insbesondere in der Markt- und Verbraucherforschung, aber auch für die Werbung. Regulärer Ansprechpartner für anbietende Unternehmen war demnach der einzelne Konsument, die einzelne Konsumentin. Dabei war längst bekannt, daß es nicht nur auf Unternehmens-, sondern auch auf Kundenseite zu Vernetzungseffekten kommen kann, man denke nur an solche Hobbys wie Briefmarken sammeln, sich für Fußball begeistern oder mit Modelleisenbahnen spielen.

Im Laufe der 1990er Jahre änderte sich diese vorrangige Konzentration auf die dyadische Sicht allmählich, zumindest läßt sich das in der Forschung nachweisen, und 2001 entstand mit der Veröffentlichung des Artikels „Brand Community" von Albert M. Muniz, Jr. und Thomas C. O'Guinn ein ganz neues Forschungsfeld, das sich mit der Bedeutung von Kundennetzwerken und kollektivem Konsum befaßte. Seitdem ist daraus ein international hochdynamischer Forschungsverbund entstanden, und immer mehr Branchen, Märkte, Unternehmen (an)erkennen inzwischen, daß dieses Kollektivphänomen im Konsumbereich hochbedeutsam für sie ist oder werden könnte.

Während dieser Entwicklung kam es 2006 zwischen dem Lehrstuhl für Absatz und Marketing an der Carl von Ossietzky Universität Oldenburg und der Marketingabteilung des Volkswagen Konzerns zu ersten Gesprächen, welche die schwierige Profilermittlung von Käufern und Kunden des neuen *VW Golf V GTI,* der gerade ein Jahr zuvor auf den Markt gekommen war, zum Gegenstand hatten.

Insbesondere stellte sich die Frage, welche Bedeutung die zunehmend evidenten Zusammenschlüsse von *VW*-Fans (online und offline) für die Marken des Konzerns haben. Zu diesem Zweck wurde in Oldenburg ein erstes Pilotprojekt durchgeführt. In der Folge ergab sich eine Kooperation zwischen Prof. Dr. *Thorsten Raabe,* der den Lehrstuhl für Absatz und Marketing an der Carl von Ossietzky Universität Oldenburg innehat, und Dr. *Kai-Uwe Hellmann*, zu der Zeit Privatdozent am Institut für Soziologie an der TU Berlin. *Kai-Uwe Hellmann* hatte sich damals schon etwas länger mit dem „Brand Community"-Thema beschäftigt.

Aus dieser Konstellation entstand 2007 die Idee für ein gemeinsames Forschungsprojekt, das im Mai 2008 seinen Betrieb aufnahm und teils vom Marketing, vertreten durch Dr. *Hendric Hallay*, teils von der AutoUni des Volkswagen Konzerns, vertreten durch Dr. *Michael Mesterharm*, finanziert wurde. Der Titel dieses Forschungsprojekts lautete „Markenkultur und Unternehmenskultur", da die beiden Projektleiter damals der Auffassung waren, daß die stärkere Berücksichtigung der Konsumkulturen, die sich um gewisse Marken ausbilden können und für die „brand communities" ein besonders prägnantes Beispiel darstellen, letztlich auf die entsprechenden Unternehmen zurückwirken und dann deren eigenen Unternehmenskulturen nicht unberührt lassen dürften. Aus diesem Grund sollte bei diesem Projekt die Korrespondenz zwischen Marken- und Unternehmenskulturen von vornherein, d. h. programmatisch, mit bedacht werden.

Als das Forschungsprojekt im Mai 2008 dann startete, interdisziplinär wie interuniversitär, gesellten sich weitere externe Doktoranden zu den beiden Projektmitarbeitern *Jörg Marschall* (Berlin) und *Melanie Wenzel* (Oldenburg) hinzu. Hierzu gehörten *Michael Friedemann* (Wolfsburg) und *Thomas Heun* (Berlin/Hamburg), später stieß *Felix Teschner* (Wolfsburg) noch dazu. Außerdem wurde das Projekt sehr engagiert von Dr. *Vivian Hartleb* (Münster) unterstützt, die zu der Zeit bei Prof. Dr. *Dieter Ahlert* am Marketing Centrum Münster über „brand communities" promovierte. So wuchs das Forschungsprojekt gleich zu Anfang auf Gruppengröße an, weshalb sich die interne Sprachregelung ergab, fortan vom „Graduiertenprojekt" zu sprechen.

Der vorliegende Band dokumentiert die unterschiedlichen Fortschritte der Promotionsprojekte der einzelnen Mitarbeiter und Teilnehmer und vermittelt damit eine erste Gesamtübersicht dieses Graduiertenprojekts. Vereinzelt gab es zwar schon Publikationen, die von einzelnen Mitarbeitern und Teilnehmern veröffentlicht wurden, diese finden sich allesamt in deren Bibliographien wieder. Doch nach zahlreichen Präsentationen versammelt diese Publikation erstmals den Stand des Graduiertenprojekts in Gänze, das im November dieses Jahres an sein offizielles Ende gelangt.

Wir danken dem Volkswagen Konzern für seine großzügige Unterstützung des Graduiertenprojekts. Besonderer Dank gilt Herrn Dr. *Hallay*, der mit viel

Engagement und Geduld das Projekt auch angesichts tagesgeschäftlicher Verpflichtungen mit wertvollen Diskussionen und Hinweisen begleitet hat. Herrn Dr. *Mesterharm* gilt unserer ausdrücklicher Dank dafür, dass er in allen Fragen der Projektadministration und -steuerung ein verläßlicher Ansprechpartner und Unterstützer war.

Wir hoffen, zunächst mit diesem Band, dann aber auch mit den demnächst vorliegenden Dissertationen, nicht nur für die Marken- und Unternehmenspraxis, sondern auch den laufenden Betrieb der „Brand Community"-Forschung interessante und weiterführende Erkenntnisse und Befunde abliefern zu können.

Vergemeinschaftung in der Volkswagenwelt: Zur Einführung

Kai-Uwe Hellmann/Thorsten Raabe

1 „Der See ruft ..."[1]

Mai 2007. Am Wörthersee in Kärnten ist der Bär los. Zum 26. Mal feiern *VW*- und *Audi*-Fans eine Riesenparty. Mehr als 200 000 Besucher werden gezählt. Es gibt jede Menge Attraktionen, Shows, Events. Selbst die Konzernspitze stellt sich ein: Ferdinand Piech und Martin Winterkorn sind höchstpersönlich erschienen, um das „Monster vom Wörthersee", einen 650 PS starken *VW Golf GTI W12,* der Öffentlichkeit vorzustellen.

Der Coup gelingt, das Aufsehen ist enorm. Für VW ein großer PR-Erfolg – und zugleich eine Rückkehr zu den treuen Fans. Denn der Konzern hatte das Wörtherseetreffen in den Jahren zuvor eher links liegen gelassen, zumindest nicht durch die Präsenz solcher Prominenz geadelt. Dabei stellt diese große jährliche Zusammenkunft am Wörthersee vor allem unter Public Relations- und Marktforschungsaspekten eine einzigartige Chance dar, die Bindung zwischen Konzern und Kundschaft zu festigen und herauszufinden, wie sich die Qualität der Konzern-Kunde-Beziehung wechselseitig verbessern läßt – von der Stärkung des Wir-Gefühls der *VW Golf GTI*-Fangemeinde ganz zu schweigen.

2 Die *VW Golf GTI*-Fangemeinde als eine „brand community"

Die besondere Atmosphäre beim Wörtherseetreffen eröffnet die Möglichkeit, mit den *VW Golf GTI*-Fahrern direkt ins Gespräch zu kommen, und dabei treten interessante Befunde zu Tage. Am Wörthersee wird sichtbar, wie sich Markenanhänger mit ihrer Marke als Ikone selber feiern und sich als eine spezifische „brand community" (Muniz/O'Guinn 2001) erfahren. Dabei kann gerade das Studium von „brand communities" einen Zugang zur Untersuchung von Markenkulturen eröffnen, Markenkultur verstanden als ein durch unterschiedliche Akteure ge-

---

[1] Die ersten drei Abschnitte stellen eine überarbeitete Wiederveröffentlichung des Beitrags von Hallay et al. 2008 dar.

sponnenes, gemeinschaftlich geteiltes Bedeutungsgewebe, das sich um bestimmte Marken und auf sie bezogene Kommunikations- und Aktionsformen webt. Hinzu kommt, daß Markenanhänger gerade durch die Ausübung bestimmter Praktiken („Cruisen", „Burnouts", „Tuning der Fahrzeuge", gegenseitige Unterstützung bei der Ersatzteilbeschaffung etc.) ihre Zugehörigkeit zu einer markenzentrierten Bezugsgruppe signalisieren (siehe *Marschall* in diesem Band).

Dieser Eindruck zeichnete sich schon in einer ersten explorativen Studie über *VW Golf GTI*-Fans ab, die von *Thorsten Raabe* 2006 geleitet wurde und verschiedenste Praktiken wie Fahrzeugtuning, Teilnahme an Rennen, konkrete Verhaltensregeln oder die Übernahme von Gemeinschaftsaufgaben zu Tage förderte. Im Ergebnis konnte gezeigt werden, daß der *VW Golf GTI* für die überwiegende Mehrzahl der Teilnehmer am Wörthersee mehr bedeutete, als ein bloßes Objekt der Begierde zu sein. So verbanden die Befragten mit dem *VW Golf GTI*

- soziale Zugehörigkeit durch kommunikativen Austausch, regelmäßige Treffen, Ausflüge,
- gegenseitige Hilfen bei Reparaturen,
- ein gewisses Anderssein gegenüber „normalen" Fahrer(innen) anderer Marken,
- Anerkennung durch die Gruppe, in der die persönlichen Fähigkeiten und Kenntnisse demonstriert werden können,
- die Möglichkeit, sich und das Automobil zu perfektionieren und zu individualisieren sowie
- den Spaß am Leistungsvergleich mit anderen Gleichgesinnten, z. B. durch Teilnahme an Rennen.

Gerade durch die Verdichtung der beobachteten und befragten Praktiken wurde deutlich, daß sich am Wörthersee überwiegend Markenanhänger einfinden, die nicht nur eine besonders feste Markenbindung aufweisen, sondern untereinander ein starkes Gemeinschaftsgefühl verbindet.

Die weitere Analyse bezüglich der ermittelten Bedeutungsinhalte zeigte dann, daß sich bei diesem jährlichen Markenfest zwei Teilnehmergruppen unterscheiden lassen: Die erste als „Gemeinschaftsorientierte" zu kennzeichnende größte Gruppe war durch überdurchschnittlich hohe Scores der Gemeinschaftsbedeutungen der Marke gekennzeichnet und stellte 65,5 Prozent der befragten *VW Golf GTI*-Fans dar. Die zweite Gruppe, als „Gemeinschaftsablehner" bezeichnet, umfaßte 34,5 Prozent der befragten *VW Golf GTI*-Fans und unterschied sich von der ersten Gruppe (mit Ausnahme der Bedeutungsdimension „Spaß am Leistungsvergleich") signifikant durch unterdurchschnittliche Ausprägungen der Gemeinschaftsbedeutungen.

Vergemeinschaftung in der Volkswagenwelt: Zur Einführung 13

Zumindest für die *VW Golf GTI*-„community" zeigte diese Pilotstudie, daß hinter den beobachtbaren Praktiken spezifische Bedeutungsinhalte standen, deren Verständnis für die Markenpolitik eine Horizonterweiterung zu liefern versprach. Nicht nur innere Bilder der Marke im Sinne des individuellen Denkens und Fühlens erklären Markenwahl und -bindung. Vielmehr werden mit der aktiven Einbindung in eine „brand community" weitergehende soziale Motive und Bedürfnisse angesprochen, was eine positive Prägung und Festigung der Beziehung zu Marke und Unternehmen bewirken kann.

3 „Brand Community" als Schlüssel zum Verstehen einer Markenkultur

Für die Markenführung liegt ein Schlüssel zum Verstehen von Markenkulturen im Studium von „brand communities". Überdies besteht damit die Chance zur Entwicklung eines entsprechenden Managementansatzes, sofern diese kulturell-kollektive Dimension von Marken bewußt und sensibel aufgegriffen wird. Wenn sich um eine Marke bestimmte Formen der Vergemeinschaftung herausgebildet haben, kann somit nach dem markenpolitischen Nutzen für das betroffene Unternehmen gefragt werden (Kaul/Steinmann 2008). Immerhin wies die noch vergleichsweise junge „Brand Community"-Forschung schon von Anbeginn – am Beispiel einer Vielzahl geglückter Initiativen – auf handfeste Vorteile hin (Muniz/ O'Guinn 2001; McAlexander et al. 2002).

So werden „brand communities" als geeigneter Ansatz zur Entwicklung und Erhaltung besonders dauerhafter und tragfähiger Beziehungen zu den Markenverwendern bewertet. Hierbei geht es um die Beobachtung, dass ausgesprochen markenaffine und markentreue Kundengruppen in „brand communities" aktiv sind. Man denke nur an die aktive Einbindung in die Innovationsentwicklung im Design- und Software-Bereich, Stichworte sind „New Beetle" und „Beta Version"-Tester (Füller et al. 2008; Blättel-Mink/Hellmann 2010). Mitglieder in „brand communities" können darüber hinaus als Gratis-Werber und Missionare für die Marke wirksam sein. Zudem besteht durch die aktive Befassung mit „brand communities" die Chance, die (kommunikativ wirksamen) Bedeutungsebenen von „brand communities" bei Formulierung und Entwicklung der Markenidentität aktiv aufzugreifen. So ist das Erfolgsmodell der Firma Harley-Davidson u. a. auf die konsequente Umstellung ihrer ursprünglichen Markenpositionierung auf jene Bedeutungsinhalte zurückzuführen, wie sie von Veteranen des Korea- und Vietnamkriegs in den 70er Jahren mit der Marke verbunden wurden (Holt 2004). An diesem Beispiel offenbart sich auch ein häufig unterschätzter, unternehmensstabilisierender Effekt von „brand communities", da die Treue und Verehrung von Markenanhängern für Unternehmen selbst in Phasen eigenverschuldeter oder fremdinduzierter Turbulenzen eine zentrale Stütze im Markt sein können.

Als markenpolitische Herausforderung ist die Entscheidung zu treffen, ob und wie sich ein Unternehmen an diesen gemeinschaftlichen Prozessen aktiv beteiligen kann und ggf. Einfluß auf sie zu nehmen sucht. Die im Rahmen der „Brand Community"-Forschung dokumentierten Ergebnisse zeigen, daß die aktive Rolle eines Unternehmens bei der Initiierung, Förderung und Nutzung von „brand communities" mit spezifischen Anforderungen jenseits der üblichen Markenführungskompetenzen verbunden ist. So wäre es überlegenswert, von allzu vertrauten Vorstellungen, die eine klare, seit Jahrzehnten vollzogene Rollenverteilung zwischen Unternehmen und Kunden betreffen, allmählich Abschied zu nehmen. Denn das üblichen Markenführungsansätzen zugrundeliegende bilaterale Beziehungsmuster zwischen Markenherstellern und Markenverwendern („Businessto-Customer") – mit dem Unternehmen im Zentrum und den einzelnen Kunden an der Peripherie – erweitert sich zu einem multilateralen, möglicherweise sogar multizentralen Beziehungsgeflecht, in dem nicht bloß einzelne Kunden, sondern ganze Netzwerke („Business-to-Customer-Network") bedeutsam werden und in dessen Rahmen die Unternehmen ihre jetzige zentrale Stellung zusehends einbüßen werden (Muniz/O'Guinn 2005). Innerhalb von „brand communities" herrschen intensive Kommunikations- und selbst Interaktionsbeziehungen zwischen den Markenkunden, auf die sich die Aufmerksamkeit von Marketing und Marktforschung zukünftig viel stärker richten müßte (*Raabe* in diesem Band).

Unbestreitbar ist jedenfalls, daß das „brand community"-Phänomen emanzipative Momente aufweist. Beispielsweise ist solchen „brand communities" ein sehr loyales Potenzial gegenüber den Markenherstellern eigen, das aber auch in harsche Kritik umschlagen kann, sofern die jeweiligen Marken seitens der Unternehmen Veränderungen erfahren, die in den Augen einer „brand community" als Beschädigung derselben empfunden werden. In diese Richtung weist übrigens auch, daß „brand communities" oftmals eine gewisse Deutungshoheit bezüglich ihrer Marken explizit für sich beanspruchen, und nicht selten treten sie als Gralshüter ihrer Marken auf (O'Guinn/Muniz 2005). Mit anderen Worten sind Unternehmen gut beraten, im Umgang mit „brand communities" angemessene Strategien und einschlägige, d. h. erweiterte markenkulturelle Kompetenzen zu entwickeln – Kulturerfahrung ist stets auch Differenzerfahrung (Baecker 2000).

4 „Brand Communities" als Forschungs- und Marketingansatz

Was ist nun mit einem „Brand Community"-Ansatz für die zukünftige Marktforschung und Markenführung gewonnen? „Brand communities" stellen eine marktwirksame Deutungsinstanz dar, die relativ unabhängig von den Anbietern markenbezogene Wahrnehmungen und Images prägen, mit der Folge daß das Handlungsfeld der Markenführung komplexer wird (Tropp 2009). Die im Ansatz der Identitätsorientierten Markenführung von Meffert et al. (2005) verankerte Vorstellung einer eindeutig zugeteilten „Arbeitsteilung" zwischen Markenunternehmen und Markenadressaten im Hinblick auf die Formulierung von Markenaussagen sowie deren Rezeption bzw. Akzeptanz (Markenidentität vs. Markenimage) ist zumindest zu erweitern: „brand communities" verleihen „ihren" Marken (in unterschiedlichem Umfange) eigenständige Bedeutungen, die auch über den Kreis der Community hinaus sichtbar und wirksam werden können.

Für die Markenführung ergibt sich daraus die Notwendigkeit, die Kommunikation mit dem eigenen Kundennetzwerk sehr viel rezeptiver und integrierender zu gestalten, weg vom Gießkannen-Prinzip, hin zu einer kontextbasierten Markenkommunikation – wofür sich eine ethnographische Erforschung des eigenen Kundenstamms als besonders geeignet erweist. Dieser Zugang verspricht, den Erfolg einer Marke nicht nur daraus zu verstehen, daß bestimmte Konsumenten an ihr individuell Gefallen finden und sie die Marke in ihre Lebensführung aktiv einbinden, sondern auch dadurch, daß sie sich mit anderen Gleichgesinnten verbinden und ihrem Leben dadurch Sinn verleihen. So kann sichtbar werden, wie sich die entsprechenden Marken sich im Zuge dessen in kulturelle Artefakte verwandeln und durch ihre aktiven Nutzer eine spezifische Bedeutung zugewiesen bekommen. Am Ende dieses Aneignungs- und Deutungsprozesses bildet sich um solche Marken eine eigenständige Kultur aus, die bestimmte Werte, Normen, Rollenmuster und Praktiken aufweist, mittels derer zwischen Mitgliedern und Nicht-Mitgliedern unterschieden werden kann und die zu einem festen Bestandteil im sozialen Leben ihrer Nutzer werden, wie man an der *VW Golf GTI*-Fangemeinde am Wörthersee jedes Jahr erneut beobachten kann.

Freilich erfährt ein solcher Zugang seine volle Wirkung erst, wenn man ihn nicht reduktionistisch anwendet, im Sinne eines Alleinstellungsanspruchs, sondern als wichtige Facette eines umfassenderen Untersuchungsansatzes begreift, der sich der Erforschung und Gestaltung von Markenkulturen insgesamt widmet. Dies begründet eine besondere Herausforderung, ja Verpflichtung für die jeweiligen Unternehmen (Hellmann 2007). Denn „brand communities" entfalten in der Regel ein Eigenleben und wähnen sich mitunter sogar im Besitz ihrer Marke.

Schließlich kann festgehalten werden, daß die Existenz von Markenkulturen, speziell von „brand communities", für die Unternehmen bedeuten kann, ihr Selbstverständnis als marktorientierte Unternehmen auf den Prüfstand zu stellen. Denn „brand communities" erwarten im Umgang mit ihnen Respekt und die Beachtung gewisser Fairness-Regeln. Kommt man vor diesem Hintergrund auf den direkten Umgang der Unternehmen mit „brand communities" zu sprechen, könnte man sagen: Unternehmen brauchen dafür eine eigene interkulturelle Kompetenz, um zwischen ihrer eigenen Kultur und der ihrer treuen Marken-Fans diplomatisch klug zu vermitteln. Dies kann auch bedeuten, daß sich die Unternehmen – zumindest an den Kontaktpunkten zu ihrer Kundenumwelt – stärker öffnen, möglicherweise auch ändern und vielleicht sogar den Erwartungen ihrer Markenkulturen, speziell der „brand communities", schrittweise anpassen. Markenkulturpolitik kann vor diesem Hintergrund auch mit dem Bild des Kulturaustauschs beschrieben werden, und beinahe möchte man sagen, daß sich die bisherige Asymmetrie von Angebot und Nachfrage in ihr Gegenteil verkehrt, weil die Unternehmen etwas nachfragen, was ihnen die Markenkulturen anbieten können: Wissen, Erfahrungen, Geschichten, Ideen, Gefühle.

5   Der Band und die einzelnen Beiträge

Kommt man damit auf den vorliegenden Band und seine Beiträge zu sprechen, handelt es sich um einen Querschnitt der verschiedenen Forschungsvorhaben, die fast allesamt im Rahmen des Graduiertenprojekts „Markenkultur und Unternehmenskultur", das *Thorsten Raabe* im Vorwort kurz vorgestellt hat, durchgeführt wurden und auch teilweise schon zum Abschluß gekommen sind. Der gemeinsame Untersuchungsgegenstand war die „Volkswagenwelt", also die Markenwelt des Volkswagen Konzerns, an der nicht nur der Konzern und seine Lieferanten, sondern auch die Fachpresse und die Kunden, um nur die wichtigsten zu erwähnen, teilhaben. Die zentrale Problemstellung richtete sich auf das Phänomen der Markenkultur, mit besonderem Interesse, wie schon ausgeführt, an „brand communities", denen eine gewisse Repräsentations- und Symptomfunktion für Markenkulturen unterstellt wird.

Wendet man sich damit den einzelnen Beiträgen zu, so gibt es in der Buchreihe „Konsumsoziologie und Massenkultur" mittlerweile den Standard der Blockbildung. Demgemäß werden immer Themenblöcke gebildet, die aus thematisch verwandten Paarungen bestehen. So befaßt sich der erste Block „Konzepte und Kritiken" mit der fachspezifischen Relevanz der „Brand Community"-Forschung. Im Falle des Beitrags von *Thorsten Raabe* bedeutet das, daß es um das Phänomen „brand communities" aus einer marketingkonzeptionellen und methodologischen Perspektive geht, wobei *Raabe* die entsprechende Marketingforschung einer kritischen Bestandsaufnahme unterzieht. Denn die bislang geringe Verbundenheit von ökonomischer und soziologischer Konsumforschung verursacht gewisse Marketing-Kurzsichtigkeiten. Zum Beispiel bekommt die Marketingforschung kollektive Zusammenhänge des (Marken-)Konsums kaum in den Griff. Dies ist sowohl aus theoretischer Perspektive wie auch für die Marketingpraxis unzureichend, weil daraus eine wesentliche Barriere zum angemessenen Verständnis bedeutungsbildender Prozesse in derartigen Kollektiven erwächst. Demgegenüber beschäftigt sich *Kai-Uwe Hellmann* in seinem Beitrag mit der Bedeutung der „Brand Community"-Forschung für die Soziologie. Insbesondere geht es ihm um die Frage, ob die Kriterien, die zur Qualifikation eines entsprechenden Kollektivs als „brand community" zugrunde gelegt werden, tatsächlich geeignet sind, diesen Befund eindeutig zu leisten. Für den Fall, daß es diesbezüglich zu einem negativen Befund käme, hätte das nämlich gravierende Folgen für den Fortgang der „Brand Community"-Forschung.

Im zweiten Block „Typologien und Praktiken" werden Ergebnisse zweier Studien über „brand communities" dargestellt, deren Markenfokus durchgängig auf Marken des Volkswagen Konzerns gerichtet ist, wovon die erste primär quantitativ-vergleichend und die zweite qualitativ-ethnographisch angelegt ist. Konkret legt *Melanie Wenzel* in ihrem Beitrag erste Befunde einer größeren Studie vor, bei der mehrere „brand communities" der „Volkswagenwelt" online befragt wurden. Ziel der Studie ist eine Mitgliederprofilierung sowie eine Typologisierung von *VW*-fokussierten „brand communities". Gerahmt wird *Wenzels* Arbeit durch eine Fragestellung, die der Customer Relationship Management-Perspektive entnommen ist, und im Ergebnis diskutiert *Wenzel* eine Vierfeldermatrix, die sie aus der Bewertung der untersuchten „brand communities" abgeleitet hat, und zwar hinsichtlich der recht unterschiedlichen Bereitschaft zur Kooperation mit dem Unternehmen. Bei *Jörg Marschall* geht es demgegenüber um Ergebnisse einer qualitativen Forschung über eine spezielle „brand community" im Rahmen der „Volkswagenwelt" dar. Sein Hauptaugenmerk liegt dabei auf spezifischen Praktiken dieser „brand community", wie Fachsimpeln, Restaurieren oder Teilehandel. Dabei operiert *Marschall* insofern innovativ, als er Praktiken in eine zeitliche Reihenfolge untergliedert, die miteinander verzahnt sind. So bedarf es vor der Restaurierung des Teilehandels, und nach der Restaurierung folgt dann die Ausfahrt mit Freunden.

Im dritten Block „Kampagnen und Kontaktpunkte" geht es stärker um Maßnahmen, die Unternehmen angehen können, wenn sie mit „brand communities" mehr oder weniger direkt kooperieren wollen. So unterbreitet *Felix Teschner* in seinem Beitrag eine eigens entwickelte Methode zur Erfassung, Sicherung und Deutung von aufeinander bezogenen Diskussionsbeiträgen („threads"), die von Mitgliedern solcher „brand communities" vorgebracht werden. Der untersuchte Fall bezieht sich auf ein *VW Touareg* Diskussionsforum, in dem sich die Teilnehmer zwischen März 2008 bis August 2010 anläßlich der Einführung des *VW Touareg*-Nachfolgemodells im Februar 2010 intensiv mit diesem Sachverhalt auseinandersetzten. Demgegenüber wendet sich *Vivian Hartleb* in ihrer Studie den Autohändlern zu, die gerade im Automobilmarkt eine zentrale Schnittstelle zwischen Herstellern und Verbrauchern inne haben, weshalb es naheliegt, genau bei ihnen nach Möglichkeiten zu forschen, um mit „brand communities" zu kooperieren oder gar zu generieren. Zu diesem Zweck hat *Hartleb* mehrere Händler unterschiedlicher Automarken befragt, zudem die Homepages entsprechender „brand communities" analysiert und schließlich Sekundärquellen seitens der Hersteller sowie von Dachverbänden genutzt.

Im vierten Block „Diskursanalysen von Markenkulturen" wird schließlich der Versuch unternommen, das Thema „Markenkultur", das im Graduiertenprojekt „Markenkultur und Untenehmenskultur" leitend war, diskursanalytisch zu untersuchen, wobei wiederum auf „brand communities" im Sinne markenkultureller Kristallisationsformen Bezug genommen wurde. So befaßt sich *Michael Friedemann* in seinem Beitrag mit der Analyse von zwei Diskursfeldern, die sich um den *VW Golf I* und den *VW Golf V* herum ausgebildet haben. Bei der eigentlichen Diskursanalyse hat sich *Friedemann* jeweils angeschaut, welcher Deutungsmuster sich das Unternehmen, Fachmagazine und Kunden jeweils bedient haben, einmal für das *VW Golf I*- und ein weiteres Mal für das *VW Golf V*-Diskursfeld. Ziel war die Ermittlung der Markenhistorie des *VW Golf,* weil es durch den Abgleich der beiden Diskursfelder möglich sein sollte, das Verhältnis von Kontinuität und Diskontinuität, Erinnern und Vergessen in Augenschein zu nehmen. Ganz ähnlich stellt sich der Beitrag von *Thomas Heun* dar, der ebenfalls am Phänomen der Markenkultur angesetzt und dazu öffentlich sichtbare Formen der Kommunikation diskursanalytisch untersucht hat. Anders als bei *Friedemann* umfaßte die Primärquelle von *Heun* aber ausschließlich Homepages von Autofanclubs, die systematisch erhoben und analysiert wurden. Dafür beschränkte sich *Heun* nicht bloß auf Produkte des Volkswagen Konzerns, sondern hat deutlich breiter ermittelt. So liegen seinem Sample insgesamt 64 Autofanclubs zugrunde, die sich auf 21 unterschiedliche Marken bezogen. In der weiteren Vorgehensweise ging es *Heun* dann gleichwohl um die Aufdeckung zentraler Deutungsmuster, die sich in diesen Szenen beobachten ließen. Hierbei zeigte sich, daß vor allem eine Polarisierung die Diskurse bestimmt: die zwischen Original und Tuning, d. h. zwischen der Haltung, den Originalzustand eines Fahrzeugs über alles stellen, oder aber die Haltung, massive Veränderungen an den Fahrzeugen vorzunehmen.

Zum Abschluß dieses Sammelbandes geht *Kai-Uwe Hellmann* nochmals auf unterschiedliche Aspekte und Befunde, die sich in der Nachbetrachtung als bemerkenswert erwiesen haben, gesondert ein. Der Schwerpunkt liegt dabei auf solchen Punkten, die gewisse innovative Impulse für die „Brand Community"-Forschung geben könnten.

Literatur

Baecker, Dirk (2000): Wozu Kultur? Berlin.
Blättel-Mink, Birgit/Hellmann, Kai-Uwe (Hg.) (2010): Prosumer Revisited. Zur Aktualität einer Debatte. Wiesbaden.
Füller, Johann/Matzler, Kurt/Hoppe, Melanie (2008): Brand Community Members as a Source of Innovation, in: Journal of Product Innovation Management 25, S. 608–619.
Hallay, Hendric/Hellmann, Kai-Uwe/Raabe, Thorsten (2008): Der See ruft ... Markenkultur zwischen Forschung und Praxis, in: Markenartikel 70, S. 60–63.
Hellmann, Kai-Uwe (2007): Die Moral der Marken. Zur Frage der gesellschaftlichen Verantwortung von Unternehmen, in: Thomas Beschorner/Patrick Linnebach/Reinhard Ffriem/Günter Ulrich (Hg.): Unternehmensverantwortung aus kulturalistischer Sicht. Marburg, S. 205–221.
Holt, Douglas B. (2004): How Brands become Icons. The Principles of Cultural Branding. Cambridge.
Kaul, Helge/Steinmann, Gary (Hg.) (2008): Community Marketing. Wie Unternehmen in sozialen Netzwerken Werte schaffen. Stuttgart.
McAlexander, James H./Schouten, John W./Koenig, Harold F. (2002): Building Brand Community, in: Journal of Marketing 66, S. 38–54.
Meffert, Heribert/Burmann, Christoph/Koers, Martin (Hg.) (2005): Markenmanagement. Wiesbaden.
Muniz, Albert M., Jr./O'Guinn, Thomas C. (2001): Brand Community, in: Journal of Consumer Research 27, S. 412–432.
Muniz, Albert M., Jr./O'Guinn, Thomas C. (2005): Marketing Communications in a World of Consumption and Brand Communities, in: Allan J. Kimmel (Hg.): Marketing Communication. New Approaches, Technologies, and Styles. Oxford, S. 62–85.
O'Guinn, Thomas C./Muniz, Albert M., Jr. (2005): Communal consumption and the brand, in: S. Ratneshwar/David Glen Mick (Hg.): Inside Consumption. Consumer motives, goals, and desires. London/New York, S. 252–272.
Tropp, Jörg 2009: Markenführung: Wer führt wen? Die Medialisierung des Marketings und ihre Folgen für die Marketing- und die Unternehmenskommunikation, in: Frank Keuper/Jürgen Kindervater/Heiko Dertinger/Andreas Heim (Hg.): Das Diktat der Markenführung. 11 Thesen zur nachhaltigen Markenführung und -implementierung. Mit einem umfassenden Fallbeispiel der Loewe AG. Wiesbaden, S. 168–194.

Konzepte und Kritiken

Die „Brand Community"-Forschung, wie sie seit 2001 existiert, bündelt eine Reihe von Ansätzen, die für das heutige Marketing und seine Erforschung hochbedeutsam sind. So geht es etwa um die Frage, was man sich unter einer Marke genau vorzustellen hat, oder wer an ihrer Konstruktion wie beteiligt ist. Daneben ist wichtig zu verstehen, daß sich nicht nur zwischen Unternehmen und Kunden, sondern auch zwischen den Kunden besondere Formen der Verständigung ausbilden können, deren Eigenständigkeit ein gesondertes Erkenntnisinteresse verdient. Darauf bezogen ist wiederum entscheidend, wie ein Unternehmen auf die Ausweitung der kommunikativen Beziehungen reagieren soll, ob grundlegende Veränderungen seines Customer Relationship Management (wenn es denn eines hat) angesagt sind, und wie diese aussehen könnten. Diesbezüglich dürfte eine Art Kompetenztest der laufenden Marketingforschung ein zwiespältiges Bild abwerfen: Manches wird berücksichtigt, vieles bleibt unzulänglich. Darüber hinaus ist die „Brand Community"-Forschung für die Soziologie bedeutsam, weil mit dem „community"-Bezug geradezu ein Klassiker des Fachs mobilisiert wurde. Insofern ergibt sich auch in dieser Hinsicht die Gelegenheit, Relevanz und Ertrag der „Brand Community"-Forschung für die Soziologie, speziell die Gemeinschaftsforschung, zu ermitteln und zu bewerten. Liefert diese Forschung substanziell Neues ab, soweit es die prekäre Stellung von Gemeinschaften in der modernen Gesellschaft betrifft? Wie ist diese Forschung seitens der Soziologie einzuschätzen? Gibt es Kooperationsmöglichkeiten?

Der Beitrag von *Thorsten Raabe* widmet sich dem Phänomen konsumkultureller Netzwerke aus einer methodologisch-methodischen Perspektive und unternimmt eine kritische Bestandsaufnahme der entsprechenden Marketingforschung. Gezeigt wird, daß in der bislang geringen Verbundenheit von ökonomischer und soziologischer Konsumforschung Ursachen für gewisse Marketing-Kurzsichtigkeiten begründen sind. So ist die vorherrschende Rezeption im Marketing, wie am Beispiel von „brand communities" nachgezeichnet wird, vor allem positivistisch orientiert und dem methodologischen Individualismus verhaftet. Diese Tradition erweist sich als defizitär, weil sie nur Deskriptionen des Phänomens und partielle Explikation vor allem auf verhaltenstheoretischer Ebene liefert, was nicht wenige Aussagen der Betriebswirtschaft ins Reich der Spekulation verweist.

Die Formulierung eines praktisch-normativen Aussagesystems als wesentliches Element des Selbstverständnisses der Marketingwissenschaft, nämlich die Explikation der betrachteten Phänomene, bekommt kollektive Zusammenhänge des (Marken-)Konsums kaum in den Griff. Dies ist aus theoretischer Perspektive wie für die Marketingpraxis unzureichend, weil daraus eine wesentliche Barriere zum angemessenen Verständnis bedeutungsbildender Prozesse in Kollektiven erwächst. Der Beitrag versucht, auf Grundlage dieser Analyse sowie unter Würdigung von Ergebnissen des Graduiertenprojekts „Markenkultur und Unternehmenskultur" (www.markenkultur.net) eine stärkere Integration ökonomischer und sozialer Prozesse in Märkten aus marketing-methodischer Sicht zu skizzieren.

Im Beitrag von *Kai-Uwe Hellmann* wird der Versuch unternommen, nach zehn Jahren „Brand Community"-Forschung eine vorläufige Bilanz zu ziehen. Im Mittelpunkt der Bewertung steht das „community"-Konzept, das der „Brand Community"-Forschung seit Anbeginn zugrunde liegt. Hier stellt sich die Frage, ob die Kriterien, die zur Qualifikation eines entsprechenden Kollektivs als „brand community" angelegt wurden, tatsächlich geeignet sind, diesen Befund eindeutig zu leisten. Begründete Zweifel sind nämlich angebracht. Zur Aufklärung dieser Ambivalenz wird eine kursorische Prüfung des Vorgehens unternommen, das im offiziell ersten Beitrag dieser Forschungslinie, im Artikel „Brand Community" von Albert M. Muniz, Jr. und Thomas C. O'Guinn aus dem Jahre 2001, den damaligen Stand der „community"-Forschung erhebt, eine eigenständige „brand community" Konzeption entwickelt und empirische Belege für die Stimmigkeit dieser Konzeption anführt. Im Ergebnis wird argumentiert, daß dieses Vorgehen unzureichend war, ein Defekt, der die laufende „Brand Community"-Forschung seitdem belastet. Erste Überlegungen zu einer Neukonzipierung der „Brand Community"-Forschung beschließen den Beitrag.

Marketing Myopia 2.0
Brand Communities und Kurzsichtigkeiten im Marketing

Thorsten Raabe

Mit der Wortschöpfung „Marketing Myopia 2.0" soll in Anlehnung an den Beitrag „Marketing Myopia" von Theodore Levitt (1975) aus dem Jahre 1960 die diesem Beitrag zugrundeliegende Arbeitsthese unterstrichen werden, daß das Marketing aktuell Kurzsichtigkeiten in der Beschäftigung mit Konsumentennetzwerken zu unterliegen droht, die in konzeptionellen und methodischen Grundlegungen des Marketing begründet sind.[1] Die Zielsetzung des Beitrags ist es, Kurzsichtigkeiten in der aktuellen Marketingdiskussion zu Fragen der Bedeutung und Nutzung solcher Netzwerke für absatzwirtschaftliche Zielsetzungen sowie deren Risiken aufzuzeigen. Dabei sollen insbesondere Grenzen bei der Explikation kollektiver Marktphänomene im Rahmen der Formulierung begründeter praktisch-normativer Aussagen zum Community Marketing aufgezeigt und diskutiert werden.

Im Rahmen des Graduiertenprojekts „Markenkultur und Unternehmenskultur" wurden – neben klassischen Formen selbstorganisierter Kollektivität beim Konsum automobiler Marken, wie automobile Vereine und Clubs – vor allem „brand communities" (BCs) als spezifische Formen markenorientierter Konsumentennetzwerke exploriert.[2] Die Marketingrezeption hinsichtlich solcher Konsumentennetzwerke wird im folgenden exemplarisch am Beispiel der „Brand Community"-Forschung analysiert, da diese die wesentlichen Spezifika und Problemfelder aus Sicht des Marketing vereint und sogar das Interesse der Marketingwissenschaft gefunden hat (McAlexander et al. 2002).

---

[1] Ohne damit auch nur in Ansätzen eine Parallele zu dessen Bedeutung für die Entwicklung der Marketingtheorie und -praxis beanspruchen zu wollen. Levitts unbestrittener Beitrag zum modernen Marketingverständnis war es, aus der Kritik an der bis dato vorherrschenden Produkt- und Produktionsorientierung einen Wechsel zur konsequenten Kundenorientierung sowie zur Einnahme langfristigerer Planungsperspektiven im Marketingkonzept einzufordern.

[2] Zur Notwendigkeit des kritischen Umgangs mit der Verwendung des Gemeinschaftsbegriffs aus Sicht der Soziologie vgl. den Beitrag von *Kai-Uwe Hellmann* in diesem Band.

1 Marketingverheißungen und -risiken am Beispiel der „Brand Community"-Forschung

Die einschlägige Literatur zum Gegenstandsbereich „Brand Community" umfaßt rund 150 Titel in Form von Zeitschriftenbeiträgen, Monographien und verwandten Publikationen (*Hellmann* in diesem Band). Eine erste grundlegende Befassung mit dem Gegenstand, aber noch ohne die Bezeichnung „brand community". findet sich im Beitrag von John W. Schouten und James H. McAlexander (1995), die über die sogenannte „Harley-Davidson-oriented-Subculture (HDSC)" eine erste systematisch angelegte ethnographische Untersuchung markenorientierter Konsumkulturen vorgelegt hatten. Für das Marketing schlußfolgerten sie: „It is possible for a marketer who understands the structure and ethos of a subculture to cultivate a long-lasting, symbiotic relationship with it." (Schouten/McAlexander 1995: 57) Die Autoren stellten weiter fest, daß *Harley-Davidson* eine symbiotische Beziehungsgestaltung zu Kreisen des untersuchten subkulturellen Phänomens mittels aktiver Schaffung einer „brand community" gelungen sei: „Harley-Davidson provides necessary goods and services for the functioning of the HDSC, and in return it receives such enviable benefits as fierce customer loyalty, voluminous publicity, and highly useful consumer feedback." (57) Die Etablierung der Harley Owner Group (H.O.G.), gewissermaßen der Prototyp einer BC, wurde somit als Grundlage des Erfolgs der Marketinganstrengungen angesehen. Dabei werden BCs mehr als nur ein Ansatz zur Vermarktung von Gegenkulturprodukten ausgezeichnet: „the company has created a vital parallel subculture within the greater HDSC" (58).

Die eher als Nebenprodukt einer ethnographischen Studie erfolgte Auszeichnung von BCs als marketingrelevantem Phänomen wurde in der Folge in weiteren empirischen Untersuchungen und marketingkonzeptionellen Analysen vertieft. Herausgestellt wurde dabei u. a.,

- daß es sich bei BCs um besonders markenaffine und markentreue Zielgruppen handelt, die aktiv Markenwert bzw. Markenkapital („brand equity") positiv beeinflussen (McAlexander et al. 2002; Muniz/O'Guinn 2001);
- durch welche Maßnahmen die Bindung an das Unternehmen bzw. die Marke durch geteilte Begeisterung für bestimmte Produkte, Marken oder Konsumaktivitäten gesteigert werden könne (Schouten/McAlexander 1995);
- durch welche Maßnahmen das Ausmaß der Integration von Individuen in eine BC einen signifikant positiven Einfluß auf ihre Kundenloyalität ausüben kann (Muniz/O'Guinn 2001; McAlexander et al. 2003: 6);
- daß BC-Mitglieder als Markenmissionare wirksam sein können, die Markenbotschaften in die Gesellschaft verbreiten und besonders motiviert sind, dem Unternehmen Feedback zu geben (McAlexander et al. 2002);

- daß in BCs integrierte Kunden offener für Wiederkäufe sind (Popp 2011: 184);
- daß BC-Mitglieder angesichts intensiven Konsums der bewunderten Marken bzw. Produkte über die Zeit wertvolles, tiefgreifendes (Experten-)Wissen akkumulieren, das sie zu attraktiven Gesprächspartnern im Rahmen der Produktentwicklung macht oder auch selber als Innovatoren wirken läßt (McAlexander et al. 2002);
- daß Brand Community-Marketing als erweiterter Ansatz des Customer Relationship Managements (CRM) angesehen werden können (Kaul 2008; Rüeger/Hannich 2008; Fournier/Lee 2009);
- und daß „brand communities" geeignete Ansatzpunkte für virales Marketing liefern (Langer 2006).

Sichtbar wird durch diese Auflistung, daß das „brand-community"-Phänomen in den genannten Untersuchungen (auch) mit Begrifflichkeiten und Konzepten des Marketing erfaßt und gerahmt wird, deren Angemessenheit für den Gegenstandsbereich allerdings kaum systematisch reflektiert wird. So ist z. B. kritisch zu hinterfragen, ob und inwieweit die im Marketing vorherrschende Vorstellung von Zielgruppen mit dem BC-Phänomen kongruiert. Auch stellt sich die Frage, ob gängige Explikationen von Word-of-Mouth-Kommunikation und Opinion-Leadership auf Prozesse innerhalb von BCs und im Austausch mit weiteren Marktteilnehmern übertragbar sind. Insbesondere die Anwendung des Relationship Marketing-Ansatzes wirft Fragen der Adäquanz auf, fußt die im Marketing implizite Vorstellung von Beziehung (und deren konzeptionelle Umsetzung) doch konsequent auf einem dyadischen Beziehungsmuster zwischen Unternehmen und einzelnen Konsumenten/Kunden. Auch werden mögliche Konflikte mit dem vorherrschenden Verständnis der identitätsorientierten Markenführung bislang weitestgehend ausgeblendet.

Die Frage nach dem Grad der theoretischen und konzeptionellen Durchdringung des BC-Phänomens muß noch dringlicher gestellt werden, wenn zusätzlich die in der Forschung aufgedeckten Risiken und Nachteile von BCs und „brand community"-orientiertem Marketing in die Betrachtung einbezogen werden. Als absatzwirtschaftlich problematisch wird im Einzelnen erkannt,

- daß sich einzelne BCs unabhängig und autonom vom Unternehmen verstehen können und dadurch eine Verselbständigungsgefahr besteht (Muniz/O'Guinn 2001; Woisetschläger 2006);
- daß Marketinganstrengungen oder Produkt-Modifikationen kollektiv abgelehnt werden können (Muniz/O'Guinn 2001);

- daß Mund-zu-Mund-Propaganda über Marken, Produkte und Dienstleistungen auch in negativer Form in kürzester Zeit über große Distanzen hinweg wirksam werden kann (Woisetschläger 2006: 18; Schögel et al. 2005: 4);
- daß Wettbewerber bestehendes Beziehungskapital zu BCs untergraben und sabotieren können (Muniz/O'Guinn 2001: 427);
- und daß Freiheitsgrade in der Gestaltung der Markenidentität durch das Unternehmen in Frage gestellt werden (Muniz/O'Guinn 2001: 424).

In der Zusammenführung muß gefolgert werden, daß BCs sowohl eine hohe Unternehmens- und Markenloyalität haben, aber auch aktive Widerstandspotentiale zeigen können. So kann Mund-zu-Mund-Propaganda in (und durch) „brand communities" positiv viral wirken. Gleichzeitig wird festgestellt, daß BCs in der Lage sind, Gerüchte und negative Unternehmens- bzw. Markenbilder in kürzester Zeit mit großer Reichweite zu verbreiten. Außerdem wird BC-Mitgliedern ausgeprägte Toleranz gegenüber Leistungsmängeln der Unternehmen zugesprochen, diese kann aber auch in kollektive Ablehnung umschlagen.

Aus Sicht des praktisch-normativen Wissenschaftsverständnisses, wie es im Marketing geteilt wird, etwa bei Raffée (1984, 1995), ist dieser Stand der Diskussion wenig zufriedenstellend. Vermag eine Auswertung von Best Practices der Unternehmenspraxis vielleicht erste Handlungsorientierungen zu liefern, so ist der Stand der Forschung aus marketing*theoretischer* Sicht bestenfalls als embryonal zu kennzeichnen. So fehlt vor allem eine entscheidungsorientierte Grundlegung, die z. B. Einflußgrößen auf alternative Formen und Verläufe der BC-Kommunikation und -Reaktionen offenlegt (was nicht der Forderung nach einer deterministischen Modellierung sozialer Phänomene gleichkommt). Ohne eine hinreichende Antwort auf die Frage nach Wirkungszusammenhängen in Verbindung mit unternehmerischen Aktivitäten verbleibt auch die Praxis ausgesprochen handlungsunsicher, wobei das hohe Maß an Latenz der vorgestellten Risiken wahrnehmungsbestimmend bleiben dürfte.

Angesichts der skizzierten, nun schon über zehn Jahre währenden Befassung mit dem BC-Phänomen in der Marketingdiskussion stellt sich die zentrale Frage nach den Ursachen dieses ernüchternden Befundes. Der Beitrag wird vor diesem Hintergrund die These verfolgen, daß es sich weniger um zufällige Defizite handelt, sondern daß – ganz im Sinne des Myopia-Bildes von Levitt – Kurzsichtigkeiten zum Tragen kommen, deren Ursachen u. a. systematisch in Rezeptionsmängeln der aktuellen Marketingforschung begründet sind.

2 Kurzsichtigkeiten am Beispiel – Reflektionen zur Marketing-Semantik

Die Suche nach denkbaren Ursachen der erläuterten Defizite der „Brand Community"-Forschung aus Marketingsicht soll am Beispiel zentraler Thesen dieser Forschung geführt werden. Für das Marketing sind dies erstens die These, daß BCs Zielgruppen seien, welche die Relevanzfrage für das Marketing beantworten sollen, und zweitens die These, BC-Marketing sei lediglich eine Erweiterung des Relationship Marketing, was eine Antwort auf die Frage nach geeigneten Handlungskonzepten bedeutet. Die Analyse konzentriert sich auf die marketingspezifischen Grundlagen der hier zur Anwendung gebrachten Semantiken.

2.1 Erste These: Brand Communities sind Zielgruppen für das Marketing

Die sehr grundlegende These, BCs seien Zielgruppen des Marketing, wie von Muniz/O'Guinn (2001) oder McAlexander et al. (2002) vorgebracht, wirft eine Mehrzahl kritischer Fragen auf. Im Marketing steht das Zielgruppenkonzept für eine strategisch-inhaltliche Handlungsoption sowie für ein methodisches Gestaltungsfeld. Zielgruppenstrategien unterstellen die Möglichkeit einer sinnvollen Strukturierung des Marktes, z.B. nach Nachfragergruppen, und zielen auf deren selektive oder differenzierte Bearbeitung durch das Marketing (Kotler et al. 2011: 456 ff.). Grundannahme ist, daß sich innerhalb des Marktes Nachfrager (oder Anbieter) gruppieren lassen, die sich angesichts ihrer Bedarfe, Präferenzen, Motive (oder auch Leistungsmerkmale) ähneln und bevorzugt als Transaktionspartner bei der Verwirklichung von betrieblichen Absatz- und Beschaffungszielen zu gewinnen sind. Eine weitergehende bedeutende Anwendung findet das Zielgruppenkonzept in der Kommunikationsplanung, wo Zielgruppendefinitionen vor allem über das Kriterium der Mediennutzung zur Optimierung von Reichweiten von Kommunikationskampagnen Eingang finden.

Unsere Untersuchungen von online-gestützten „brand communities" in der „Volkswagenwelt" (*Wenzel* in diesem Band) zeigten, daß die Vorstellung attraktiver Abnehmergruppen bei der isolierten Betrachtung von BCs nur in Ausnahmefällen angemessen ist. Zentrale Merkmale von BC-Mitgliedern wie Einkommen, Alter, Geschlecht ließen sich kaum mit bestehenden Zielgruppendefinitionen für aktuelle Marken und Modelle in Übereinstimmung bringen. In unserer Exploration solcher BCs zeigte sich in einzelnen Fällen, daß angesichts des niedrigen Durchschnittsalters sowie des unterdurchschnittlichen Einkommens bestenfalls zukünftige Zielgruppen zu vermuten sind, aber kaum potentielle Käufer aktueller *VW*-Modelle. Nicht wenige BCs verständigen und verstehen sich überwiegend auf die Bewahrung des historischen *VW*-Mythos, kultivieren das Erbe der Marke und sind überwiegend Kunden auf dem Gebrauchtwagenmarkt. Auf der anderen Seite konnte in weiteren BCs (vor allem jenen, die neuere Modelle/Marken als Ikonen ihrer automobilen Leidenschaft auswählten) faktisches Absatzpotential abgeleitet werden. Sie vereinen Fahrer(innen) aktueller PKW-Modelle, die z. T. auch Kaufabsichten kommunizieren (*Teschner* in diesem Band). Allerdings ist das Volumen als recht klein einzuschätzen. „Die Brand Community ist eine Zielgruppe"-These ist als Aussage aus dieser, Absatzpotentiale beschreibenden Perspektive deshalb zunächst nicht verallgemeinerungsfähig.[3]

Mit der Kennzeichnung von BCs als Zielgruppen für den Einsatz kommunikativer Maßnahmen wird über den Gesichtspunkt der Ausschöpfung des community-eigenen Nachfragepotentials hinaus auf ihre Funktion als Multiplikatoren abgezielt (Word of Mouth- und Markenmissionar-These). Da BCs in der Regel nur einen Ausschnitt des relevanten Absatzpotentials von Markenanbietern darstellen, ist diese Kommunikation für das Marketing insbesondere dann von spezifischem Interesse, wenn sie über die Grenzen einer BC hinaus marktwirksam wird. Weder die Modalitäten des kommunikativen Austausches innerhalb von BCs noch zwischen BCs und Märkten bzw. der Gesellschaft sind allerdings bislang vertieft exploriert. Hellmann/Kenning (2007) schlagen ein konzentrisches Modell zur Abbildung der Binnenstrukturierung von BCs vor, das in Anlehnung an die Bewegungsforschung fünf Ebenen der (Ein-)Bindung unterscheidet, die u. a. durch unterschiedliche Motive der BC-Mitglieder und Kommunikationsinhalte gekennzeichnet sind. Offen ist zurzeit allerdings noch eine hinreichende empirische Validierung des Ansatzes sowie die damit verknüpfte Frage nach den Grenzen von BCs und nach Formen, Wirkungen und Modalitäten „grenzüberschreitender" Kommunikation (Hellmann/Kenning 2008). Eine ethnographische Studie von Lüdicke (2006) legt am Beispiel der HUMMER-Community die Diskursivität und Komplexität des Austausches zwischen BCs und ihrem sozialen Umfeld offen. Wobei deutlich wird, daß die im Marketing vorherrschenden Modelle zur Explikation von Marktkommunikation keine angemessene Anwendung finden. So sind durchaus multiple diskursive Austauschbeziehungen und Wechselwirkungen im Austausch mit alternativen gesellschaftlichen und marktlichen Bezugsgruppen in der BC-Umwelt zu unterstellen.

Eine weitere, noch grundlegendere Problematik des Zielgruppenansatzes in der Anwendung auf den Gegenstandsbereich „brand community" ist auf me-

---

[3] Ein sinnvoller Einsatz des Zielgruppenkonzepts (in der Auslegung von Zielgruppen als Absatzgruppen) erscheint nach unseren Befunden deshalb in einer BC-übergreifenden Anwendung möglich, indem BCs nach ihrer Zielgruppenkongruenz zur Einschätzung ihres jeweiligen Absatzpotentials vergleichend beurteilt werden.

thodischer Ebene zu finden. Grundlage der etablierten Zielgruppenforschung ist die typologische Methode. In der Umsetzung werden unter Anwendung soziodemographischer, psychographischer und verhaltensbeschreibender Merkmale die betrachteten Marktteilnehmer typisiert und zu Gruppen zusammengefaßt, die im Hinblick auf die Ausprägung der herangezogenen Merkmale intern homogen und extern heterogen sind (Segmentierung). Diese interne Ähnlichkeit und gleichzeitige Differenzierbarkeit von anderen Marktteilnehmergruppen sind Grundlage des effizienten Einsatzes des Marketing bei der konzentrierten bzw. differenzierten Zielgruppenansprache. In Anwendung dieser Methodik auf BCs zeigt sich allerdings ein Widerspruch aufgrund der unterschiedlichen impliziten Bedeutung des Gruppenbegriffs: Die in der Zielgruppenforschung geschaffenen Gruppen stellen Artefakte des Markforschers dar, die nicht mit dem Gruppenphänomen identisch sind, das in BCs beobachtbar ist. Tatsächlich handelt es sich bei BCs um reale Gruppierungen, die durch ein Wir- bzw. Zugehörigkeitsgefühl sowie durch Interaktion gekennzeichnet sind. Zielgruppen umfassen „Elemente", die sich der Zugehörigkeit zu einer bestimmten Gruppe nicht bewußt sind. So können „shared consciousness, rituals and traditions and a sense of moral responsibility" (Muniz/ O'Guinn 2001: 412) zwangsläufig nicht entwickelt werden. Die Gleichsetzung von Zielgruppen mit sozialen Gruppen führt zwangsläufig zur mangelhaften Rezeption in der Marktforschung. Parallelen gibt es bei der Erfassung von *Szenen* in der kommerziellen Konsumforschung. So kommentiert Liebl (o. J.: 5), daß die Marktforschung nur vorgeblich Szenen definiere, „aber die grundlegende Eigenlogik oder ‚Eigensinnigkeit' von solchen Gemeinschaften" ignoriere. Deutlich wird, daß das genuin „Neue", „Andersartige", das BCs als marktrelevante Phänomene für die Betriebswirtschaft darstellen, durch das traditionelle Zielgruppenkonzept sowohl konzeptionell als auch methodisch ausgeblendet bleiben. Reflexive Prozesse der Verständigung z. B. über Markenbedeutungen und Ausdrucksformen der Beziehung zu Marken als „raison d'être" von BCs bleiben unbeachtet. Diese unterliegen auch häufig einem Wandel, der die statische Anlage des Zielgruppenkonzepts in Frage stellt.

2.2 Zweite These: (Customer-)Relationship Marketing ist das Schlüsselkonzept im BC-Marketing

Ist Kundenbindung heutzutage im Marketing eine wesentliche strategische Herausforderung, so stellen BCs für die begünstigten Unternehmen zunächst einen Glücksfall dar. Bindung und Zusammengehörigkeitsgefühl auf der Basis kollektiv geteilter Begeisterung für bestimmte Produkte, Marken oder Konsumaktivitäten können als strategische Vorteile und Stärken bewertet werden (Schouten/

McAlexander 1995). Es ist deshalb aus Marketingperspektive zunächst folgerichtig, daß die Forderung nach einer aktiven Beziehungsgestaltung zu „brand communities" in Märkten als Handlungsansatz herausgestellt wird (Muniz/O'Guinn 2001; McAlexander et al. 2002; Algesheimer 2004; von Loewenfeld 2006). BCs werden aus dieser Perspektive potenziell als erweiterter Ansatz des Customer Relationship Managements vorgeschlagen.[4]

Gegenstand des Relationship Marketing ist die strategische Steuerung von Kundenbeziehungen (Bruhn 2009: 3). Wobei Kundenbindung zur Erhöhung des langfristigen Kundenwerts eine zentrale Zielkategorie darstellt (Homburg/Bruhn 2008). Diese wird im Marketing vor allem auf *Kundenzufriedenheit* als wichtigste Einflußgröße zurückgeführt. Für die Anwendung des Konzepts im BC-Marketing ergeben sich aus dieser Sicht allerdings zwei Probleme. Zum einen stellt Zufriedenheit eine individuelle Disposition dar, die nach dem gängigen Konfirmation/Diskonfirmation-Paradigma als Differenzkonstrukt über den Prozeß eines Vergleichs von individuellen Erwartungen an eine marktvermittelte Leistung mit der wahrgenommenen Bedürfnisbefriedigung erklärt wird (Bruhn 2009; Day 1977; Giering 2000; Stauss 1999). Dies hat zur Folge, daß das abgebildete Beziehungsmuster zwangläufig dyadischer Natur ist, also lediglich die Beziehungen zwischen Unternehmen bzw. Marken und *individuellen Konsumenten* abbildet. Hier stellt sich die Frage, ob diese dyadische Orientierung im Beziehungsverständnis des Relationship Marketing den Spezifika von BCs angemessen Rechnung tragen kann. Zum anderen wird die Genese der Erwartungen als Sollgröße im Konfirmation/Diskonfirmation-Paradigma nachrangig betrachtet. Gerade in der „sozialen Einbettung" des Konsums z. B. in BCs sind aber bedeutsame Zusammenhänge der Formung von Erwartungen/Ansprüchen und Motiven zu erwarten. McAlexander et al. (2003) wiesen nach, daß bei erfahrenen Konsumenten der positive Zusammenhang zwischen Kundenzufriedenheit und -loyalität nicht mehr zwingend vorausgesetzt werden kann, daß jedoch das Ausmaß der Integration von Individuen in eine BC einen signifikant positiven Einfluß auf die Kundenloyalität ausübt. Aus dieser Sicht ist zu schließen, daß das Relationship Marketing nicht ausschließlich aus Unternehmensbindungssicht zu konzipieren ist, sondern auch die Zielsetzung einer verstärkten Integration von Konsumenten in BCs aufgreifen sollte.

Dies verweist auf eine weitere Kurzsichtigkeit in Verbindung mit einer unmodifizierten Anwendung des Relationship-Ansatzes. Sie betrifft das implizite, stark ökonomisch geprägte Beziehungsverständnis des Ansatzes. Die Konzentration des Relationship Marketing auf Bindung durch Zufriedenheit verengt den Beziehungsbegriff auf eine *leistungsvermittelte Beziehungsqualität* (Produkt-,

---

[4] Vgl. zum CRM Ahlert et al. 2002; Bruhn 2001.

Dienstleistungs- sowie Markenleistungen). Die Feststellung der Existenz eines „linking value" (Cova 1997) im Sinne von Gemeinschaftswerten in BCs – also eines Mehrwerts jenseits der Unternehmensleistungen – läßt demgegenüber schließen, daß in der Beziehungsgestaltung zu BCs ein weiterer Motivrahmen adressiert werden sollte, der durchaus konkrete Bindungskräfte entwickelt. So zeichnen Schau et al. (2009) auf der Basis einer Meta-Analyse von Studien zum kollektiven Konsumverhalten Prozesse der „value creation" in „brand communities" nach, die sich in Praktiken der Integration, der Vermittlung von Konsum-Know-How oder auch der Bereicherung des Konsumerlebens spiegeln. Und Bagozzi/Dholakia (2006: 59) zeigen, daß die Beziehung zur Marke stark über die Beziehung zur BC moderiert wird und gleichzeitig die Markenidentifikation zentrale Bedingung der Teilnahme und Integration von Konsumenten in BCs darstellt. Dieser Wechselbeziehung müßte ein erfolgversprechendes Relationship Management im BC-Marketing aktiv Rechnung tragen. Die Anforderung ist, Beziehungen *zu* und *innerhalb von* BCs zu gestalten, was eine Reduktion des Ansatzes auf Leistungszufriedenheit als arg verkürzend entlarvt.

Befunde zur Autonomie und Konfliktfähigkeit von BCs gegenüber markenführenden Unternehmen, wie sie von Muniz/O'Guinn (2001), Hellmann (2005) oder Woisetschläger (2006) ausgezeigt wurden, werfen die Frage der Beziehungsgestaltung aus einer im eigentlichen Sinne „politischen Perspektive" (Hirschman 1970) auf. Insbesondere internetbasierte BCs können umfangreiche (Gegen-)Macht entwickeln, wie Hollenbeck/Zinkhan (2006) gezeigt haben, indem Gegenpositionen zu Unternehmen und Unternehmenspolitiken kurzfristig mit hoher kommunikativer Reichweite verbreitet werden.

Wie bereits ausgeführt, birgt dieses latente Risiko für Unternehmen die Gefahr von Einbußen des Markenwerts und begründet eine hohe Handlungsunsicherheit. Die Entwicklung eines Handlungskonzepts zur Prävention und Bewältigung dieser möglichen Krisenszenarien kann als eine Kernforderung an ein angemessenes BC-Marketing formuliert werden. Tatsächlich werden Konfliktbewältigungsstrategien im Marketing zum Beispiel im Rahmen der Beschwerdemanagementforschung thematisiert, die eine Kanalisation von Konflikt- und Protestpotentialen mit dem Ziel der unmittelbaren Regulierung durch das Unternehmen (und damit der Verhinderung kommunikativer Eskalation mit negativen Folgen im Markt) empfiehlt (Stauss/Schöler 2003; Stauss/Seidel 2007). In diesem Zusammenhang wirft die dyadische Konzeption des Beziehungsbegriffs im Customer Relationship Management (zu dem das Beschwerdemanagement gezählt wird) wiederum die erfolgskritische Frage nach der Angemessenheit in der Anwendung auf BCs auf. Fraglich ist, ob und in welchem Umfang krisenhafte Entwicklungen innerhalb von „brand communities" (zumindest ausschließlich) durch

Regulierungsanstrengungen mit individuellen Konsumenten wirksam beeinflußt werden können.

Methodisch sind zunächst Früherkennungsverfahren zu entwickeln, die z. B. auf Basis eines kontinuierlichen Monitoring von Beiträgen auf BC-Plattformen helfen, mögliche Krisenentwicklungen frühzeitig zu antizipieren. Wie *Teschner* (in diesem Band) exemplarisch durch Rückgriff auf Garfinkel und Turner zeigt, sind hierzu allerdings Explikationsansätze aus der Forschung zum *kollektiven Kommunikationsverhalten* heranzuziehen, was die Notwendigkeit einer begründeten Erweiterung des im Marketing angewendeten dyadischen Beziehungskonstrukts unterstreicht. Im Kern ist BC-Marketing somit auch durch einen starken Public Relations-Anteil im ursprünglichen Sinne gekennzeichnet, dem allerdings ein theoretisch und methodisch noch zu präzisierender „Social"-CRM-Ansatz zugrunde gelegt werden müßte.

3 Konsequenzen des Myopia-Problems

Die hier nur in Ausschnitten geführte Diskussion von Kurzsichtigkeiten des Marketing bei der Exploration und Interpretation von „brand communities" hat versucht offenzulegen, welche Probleme die unreflektierte Anwendung genuin marketingspezifischer Konzepte und Methoden auf dieses Phänomen bergen. Vor allem zeigen sich aus Sicht der Marketingpraxis wie der Marketingtheorie Brüche mit herkömmlichen Vorstellungen über kommunikative Beziehungen zwischen Unternehmen und Marktteilnehmern. Tatsächlich hat sich marketingseitig das Verständnis des kommunikativen Austauschs mit Marktteilnehmern bereits im Laufe der letzten Jahrzehnte von der einseitigen, monologischen Sicht hin zur Praxis dialogischer Kommunikationsbeziehungen erweitert. Diese Entwicklung fußte insbesondere auf der Einsicht, daß Markt- und Marketingerfolg nicht ausschließlich auf einer einseitigen Informationsvermittlung beruhen kann, sondern daß Strategien der Konfliktregulierung (z. B. im Beschwerdemanagement), aber auch bei der Gewinnung von Innovationsimpulsen maßgeblich an dialogische Kommunikationsformen geknüpft sind. Im interaktiven Kommunikationsmodus wird ein zentraler Ansatz des Beziehungsaufbaus und der Beziehungspflege gesehen.

Die Anforderungen der Marketingkommunikation mit BCs als sozialen Kollektiven in Märkten erfordern einen Erweiterungsschritt bei der Entwicklung geeigneter Kommunikationskonzepte. Die in der Marketingpraxis und -theorie dominanten dyadischen Modelle des Austauschs führen in der Anwendung auf Austauschbeziehungen mit Kollektiven zu Fehlinterpretationen und Defiziten. Erkenntnistheoretisch birgt diese Modellierung die Gefahr des atomistischen

Fehlschlusses bei der Beschreibung kollektiver Phänomene über die Summation individueller Verhaltensgrößen (Monieson 1988; Venkatesh/Dholakia 1986). Der Erfolg des Marketingeinsatzes gegenüber einer „brand communitiy" ist maßgeblich darin zu suchen, die *interindividuellen* Beziehungsmuster und Austauschbeziehungen innerhalb eines Kollektivs in ihrem historischen, gegenstandsbezogenen und kontextualen Charakter zu verstehen und sich anzueignen (Firat 1987; Firat/Dholakia 1982; O'Guinn/Muniz 2009). Für das BC-Marketing wird es bedeutsam, diese an marktvermittelte Leistungen gekoppelte Bedeutungsebene im Sinne einer „Kultur" von BCs zu *verstehen*. Geteilte Symbolik, Rituale, Praktiken, Mythen, Bedeutungszuweisungen und Werte begründen eine weitere Ebene der Kommunikation mit und in BCs. Marken sind somit als soziale Objekte zu verstehen, deren Bedeutungen unter aktiver Beteiligung der Konsumenten konstruiert werden. Für das Marketing folgt daraus, einen „social interaction view of marketing, in which marketing is exchange between social actors and the macro network approach, in which the relationship among the entire network of users and the brand is important" (Muniz/O'Guinn 2001: 427), einzunehmen und umzusetzen. Egli/Gremaud (2008) sprechen in diesem Zusammenhang von „Societing statt Marketing".

In der Beziehung Unternehmen/Konsumentennetzwerk stellt ein Wandel der Rolle des Unternehmens einen weiteren Bruch mit gewohnten Selbstverständnissen des Marketing dar. Konsumentennetzwerke und sehr eng an eine singuläre Marke gebundene „brand communities" verstehen sich nicht als „Wurmfortsatz der Geschäftspolitik eines Unternehmens" (Hellmann 2005: 44), sondern bilden eigene Werte und Normen aus, zu deren Durchsetzung sie nicht selten ein hohes Maß an Konfliktfähigkeit entwickeln. Auf Seiten der Unternehmen stellt sich in diesem Zusammenhang häufig und quasi reflexartig das Streben nach *Kontrolle* ein. Autonomie und Authentizität einer BC werden allerdings durch unternehmensseitige Versuche der Einflußnahme massiv in Frage gestellt, was mögliche Konfliktsituation provoziert oder schon bestehende Konflikte noch verstärken kann. Die Binnenkommunikation innerhalb von BCs spiegelt die kontinuierliche Beobachtung dessen, was die Unternehmen mit „ihrer" Marke machen und stellt eine „Evaluationsinstitution" der Unternehmenspolitik dar. Konflikte zwischen Unternehmen und BCs können als Rollenkonflikte verstanden werden, wenn die Verhaltenserwartungen der BCs durch das Marketing nicht erfüllt werden. So provoziert der Besitzanspruch von BCs an der von ihnen bewunderten Marke Einschränkungen der markenstrategischen und -politischen Gestaltungsfreiheiten der (juristischen) Markeneigner, wenn ggf. öffentlichkeitswirksame Konflikte abgewendet werden sollen (O'Guinn/Muniz 2005).

Es liegt nahe, die Konflikte im Beziehungsfeld zwischen Unternehmen und „brand communities" als *Kulturkonflikte* zu deuten. Wenn es Unternehmen nicht gelingt, ihr Handeln mit den Werten und Bedeutungszuweisungen einer BC in Übereinstimmung zu bringen, kann dies als Ausdruck mangelnder Vermittlung zwischen daher Unternehmenskultur und der BC-Kultur gedeutet werden (Hallay et al. 2008). Unternehmen sind herausgefordert, interkulturelle Kompetenz zu entwickeln, um zwischen ihrer eigenen (Unternehmens-)Kultur und der ihrer treuen Marken-Fans zu vermitteln.

Einfluß- und gegebenenfalls Kontrollintentionen sind so gesehen nur auf der Grundlage einer weitergehenden Öffnung der Unternehmungen zumindest an den Kontaktpunkten zu ihren Kunden und einer selbstkritischen Reflexion von kundengerichteten Praktiken, Werthaltungen und Wertschätzungen in der Organisation zu verfolgen. Pfriem (2004) hat das Bild des Unternehmens als eines Kulturproduzenten entworfen. In diesem Sinne ist zu fordern, daß das Marketing sowohl in der Praxis als auch in der Forschung seine Rolle und Beteiligung an der Produktion von Konsumkultur(en) *im Zusammenspiel* mit BCs und anderen Konsumentennetzwerken als Co-Produzenten klärt. Hierzu liefern die im Marketing vorherrschende Vorstellung dyadischer Beziehungsmuster und der damit eng verknüpfte verhaltenstheoretische Ansatz keine ausreichende Basis. Vielmehr schafft es Kurzsichtigkeiten, weil sie das Soziale im Konsum systematisch ausgrenzen.

„Social psychologists attempt (more or less and occasionally) to account for the influence of others on individual consumers' thoughts and judgments. But this is hardly the same as studying consumer behavior formed and enacted within and by collectives, collectives themselves shaped by social forces, institutions and other collectives." (O'Guinn/Muniz 2009: 3)

Literatur

Ahlert, Dieter/Becker, Jörg/Knackstedt, Ralf/Wunderlich, Maren (Hg.) (2002): Customer Relationship Marketing im Handel. Berlin.

Algesheimer, René (2004): Brand Communities. Begriff, Grundmodell, Implikationen. Wiesbaden: Gabler.

Bagozzi, Richard P./Dholakia, Utpal (2006): Antecedents and purchase consequences of customer participation in small group brand communities, in: International Journal of Research in Marketing 23, S. 45–61.

Bruhn, Manfred 2009: Relationship Marketing: Das Management von Kundenbeziehungen. München.

Cova, Bernard (1997): Community and Consumption: Toward a Definition of the ‚Linking Value' of Product or Services, in: European Journal of Marketing 31, S. 297–316.

Day, R. L. (1977): Toward a process model of customer satisfaction in: H. K. Hunt (Hg.): Conceptualization and measurement of consumer satisfaction and dissatisfaction. Cambridge, S. 153–186.

Egli, Alain/Gremaud, Tobias (2008): Die Kundenrevolution: Warum Unternehmen umdenken müssen, in: Helge Kaul/Cary Steinmann (Hg.), Community Marketing. Stuttgart, S. 3–15.

Firat, A. Fuat (1987): The social construction of consumption patterns: under-standing macro consumption phenomena, in: Firat, A. Fuat/Nikhilesh Dholakia/Richard P. Bagozzi (Hg.): Philosophical and Radical Thought in Marketing. Lexington, S. 251–268.

Firat, A. Fuat/Nikhilesh Dholakia (1982): Consumption Choices at the Macro Level. Journal of Macromarketing 2, S. 6–15.

Fournier, Susan/Lee, Lara (2009): Getting Brand Communities Right: Embrace conflict, resist the urge to control, forget opinion leaders and build your brand, in: Harvard Business Review, S. 105–111.

Hallay, Hendric/Hellmann, Kai-Uwe/Raabe, Thorsten (2008): „Der See ruft . ." Markenkultur zwischen Forschung und Praxis, in: Markenartikel, S. 60–63.

Hellmann, Kai-Uwe (2005): Marken und ihre Anhänger. Zur Subkultur von Markengemeinschaften, in: Planung & Analyse Sonderheft „Marken". Sonderbeilage „Neue Ansätze in Markenforschung und Markenführung", p & a Wissen, brandsboard mit planung & analyse, S. 38–44.

Hellmann, Kai-Uwe/Kenning, Peter (2007): Die Kreise der Communities, in: Absatzwirtschaft, S. 40–43.

Hellmann, Kai-Uwe/Kenning, Peter (2008): Brand Communities, in: Wirtschaftswissenschaftliches Studium, S. 609–611.

Hirschman, Albert O. (1970): Exit, Voice, and Loyalty: Responses to Decline in Firms, Organizations, and States. Cambridge.

Hollenbeck, Candice R./Zinkhan, George M. (2006): Consumer Activism on the Internet: The Role of Anti-brand Communities, in: Advances in Consumer Research 33, S. 479–485.

Homburg, Christian/Bruhn, Manfred (2008): Kundenbindungsmanagement – Eine Einführung, in: Bruhn, Manfred/Christian Homburg (Hg.): Handbuch Kundenbindungsmanagement. Strategien und Instrumente für ein erfolgreiches CRM. Wiesbaden, S. 3–37.

Kaul, Helge (2008): Integriertes Community Marketing – Kunden- und Leistungspotenziale erfolgreich verknüpfen, in: Helge Kaul/Cary Steinmann (Hg.): Community Marketing. Stuttgart, S. 53–71.

Kotler, Philip/Armstrong, Gary/Saunders, John/Wong, Veronica (2011): Grundlagen des Marketing. München.

Langner, Sascha (2006): Viral Marketing. Wie Sie Mundpropaganda gezielt auslösen und Gewinn bringend nutzen. Wiesbaden.

Levitt, Theodore (1975): Marketing Myopia, in: Harvard Business Review September-October 1975. Quelle: http://www.casadogalo.com/marketingmyopia.pdf.

Liebl, Franz (o. J.): „Marketing Isn't Cool" – Das Szene-Marketing nach seinem Ende. Quelle: http://www.kulturkreis.eu/images/stories/downloads/pb_csr_und_ccr/ccr_hintergruende/theorie-liebl.pdf.

Luedicke, Marius K. (2006): Brand Community Under Fire: The Role of Social Environments for the HUMMER Brand Community, in: Advances in Consumer Research 33, S. 486–493.

McAlexander, James H./Schouten, John W./Koenig, Harold F. (2002): Building Brand Community, in: Journal of Marketing 66, S. 38–54.

McAlexander, James H./Kim, Stephen K./Roberts, Scott D. (2003): Loyalty: The Influences of Satisfaction and Brand Community Integration, in: Journal of Marketing Theory & Practice 11, S. 1–11.

Monieson, David D. (1988): Intellectualization in Macromarketing: A World Disenchanted, in: Journal of Macromarketing 8, S. 4–10.

Muniz, Albert M., Jr./O'Guinn, Thomas C. (2001): Brand Community, in: Journal of Consumer Research 27, S. 412–432.

O'Guinn, Thomas C./Muniz, Albert M., Jr. (2005): Communal Consumption and the brand, in: S. Ratneshwar/David Glen Mick (Hg.): Inside Consumption. Consumer Motifs, Goals, and Desires. London, New York, S. 252–272.

O'Guinn, Thomas C./Muniz, Albert M, Jr. (2009): Towards a Sociological Model of Brands, in: Barbara Loken/Rohini Ahluwalia/Michael J. Houston (Hg.): Contemporary Branding Issues: A Research Perspective. New York. Quelle: http://research3.bus.wisc.edu/file.php/157/papers/towards_a_sociological_model_of_brands.pdf.

Pfriem, Reinhard (2004): Unternehmensstrategien sind kulturelle Angebote an die Gesellschaft, in: Forschungsgruppe Unternehmen Und Gesellschaftliche Organisation (Hg.): Perspektiven einer kulturwissenschaftlichen Theorie der Unternehmung. Marburg, S. 375–404.

Popp, Bastian (2011): Markenerfolg durch Brand Communities: Eine Analyse der Wirkung psychologischer Variablen auf ökonomische Erfolgsindikatoren. Wiesbaden.

Raffée, Hans (1984): Gegenstand, Methoden und Konzepte der Betriebswirtschaftslehre, in: Michael Bitz/Michel Domsch/Ralf Ewert/Franz W. Wagner (Hg.): Vahlens Kompendium der Betriebswirtschaftslehre, Bd. 11. München, S. 1–46.

Raffée, Hans (1995): Marketing-Wissenschaft, in: Bruno Tietz/Richard Köhler/Joachim Zentes (Hg.): Handwörterbuch des Marketing 2. Auflage, Stuttgart, S. 1668–1682.

Rüeger, Brian P./Hannich, Frank M. (2008): Community und Kunde: Die Bedeutung von Communities innerhalb des Customer Relationship Management (CRM), in: Helge Kaul/Cary Steinmann (Hg.): Community Marketing. Wie Unternehmen in sozialen Netzwerken Werte schaffen. Stuttgart, S. 17–32.

Schau, Hope J./Muniz, Albert M., Jr./Arnould, Eric J. (2009): How Brand Community Practices Create Value, in: Journal of Marketing 73, S. 30–51.

Schögel, Marcus/Tomczak, Torsten/Wentzel, Daniel (2005): Communities – Chancen und Gefahren für die marktorientierte Unternehmensführung, in: Thexis, S. 2–5.

Schouten, John W./McAlexander, James H. (1995): Subcultures of Consumption: An Ethnography of the New Bikers, in: Journal of Customer Research 22, S. 43–61.

Stauss, Bernd (1999): Kundenzufriedenheit, in: Marketing – Zeitschrift für Forschung und Praxis 1, S. 5–24.

Stauss, Bernd/Schöler, Andreas (2003): Beschwerdemanagement Excellence. Wiesbaden.

Stauss, Bernd/Seidel, Wolfgang 2007): Beschwerdemanagement: Unzufriedene Kunden als profitable Zielgruppe. München/Wien.

Venkatesh, Alladi/Dholakia, Nikhilesh (1986): Methodological Issues in Macromarketing, in: Journal of Macromarketing 6, S. 36–52.

von Loewenfeld, Fabian (2006): Brand Communities: Erfolgsfaktoren und ökonomische Relevanz von Markengemeinschaften. Wiesbaden.

Woisetschläger, David (2006): Markenwirkung von Sponsoring: Eine Zeitreihenanalyse am Beispiel des Formel 1-Engagements eines Automobilherstellers. Wiesbaden.

Zwischen Netzwerk und Bewegung
Die „Brand Community"-Forschung auf dem Prüfstand

Kai-Uwe Hellmann

1 „Wo Gemeinschaft war, wird Gesellschaft sein."

Schaut man auf die Ursprünge der Soziologie, stößt man auf eine Konstellation des Inkompatiblen, fast könnte man sagen: eine Situation der Agonie. Denn was Ferdinand Tönnies – dessen Schrift „Gemeinschaft und Gesellschaft", 1881 vollendet, 1887 veröffentlicht, zumindest für Deutschland die erste Monographie der Soziologie darstellt – in dieser Schrift unternahm, war nicht weniger, als eine Grundproblematik seiner Zeit zu thematisieren, die man zugespitzt als „Gesellschaft gegen Gemeinschaft"-Antagonismus definieren könnte. Immerhin war Tönnies anfangs noch überzeugt, Gemeinschaft und Gesellschaft seien unvereinbar und die Verbreitung der Gesellschaft erfolge ganz auf Kosten der Gemeinschaft, so daß man es mit einem Nullsummenspiel zu tun hätte.[1] Wobei Tönnies im Vergleich mit Freuds Ausspruch „Wo Es war, soll ich werden",[2] der doch eine gewisse Normativität beinhaltet, von einer schlichten evolutionsbedingten Faktizität auszugehen schien, der zufolge Gesellschaft Gemeinschaft Schritt für Schritt verdränge und sie schließlich ganz ersetzen werde, frei nach dem Motto: „Wo Gemeinschaft war, wird Gesellschaft sein." Insofern hätten wir es mit einer Situation der Agonie, also einem Todeskampf zu tun gehabt, in dem Tönnies der Gemeinschaft eine strukturell hoffnungslos unterlegene Position zuwies, während er den Fortschritt der Gesellschaft – womöglich doch geschichtsphilosophisch inspiriert[3] – für unaufhaltsam hielt.

Wie immer man zu dieser Einschätzung Tönnies' heute stehen mag: Der Begriff der Gemeinschaft gehört seitdem zum Grundbestand der Soziologie,

---

[1] Tönnies mutmaßte später, daß es durchaus noch neue Formen von Gemeinschaften geben könne. Vgl. in diesem Zusammenhang Hitzler et al. 2008.
[2] Der Ausspruch entstammt der Spätschrift „Neue Folge der Vorlesungen zur Einführung in die Psychoanalyse" von 1932, vgl. Freud 1978: 68.
[3] Vgl. Lichtblau (2000: 427): „Die von Tönnies vorgenommene grundbegriffliche Gegenüberstellung von Gemeinschaft und Gesellschaft hatte insofern nicht nur einen idealtypischen Charakter, sondern beruhte auf einer geschichtsphilosophischen Konstruktion, die er von den sozialistischen Theoretikern des 19. Jahrhunderts übernommen hatte."

so Robert A. Nisbet (1967: 47): „The most fundamental and far-reaching of sociology's unit-ideas is community." Dabei begleitet der Gemeinschaftsbegriff die Erforschung der modernen Gesellschaft mitunter wie einen Schatten, der die Kosten fortschreitender Modernisierung und Rationalisierung auf sich vereinigt (Bender 1978; Bauman 2001; Wuthnow 1998).[4] Zudem verbindet sich mit dieser Kategorie, deren theoretisch-terminologischer Status, wie schon George A. Hillery, Jr. (1955) eindrücklich aufgezeigt hat, von Anbeginn hoch umstritten war, eine Art Verlustgeschichte, gleichsam mit Gedächtnisfunktion fürs Fach: Wer von Gemeinschaft spricht, erinnert an das, was verloren ging (Gusfield 1975: 3 ff.; Gertenbach et al. 2010: 54 ff., 174 ff.). Relikte, Schwundformen, Überbleibsel sind dann häufig Gegenstand der Betrachtung. Selten nur kommt es zu aktiven Bemühungen der Reanimation, und wenn, wirken diese oftmals bemüht und akademisch motiviert (Etzioni 1993; Honneth 1993).

Kommt man vor diesem Hintergrund auf eine neuere Forschungslinie zu sprechen, die Gemeinschaft („community") dort identifiziert, wo sie nach Tönnies gewiß niemals sich hätte ausbreiten können: in Märkten oder wenigstens doch in direkter Bezugnahme auf Märkte – dem Grundprinzip von Gesellschaft im Verständnis von Tönnies –, erregt dies unverzüglich die Neugier der Soziologie. Denn offenbar hat man es dann mit einer Vereinbarkeit von Gemeinschaft und Gesellschaft zu tun, wie sie mit Tönnies undenkbar schien.

Die Forschung, um die es sich hierbei handelt, bezeichnet ihren Gegenstand selbst als „brand community", also als „Markengemeinschaft" (wobei die deutsche Übersetzung, weil überdeterminiert, nur hier Erwähnung findet[5]), und definiert ihn – diesbezüglich auf die beiden Initiatoren Albert M. Muniz, Jr. und Thomas C. O'Guinn (2001: 412) zurückgreifend – wie folgt:

> „A brand community is a specialized, non-geographically bound community, based on a structured set of social relationships among admirers of a brand. It is specialized because at its center is a branded good or service. Like other communities, it is marked by a shared consciousness, rituals and traditions and a sense of moral responsibility. Each of these qualities is, however, situated within a commercial and mass-mediated ethos, and has its own particular expression. Brand communities are participants in the brand's larger social construction and play a vital role in the brand's ultimate legacy."

Dabei leiteten Muniz/O'Guinn (2001: 412) ihren Beitrag mit der schlichten Feststellung ein: „Community is a core construct in social thought." Sie verorteten

---

[4] Schon bei Tönnies wird diese Gewinn/Verlust-Rechnung aufgemacht, vgl. Bickel 1990.
[5] Vgl. Fußnote 6.

ihr Thema demgemäß genau dort, wo es Tönnies angesiedelt hatte: im Zentrum des Fachs – wenn inzwischen auch die Vielfalt an Forschung dieses völlig überwuchert hat. Dementsprechend liegt es aber nahe, den Gehalt dieser Bezeichnung, die aus Sicht Tönnies' nur als paradox beschrieben werden kann, soziologisch auf Herz und Nieren zu prüfen, soweit dies im Rahmen dieses Beitrags möglich ist. Was also ist dran an dieser Bezeichnung? Gibt es als „brand communities" bezeichnete Kollektive, die sich tatsächlich gemeinschaftlich verhalten, und zwar nicht bloß sporadisch, sondern konstant, so daß eine derart undifferenzierte Zuweisung des Begriffs der Gemeinschaft („community") zulässig erscheint? Welches sind die Kriterien, und wie eindeutig werden sie erfüllt?

Wie angedeutet, kann eine allzu gründliche Überprüfung dieser Fragen hier nicht geleistet werden. Nichtsdestotrotz soll versucht werden, eine grundsätzliche Bewertung der aufgeworfenen Fragen vorzunehmen, bis hin zur Möglichkeit einer Entscheidbarkeit der hybriden, ja mehr noch: paradoxen Konstruktion, die mit der Bezeichnung „brand community" vorliegt, soweit es Tönnies' Annahme einer Unvereinbarkeit von Gemeinschaft und Gesellschaft betrifft.

Im einzelnen ist dieser Beitrag wie folgt gegliedert: In einem ersten Abschnitt werden, ausgehend von Tönnies' Monographie, Grundzüge der Gemeinschaftsforschung dargelegt, um daraufhin bewerten zu können, ob und inwieweit die Bezeichnung „brand community" zweckmäßig ist. Hierzu wird der konzeptionell wichtigste Beitrag der „Brand Community"-Forschung auf seine zentralen Argumente und Befunde hin gesichtet und diskutiert.

Im Ergebnis kommt es zu der Einschätzung, daß diese Forschung sich nicht nur darin als unzulänglich erweist, eine angemessene Rezeption des Forschungsstandes in Sachen „Gemeinschaft"/„community" zu leisten, sondern mehr noch intern, was die Anwendung selbst generierter Kriterien auf ihre Gegenstände und deren empirische Unterfütterung angeht, nicht recht zu überzeugen weiß und erhebliche Fehler, Mängel und Schwächen aufweist.

Angesichts dieses Befundes wird zum Schluß dieses Beitrags ein Alternativkonzept vorgestellt, das auf zuvor identifizierte Probleme Bezug nimmt und die in Rede stehenden Phänomene nicht als „brand communities" konzipiert, sondern als „brand networks", d.h. als Netzwerke markentreuer Kunden, ausgestattet mit der Fähigkeit vorübergehender Selbstmobilisierung, während derer gewisse Vergemeinschaftungseffekte auftreten können, die sozialen Bewegungen durchaus ähnlich sind.

2 Tönnies und wir

1887 wurde „Gemeinschaft und Gesellschaft" erstmals veröffentlicht. In diesem Klassiker der Gemeinschaftsforschung, dessen Abschnitte mittels Paragraphen untergliedert sind, legte Tönnies eine idealtypische Bestimmung der beiden Begriffe „Gemeinschaft" und „Gesellschaft" vor, die sich ihm zufolge in strikter Opposition befinden. Es handelt sich um eine binäre Unterscheidung, deren beide Seiten anhand bestimmter, sich wechselseitig ausschließender Merkmale identifiziert und dadurch differenziert werden können.

So stellte Tönnies für den Begriff der Gemeinschaft fest, daß es sich um eine historisch, ja anthropologisch ursprüngliche Form des Zusammenlebens handele. In einer Gemeinschaft seien alle Mitglieder miteinander persönlich vertraut, ganz auf das Kollektiv bezogen, und sie blieben zumeist ihr Leben lang zusammen. Die Zugehörigkeit zu einer Gemeinschaft sei einzigartig, d.h. Mehrfachmitgliedschaften bezüglich anderer Gemeinschaften würden in der Regel nicht toleriert werden.

Die basale soziale Einheit einer Gemeinschaft sei die Familie, genauer: die Mutter-Kind-Beziehung, und darauf aufbauend die „Verwandtschaft". Diese Gemeinschaftsform nannte Tönnies die „Gemeinschaft des Blutes". Es folgen ihr die „Gemeinschaft des Ortes", hier sprach Tönnies von „Nachbarschaft", und die „Gemeinschaft des Geistes", womit Tönnies die Sozialform der „Freundschaft" meinte.

Die räumliche Dimension spiele bei Gemeinschaft eine konstitutive Rolle, anders als bei Gesellschaft, weil das Gemeinschaftliche das persönliche Kennen und Vertrauen der Mitglieder voraussetze, wofür es wiederum die direkte, räumlich begrenzte Begegnung von Angesicht zu Angesicht brauche. So sei das Haus der Mittelpunkt einer Gemeinschaft der Verwandten, und die Tafel wiederum der Mittelpunkt des Hauses. Bei der Gemeinschaftsform der Nachbarschaft sprach Tönnies vom Dorf, und eine Freundschaft habe ihren Ort in Städten und Versammlungen.

Wendet man sich damit der anderen Seite dieser Unterscheidung zu, trifft man laut Tönnies auf die Gesellschaft. Eine Gesellschaft markiere das genaue Gegenteil einer Gemeinschaft. Zum Beispiel seien die Mitglieder in einer Gesellschaft füreinander Fremde. Man begegne sich als formal freie Individuen, zunächst anonym und ohne gemeinsame Interessen – bis auf das eine dominante Motiv: Tausch bzw. Interessensausgleich. Denn Gesellschaft zeichne sich dadurch aus, daß sich in ihr beinahe alles um das Tauschen von Sach- und Dienstleistungen drehe. Es sei der zentrale Antriebsmechanismus von Gesellschaft, Gesellschaft mithin Tauschgesellschaft. Von daher sei Zugehörigkeit zur Gesellschaft auch lediglich davon abhängig, in welchem Maße man am wirtschaftlichen Verkehr teilnehme, und bei derartigen Zugehörigkeiten handele es sich eher um punktuelle, zeitlich befristete, sachlich und sozial spezifische, nur in der jeweiligen Situation verbindliche Mitgliedschaften. Weitergehende, einer Gemeinschaft ähnliche Formen der Zusammengehörigkeit gebe es in einer Gesellschaft nicht. Darüber hinaus gehörten auch andere soziale Sphären zur Gesellschaft, wie Staat oder Wissenschaft. Außerdem sei Gesellschaft nicht gleichursprünglich, sondern eine Spätentwicklung der sozialen Evolution: „Gemeinschaft ist alt, Gesellschaft ist neu, als Sache und Namen." (Tönnies 1988: 4) Und hinsichtlich der Raumdimension siedelte Tönnies Gesellschaft in Großstädten, auf der nationalen und globalen Ebene an.

Als Zwischenfazit ist festzuhalten, daß Gemeinschaft und Gesellschaft hinsichtlich ihrer Merkmale völlig unvereinbar scheinen: Niemals kann eine Gemeinschaft dort auftauchen, wo die Merkmale einer Gesellschaft vorherrschen, und umgekehrt. Hier Familie, dort Markt, strikt getrennt, nicht bloß räumlich, und beinahe ohne jede strukturelle Gemeinsamkeit.

Um die angesprochenen, von Tönnies idealtypisch konzipierten, sich wechselseitig ausschließenden Merkmale von Gemeinschaft und Gesellschaft, die sich größtenteils schon dem Werk Tönnies' entnehmen lassen, in eine gewisse Systematik zu überführen, wird folgende Gegenüberstellung vorgenommen (Tab. 1).

Tabelle 1   Die Dichotomie von Gemeinschaft und Gesellschaft

Gemeinschaft	**Gesellschaft**
Exklusiv	Inklusiv
Kollektivistisch (Wir-Präferenz)	Individualistisch (Ich-Präferenz)
Holistisch	Fragmentarisch
Interaktion (face to face)	Massenkommunikation
Lebenslang	Vorübergehend/Episodenhaft
Präreflexive Konstitution	Reflexive Konstruktion
Nicht kommerziell/Familial	Kommerziell/Marktförmig
Informale Mitgliedschaft	Formale Mitgliedschaft
Privatheit/Intimität	Öffentlichkeit/Anonymität

Ohne diese kontradiktatorischen, sich logisch ausschließenden Begriffspaare, wie René König (1955) sie genannt hat, durchgängig mit Belegen zu versehen, sei jeweils eine kurze Erläuterung hinzugefügt.

1. Die Opposition exklusiv/inklusiv bedeutet, daß man nach Tönnies immer nur einer einzigen Gemeinschaft angehören könne, niemals zweien gleichzeitig und höchst-

wahrscheinlich auch kaum nacheinander, insbesondere wenn man das Kriterium der Blutsbande (Familie) zugrunde legt (hier handelt es sich typischerweise um eine Erweiterung der bestehenden Familienbande). Inklusiv meint hingegen die Möglichkeit der Mehrfachzugehörigkeit.
2. Kollektivistisch bedeutet vorrangige Orientierung an der Gemeinschaft. Bezugnehmend auf die Wir-Ich-Balance von Norbert Elias (1987), neigt sich die Waage eindeutig auf die Wir-Seite, hinter die das Ich bis zur Unkenntlichkeit („Verlust der Persönlichkeit") zurücktritt. Individualistisch bezeichnet demgegenüber die Auflösung fast aller Gemeinschaftsbindungen. Das Ich beherrscht die Szenerie. Gruppen- und Gemeinschaftsbezüge treten zusehends in den Hintergrund. Extensiv vorgebrachte Solidaritätsbekundungen mit Kurzzeitbindung ersetzen intensiv erbrachte Solidaritätsleistungen.
3. Holistisch bezeichnet die ganzheitlich angelegte, sämtliche Bereiche der persönlichen Lebensführung erfassende Ausrichtung allen persönlichen Denkens, Fühlens und Handelns auf das Gemeinschaftslebens, während unsere heutige Lebensführung eine solche ganzheitliche Ausrichtung kaum mehr aufzuweisen vermag, vielmehr in eine Vielzahl von Fragmenten, d. h. funktionssystemspezifischer Rollenengagements und Rollenverwaltungsaufgaben zerfällt, deren harmonische Einheit sich individuell nur schwerlich noch herstellen läßt, schon gar nicht über längere Zeit hinweg.
4. Interaktiv bezieht sich auf das Moment der persönlichen Begegnung und des ständigen direkten Kontakts miteinander, zentrale Voraussetzung für die Ausbildung von Personenvertrauen. Heutzutage erschließt sich uns der Gesamtzusammenhang mitnichten noch über Interaktion, diese ist zur mikropolitischen Spielwiese herabgesunken, während Sozialintegration beinahe schon systemisch erfolgt, vorrangig durch die Massenmedien (Hellmann 1997).
5. Lebenslang waren die Bindungen bei Tönnies' Gemeinschaften zwar nicht durchweg, zumindest mit abnehmender Tendenz, wenn man von der Gemeinschaft des Blutes über die Gemeinschaft des Ortes zur Gemeinschaft des Geistes wechselt. Doch insbesondere für den Nukleus des Gemeinschaftlichen, wie Tönnies es verstand, nämlich die Familie, galten lebenslange Bindungen als Normalfall, obligatorisch und unaustauschbar, ohne Chance für irgendwelche funktionalen Äquivalente (das Kloster als Spezialgemeinschaft hier einmal ausgenommen). Dagegen bezieht sich Episodenhaftigkeit auf die Tatsache, daß in der modernen Gesellschaft, in der der Umgang mit Fremden vorherrschend ist, Bindungen eher von zeitlich begrenzter Dauer sind, projektbezogen, vorübergehend, austauschbar.
6. Präreflexive Konstitution von Gemeinschaften rekurriert auf Tönnies' Feststellung, daß Gemeinschaften gewachsen seien, keinem Plan, keiner ausgedachten Strategie der Vergemeinschaftung folgen würden, sondern unverfügbares Produkt der sozialen Evolution seien. Reflexive Konstruktion zeugt demgegenüber vom Abschied der Quasi-Ontologie, der Annahme von Naturrecht und der Gegebenheit der Welt als

einem Faktum ohne menschliche Anteilnahme. Vielmehr erweist sich alles Soziale heutzutage mehr und mehr als Konstrukt, als herstellbar, entscheidbar, änderbar, damit auch mit einem ganz anderen Zeitindex versehen. Wir wissen, daß die Verantwortung für einen Großteil der sozialen Verhältnisse, und inzwischen schließt dies auch einen Großteil der Naturverhältnisse ein, auf uns als Quasi-Demiurgen zurückfällt. Ein Rückweg ins Paradies der Unwissenheit ist uns versperrt.

7. Nicht kommerziell ist eine Grundüberzeugung Tönnies', soweit es Gemeinschaft betrifft. Denn Gemeinschaft besteht ihrer selbst wegen und ist nicht etwa Gegenstand oder Grundlage für irgendwelche kommerziellen Tauschgeschäfte. Familie bzw. Oikos sind die strikten Gegenmodelle für Markt- bzw. Geldgeschäfte. Die moderne Gesellschaft wiederum zeigt ihr wahres Gesicht vor allem im Marktgeschehen, so Tönnies, in ihrer kapitalistischen Struktur.

8. Informale Mitgliedschaft meint, daß Gemeinschaften ihrer Exklusivität wegen strikte Mitgliedschaften erlassen, wenngleich nicht auf Basis formaler Verträge. Nichtsdestotrotz ist die Wirkung von Gemeinschaftsmitgliedschaften der von Organisationsmitgliedschaften durchaus vergleichbar. Demgegenüber dominieren in der modernen Gesellschaft Organisationen das Moment der Inklusion (Schimank 2005).

9. Da Tönnies (1988: 3) die Gesellschaft direkt mit Öffentlichkeit verband („Gesellschaft ist die Öffentlichkeit, ist die Welt."), läge es nahe, Gemeinschaft mit Privatheit zu korrelieren. Freilich hat die Unterscheidung zwischen Öffentlichkeit und Privatheit erst mit dem Aufkommen der Hochkulturen und vor allem für die moderne Gesellschaft, speziell von größeren Städten, so Barth (1984), ihre heutige Geltung erhalten, so daß hier zu überlegen wäre, wie man diese Unterscheidung unter vormodernen Verhältnissen neu konzipiert, um nicht einem Ahistorismus leichtfertig zum Opfer zu fallen.

Fraglos ist das Gemeinschaftsverständnis von Tönnies nicht unproblematisch. So hat René König (1955) anläßlich des hundertsten Geburtstags von Tönnies (* 26. Juli 1855) eine sehr kritische Analyse von „Gemeinschaft und Gesellschaft" vorgelegt und u. a. deutlich gemacht, daß der Gemeinschaftsbegriff von Tönnies selbst eine Form der Rationalität aufweise, also keineswegs naturwüchsig, gar naturgegeben sei, sondern eine Konstruktion darstelle und auf kollektive Produktion zurückgehe.[6] Darüber hinaus konzentrierte sich Tönnies bei der Gegenüber-

---

[6] In nordamerikanischen Lexika drückt sich das recht deutlich aus. So erscheinen die Merkmale, welche im Englischen mit dem Begriff „community" verbunden werden, häufig zweckrational im Sinne Webers, oder mit Tönnies' Worten: als „Kürwillen" oder willkürlich geschaffene Gebilde. So findet sich beim entsprechenden Lemma in der „Encyclopedia of the Social Sciences" von 1930 folgende Definition: „A community, if we define its explicit elements, is any consciously organized aggregation of individuals residing in a specified area or locality, endowed with limited political autonomy, supporting such primary institutions as schools and churches and among whom certain

stellung von Gemeinschaft und Gesellschaft darauf, dem Gemeinschaftsbegriff nur positive, das Soziale bejahende Eigenschaften zuzuschreiben, während alle negativen Effekte, etwa Konflikte, aus seiner Begriffsbestimmung von vornherein und damit normativ ausgeschlossen seien.[7] Außerdem unterlegte er seinen Ausführungen zum Gemeinschaftsbegriff eine rudimentäre Ontologie, auch wenn er sich explizit darum bemühte, eine reine, von allen realen Gegebenheiten bereinigte Fassung von Soziologie zu etablieren.[8]

Laut König unterschied Tönnies Gemeinschaft und Gesellschaft danach, daß erstere gewachsen sei und letztere gemacht wurde, wobei das Gewachsene für Tönnies einen höheren Stellenwert eingenommen hätte, gerade weil es sich der willkürlichen Verfügung durch einzelne entziehe (der Tendenz nach ein Argument, das noch in der Naturrechtstradition steht). Ferner werde Gemeinschaft als Selbstzweck betrachtet, während es bei Gesellschaft lediglich darum gehe, als Mittel zur Erreichung unterschiedlichster Zwecke herzuhalten (siehe Markt).

Neben einer ganzen Reihe weiterer Kritikpunkte wendet sich König insbesondere gegen die ausgemachte Präferenz für den Gemeinschaftsbegriff auf Kosten des Gesellschaftsbegriffs. Angreifbar sei diese Bevorzugung etwa, weil es schon seit längerem den Begriff der Interessengemeinschaft gebe, der sich ja durchaus und ohne größere Komplikationen im umgangssprachlichen Gebrauch befinde und dabei doch genau jene beiden Aspekte miteinander verbinde, die sich nach Tönnies-Lesart wechselseitig ausschlössen: *Interessen* und *Gemeinschaft* (Webber 1963). Darüber hinaus sei der Begriff der Gesellschaft in den antiken Sprachen schon lange vorhanden gewesen, was sich nicht gut vertrage mit Tönnies' Annahme, zuerst hätte ausschließlich das Gemeinschaftliche vorgeherrscht, wes-

---

degrees of interdependency are recognized. This definition will include hamlets, villages, towns and cities. A community, if we define its implicit elements, is any process of social interaction which gives rise to a more intensive or interdependence, cooperation, collaboration and unification." Und zum Abschluß heißt es ganz technokratisch: „the community is an aggregation of individual human beings living within numerous types of groupings; the level of community experience depends upon the quality of social interaction which characterizes each of these groupings, and their consequent interrelationships." Noch generischer ist die Definition aus der „International Encyclopedia of the Social Sciences" von 1968: „A community, in the sense in which the term will be used here, is a territorially bounded social system or set of interlocking or integrated functional subsystems (economic, political, religious, ethical, educational, legal, socializing, reproductive, etc.) serving a resident population, plus the material culture or physical plant through which the subsystems operate. The community concept does not include such characteristics as harmony, love, ‚we-feeling' or intimacy, which are sometimes, nostalgically imputed to idealized preindustrial communities".

[7] Dies wurde schon von Weber (1985: 22) problematisiert, und auch Königs Gemeindestudie geht darauf ein, vgl. Plessner 2002; König 1958: 109 ff.; Cohnstaedt 1966.

[8] Vgl. Lichtblau (2000: 427): „Obgleich als reine Begriffe konzipiert, sind diese doch durch spezifische historische Erfahrungen gekennzeichnet, so daß mit ihrer Gegenüberstellung bei Tönnies zugleich eine umfassende Theorie des sozialen Wandelns verbunden ist."

halb es eines Gesellschaftsbegriffs gar nicht bedurft hätte. Schließlich weist König darauf hin, daß ja auch Gemeinschaft letztlich auf dasselbe Konstitutionsprinzip wie Gesellschaft zurückgeführt werden könne, nämlich aufgrund einer geistigen, man könnte auch sagen: kommunikativen Verbindung zustande zu kommen, so daß es substantiell keinen qualitativen Unterschied zwischen der „Seinsweise" einer Gemeinschaft und der einer Gesellschaft gäbe (Gusfield 1975: 30 f.; Cohen 1985; Crow/Allan 1995).[9]

Im Anschluß an diese Ausführungen schlägt König eine neue Systematik für beide Begriffe vor. Demnach sollte es einen allgemeinen Begriff von Gesellschaft geben, der sämtliche soziale Gebilde umfaßt, die es überhaupt gibt. Erst auf einer darunter liegenden Ebenen taucht dann das kontradiktorische Begriffspaar von Tönnies auf, nur daß es sich beim Gesellschaftsbegriff im engeren Sinne rein um solche soziale Gebilde handele, die keinerlei Gemeinschaftsanteile aufwiesen (Abb. 1).

Abbildung 1 René Königs Gemeinschaft/Gesellschaft-Unterscheidung

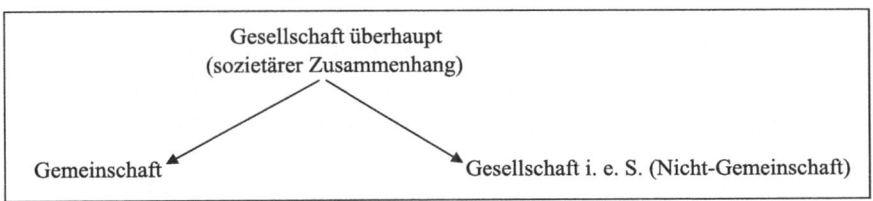

Ferner meint König, daß es entgegen Tönnies' Einschätzung keine Gemeinschaft ganz ohne Momente des Gesellschaftlichen gäbe und umgekehrt Gesellschaft niemals ganz ohne Gemeinschaftliches vorkomme – eine Einschätzung, die sich schon bei Weber (1985: 22) findet:

„Die große Mehrzahl sozialer Beziehungen [...] hat *teils* den Charakter der Vergemeinschaftung, *teils* den der Vergesellschaftung. Jede noch so zweckrationale und nüchtern geschaffene und abgezweckte soziale Beziehung (Kundschaft z. B.) *kann* Gefühlswerte stiften, welche über den gewillkürten Zweck hinausgehen. Jede über ein affektuelles Zwecksvereinshandeln hinausgehende, also auf längere Dauer eingestellte, soziale Beziehungen zwischen den gleichen Personen herzustellende und nicht vornherein auf sachliche Einzelleistungen begrenzte Vergesellschaftung – wie etwa die Vergesellschaftung im gleichen Heeresverband, in der gleichen Schulklasse

---

[9] Vgl. Gusfield (1975: 30): „What is given is what has come to be perceived and experienced as ‚given'."

im gleichen Kontor, der gleichen Werkstatt – neigt, in freilich höchst verschiedenem Grade, irgendwie dazu. Ebenso kann umgekehrt eine soziale Beziehung, deren normaler Sinn Vergemeinschaftung ist, von allen oder einigen Beteiligten ganz oder teilweise zweckrational orientiert werden."

Gerade dieser letzte Punkt eröffnet nun die Möglichkeit, von vornherein solche Mischungsverhältnisse zuzulassen und konzeptionell zugrundezulegen. Insofern könnte dafür plädiert werden, die Ansprüche erheblich zu reduzieren und die Bedingungen der Möglichkeit der Zuschreibung des Gemeinschaftsbegriffs stark aufzuweichen. So ist nicht nur denkbar, daß man beliebige Mischungsverhältnisse für ausreichend erachtet, um ein konkretes empirisches Phänomen als eine real existierende Gemeinschaft zu bezeichnen, sondern mehr noch, daß dafür nicht einmal alle Merkmale erfüllt sein müßten (Brint 2001). Hierzu könnte man sich etwa eines semantischen Differentials bedienen, das gewisse Zwischenstufen vorsieht, so daß sich beispielsweise folgende Merkmalsverteilung für ein bestimmtes soziales Phänomen ergibt (Tab. 2).

Tabelle 2   Das semantische Differential „Gemeinschaft–Gesellschaft"

Gemeinschaft	Gesellschaft
Exklusiv	Inklusiv
Kollektivistisch (Wir-Präferenz)	Individualistisch (Ich-Präferenz)
Holistisch	Fragmentarisch
Interaktiv (face to face)/territorial	Massenmediale Kommunikation
Lebenslang	Vorübergehend/Episodenhaft
Präreflexive Konstitution	Reflexive Konstruktion
Nicht kommerziell/Reziprok	Kommerziell/Marktförmig
Informale Mitgliedschaft	Formale Mitgliedschaft
Privatheit/Intimität	Öffentlichkeit/Anonymität

Im Rahmen dieses Beitrags wird jedoch davon ausgegangen, daß eine solche Vorgehensweise dazu (ver)führt, in Anbetracht der erwartbaren Kontingenz empirischer Phänomene eine Beliebigkeit der Begriffszuschreibung billigend in Kauf zu nehmen, deren Erkenntniswert gegen Null tendiert. Alles könnte dann Gemeinschaft sein, weil wohl jedes soziale Phänomen zumindest in Bruchteilen mindestens eines dieser Merkmale mehr oder weniger erfüllt. Dieser Tendenz kann nur dadurch begegnet werden, indem man an der Idee des Idealtypus strikt festhält. Denn das methodische Mittel des Idealtypus zielt ja darauf, einen Gegenstand so auf den Begriff zu bringen, daß er in dieser konzipierten Reinheit kaum irgendwo eine empirisch vorkommende Entsprechung findet. Angewandt auf den vorliegenden Fall, ginge es also darum, daß von „Gemeinschaft" realiter erst dann gesprochen werden sollte, wenn sämtliche aufgeführten Merkmale empirisch hundertprozentig bestätigt werden könnten.[10] Da die Zuspitzung und empirische Reinigung dieser Merkmale aber gerade soweit getrieben werden, daß sie als solche, und schon gar nicht sämtliche auf einmal, konkret nirgends anzutreffen sein dürften, geht es forschungspragmatisch darum, über den Grad der Abweichung

---

[10] Man könnte die strikte Unvereinbarkeit als Resultat eines nomologischen Verfahrens begreifen. Immerhin hat Tönnies lediglich zwei Begriffe geprägt, die im Sinne Max Webers Idealtypen darstellen sollen − Tönnies sprach später bevorzugt von „Normaltypen" −, die realiter so nie vorkommen, weil sie nur extreme, reine Formen des sozialen Zusammenlebens bezeichneten. Insofern lassen sich manche Formulierungen, etwa zur Geschlechterdifferenz, sicher entschärfen. Doch bleiben Zweifel, ob Tönnies' Terminologie tatsächlich nur nomologisch fundiert ist. So bediente sich Tönnies einer Sprache, die durchaus wertete, etwa wenn er den „Sprachsinn" zum Maßstab erhob; er sprach davon, daß die häusliche Gemeinschaft mit ihren unendlichen Wirkungen auf die menschliche Seele von jedem „empfunden" werde, der ihrer teilhaftig geworden sei; er schrieb, die Zusammensetzung Aktien-Gemeinschaft sei „vollends abscheulich"; er betonte die „herzliche" Verbundenheit in einer Gemeinschaft, oder er beschrieb das Leben der Gemeinschaft als „notwendig" und „innerlich", „real" und „organisch", „dauernd" und „echt", während das Leben der Gesellschaft „nur" als nicht notwendig und äußerlich, ideell und mechanisch, vorübergehend und scheinbar zur Geltung komme. Ferner bediente er sich Metaphern wie „Keim", „Instinkt", „Blutnähe", „Verhältnis der Leiber" oder „Lebendigkeit", wenn es im die Bestimmung von Gemeinschaft ging, die einen gewissen Naturalismus oder Biologismus anklingen lassen. Man kann diese semantischen Beimischungen pauschal zurückweisen oder zum Zwecke des Erkenntnisgewinns nutzen. Denn diese Emphase, das Pathos, mit welchem Tönnies unterschwellig und doch unverkennbar Stellung bezog für die Gemeinschaft und gegen die Gesellschaft, kann auch produktiv gewendet werden, wenn man etwa unterstellt, daß Tönnies dieses Buch noch unter Zeitumständen geschrieben hat, als es den klassischen Typus von Gemeinschaft so noch gab, während unsereins heutzutage allenfalls aus Erzählungen und Hören-Sagen, mithin vermittelt, davon Kenntnis besitzt, aber nicht als selbst erlebtes Erfahrungsgut darüber eigens verfügt. Wobei sich der von Tönnies beschriebene Sachverhalt „Gemeinschaft" zu seiner Zeit schon längst im Niedergang befand, wie Tönnies nüchtern diagnostizierte, weshalb er in „Gemeinschaft und Gesellschaft" auch eine Art Verlustgeschichte verfaßt hat, ein Verlust, der ihm dadurch möglicherweise noch schmerzhafter zu Bewußtsein kam. Nichts anderes meint Cornelius Bickel (1990) ja, wenn er von „Gemeinschaft" als einem kritischen Begriff bei Tönnies spricht.

Wie dem auch sei: Gerade diese Empfindsamkeit Tönnies' gegenüber den Veränderungen in seiner Zeit, die sich eher zu Ungunsten dessen auswirken, was „Gemeinschaft" ihm bedeutet hat, kann darauf hinweisen, welche soziale Realität damit wirklich verbunden war, solange es diese traditionalen Gemeinschaften noch halbwegs gab, während uns eine solche „authentische Erfahrung" möglicherweise für immer verschlossen bleibt. Dafür sind wir inzwischen zu modern. Freilich ist dies eher ein methodologischer Kunstgriff, eine Reminiszenzprothese, um einen möglichen Epochenbruch zwischen Tönnies und uns nicht aus den Augen zu verlieren. Für die vorliegende Fragestellung dürfte die Relevanz einer solchen Betrachtungsweise darin liegen, zeitdiagnostisch zu wirken, gleichsam eine Heuristik zum Aufspüren kulturkritischer Untertöne und Tendenzen, die, wie dies schon bei Joseph R. Gusfield ausgearbeitet wurde, als Motive der Zivilisationsklage sich des Gemeinschaftsbegriffs Tönnies'scher Färbung bedienen.

und das jeweilige Mischungsverhältnis herauszufinden, wieviel „Gemeinschaft" ein konkretes empirisches Phänomen auf Grundlage der idealtypisch gesetzten Merkmale überhaupt aufweist. Absolut betrachtet, dürfte der Befund insofern immer negativ ausfallen: Von „Gemeinschaft" zu sprechen, nicht bloß im Sinne einer Semantik, sondern als operativ wirksame Struktur, gar als soziales System, wird damit verunmöglicht. Letztlich geht es somit nur um Spurenlese, um das Aufspüren von Anteilen, nicht um die Identifikation einer Reinkultur.

In Anbetracht der Vielzahl von Merkmalsunterschieden, die Tönnies in „Gemeinschaft und Gesellschaft" angesprochen hatte, stellt sich nunmehr die Frage, ob für den vorliegenden Zweck allesamt von Belang sind. Immerhin soll auf begrenztem Raum geprüft werden, wie es um den Stand der „Brand Community"-Forschung vom Standpunkt der Gemeinschaftsforschung bestellt ist. Aus diesem Grunde wird eine vereinfachte Schematik skizziert, die sich an den drei Sinndimensionen des Sachlichen, Sozialen und Zeitlichen von Niklas Luhmann (1984: 112 ff.) orientiert. Außerdem wird mit René König (1955) streng binär zwischen Gemeinschaft/Nicht-Gemeinschaft unterschieden. Demnach lassen sich Gemeinschaften von Nicht-Gemeinschaften sachlich, sozial, zeitlich und räumlich unterscheiden, wobei hier nur die Gemeinschaftsseite interessiert.

So zeichnen sich Gemeinschaften in sachlicher Hinsicht dadurch aus, daß in ihnen tendenziell alles zum Thema werden kann. Häufig kann man sogar feststellen, daß Gemeinschaften die gesamte Lebensführung beeinflussen, gar vorgeben. Mit Verweis auf die „pattern variables" von Talcott Parsons (1951: 67) könnte man auch sagen, daß Gemeinschaften hochgradig diffus kommunizieren.[11] Für sie hängt alles mit allem zusammen, und sie sind zumeist multifunktional/multiplex ausgerichtet. Dabei ist ihre Weltanschauung eher eingeschränkt, partikular. Gleichwohl handelt es sich um eine in sich vollständige Weltsicht: Zu beinahe allem kann Stellung bezogen werden. Und sie liegt immer richtig. Andere Sichtweisen werden demgegenüber kaum anerkannt und schnell als bedrohlich wahrgenommen.

In sozialer Hinsicht neigen Gemeinschaften dazu, ihre Mitglieder allumfassend zu inkludieren und damit exkludierend zu wirken, was weitere Mitgliedschaftsmöglichkeiten betrifft. Dies geht nicht selten soweit, daß die Zugehörigkeit zu anderen Gemeinschaften, ja überhaupt Mitgliedschaft außerhalb der Gemeinschaft nicht gern gesehen werden, mitunter sogar verboten sind. Die eigene Gemeinschaft ist der einzig legitime Lebensquell. Sie genügt sich selbst, so auch allen Mitgliedern. Es besteht kein Bedarf nach Anbindung außerhalb der Gemeinschaft – und darf nicht bestehen. Außerdem herrscht das Prinzip des Kollektivismus: Der Einzelne zählt nicht viel, muß sich dem Kollektiv unterordnen.

---

[11] An dieser Stelle würde es sich gewiß empfehlen, die „pattern variables" von Parsons in Gänze anzubringen, was im Rahmen dieses Beitrags aber nicht zu leisten ist.

Privatheit ist verpönt, soweit es um Selbstabkapselung geht. Gelebt wird ein striktes „Wir"-Gefühl, woraus sich Reziprozität und Solidarität, d. h. wechselseitige Verpflichtungsverhältnisse ergeben. Man tritt füreinander ein, hilft sich, läßt sich nicht allein. Pflichtvergessenheit wird streng geahndet. Unterstützt wird dieses Gefühl der Zusammengehörigkeit durch hohe Kontaktdichte: Man trifft sich ständig, begegnet sich überall von Angesicht zu Angesicht. Gemeinschaften sind äußerst interaktionsintensiv. Der direkte, persönliche Kontakt ist essentiell.

In zeitlicher Hinsicht ist die Bindung an Gemeinschaften häufig lebenslang, von der Wiege bis zur Bahre. Generationen, ja ganze Geschlechter können zurück verfolgt werden, auch wenn die Ursprünge im Nebulösen bleiben. Langfristigkeit, mitunter Ewigkeitsanspruch verbinden sich mit Gemeinschaften oft. Und selbst wenn ein Mitglied geht: Es kehrt irgendwann zurück, die Verbindung bleibt trotz längerer Abwesenheit intakt. Und in räumlicher Hinsicht ist festzustellen, daß dem Prinzip der Lokalität, ob Haus, Ort oder Region, meistens große Bedeutung zukommt. Lokalität ist ein wichtiges Symbol für Gemeinschaft. Es geht darum, sich wiederzusehen und erinnern zu können, wo man herkommt. Mit Lokalität verbindet sich häufig ein Ursprungsmythos: Wo alles anfing, Heimat. Lokale Nähe ist aber auch wichtig, um direkte Begegnung zu ermöglichen. Nur so wird der Zusammenhalt der Gemeinschaft dauerhaft gewahrt.

Für den Fortgang dieser Argumentation wird das Gemeinschaftsverständnis nochmals auf die Sozialdimension eingeschränkt, der zufolge Gemeinschaften sich vor allem durch zwei Eigenschaften idealtypisch auszeichnen: Auf der einen Seite die Eigenschaft „Kollektivismus" (vorherrschendes „Wir-Gefühl", hier primär eine Frage des Erlebens), mit der sich etwa Norbert Elias (1987) beschäftigt hat, auf der anderen die Eigenschaft „strong ties" (starke wechselseitige (Selbst) Verpflichtungsverhältnisse, hier primär eine Frage des Handelns), der die bekannte Unterscheidung „strong ties"/„weak ties" von Mark Granovetter (1973) zugrunde liegt (White 2003; Avenarius 2010).[12] Denkt man überdies in Kontinua, bestehend aus den Polen Individualismus ↔ Kollektivismus und „weak ties" ↔ „strong ties", befindet sich Gemeinschaft am Schnittpunkt von Kollektivismus und „strong ties", während der Rest der 9-Felder-Matrix, läßt man weitere Abstufungen zu, andere Formen sozialer Ordnung beinhaltet (Matrix 1, S. 50).[13]

---

[12] Zur Unterscheidung von Erleben und Handeln vgl. Luhmann 1978.
[13] Ein Modell, das mit sehr feinen Abstufungen arbeitet, die nur auf Gemeinschaften bezogen sind, hat Brint (2001) vorgelegt, vgl. ferner Crow/Allan 1995. Alternativ könnte man wie Jochen Gläser (2005) nach Typen sozialer Ordnung unterscheiden, das entspräche der gleichen Logik.

Matrix 1   Sozialformen und Sozialsysteme

Kollektivismus	Masse[14]	Bewegung[15]	Gemeinschaft
↕	Klasse[16]	Gruppe[17]	Organisation[18]
Individualismus	Netzwerk[19]	Vertrag[20]	Freundschaft[21]
	„Weak Ties" ⟵⟶		„Strong Ties"

---

[14] Beim Begriff der Masse wäre etwa an die Studie „Psychologie der Massen" von Gustave Le Bon (2007) zu denken, bei welcher der Kollektivismus sehr hohe Ausschläge zeigt, aber die interpersonale Beziehungsqualität der Mitglieder untereinander häufig eher schwach ausgebildet ist, wechselseitige Verpflichtungs- und Bindungsbereitschaften somit kaum belastbar sind.

[15] Bei sozialen Bewegungen kann der Kollektivismus in den Hochphasen der Mitgliedermobilisierung sehr ausgeprägt sein. Überdies ist die wechselseitige Solidarität bei Anhängern sozialer Bewegungen höher einzuschätzen als bei Massen, weil es zumeist einen konkreten Mobilisierungsgrund gibt, der die Beteiligten thematisch aneinander bindet, vgl. Raschke 1988; Bader 1991.

[16] Der Begriff der Klasse ist sicher ambivalent einzuschätzen. Ausgehend von der Unterscheidung „Klasse an sich" und „Klasse für sich", dürfte zumindest das „Klasse an sich"-Phänomen ein gewisses Zugehörigkeitsgefühl zu einer bestimmten Population mit vergleichbarer sozialer Lage für sich beanspruchen können, aber doch ohne weitergehende Selbstverpflichtungsbereitschaft, also ohne starkes Zusammengehörigkeitsgefühl, weil das Phänomen dafür zu abstrakt, bloß imaginiert bleibt, sofern es nicht repräsentiert wird, vgl. Bourdieu 1985.

[17] Der Begriff der Gruppe dürfte im Mittelfeld liegen, verglichen mit den anderen Optionen: Einerseits können Gruppen schwache wie starke Bindungen umfassen, etwa bei Zugrundelegung der Zentrum/Peripherie-Differenzierung; andererseits zeichnen sich Gruppen nicht bloß durch Zugehörigkeits-, sondern mehr noch durch Zusammengehörigkeitsgefühle aus, vgl. Neidhardt 1979, Tyrell 1983.

[18] Formale Organisationen weisen aufgrund ihrer Formalität besonders starke Bindungen auf, deren Mißachtung harte Sanktionen zur Folge haben können. Zugleich ist von einer Trennung von Organisationszweck und Mitgliedschaftsmotiv auszugehen, weshalb sich der Kollektivismus in Grenzen hält, vgl. Luhmann 1964.

[19] Der Begriff des Netzwerks ist links unten verortet, weil Netzwerke, dies wird später noch kurz ausgeführt, zunächst nur eine sehr formale Bedeutung haben: Sie bestehen aus Knoten und Kanten, d. h. aus Personen und deren Beziehungen zueinander, vgl. Avenarius 2010. Bei genauerer Analyse stellt sich zwar heraus, daß es große Unterschiede zwischen sozialen Netzwerken geben kann, vgl. Schenk 1983. Angesichts dieser Unterschiede stellt sich dann aber die Frage, ob man weiterhin noch von Netzwerk sprechen sollte.

[20] Mit Vertrag ist hier eine Sozialform gemeint, die kaum zum Kollektivismus neigt – handelt es sich doch um formalisierte temporäre Konsensbildung auf Kleingruppenniveau, gar nur Dyaden betreffend – und die durchaus Bindungen erzeugt, dafür werden Verträge ja geschlossen, die aber auch kündbar sind, auch dafür werden Verträge geschlossen. Das stark zweckrationale Moment an Verträgen dürfte daher verhindert, daß es zu ausgesprochen starken Bindungen kommt, so wird vermutet, vgl. Beckert 1997.

[21] Vgl. Tenbruck 1964. Wobei das Phänomen der Freundschaft hier für sich belassen und nicht bloß als eine Respezifikation der Gemeinschaftskategorie im Sinne Tönnies' verstanden wird.

Entscheidend ist hier vor allem der illustrative Wert dieser Matrix, im Sinne einer Heuristik, weniger die empirische Stimmigkeit, die im Rahmen dieses Beitrags nicht sichergestellt werden kann. Was diese Matrix in erster Linie sichtbar machen soll, ist die Unwahrscheinlichkeit, in Anbetracht einer solchen Vielzahl von Optionen tatsächlich auf eine Gemeinschaft zu stoßen, weil dafür eine sehr spezielle Konfiguration vorliegen muß. Andernfalls hat man es mit anderen Typen sozialer Ordnung zu tun.[22]

Unwahrscheinlich geworden ist Gemeinschaft heutzutage, weil sie so voraussetzungsreich ist. Denn die Bedingungen der Möglichkeit von Gemeinschaft erweisen sich als äußerst anspruchsvoll, exklusiv, gemessen an dem, was die moderne Gesellschaft an Freiheitsgraden jedem zugesteht. Das Moment der Multioptionalität, d.h. die freie Wahl von Lebenspartnern, Freunden und Bekannten, Familienformen, Ausbildungen, Berufen, Parteien, Konfessionen oder Sportvereinen, befördert Individualismus und Bindungslosigkeit ins Extrem (Berger et al. 1987; Beck/Beck-Gernsheim 1994; Gross 1994). Überdies erzieht gerade der Konsum systematisch dazu, Abwechselung zu suchen, immer wieder Neues auszuprobieren, sich niemals festzulegen. In Anbetracht dieser Überfülle an Möglichkeiten – schon Gegenstand von „Affluent Society" (Galbraith 1958) oder „Cultural Contradictions of Capitalism" (Bell 1976) – wirken Gemeinschaften ausgesprochen unzeitgemäß, freiheitsberaubend und vergleichsweise unattraktiv. Wer tut sich das freiwillig an, wenn nicht äußerer Zwang motiviert? Pathogene Sozialisation? Entfremdung? Zivilisationsmüdigkeit? Zumal wir es gerade bei „brand communities" mit einem Phänomen zu tun haben, das ganz und gar der Konsumsphäre entspringt, dem Hort vermeintlich grenzenloser Freiheit (Hitzler et al. 2008). Ist das nicht ebenso paradox? Verglichen mit dem Tönnies-Paradox, sofern sich gerade in einer Nicht-Gemeinschaft, sprich: Markt, Gemeinschaft ausbildet?

Für den vorliegenden Zusammenhang ist entscheidend, daß der Begriff der Gemeinschaft idealtypisch konzipiert ist. Es ist somit äußerst unwahrscheinlich, daß Gemeinschaften in der Form, wie sie unter Rückgriff auf Tönnies hier beschrieben wurden, heutzutage überhaupt noch bestehen oder gar entstehen könnten. Demnach ist das Meiste von dem, was wie Gemeinschaft ausschaut, sich so bezeichnet oder so bezeichnet wird, etwas anderes – die noch grob gestrickte 9-Felder-Matrix bietet genug Ausweich- bzw. Einordnungsmöglichkeiten. Von daher hat man es hier mit einer involutiven Semantik ohne reguläre Struktur zu tun.[23] Außerdem ist bedeutsam, welche Kriterien für die Bestimmung dieses Be-

---

[22] Dies ist im übrigen eine andere Beschreibung für das, was die Idee des Idealtypus methodisch leisten soll.
[23] Alternativ könnte man wohl auch „Virtual Communities" (Deterding 2008) dazu sagen, bei denen auf die Einlösung traditional erwartbarer Sozialleistungen wie Inklusion ⇨ Integration ⇨ Kollektivität ⇨ Reziprozität ⇨ Selbstverpflichtung ⇨ Vertrauen etc. verzichtet werden muß.

griffs zugrunde gelegt werden, und mehr noch, daß diese möglichst differenziert sein sollten, um der Gefahr der Beliebigkeit und universalen Anwendbarkeit („one size fits all") effektiv zu begegnen. Was zählt, ist ausreichende Limitionalität (Luhmann 1990).

3 Zum Stand der „Brand Community"-Forschung

Wendet man sich damit der „Brand Community"-Forschung zu, die inzwischen eine beachtliche Größe und Dynamik gewonnen hat, wäre grundsätzlich zu prüfen, ob und inwieweit der jeweils untersuchte Gegenstand in all diesen Studien dem entspricht, was hier als Idealtypus der Gemeinschaft skizziert wurde. Oder präziser formuliert, wäre zu prüfen, in welchem Ausmaß die Befunde vom Idealtypus notwendigerweise abweichen und inwieweit. Hierzu müßte, würde man ganz systematisch vorgehen, jeder einzelne Beitrag daraufhin begutachtet werden. Dies dürfte den hier gesetzten Rahmen sprengen, in Anbetracht von rund 150 Artikeln, Büchern und anderweitigen Publikationen.

Dieser Begrenzung wegen bietet es sich an, auf eine Überlegung zurückzugreifen, die Thomas S. Kuhn (1976) bekannt gemacht hat. Danach zeichnen sich wissenschaftliche Paradigmen dadurch aus, daß Grundlagenforschung, wenn es um die elementaren Axiome, Begriffe, Theoreme geht, häufig nur zu Beginn der Institutionalisierung eines Paradigmas stattfindet. Hat sich das Paradigma einmal etabliert, wechselt die Aufmerksamkeit der meisten Wissenschaftler abrupt und kollektiv zur Erforschung von Details, während die Grundlagenforschung als weitgehend abgeschlossen betrachtet wird und nur noch zur Orientierung und Legitimierung dient. Normale Wissenschaft übernimmt dann die Regie.

Ausgehend von dieser Annahme kann festgestellt werden, daß der weitaus überwiegende Anteil vorliegender Beiträge zur „Brand Community"-Forschung tatsächlich Detailforschung betreibt, auf Basis der Vorschläge, die Muniz/O'Guinn 2001 unterbreitet haben, ohne diese auch nur ansatzweise zu reflektieren, geschweige denn kritisch zu hinterfragen. Akzeptiert werden weithin fraglos die „brand community"-Definition sowie das Merkmalsbündel, das Muniz/O'Guinn 2001 vorgelegt haben, um eine „brand community" identifizieren zu können: „a shared consciousness, rituals and traditions and a sense of moral responsibility", wie es im obigen Zitat Erwähnung fand. Dieses Ensemble gesetzter Eigenschaften wird pauschal vorausgesetzt und zumeist auch schon als weitgehend erfüllt behandelt, soweit es den eigenen Untersuchungsgegenstand betrifft. Eine gesonderte Prüfung findet zumeist nicht mehr eigens statt. Interessieren tut statt dessen, welche Besonderheiten der jeweilige Fall aufweist. Es werden somit Variationen eines gegebenen Typs, sozusagen nur noch Phänotypen analysiert, bei stillschweigender Voraussetzung eines Genotyps, der von vornherein als gegeben („taken for granted") betrachtet wird. Insofern haben wir es bei der laufenden „Brand Community"-Forschung zum Großteil mit einem beeindruckenden Exempel normaler Wissenschaft zu tun.

Doch auch bei jenen Beiträgen, die sich mit einer solchen „taken for granted"-Haltung nicht einfach begnügen und konzeptionell innovativ sein wollen, zeigt sich bei genauerer Analyse, daß das Grundkonzept, wie es von Muniz/O'Guinn 2001 vorgelegt wurde, im wesentlichen auch hier unverändert fortbesteht.[24] So erweitern James H. McAlexander, John W. Schouten und Harold F. Koenig (2002), um nur einige Beispiele zu geben, das „brand community"-Konzept von Muniz/O'Guinn um die Idee des „focal customer", mit den vier Anknüpfungspunkten „product", „brand", „marketer" und „customer", bei weitgehender Übernahme der Grundannahmen und Merkmale von Muniz/O'Guinn (2001). Hope Jensen Schau und Albert M. Muniz, Jr. (2002) unterscheiden wiederum mehrere Mitgliedertypen innerhalb von „brand communities", wobei sie naheliegenderweise auf den „brand community"-Begriff von Muniz/O'Guinn (2001) eins-zu-eins zurückgreifen. Muniz/O'Guinn (2005) befassen sich mit der besonderen Rolle der Kommunikation für die Markenbildung, unter besonderer Berücksichtigung von „brand communities", wofür sie gleichfalls ihr eigenes „brand community"-Konzept unverändert zugrunde legen. Richard P. Bagozzi und Utpal M. Dholakia (2006) beschäftigen sich mit den besonderen Teilnahmebedingungen in „small group brand communities" (eine offenbar hybride Bezeichnung) und bedienen sich dazu des „brand community"-Begriffs von Muniz/O'Guinn (2001). Von diesem nutzen sie jedoch nur das Merkmal „consciousness of kind" explizit, das sie nochmals in „cognitive identification", „affective commitment" und „collective or group based self-esteem" untergliedern, die bei „small group brand communities" wegen der hohen Interaktionsdichte, so ist zu vermuten, besonders ausgeprägt seien. Candice R. Hollenbeck und George M. Zinkhan (2006) greifen den interessanten Fall von „Anti-Brand Communities" auf, der bei Muniz/O'Guinn (2001) so direkt keinerlei Erwähnung findet, beziehen sich dabei gleichwohl auf das Konzept der beiden. Zudem führen sie eine weitere Bezeichnung mit ein, nämlich die der „anti-brand movement", jedoch ohne diese Diskrepanz weiter aufzuklären. Hélène de Burgh-Woodman und Jan Brace-Govan (2007) kritisieren wiederum, daß der Begriff der „brand community" von Muniz/O'Guinn (2001) zentrale Eigenschaften vermissen ließe, die sie mit Verweis auf Schouten/McAlexander (1995) für den Begriff der „subculture of consumption" reklamieren. Die damit

---

[24] Ungleich reflektierter bieten sich dagegen die Arbeiten von Algesheimer (2004) und von Loewenfeld (2006) dar, was sicherlich auch mit der Textsorte Monographie zu tun hat, die wesentlich mehr Raum gibt, um Begriffe, Konzepte, Theorien selbständiger und sorgfältiger zu bearbeiten.

verbundene Gegenüberstellung hat einiges für sich. Doch unterbleibt eine eigenständige Kritik der drei „community"-Merkmale von Muniz/O'Guinn (2001), so daß diese zunächst intakt bleiben. Hans Ouwerslot und Gaby Odekerken-Schröder (2008) fragen erneut nach Mitgliedertypen in „brand communities", wie dies schon Schau/Muniz (2002) getan haben, durchaus innovativ und weiterführend. Ihr Referenzkonzept für das „brand community"-Phänomen ist der Muniz/O'Guinn-Ansatz, dem sie sich fast vollständig anschließen. Charla Mathwick, Caroline Wiertz und Ko de Ruyter (2008) bringen in die „brand community"-Forschung den „Social Capital"-Ansatz mit ein und verweisen dabei wiederholt auf das „brand community"-Konzept von Muniz/O'Guinn (2001), ohne ein eigenes zu präsentieren. Brad D. Carlson, Tracy A. Suter und Tom J. Brown (2008) machen die hilfreiche Unterscheidung „social versus psychological brand community" auf, während sie ihr Grundverständnis von „brand community" unverändert von Muniz/O'Guinn (2001) beziehen, soweit es den „community"-Begriff angeht. Und Daniele Scarpi (2010), um diesen Exkurs damit abzuschließen, befaßt sich ähnlich wie Bagozzi/Dholakia (2006) mit der Frage „Does Size Matter?" und bedient sich dazu gleichfalls des „brand community"-Konzepts von Muniz/O'Guinn (2001), ohne es weiter anzupassen.

Wie angesprochen und punktuell aufgezeigt, gibt es konzeptionell durchaus innovative Beiträge zur „Brand Forschung"-Forschung, die das „brand community"-Konzept von Muniz/O'Guinn (2001), soweit es deren „brand community"-Definition und ihre drei Merkmale „shared consciousness, rituals and traditions and a sense of moral responsibility" angeht, aber durchgängig als konstitutiv und effektiv behandeln und es damit unverändert beibehalten. Der Eröffnungsbeitrag von Muniz/O'Guinn aus dem Jahre 2001 hat somit nicht nur ein vergleichsweise neues Forschungsfeld aufgetan, sondern mehr noch Grundlagen gelegt, die von nahezu allen späteren Forschern als gegeben, durchdacht und bewährt anerkannt wurden. Folge war die unverzügliche Inbetriebnahme des Geschäfts der normalen Wissenschaft, die sich nach Kuhn (1976: 47) vor allem um drei Bereiche kümmert: die Bestimmung bedeutsamer Tatsachen, die gegenseitige Anpassung von Tatsachen und Theorie und die Artikulierung der Theorie.

Aus diesem Grunde dürfte es legitim sein, wenn man sich bezüglich der hier gestellten Frage, wie es um den Stand der „Brand Community"-Forschung vom Standpunkt der Gemeinschaftsforschung bestellt ist, zunächst an Muniz/O'Guinn (2001) hält. Denn sollte eine auf ihren Ansatz begrenzte Prüfung einen positiven Befund ergeben, würde sich das sogleich positiv für nahezu alle nachfolgenden Beiträge auswirken. Wäre der Befund freilich negativ, würde das auch die gesamte „Brand Community"-Forschung in Verlegenheit bringen.

Schaut man sich daraufhin den Aufsatz von Muniz/Guinn (2001) näher an, findet man darin eine Folge von Abschnitten vor, wie sie typisch, ja Standard ist für Veröffentlichungen im *Journal of Consumer Research* und vergleichbaren Fachzeitschriften: Zunächst geht es (nach der obligatorischen Einleitung) um die Aufarbeitung und Darstellung des jeweiligen Forschungsstandes, dann um die eigene Konzeption und schließlich um empirische Belege. Die üblicherweise noch folgenden „Implikationen" zum Ausklang eines jeden Artikels, bei denen es um Handlungsempfehlungen fürs Marketing und weitere Forschungsdesiderate geht, können hier außen vor gelassen werden.

Jeder dieser drei Abschnitte in Muniz/O'Guinn (2001) wird nun unter dem Gesichtspunkt geprüft, was beide konkret unternehmen, um den Gegenstand ihrer Forschung möglichst präzise in den Griff zu bekommen. Auf die drei Abschnitte bezogen kann demnach gefragt werden: Wie arbeiten Muniz/O'Guinn den Forschungsstand auf? Wie schaut ihre eigene Konzeption aus? Und welche empirischen Belege führen sie an?

3.1 Die Aufarbeitung der „Community"-Forschung

Was die Aufarbeitung der „Community"-Forschung angeht, zögern Muniz/ O'Guinn (2001: 412) nicht, bis auf Tönnies und andere Klassiker dieser Forschungstradition zurückzugehen. Sie nehmen den Stier quasi bei den Hörnern. Doch im weiteren Verlauf der Argumentation zeichnet sich rasch ab, daß eine gründliche Auseinandersetzung mit diesem Forschungsstand gescheut wird. Durkheim und Weber werden zwar erwähnt. Doch wiederkehrende Bezugsquellen sind ganz andere (Janowitz 1967; Gusfield 1975; Bender 1978; Wellman 1979; Anderson 1991).[25] Vor allem erfolgt keine wirklich kritische Analyse des Forschungsstands. Vielmehr wird frühzeitig fokussiert, was dem eigenen Vorhaben dienlich ist, ohne Kontextbedingungen und Alternativen systematisch aufzuzeigen. Dies geht soweit, daß drei Arbeiten aus dem eigenen Forschungsfeld „Consumer Research" als Vorläuferstudien genannt werden, die den „Community"-Begriff vereinzelt

---

[25] Speziell zur Studie von Janowitz ist anzumerken, daß Janowitz (1967: vii) im Vorwort zur zweiten Auflage schreibt: „The urban community, like any social system, encompasses a process of communications and a system of values. It implies sentiments and attachments to a geographical area, not matter how transitory or complex." Der räumliche Faktor für die Gemeinschaftsbildung wurde von Janowitz somit als konstitutiv bewertet. Außerdem ist zu vergegenwärtigen, schaut man sich die Studie näher an, daß es ihm speziell um „The Community Press in an Urban Setting" ging, mithin nicht Gemeinde/Gemeinschaft selbst sein Thema war, sondern die Integrationswirkungen von Massenmedien mit Lokalbezug, vgl. König 1958: 125 ff. Damit aber ist primär die Inklusionsfunktion von Massenmedien angesprochen, vgl. Hellmann 1997; Barker 1998; Sutter 2005. Insofern ist der Verweis auf Überlegungen zur „Community of ‚Limited Liability'" bei Janowitz (1967: 210 ff.) nur bedingt geeignet, der Argumentation von Muniz/O'Guinn (2001: 414) auf die Beine zu helfen, weil es sich um zwei Paar Schuhe handelt, d. h. unterschiedliche Untersuchungsgegenstände.

zwar nennen, aber keineswegs systematisch nutzen (Celsi et al. 1993; McGrath et al. 1993; Schouten/McAlexander 1995). Offensichtlich wird dadurch, daß eine Forschungstradition innerhalb der nordamerikanischen „Consumer Research" fingiert wurde, die es so eindeutig gar nicht gibt, womöglich um die Berechtigung des eigenen Vorgehens zu beglaubigen.

Im Ergebnis erfährt man nichts Wesentliches über die „Community"-Forschung, keine Definitionen, keinerlei Differenzierungen. Dies gilt auch für die Bezugsquelle Benedict Anderson, dessen Begriff „imagined community" durchaus bedenkenswert ist. Nur daß Anderson selbst keinen eigenständigen Begriff von Gemeinschaft hat, geschweige denn eine Gemeinschaftstheorie, weshalb sein Umgang mit diesem Phänomen äußerst oberflächlich bleibt. Und bei dem wiederholten Verweis auf die Forschung Barry Wellmans – hierauf wird noch kurz zurückzukommen sein – zur Unterstützung des Anderson-Ansatzes wird überhaupt nicht geprüft, womit sich Wellman tatsächlich beschäftigt hat, nämlich mit sozialen Netzwerken, denen er Gemeinschaftsqualitäten zuspricht.

Alles in allem ist diese Form der Aufarbeitung der „Community"-Forschung völlig unzureichend. Außer „name dropping" und einer sehr pauschalen Übersicht wird kaum etwas geliefert, was auf die enormen Schwierigkeiten vorbereitet, die mit der empirischen Anwendung dieses Konzepts verbunden sind. Der Grad der Vorverständigtheit ist überwältigend; kritische Analyse demgegenüber Mangelware. Mit dieser Einstellung gehen Muniz/O'Guinn in den konzeptionellen Abschnitt ihres Artikels.

3.2 Das „Brand Community"-Konzept

Bei der Erarbeitung eines eigenen „Community"-Konzepts wählen Muniz/ O'Guinn drei Merkmale aus, die schon im eingangs angeführten Zitat Erwähnung fanden. Demnach sind „communities [...] marked by a shared consciousness, rituals and traditions and a sense of moral responsibility." (Muniz/O'Guinn 2001: 412) Das erste Merkmal „shared consciousness of kind", auch als „we-ness" bezeichnet, wird im wesentlichen auf Gusfield (1975) zurückgeführt und stellt tatsächlich ein Kernstück der Gemeinschaftsforschung dar. Nur daß Muniz/O'Guinn es unterlassen, genauer anzugeben, wie sich „we-ness" empirisch beobachten läßt, und nicht weiter darauf eingehen, daß sich „we-ness" für nahezu sämtliche Sozialgebilde diagnostizieren läßt, wenngleich in höchst unterschiedlichen Stärke- und Verbindlichkeitsgraden, je nachdem welche Maßstäbe angelegt werden. Was hier völlig fehlt, ist eine zweckmäßige Abstufung von „Wir-Gefühl"-Äußerungen und entsprechenden Verhaltensweisen, um systematisch unterscheiden zu können, ab wann und warum man es mit einer Gemeinschaft zu tun hat.

Beim zweiten Merkmal „rituals and traditions" unterbleibt ebenso eine unverzichtbare Differenzierung, gerade weil sich „rituals and traditions" für sämtliche Sozialgebilde in gewissen Abstufungen beobachten lassen. Anders formuliert, gibt es wohl kein Sozialgebilde, das völlig frei ist von irgendwelchen Ritualen und Traditionen, so rudimentär diese auch geartet sein mögen, man denke nur an die Interaktionsdynamik bei Massenveranstaltungen (Le Bon 2007). Soziale Ordnung hat ganz ohne Rituale und Traditionen nämlich kaum Bestand, und ob diese universale Qualität haben oder spezifisch sind, wäre jeweils im Einzelfall zu klären. Insofern läßt sich mit diesem Merkmal alles Mögliche beobachten, auch Gemeinschaften – aber eben nicht nur, so daß dieses Merkmal zur eindeutigen Identifizierbarkeit bzw. Differenzierbarkeit von Gemeinschaften kaum etwas Brauchbares beiträgt.

Kommt man schließlich auf das dritte Merkmal „a sense of moral responsibility" zu sprechen, hat auch diese Bestimmung zweifelsohne ihre Berechtigung, soweit es Gemeinschaften betrifft. Aber gleichzeitig trifft dieses Merkmal auf so viele andere Sozialgebilde ebensogut zu, man denke nur an Goffmans Mikrostudien zur öffentlichen Ordnung, daß die Beobachtung von „moral responsibility" allein kein sicherer Indikator dafür ist, daß man es ausschließlich mit einer Gemeinschaft zu tun hat. Was auch hier fehlt, ist eine qualitative Abstufung, die genauer angibt, ab welchem Grad von Moralität und Verantwortlichkeit die Schwelle zur Sphäre des Gemeinschaftlichen definitiv überschritten wird.

Doch selbst wenn man die drei Merkmale zusammennimmt, ergibt sich daraus keine Schnittmenge von Ereignissen, die zweifelsfrei auf Gemeinschaften verweist. Denn für beinahe jedes soziale Phänomen muß damit gerechnet werden, daß man Spuren von Wir-Gefühlen, Ritualen, Traditionen sowie Solidarität entdeckt. Das allein qualifiziert diese Schnittmenge aber noch lange nicht dazu, es garantiert nur mit einer Gemeinschaft zu tun zu haben. Und solange dies nicht feststeht, sind unbestimmt viele andere Optionen im Spiel.[26] Gemeinschaftsforschung kann so nicht sinnvoll betrieben werden.

---

[26] In einer älteren Studie hat Karlheinz Ohle 55 Motorradclubs in Deutschland untersucht, von denen 52 in die engere Wahl gezogen wurden, eingeteilt in drei „Hauptkategorien": erstens 21 Clubs ohne schriftliche Satzung, zu denen Cliquen, „Freie Motorrad-Gemeinschaften und Treffpunkt-Gemeinschaften" gehörten; zweitens 12 Clubs mit intern gültiger Satzung, d. h. Clubs, in denen eine intern anerkannte, schriftlich fixierte Regelung der Club-Modalitäten existierte, die jedoch nicht den gesetzlichen Mindestanforderungen an einen Verein nach dem BGB entsprach; und drittens 19 Clubs mit intern wie extern gültiger Satzung, die allgemeine Rechtsverbindlichkeit besaßen, vgl. Ohle 1983: 498. Angesichts dieser unterschiedlichen Formalisierungsgrade stellt sich schon die Frage, wie die Anteile zwischen Netzwerk, Gruppe, Organisation/Verein und Gemeinschaft genau zu verteilen wären. Bei den Studien von Schouten/McAlexander (1995) und Algesheimer et al. (2005) fehlt eine solche Betrachtungsweise völlig.

3.3 Die empirischen Belege

Schaut man zum Schluß noch auf die empirischen Belege, die Muniz/O'Guinn (2001) im dritten Abschnitt ihres Artikels beisteuern, so erfüllt keiner die notwendige Bedingung, auch nur eines dieser drei Merkmale in einem starken Sinne zu bestätigen. Weder die präsentierten Beispiele für „shared consciousness of kind" noch für „rituals and traditions" oder „moral responsibility" genügen den Mindestanforderungen. Zumeist besteht nicht einmal eine zwingende Verbindung. So ist schon fragwürdig, ob die Untersuchung von „four families from one neighborhood (Fairlawn) in a small Midwestern town" (Muniz/O'Guinn 2001: 415), wobei Fairlawn selbst nur aus 14 Haushalten besteht, eine belastbare Größenordnung darstellt, um darauf bezogen weitgehende Verallgemeinerungen bezüglich des zu prüfenden „brand community"-Konzeptes vorzunehmen. Zumal es schwer fällt, sich bei der Untersuchung von vier Familien mit insgesamt 29 Personen, die allesamt Nachbarn sind, vorzustellen, daß man es hierbei auch mit einer „imagined community" zu tun hat, ein Merkmal, das Muniz/O'Guinn bei der „brand community"-Konzipierung außerordentlich wichtig ist, weil sie wohl annehmen, damit die traditionelle lokale Gebundenheit von „communities" aushebeln zu können.

Schaut man sich daraufhin die Belege an, die Muniz/O'Guinn (2001) weiterhin anführen, um jedes der drei Merkmale „shared consciousness, rituals and traditions and a sense of moral responsibility" plausibel zu machen, bestenfalls mit Evidenz zu versorgen, zeigt sich, daß nahezu kein Beleg dafür geeignet ist. Dies gilt für die *Saab-*, die *Ford Bronco-* und die *Macintosh*-Beispiele, die Muniz/O'Guinn ihrer Feldforschung entnehmen, um die Relevanz dieser Merkmale empirisch zu bestätigen, egal welche Merkmal/Beleg-Korrelation man sich daraufhin auch anschaut. Bestritten werden soll hierdurch mitnichten, daß die dargelegten Befunde bedeutsam sind. Aber sie sind außerstande, eindeutig zu dokumentieren, daß man es jeweils mit einer „community" zu tun hat, selbst bei Zugrundelegung der ausgesprochen generisch konzipierten „brand community"-Merkmale, wie Muniz/O'Guinn sie darlegen.

Ausgehend von dieser Bewertung liefern Muniz/O'Guinn in ihrem dritten Abschnitt, der die zuvor hergeleitete Konzeption in der Regel empirisch verifizieren, zumindest veranschaulichen sollte, keine zureichenden „Beweise" dafür, daß es sich bei den untersuchten Kundenkollektiven, d. h. kollektiv organisierten Kunden bestimmter Markenprodukte, deren Organisationsgrad bzw. Binnendifferenzierung völlig unklar bleiben, tatsächlich um „communities" handelt. Im Ergebnis zeigen sich Muniz/O'Guinn dementsprechend außerstande, „brand communities" als ein distinktes Phänomen zu identifizieren. Ihre Merkmale sind nicht falsch, aber zu allgemein gehalten, um hinreichend differenzierend zu wirken.

Man entdeckt damit sehr viel – aber eben viel zu viel, um sicher sagen zu können, die Entdeckung bzw. das Entdeckte hätten bloß mit Gemeinschaft zu tun. Auch und sehr viele Nicht-Gemeinschaften, um mit König (1955) zu sprechen, kommen ebenso in Betracht. Damit erweist sich dieses „Diagnoseinstrument", wie Muniz/O'Guinn es gefertigt haben, aber als zu stumpf, um seinen Dienst akkurat versehen zu können. Nicht Gewißheit, sondern vielmehr Ungewißheit bleibt zurück, wenn man der „Brand Community"-Forschung das „community"-Konzept von Muniz/O'Guinn (2001) zugrunde legt.

Genau das aber ist im Sinne Kuhns geschehen. Nach der Veröffentlichung von „Brand Community" durch Muniz/O'Guinn (2001) wurden weitere Bemühungen um die Verbesserung des Begriffsapparats weitgehend eingestellt. Statt dessen hat man sich dieses Konzeptes größtenteils unkritisch bedient und fortlaufend angewandt, mit dem wenig verwunderlichen Effekt, daß man es gleich überall mit „brand communities" zu tun hatte – augenscheinlich eine Bestätigung dieser Forschung, tatsächlich aber eine Irreführung. Mit diesem Zustand lebt die „Brand Community"-Forschung seit zehn Jahren.

4 Vergemeinschaftung durch Konsum statt Konsumgemeinschaft

Eine Folge dieser Entwicklung ist, daß auf Grundlage der drei Merkmale „shared consciousness of kind, rituals and traditions and a sense of moral responsibility" – so undifferenziert, wie sie ursprünglich konzipiert wurden, und angesichts völlig unzureichender empirischer Belege – nicht ausgeschlossen werden kann, daß bei den untersuchten Phänomenen der letzten zehn Jahre jedes in der 9-Felder-Matrix aufgeführte Sozialgebilde tendenziell involviert gewesen sein könnte. Es fehlt schlichtweg die eindeutige Diskriminierbarkeit. Dabei bietet sich, studiert man die erwähnten Quellentexte aufmerksamer, von den „brand community"-Beiträgen ganz zu schweigen, ein Ausweg an, der dem Charakter dessen, was mit „brand community" eigentlich gemeint ist, in der Regel wohl am nächsten kommt. Denn für den „community"-Begriff wird häufig der „network"-Begriff synonym eingesetzt (Algesheimer et al. 2005; Bagozzi/Dholakia 2006; Carlson et al. 2008; Kim et al. 2008; Mathwick et al. 2008; Sicilia/Palazón 2008; Arnezeder et al. 2009; Scarpi 2010). Zudem findet sich die Austauschbarkeit des Gemeinschafts- durch den Netzwerkbegriff selbst in solchen Beiträgen, die sich der „Community"-Forschung zurechnen lassen und von Muniz/O'Guinn zu deren Gunsten angeführt wurden.[27]

---

[27] … und es scheint so, als ob ihm bisweilen sogar der Vorzug gegeben wird, vgl. Crow/Allan 1995; Carroll/Rosson 2003; da Costa 2006; Dal Fiore 2007; Piselli 2007. Vorreiter hierfür ist diesbe-

So hat Oliver (1988) von vornherein ihre untersuchte „urban black community as network" bezeichnet. Bender (1978) spricht im wesentlichen von „social networks", bei denen es unter bestimmten, nicht näher spezifizierten Umständen zu einem „community experience" kommen könne, leider ohne daß Bender dieses näher qualifiziert hätte. Wellman (1979, 2005) untersucht im Kern ohnedies egozentrierte Netzwerke, deren Gemeinschaftsgehalt letztlich fragwürdig bleibt, schaut man sich die zugrunde gelegten Items an (Barrett-Lennard 1994; da Costa 2006; Piselli 2007; Gruzd et al. 2011). Und Gusfield (1975) hebt in seiner Analyse schließlich sogar hervor, daß man es zumeist mit „communal networks" zu tun habe (Carroll/Rosson 2003) – während ihm der Begriff der Gruppe in der Regel schon zu voraussetzungsreich erschien.

Der konzeptionelle Vorteil einer solchen Beschränkung auf den Netzwerkbegriff ist primär darin zu sehen, daß dieser Begriff empirisch nicht so schnell scheitern kann. Denn Netzwerkartigkeit weist im Prinzip jedes soziale Gebilde auf, weil nichts Soziales ganz ohne soziale Beziehungen zwischen Personen (qua Rollen) emergieren kann, und seien diese Beziehungen auch nur parasozial oder virtuell, solange nur das Thomas-Theorem „If men define situations as real, they are real in their consequences" in Kraft ist.

Von diesem Punkt aus kann gewissermaßen ein Nullstart bedacht werden. Denn es soll gar nicht bestritten werden, daß sich in den untersuchten „brand communities" gewisse Vergemeinschaftungseffekte abspielen mögen. Nur dürfte es sich hierbei selten um einen Dauerzustand, viel eher um vorübergehende Phasen handeln, die viel besser mit dem Begriff der Vergemeinschaftung als mit dem Begriff der Gemeinschaft erfaßt werden. Es müßte freilich noch geklärt werden, wie es plötzlich zum vorübergehenden Umschlag eines Netzwerks ohne Vergemeinschaftseffekte zu einem Netzwerk mit Vergemeinschaftungseffekten kommt.

An dieser Stelle hilft ein Verweis auf Alberto Melucci (1989), der hinsichtlich der Erforschung sozialer Bewegungen zwischen „latency" und „visibility" unterschieden hat. Die Funktion dieser Unterscheidung bezieht sich auf das Problem, daß soziale Bewegungen vergleichsweise selten auftreten, weshalb sich die Frage stellt: Wo kommen diese Bewegungen plötzlich her? Wie gelingt ihnen die erfolgreiche Mobilisierung von was? Und wie hat man sich die jeweilige Rekrutierungsbasis genauer vorzustellen? Die Unterscheidung zwischen „latency" und „visibility" eröffnet die Möglichkeit, soziale Bewegungen nur als zeitlich begrenzte Episoden erfolgreicher Mobilisierung hochmotivierter Mitglieder bestimmter

---

züglich selbstredend Wellman, vgl. Wellman 1979, 2005; Wellman et al. 2002. Kurz und bündig bei Hampton/Wellman (2001: 477): „Community is best seen as a network – not as a local group." Oder Wellman (2005: 55): „The nature of community is changing: from being a social network of households to s social network of individuals."

sozialer Netzwerke (Klasse, Milieu, Lebensstile etc.) zu begreifen, die normalerweise unsichtbar bleiben, aufgrund besonderer Umstände und Maßnahmen aber kurzfristig hohe Sichtbarkeit erfahren und entsprechende Vergemeinschaftungseffekte mit sich bringen können (Diani 1990, 2000; Bader 1991; McPherson et al. 1992; Hlebec et al. 2006; Aderholt 2010).

Genau diese Differenz zwischen Latenz und Visibilität, Statik und Dynamik, Unmobilisiertheit und Mobilisierung läßt sich nun, so die These, auf derartige „networks of loyal brand customers", kurz „brand networks", eins zu eins übertragen, die im Falle einer erfolgreichen Mitgliedermobilisierung, häufig aus Anlaß aktueller Medienkampagnen oder aufgrund regulär stattfindender Markenevents („brand feasts"), durchaus Vergemeinschaftungseffekte, oder wie Bender (1978) es formuliert hat, „community experiences" zeitigen können, deswegen aber noch lange keine Gemeinschaften sind oder dadurch dazu werden.[28] Exemplarisch hierfür kann facebook als das aktuell ultimative „social network" angeführt werden (oder neuerdings auch twitter): Solche Technologien ermöglichen Vernetzung, unterstützen sogar Selbstorganisation, dürften als solche aber kaum starke Gefühle der Zusammengehörigkeit vermitteln oder gar auf sich beziehen können.

Um solche Effekte tatsächlich beobachten zu können, dürfte es kaum ausreichen, mittels solch generischer, nur unzureichend differenzierender Merkmale, wie Muniz/O'Guinn (2001) sie vorgeschlagen haben, auf derartige Episoden zuzugehen. Sondern hierfür bräuchte es ein viel elaborierteres, sich deutlich mehr für Unterschiede interessierendes Forschungsdesign, das es bislang so noch nicht gibt. Die wenigen Studien, die sich auf solche temporär begrenzte Vergemeinschaftungseffekte hin beobachten lassen, besaßen dafür noch keine zureichende Aufmerksamkeit (vor allem McAlexander/Schouten 1998; McAlexander et al. 2002; Schouten et al. 2007). Insofern muß man genau hier ansetzen (Heintz 2003; Hellmann 2011: 178 ff.).

Als Zwischenfazit ist festzuhalten, daß es eher abwegig erscheint, sogleich von „Konsumgemeinschaft" zu sprechen (wozu „brand communities" im starken Sinne gehören würden), weil der Gemeinschaftsbegriff dafür zu hohe Anforderungen stellt, während es in den meisten Fällen relativ unproblematisch sein dürfte, von der Existenz eines Kundennetzwerks auszugehen, bei dem es nur vorübergehend zur Vergemeinschaftung durch Konsum kommt (wofür Marken dann sicherlich geeignetes Material liefern können). Insofern sollte der „brand

---

[28] In diesem Zusammenhang ist die Idee von Graham Paul Crow und Graham Allan (1995) überlegenswert, sich „communities" hochdynamisch vorzustellen, die in der Zeit verschiedene Zustände einnehmen können, so daß eine entsprechende „community typology" auf Grundlage der jeweiligen „community time" vorgenommen wird, d. h. unter Rückbezug auf Veränderungen, die ein bestimmtes Kollektiv in der Zeit durchläuft.

community"-Begriff durch zwei andere ersetzt werden: *((Marken)Kunden)Netzwerk* und *Vergemeinschaftungseffekt*. Was hat es damit auf sich?

Ohne hier eine eigenständige Diskussion des Netzwerkbegriffs und der mit ihm verbundenen Konzepte durchzuführen, können die Ursprünge dieses Forschungsansatzes, der sich zentral auf den Beziehungsbegriff stützt, vom Standpunkt der Soziologie bis auf Simmel, Weber und Leopold von Wiese zurückgeführt werden (Scheuch 1993; Schnegg 2010). Insofern ist die Ausgangsannahme sozialer Beziehungen zwischen Personen soziologisch trivial. Wie diese Beziehungen jeweils geartet sind, ob viele oder wenige Personen eingebunden sind, ob viele oder wenige gemeinsame Themen angesprochen werden oder ob die Beziehungsgeflechte kurz- oder langlebig sind, kann dafür an Mannigfaltigkeit kaum mehr übertroffen werden, immerhin liegen sämtlichen Sozialgebilden soziale Beziehungen zugrunde (Haas/Malang 2010).[29] Netzwerk könnte somit alles sein, was der Idee eines solchen Beziehungsgeflechts ansatzweise entspricht. Freilich verfügt die Soziologie, dazu soll ein Verweis auf die 9-Felder-Matrix genügen, über eine Vielzahl von Begriffen und Konzepten, um spezifische Konfigurationen solcher Beziehungsgeflechte mit einem besonderen Namen zu versehen, wie Familie, Gruppe, Organisation. Insofern empfiehlt es sich, bei genauerer Kenntnis des jeweiligen Untersuchungsgegenstandes sich solcher Spezialkonzepte zu bedienen. Erst dann sollte vom Netzwerkbegriff also abgelassen werden, wenn dafür genügend gute Gründe vorliegen. In der gegenwärtigen Situation scheint es daher angeraten, aus Gründen der Einfachheit/Sicherheit immer erst mit der Zuschreibung des Netzwerkbegriffs zu starten.[30] Alles weitere klärt sich durch empirische Forschung.

Wobei hier noch angefügt sei, daß es sich im vorliegenden Fall nicht bloß um Netzwerke im allgemeinen handelt, sondern um Netzwerke von Kunden, und genauer noch: um Netzwerke markentreuer Kunden, die sich unter bestimmten, höchst seltenen Umständen vom Normalzustand der Latenz, bei der unterstellt werden kann, daß es sich zumeist um eine „psychological brand community" (Carlson et al. 2008) handeln dürfte, in eine manifeste Form transformieren und ggf. sogar gewisse Vergemeinschaftungseffekte auslösen können. Hier käme dann, wie schon angedeutet, die Forschung von James H. McAlexander und John W. Schouten zum Zuge, die entsprechende Effekte während und nach dem Zusammentreffen markentreuer Kunden bei besonderen, auf einzelne Marken

---

[29] Systemtheoretisch wird hingegen nicht am Begriff der sozialen Beziehung, sondern dem Begriff der sozialen Adresse angesetzt, gewissermaßen das soziale Konstrukt eines Knotens, der unterschiedlich viele Kanten-Enden auf sich vereinigen kann, vgl. Bommes/Tacke 2011.
[30] In diesem Zusammenhang sei auf den Vorschlag Jörg Rössels verwiesen, die Sozialstrukturanalyse auf Basis sozialer Netzwerke neu aufzuziehen, vgl. Rössel 2005: 248 ff.

fokussierten Veranstaltungen beobachtet haben, weshalb sie vorrangig auch vom „building of brand community", aber kaum jemals vom „maintaining of brand community" sprachen (McAlexander/Schouten 1998; McAlexander et al. 2002). Es scheint demnach nur eine vorübergehende, bestenfalls über einige Tage sich erstreckende Episode zu sein, mit der man es konkret zu tun bekommt, wenn Vergemeinschaftung bei der Untersuchung solcher ((Marken)Kunden)Netzwerke auftritt. Genau aus diesem Grunde kann aber gesagt werden, daß sich derartige ((Marken)Kunden)Netzwerke – wobei nochmals gesondert nachzuweisen wäre, wer tatsächlich mit welcher Intensität dazu zählt und was beiträgt[31] – wie soziale Bewegungen verhalten, wenn sie denn eine solche Selbstmobilisierung bei sich auslösen und vorübergehend stabilisieren können. Wobei für die Bewegungsforschung seit langem feststeht, daß ein solcher Vorgang nur von kurzer Dauer ist. Die Nutzbarmachung dieses Kenntnisstandes für die „Brand Community"-Forschung könnte indes dazu führen, daß sie bei der Zuschreibung der „community"-Bezeichnung zukünftig sorgfältiger vorgeht und tendenziell sogar Abstand davon nimmt.

Kommt man schließlich noch auf den Begriff der Vergemeinschaftung zu sprechen, so besitzt dieser gleichfalls den Vorteil, daß er weitaus weniger anspruchsvoll gebaut ist (der Nachteil ist demgemäß: er diskriminiert kaum). So heißt es bei Max Weber (1985: 21): „‚Vergemeinschaftung' soll eine soziale Beziehung heißen, wenn und soweit die Einstellung des sozialen Handelns – im Einzelfall oder im Durchschnitt oder im reinen Typus – auf subjektiv *gefühlter* (affektueller oder traditionaler) *Zusammengehörigkeit* der Beteiligten ruht." Damit sind vergleichsweise niedrige Hürden gesetzt, um von Vergemeinschaftung sprechen zu können – bis hin zur Einbildung gefühlter Zusammengehörigkeit ohne notwendig erfahrbare Zugehörigkeit, wodurch auch Andersons „imagined communities" mit berücksichtigt werden könnten.[32] Zwar bedeutet „soziale Beziehung" bei Weber (1985: 13) immerhin noch „ein seinem Sinngehalt nach aufeinander gegenseitig *eingestelltes* und dadurch orientiertes Sichverhalten mehrerer", wodurch eine gewisse Dauer, ja Institutionalisiertheit dessen, was hier als Vergemeinschaftung bezeichnet wird, impliziert sind. Doch läßt Weber völlig offen, wo die zeitliche, sachliche oder auch soziale Untergrenze für eine solche Beziehung liegt, und ebenso gibt er keinerlei konkreten Hinweis, wie „subjektiv gefühlte Zusammengehörigkeit" empirisch beobachtet werden kann, um eine entsprechende

---

[31] Wobei die Konsumforschung mit Bezug auf derartige Netzwerke bislang noch keine großen Fortschritte erzielt hat, vgl. Hellmann/Kenning 2007, 2008; Hellmann/Marschall 2010.
[32] Zur Begriffsgeschichte bei Weber vgl. Lichtblau 2000. Und speziell zur Frage gefühlter Zusammengehörigkeit, für die Interaktivität fast schon entbehrlich scheint, siehe Keller (2008) – übrigens ein Grundproblem der „Online Community"-Forschung, vgl. Barker 1998; Jäckel/Mai 2005; Acquisti/Gross 2006; Erickson 2010; Wu et al. 2011; Gruzd et al. 2011.

Zuschreibung kontrolliert vornehmen zu können.[33] Demnach könnte Vergemeinschaftung jederzeit, überall und für jede/n erfolgen, die/der so fühlt. Das bewegt sich an der Grenze zur Beliebigkeit. Nicht ohne Grund sind Forschung und Feuilleton längst davon abgekommen, Internetplattformen wie facebook, MySapce, Twitter, YouTube, Xing weiterhin noch als „communities" zu bezeichnen.[34]

Wollte man versuchen, diese Überlegungen in ein erstes Ablaufschema zu übertragen, könnte man anhand eines einmaligen Zyklus folgende Zustände und Episoden unterscheiden: Ausgangspunkt wäre ein gegebenes Netzwerk markentreuer Kunden, die untereinander kaum Kontakt pflegen und insofern einer „psychological brand community" nach Carlson et al. (2008) gleichen, deren Zusammengehörigkeit lediglich imaginiert wird, ohne jede vergemeinschaftende Wirkung im Handeln (und Erleben). Für die sozialstrukturelle Bestimmung eines solchen Markenkundennetzwerks könnte man beispielsweise auf Arbeiten von Jeremy Schulz (2006) oder Marius Lüdicke und Markus Giesler (2007) zurückgreifen, der sich mit Fahrern von H2 Hummer-Fahrzeugen beschäftigt haben, ohne dabei regelgerecht „communities" in actu zu studieren.[35] Sodann gibt es regelmäßig stattfindende Zusammenkünfte von solchen Netzwerken, wie McAlexander/Schouten (1998) sie beschrieben haben, die zu einer verstärkten Gruppenbildung führen, sozusagen eine eigenständige Etappe innerhalb eines solchen Mobilisierungszyklus (Hallay et al. 2008). Schließlich können sich während eines solchen Zusammentreffens bestimmte gemeinsame Erfahrungen der Gemeinschaftlichkeit ergeben – also Benders sogenannte „community experiences" –, die währenddessen starke Gefühle von Zusammengehörigkeit und Gemeinschaft erzeugen und auch nachträglich noch eine Weile wirksam bleiben können. Doch hält dieser Effekt häufig nur wenige Tage an, das Gemeinschaftserlebnis verblaßt allmählich, und das Netzwerk markentreuer Kunden kehrt zu seinem Normalzustand zurück, wie ein elastisches Gummiband (Schema 1).

---

[33] Schaut man diesbezüglich bei Tyrell (1983: 82 ff.) nach, der im Anschluß an Neidhardt (1979) dem Aspekt der Zusammengehörigkeit für den Gruppenzusammenhalt eine überragende Bedeutung einräumt, trifft man gleichfalls auf eine unzureichende Differenzierbarkeit dessen, was hier mit Zusammenengehörigkeit (und mehr noch Zusammengehörigkeitsgefühl) gemeint ist, was daher auch deren empirische Beobachtbarkeit enorm erschwert, ohne daß Zweifel daran aufkommen, daß diese Kategorie konstitutiv ist für die kollektive Identität einer Gruppe.
[34] Immerhin war dies vor nicht allzu langer Zeit noch gang und gäbe, vgl. http://markeninstitut.wordpress.com/2007/12/20/jahreslese-hemmschwelle-uberwunden/.
[35] Anstelle von Sozialstruktur müßte man sich ggf. mit dem Homophilie-Ansatz behelfen, vgl. McPherson et al. 2001.

Zwischen Netzwerk und Bewegung 65

Schema 1   Mobilisierung eines „brand network"

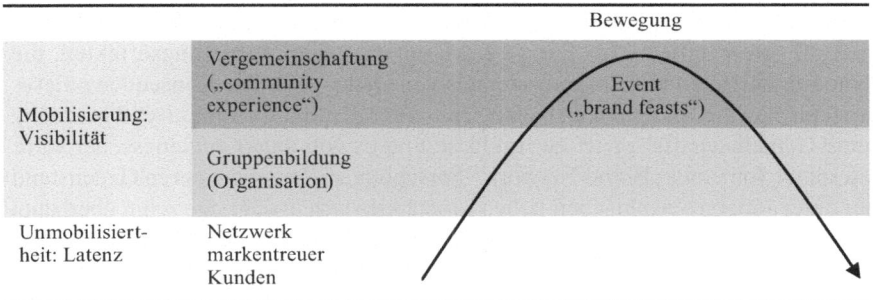

Ob und inwieweit es tatsächlich zur Vergemeinschaftung durch Konsum kommt, ist freilich Forschungsdesiderat, da sich die bisherige Konsumforschung zu wenig um eine wirklich brauchbare Konzeption und deren empirische Überprüfung gekümmert hat. Von daher wird empfohlen, diese Forschung zunächst auf der Annahme von „brand networks" zu gründen und sich von dort aus in andere Bereiche systematisch hochzuarbeiten, legt man hierfür etwa die angeführte 9-Felder-Matrix im Sinne einer Heuristik zugrunde.

5 „Brand Community"-Forschung ohne Gemeinschaftsbegriff

Ausgangspunkt dieses Beitrags war die Feststellung, daß mit der Veröffentlichung des Artikels „Brand Community" von Albert M. Muniz, Jr. und Thomas C. O'Guinn vor zehn Jahren ein neues Kapitel der Gemeinschaftsforschung aufgeschlagen wurde, so die vorläufige Bewertung. In Anbetracht von Angebot und Nachfrage konnte dieses neue Forschungsfeld auch beträchtliche Erfolge für sich verbuchen. Insofern lag es nahe, nach Erträgen dieser noch jungen Forschungslinie für die Gemeinschaftsforschung zu fragen.

Im weiteren Verlauf wurde, nach Darlegung eines idealtypischen Schemas zur Verortung des Gemeinschaftsbegriffs, genau dieser Aufsatz von Muniz/O'Guinn zur Einzelbegutachtung ausgewählt, wobei auf eine spezielle Argumentationsfigur von Thomas S. Kuhn zur Auswahl dieses Aufsatzes zurückgegriffen wurde. Das Ergebnis dieser Begutachtung tendiert zu der Einschätzung, daß der bisherige Forschungsstand nicht ausreicht, um einen substanziell wertvollen Beitrag zur Gemeinschaftsforschung zu leisten, weil das dafür erarbeitete Konzept von Muniz/O'Guinn (2001) unzureichend, weil zu undifferenziert ist.

In Folge dieser Bewertung wurde der Vorschlag gemacht, sich mit weniger anspruchsvollen Begriffen und Konzepten zu begnügen, indem basal auf den Netzwerkbegriff zugegriffen wird, erweitert um die Möglichkeit der Mobilisierung von Mitgliedern bis hin zu gewissen Vergemeinschaftungseffekten, die temporär auftreten mögen, aber niemals von Dauer sind. Die Konsequenz dieses Vorschlags wäre, daß man es bislang mit einer „Brand Community"-Forschung ohne Gemeinschaftsbegriff zu tun hätte und es von daher angemessener wäre, alternativ von einer „Brand Network"-Forschung zu sprechen, deren Gegenstand nur unter äußerst unwahrscheinlichen Umständen sich in der Lage zeigt, überhaupt Anzeichen von Gemeinschaftlichkeit zu zeigen (Plessner 2002; Gebhardt 2008).

Inwieweit der skizzierte Alternativvorschlag zu weniger Konfusion führt, was die exakte Einschätzung des Gegenstandes der „Brand Community"-Forschung betrifft, kann nur empirisch herausgefunden werden.

Literatur

Acquisti, Alessandro/Gross, Ralph (2006): Imagined Communities: Awareness, Information Sharing, and Privacy on the Facebook. Quelle: http://petsymposium.org/2006/preproc/preproc_03.pdf.

Aderholt, Jens (2010): Soziale Bewegungen und die Bedeutung sozialer Netzwerke, in: Christian Stegbauer/Roger Häußling (Hg.): Handbuch Netzwerkforschung. Wiesbaden, S. 739–754.

Algesheimer, René (2004): Brand Communities. Begriff, Grundmodell und Implikationen. Wiesbaden.

Algesheimer, René/Dholakia, Utpal/Herrmann, Andreas (2005): The Social Influence of Brand Community: Evidence from European Car Clubs, in: Journal of Marketing 69, S. 19–34.

Anderson, Benedict R. (1991): Imagined communities: reflections on the origin and spread of nationalism. London.

Avenarius, Christine B. (2010): Starke und Schwache Beziehungen, in: Christian Stegbauer/Roger Häußling (Hg.): Handbuch Netzwerkforschung. Wiesbaden, S. 99–112.

Bader, Veit-Michael (1991): Kollektives Handeln. Protheorie sozialer Ungleichheit und kollektiven Handelns. Teil 2. Opladen.

Bagozzi, Richard P./Dholakia, Utpal M. (2006): Antecedents and purchase consequences of customer participation in small group brand communities, in: International Journal of Research in Marketing 23, S. 45–61.

Barker, David C. (1998): The Talk Radio Community: Nontraditional Social Networks and Political Participation, in: Social Science Quarterly 79, S. 261–272.

Barrett-Lennard, Godfrey T. (1994): Toward a Person-Centered Theory of Community, in: Journal of Humanistic Psychology 34, S. 62–86.

Barth, Hans Paul (1984): Öffentlichkeit und Privatheit. Überlegungen zu ihrer Kommunikations- und Interaktionsstruktur, in: Anneliese Heigl-Evers (Hg.): Sozialpsychologie. Band 1: Die Erforschung der zwischenmenschlichen Beziehungen. München, S. 510–518.

Bauman, Zygmunt (2001): Community. Seeking Safety in an Insecure World. Cambridge.

Beck, Ulrich/Beck-Gernsheim, Elisabeth (Hg.) (1994): Riskante Freiheiten. Individualisierung in modernen Gesellschaften. Frankfurt/M.

Beckert, Jens (1997): Vertrag und soziale Gerechtigkeit. Emile Durkheims Theorie der Integration moderner Gesellschaft, in: Kölner Zeitschrift für Soziologie und Sozialpsychologie 49, S. 629–649.

Bell, Daniel (1976): The Cultural Contradictions of Capitalism. New York.

Bender, Thomas (1978): Community and Social Change in America. Baltimore/London.

Berger, Peter L./Berger, Brigitte/Kellner, Hansfried (1987): Das Unbehagen in der Modernität. Frankfurt/New York.
Bickel, Cornelius (1990): „Gemeinschaft" als kritischer Begriff bei Tönnies, in: Carsten Schlüter/Lars Clausen (Hg.): Renaissance der Gemeinschaft? Stabile Theorie und neue Theoreme. Berlin, S. 17–46.
Bommes, Michael/Tacke, Veronika (2011): Das Allgemeine und das Besondere des Netzwerkes, in: Michael Bommes/Veronika Tacke (Hg.): Netzwerke in der funktional differenzierten Gesellschaft. Wiesbaden, S. 25–50.
Bourdieu, Pierre (1985): Sozialer Raum und „Klassen". Lecon sur la econ. Zwei Vorlesungen. Frankfurt/M.
Brint, Steven (2001): *Gemeinschaft* Revisited: A Critique and Reconstruction of the Community Concept, in: Sociological Theory 19, S. 1–23.
Carlson, Brad D./Suter, Tracy A./Brown, Tom J. (2008): Social versus psychological brand community: The role of psychological sense of brand community, in: Journal of Business Research 61, S. 284–291.
Carroll, John M./Rosson, Mary Beth (2003): A Trajectory for Community Networks, in: The Information Society 19, S. 381–393.
Celsi, Richard L./Rose, Randall L./Leigh, Thomas W. (1993): An Exploration of High-Risk Leisure Consumption through Skydiving, in: Journal of Consumer Research 20, S. 1–23.
Cohen, Anthony P. (1985): The Symbolic Construction of Community. London/New York.
Cohnstaedt, Martin L. (1966): The Process and Role of Conflict in the Community, in: The American Journal of Economics and Sociology 25, S. 5–10.
Crow, Graham Paul/Allan, Graham (1995): Community Types, Community Typologies and Community Time, in: Time and Society 4, S. 147–166.
da Costa, Rogério (2006): On the new concept of community: social networks, personal communities and collective intelligence, in: Interface 2. Quelle: socialsciences.scielo.org/pdf/s_icse/v2nse/scs_a01.pdf.
Dal Fiore, Filippo (2007): Communities versus Networks. The Implication on Innovation and Social Change, in: American Behavioral Scientist 50, S. 857–866.
de Burgh-Woodman, Heléne/Brace-Govan, Jan (2007): We do not live to buy. Why Subcultures are Different from Brand Communities and the Meaning for Marketing Discourse, in: International Journal of Sociology and Social Policy 27, S. 193–207.
Deterding, Sebastian (2008): Virtual Communities, in: Ronald Hitzler/Anne Honer/Michaela Pfadenhauer (Hg.): Posttraditionale Gemeinschaften. Theoretische und ethnografische Erkundungen. Wiesbaden, S. 115–131.
Diani, Mario (1990): The network structure of the Italian ecology movement, in: Social Science Information 29, S. 5–31.
Diani, Mario (2000): Social Movement Networks Virtual and Real, in: Information, Communication and Society 3, S. 386–401.
Elias, Norbert (1987): Wandlungen der Wir-Ich-Balance, in: Norbert Elias: Die Gesellschaft der Individuen. Frankfurt/M., S. 207–315.
Erickson, Ingrid (2010): Geography and Community: New Forms of Interaction Among People and Places, in: American Behavioral Scientist 53, S. 1194–1207.
Etzioni, Amitai (1993): The Spirit of Community. *R*ights, *R*esponsibilities and the Comunitarian *A*genda. New York.
Freud, Sigmund (1978): Neue Folge der Vorlesungen zur Einführung in die Psychoanalyse. Frankfurt/M.
Galbraith, John Kenneth (1958): The Affluent Society. New York.
Gebhardt, Winfried (2008): Gemeinschaften ohne Gemeinschaft. Über situative Event-Vergesellschaftungen, in: Ronald Hitzler/Anne Honer/Michaela Pfadenhauer (Hg): Posttraditionale Gemeinschaften. Theoretische und ethnografische Erkundungen. Wiesbaden, S. 202–213.
Gertenbach, Lars/Laux, Henning/Rosa, Hartmut/Strecker, David (2010): Theorien der Gemeinschaft zur Einführung. Hamburg.

Gläser, Jochen (2005): Neue Begriffe, alte Schwächen: Virtuelle Gemeinschaft, in: Michael Jäckel/ Manfred Mai (Hg.), Online-Vergesellschaftung? Mediensoziologische Perspektiven auf neue Kommunikationstechnologien. Wiesbaden, S. 51–72.

Granovetter, Mark S. (1973): The Strength of Weak Ties, in: American Journal of Sociology 78, S. 1360–1380.

Gross, Peter (1994): Die Multioptionsgesellschaft. Frankfurt/M.

Gruzd, Anatoliy/Wellman, Barry/Takhteyev, Yuri (2011): Imagined Twitter as an Imagined Community. Forthcoming in the American Behavioral Scientist in Imagined Communities. Quelle: http:// homes.chass.utoronto.ca/~wellman/publications/imagining_twitter/Gruzd_Wellman_Takhteyev_Imagining_Twitter_as_an_Imagined_Co.pdf.

Gusfield, Joseph R. (1975): Community. A Critical Response. Oxford.

Haas, Jessica/Malang, Thomas (2010): Beziehungen und Kanten, in: Christian Stegbauer/Roger Häußling (Hg.): Handbuch Netzwerkforschung. Wiesbaden, S. 89–98.

Hampton, Keith/Wellman, Barry (2001): Long Distance Community in the Network Society: Contact and Support Beyond Netville, in: American Behavioral Scientist 45, S. 476–495.

Heintz, Bettina (2003): Gemeinschaft ohne Nähe? Virtuelle Gruppen und reale Netze, in: Udo Thieldke (Hg.): Virtuelle Gruppen. Charakteristika und Problemdimensionen. Opladen, S. 180–210.

Hellmann, Kai-Uwe (1997): Integration durch Öffentlichkeit. Zur Selbstbeobachtung der modernen Gesellschaft, in: Berliner Journal für Soziologie 7, 37–59.

Hellmann, Kai-Uwe (2011): Fetische des Konsums. Studien zur Soziologie der Marke. Wiesbaden.

Hellmann, Kai-Uwe/Kenning, Peter (2007): Die Kreise der Communities, in: Absatzwirtschaft, S. 40–43.

Hellmann, Kai-Uwe/Kenning, Peter (2008): Brand Communities, in: WiSt: Wirtschaftswissenschaftliches Studium 37, S. 609–611.

Hellmann, Kai-Uwe/Marschall, Jörg (2010): Netzwerkanalyse in der Konsumforschung, in: Christian Stegbauer/Roger Häußling (Hg.): Handbuch Netzwerkforschung. Wiesbaden, S. 647–656.

Hillery, George A., Jr. (1955): Definitions of Community: Areas of Agreement, in: Rural Sociology 20, S. 111–123.

Hitzler, Ronald/Honer, Anne/Pfadenhauer, Michaela (Hg.) (2008): Posttraditionale Gemeinschaften. Theoretische und ethnografische Erkundungen. Wiesbaden.

Hlebec, Valentina/Manfreda, Katja Lozar/Vehovar, Vasja (2006): The social support networks of internet users, in: New Media & Society 8, S. 9–32.

Honneth, Axel (1993): Posttraditionale Gemeinschaften. Ein konzeptioneller Vorschlag, in: Micha Brumlik/Hauke Brunkhorst (Hg.): Gemeinschaft und Gerechtigkeit. Frankfurt/M., S. 260–270.

Jäckel, Michael/Mai, Manfred (Hg.) (2005): Online-Vergesellschaftung? Mediensoziologische Perspektiven auf neue Kommunikationstechnologien. Wiesbaden.

Janowitz, Morris (1967): Community Press in an Urban Setting. The Social Elements of Urbanism. Chicago.

Keller, Reiner (2008): Welcome to the Pleasuredome? Konstanzen und Flüchtigkeiten der gefühlten Vergemeinschaftung, in: Ronald Hitzler/Anne Honer/Michaela Pfadenhauer (Hg.): Posttraditionale Gemeinschaften. Theoretische und ethnografische Erkundungen. Wiesbaden, S. 89–111.

König, René (1955): Zur Problematik und Anwendung der Begriffe Gemeinschaft und Gesellschaft. Die Begriffe Gemeinschaft und Gesellschaft bei Ferdinand Tönnies, in: Kölner Zeitschrift für Soziologie und Sozialpsychologie 7, S. 348–420.

König, René (1958): Grundformen der Gesellschaft: Die Gemeinde. Hamburg.

Kuhn, Thomas S. (1976): Die Struktur wissenschaftlicher Revolutionen. Frankfurt/M.

Lichtblau, Klaus (2000): „Vergemeinschaftung" und „Vergesellschaftung" bei Max Weber. Eine Rekonstruktion seines Sprachgebrauchs, in: Zeitschrift für Soziologie 29, S. 423–443.

Lüdicke, Marius/Giesler, Markus (2007): Brand communities and their social antagonists: insights from the Hummer case, in: Bernard Cova/Robert V. Kozinets/Avi Shankar (Hg.): Consumer Tribes. Oxford, S. 275–295.

Luhmann, Niklas (1978): Erleben und Handeln, in: Hans Lenk (Hg.): Handlungstheorien interdisziplinär II. Handlungserklärungen und philosophische Handlungsinterpretationen. Erster Halbband. München, S. 235–253.
Luhmann, Niklas (1984): Soziale Systeme. Grundriss einer allgemeinen Theorie. Frankfurt/M.
Luhmann, Niklas (1990): Die Wissenschaft der Gesellschaft. Frankfurt/M.
Mathwick, Charla/Wiertz, Caroline/Ruyter, Ko De (2008): Social Capital Production in a Virtual P3 Community, in: Journal of Consumer Research 34, S. 832–849.
McAlexander, James H./Schouten, John W. (1998): Brandfests. Servicescapes for the Cultivation of Brand Equity, in: John F. Sherry, Jr. (Hg.): Servicescapes: The Concept of Place in Contemporary Markets. Lincolnwood, S. 377–402.
McAlexander, James H./Schouten, John W./Koenig, Harold F. (2002): Building Brand Community, in: Journal of Marketing 66, S. 38–54.
McGrath, Mar Ann/Sherry, John F., Jr./Heisley, Deborah D. (1993): An Ethnographic Study of an Urban Periodic Marketplace. Lessons from the Midville Farmer's Market, in: Journal of Retailing 69, S. 280–319.
McPherson, J. Miller/Popielarz, Pamela A./Drobnic, Sonia (1992): Social Networks and Organizational Dynamics, in: American Sociological Review 57, 153–170.
McPherson, J. Miller/Smith-Lovin, Lynn/Cook, James M. (2001): Birds of a Feather: Homophily in Social Networks, in: Annual Review of Sociology 27, S. 415–444.
Melucci, Alberto (1989): Nomads of the Present. Social Movements and Individual Needs in Contemporary Society. Philadelphia.
Muniz, Albert M., Jr./O'Guinn, Thomas C. (2001): Brand Community, in: Journal of Consumer Research 27, S. 412–432.
Muniz, Albert M., Jr./O'Guinn, Thomas C. (2005): Marketing Communications in a World of Consumption and Brand Communities, in: Allan J. Kimmel (Hg.): Marketing Communication. New Approaches, Technologies, and Styles. Oxford, S. 62–85.
Muniz, Albert M., Jr./O'Guinn, Thomas C. (2009): Collective Brand Relationships, in: Deborah MacInnis/C. Whan Park/Joseph Priester (Hg.): Handbook of Brand Relations. New York, S. 173–194.
Neidhardt, Friedhelm (1979): Das innere System sozialer Gruppen, in: Kölner Zeitschrift für Soziologie und Sozialpsychologie 31, S. 639–660.
Nisbet, Robert A. (1967): The sociological tradition. London.
Ohle, Karlheinz (1983): Formalisierungsgrad und Gruppencharakter. Dargestellt am Beispiel von Motorradclubs, in: Friedhelm Neidhardt (Hg.): Gruppensoziologie. Perspektiven und Materialien. Opladen, S. 497–509.
Oliver, Melvin L. (1988): The Urban Black Community as Network. Toward a Social Network Perspective, in: Sociological Quarterly 29, S. 623–645.
Ouwersloot, Hans/Odekerken-Schröder, Gaby (2008): Who's who in brand communities – and why?, in: European Journal of Marketing 42, S. 571–585.
Parsons, Talcott (1951): The Social System. New York.
Piselli, Fortunata (2007): Communities, Places, and Social Networks, in: American Behavioral Scientist 50, S. 867–878.
Plessner, Helmuth (2002): Grenzen der Gemeinschaft. Eine Kritik des sozialen Radikalismus. Frankfurt/M.
Raschke, Joachim (1988): Soziale Bewegungen. Ein historisch-systematischer Grundriß. Frankfurt/New York.
Rössel, Jörg (2005): Plurale Sozialstrukturanalyse. Eine handlungstheoretische Rekonstruktion der Grundbegriffe der Sozialstrukturanalyse. Wiesbaden.
Scarpi, Daniele (2010): Does Size Matter? An Examination of Small and Large Web-based Brand Communities, in: Journal of Interactive Marketing 24, S. 14–21.
Schau, Hope Jensen/Muniz, Albert M., Jr. (2002): Brand Communities and Personal Identities: Negotiations in Cyberspace, in: Advances in Consumer Research 29, S. 344–349.

Schau, Hope Jensen/Muniz, Albert M., Jr./Arnould, Eric J. (2009): How Brand Community Practice Create Value, in: Journal of Marketing 73, S. 30–51.
Schenk, Michael (1983): Das Konzept des sozialen Netzwerks, in: Friedhelm Neidhardt (Hg.): Gruppensoziologie. Perspektiven und Materialen. Opladen, S. 88–104.
Scheuch, Erwin K. (1993): Netzwerke, in: Dieter Reigber (Hg.): Social Networks. Neue Dimensionen der Markenführung. Düsseldorf/Wien/New York/Moskau, S. 95–130.
Schimank, Uwe (2005): Organisationsgesellschaft, in: Wieland Jäger/Uwe Schimank (Hg.): Organisationsgesellschaft. Facetten und Perspektiven. Wiesbaden, S. 19–50.
Schnegg, Michael (2010): Die Wurzeln der Netzwerkforschung, in: Christian Stegbauer/Roger Häußling (Hg.): Handbuch Netzwerkforschung. Wiesbaden, S. 21–28.
Schouten, John W./McAlexander, James H. (1995): Subcultures of Consumption: An Ethnography of the New Bikers, in: Journal of Consumer Research 22, S. 43–61.
Schouten, John W./McAlexander, James H./Koenig, Harold F. (2007): Transcendent customer experience and brand community, in: Journal of the Academy of Marketing 35, S. 357–368.
Schulz, Jeremy (2006): Vehicle of the Self. The social and cultural work of the H2 Hummer, in: Journal of Consumer Culture 6, S. 57–86.
Sutter, Tilmann (2005): Vergesellschaftung durch Medienkommunikation als Inklusionsprozeß, in: Michael Jäckel/Manfred Mai (Hg.): Online-Vergesellschaftung? Mediensoziologische Perspektiven auf neue Kommunikationstechnologien. Wiesbaden, S. 13–32.
Tenbruck, Friedrich H. (1964): Freundschaft. Ein Beitrag zu einer Soziologie der persönlichen Beziehungen, in: Kölner Zeitschrift für Soziologie und Sozialpsychologie 16, S. 431–457.
Tönnies, Ferdinand (1988): Gemeinschaft und Gesellschaft. Grundbegriffe der reinen Soziologie. Darmstadt.
Tyrell, Hartmann (1983): Zwischen Interaktion und Organisation I. Gruppe als Systemtyp: in: Friedhelm Neidhardt (Hg.): Gruppensoziologie. Perspektiven und Materialien. Opladen, S. 75–87.
von Loewenfeld, Fabian (2006): Brand Communities. Erfolgsfaktoren und ökonomische Relevanz von Markengemeinschaften. Wiesbaden.
Weber, Max (1985): Wirtschaft und Gesellschaft. Grundriss der verstehenden Soziologie. Tübingen.
Webber, Melvin M. (1963): Order in Diversity: Community without Proquinquity, in: Lowdon Wingo, Jr. (Hg.): Cities and Space: The Future Use of Urban Land. Baltimore, S. 23–54.
Wellman, Barry (1979): The Community Quest. The Intimate Networks of East Yorkers, in: The American Journal of Sociology 84, S. 1201–1231.
Wellman, Barry (2003): Network Communities, in: Karen Christensen/David Levinson (Hg.): Encyclopedia of Community. Thousand Oaks, S. 983–988.
Wellman, Barry (2005): Community: From Neighborhood to Network, in: Communications of the ACM 48, S. 53–55.
Wellman, Barry/Boase, Jeffrey/Chen, Wenhong (2002): The Networked Nature of Community: Online and Offline, in: IT & Society 1, S. 151–165.
White, Douglas R. (2004): Ties, Weak and Strong, in: Karen Christensen/David Levinson (Hg.): Encyclopedia of Community. Thousand Oaks, S. 1376–1379.
Wu, Shaomei/Hofman, Jake M./Mason, Winter A./Watts, Duncan J. (2011): Who Says What to Whom on Twitter. Quelle: http://www.www2011india.com/proceeding/proceedings/p705.pdf.
Wuthnow, Robert (1998): Loose Connections. Joining Together in America's Fragmented Communities. Cambridge/London.

Typologien und Praktiken

Die „Brand Community"-Forschung feiert dieses Jahr ihr zehnjähriges Bestehen. Dies bietet die Gelegenheit, eine erste Bilanz zu ziehen: Was wurde erreicht, was wurde verfehlt? Schaut man die rund 150 Artikel, Bücher und verwandte Publikationen daraufhin durch, fällt auf, daß sich die meisten Studien nur mit einzelnen „brand communities" befassen, und dies nicht einmal dezidiert exemplarisch, als pars pro toto angelegt, sondern für sich stehend, ohne strenge Rückführung auf den Forschungsstand. Außerdem stellt sich die Qualität der empirischen Belege häufig unsystematisch dar, und die Realität von „brand communities" als Kollektivphänomene bleibt eigentümlich blaß. Worin aber besteht das Kollektive von „brand communities"? Die schlichte Teilnahme einzelner Mitglieder an entsprechenden Internetforen vermittelt davon nur einen sehr unzureichenden Eindruck, das Einstellen von Photos oder Videos ebenso, und gelegentliche Treffen werfen Zweifel an der Nachhaltigkeit auf. Was also organisiert deren kollektiven Zusammenhalt? Zumindest in diesen beiden Hinsichten, andere mögen wichtiger sein, können der „Brand Community"-Forschung gewisse Versäumnisse bescheinigt werden.

Bezogen auf den ersten Punkt, präsentiert *Melanie Wenzel* in ihrem Beitrag eine groß angelegte Studie, bei der insgesamt 27 „brand communities", deren Markenfokus durchgängig auf Marken des Volkswagen Konzerns gerichtet ist, online befragt wurden. Ziel der Studie ist es vor allem, auf Grundlage der Sozialstrukturanalyse Mitgliederprofile zu ermitteln sowie eine Typologie von „brand communities" innerhalb der „Volkswagenwelt" zu erstellen, die helfen könnten, die Befunde aus einer Vielzahl von Untersuchungen, die sich häufig nur mit einer einzelnen „brand community" befassen, durch Abgleich zu verallgemeinern. Gerahmt wird *Wenzels* Arbeit durch eine Fragestellung, die der Customer Relationship Management-Perspektive entnommen ist, und im Ergebnis diskutiert *Wenzel* eine Vierfeldermatrix, die sie aus der Bewertung der 27 „brand communities" abgeleitet hat, und zwar hinsichtlich der recht unterschiedlichen Bereitschaft zur Kooperation mit dem Unternehmen.

Während *Wenzel* eine vergleichende, vorrangig quantitativ organisierte Untersuchung von „brand communities" vorlegt, geht es *Jörg Marschall* um die qualitative Erforschung einer einzelnen „brand community" im Rahmen der

„Volkswagenwelt", und zwar der „1. Golf I Interessengemeinschaft e. V.", die sich auf die erste *VW Golf*-Generation konzentriert und speziell an der Erhaltung bzw. Wiederherstellung der entsprechenden Fahrzeuge in ihrem/n Originalzustand interessiert ist. Der besondere Beitrag *Marschalls* ist darin zu sehen, daß er die Praktiken dieser „brand community" unter die Lupe nimmt, wie Restaurieren, Teilehandel oder Fachsimpeln, weil an diesen kollektiv geübten Routinen, die sich gleichermaßen aus Worten wie Taten zusammensetzen, der kollektive Charakter von „brand communities" besonders gut dokumentiert werden kann. Innovativ operiert *Marschall* überdies, wenn er Praktiken in eine zeitliche Reihenfolge untergliedert, die miteinander verzahnt sind. So bedarf es etwa vor der Restaurierung des Teilehandels, und nach der Restaurierung folgt die Ausfahrt mit Freunden.

Mitgliederprofile und Typologisierung von *VW* Brand Communities
Ergebnisse einer quantitativen Onlinebefragung und Implikationen für das Marketing

Melanie Wenzel

1 Einleitung

Die Marketingpraxis kennt und nutzt Kollektivphänomene seit langem. Formen kollektiven Konsums wie Events, Konzerte oder Sportveranstaltungen sind bereits Gegenstand strategischer Marketingkonzepte. Auch „Brand Communities" (BCs) sind kein neues Phänomen. So existiert die Harley Davidson Owners Group (H.O.G.) – eines der meistzitierten Beispiele in der Forschungsliteratur – bereits seit 1983. Mit der wachsenden Bedeutung des Internets im Konsum- und Freizeitbereich und den neuen Möglichkeiten durch das Web 2.0 stieg die Anzahl etablierter unternehmens- wie konsumenteninitiierter BCs in den letzten Jahren jedoch enorm an.

Für Unternehmen, speziell das Customer Relationship Marketing (CRM), ist diese Entwicklung sehr vielversprechend. Im Hinblick darauf, daß langfristige Kundenbindung das wesentliche Ziel und die zentrale Herausforderung des CRM darstellt, bergen BCs für Unternehmen vielfältige Potentiale. Denn Kollektivbewußtsein bzw. „consciousness of kind" (Muniz/O'Guinn 2001) auf Basis kollektiv geteilter Begeisterung für bestimmte Marken können für Unternehmen erhebliche strategische Vorteile generieren. Insofern ist es nicht verwunderlich, daß BCs im aktuellen Marketingdiskurs eine große Rolle spielen.

Mitglieder von BCs zeichnen sich in der Regel durch hohe Markenloyalität aus, was wiederum die ökonomische Relevanz dieser Phänomene für Unternehmen begründet (Muniz/O'Guinn 2001; McAlexander et al. 2002, 2003; Algesheimer 2004; von Loewenfeld 2006).[1] Wissenschaftliche Untersuchungen haben zwar nachgewiesen, daß bei erfahrenen Konsumenten der positive Zusammenhang von Kundenzufriedenheit und Kundenloyalität nicht zwingend

---

[1] Loyale Kunden haben wiederum eine höhere Frustrationsgrenze in Bezug auf fehlerhafte Produkte oder eingeschränkte Service-Qualität. Zudem wird angenommen, daß sich Kunden, die in BCs integriert sind, offener für Wiederkäufe und Markendehnungen erweisen.

vorausgesetzt werden kann (Reichheld 1996). Das Ausmaß an Integration von Individuen in eine BC kann jedoch einen signifikant positiven Einfluß auf die Marken- und Kundenloyalität ausüben (Muniz/O'Guinn 2001; McAlexander et al. 2002, 2003). Demzufolge können BCs als erweiterter Ansatz des CRM bewertet werden (Kaul 2008; Rüeger/Hannich 2008; Fournier/Lee 2009).

Neben ihrer ausgeprägten Loyalität bieten BCs weitere Chancen für Unternehmen: Sie treten zum Beispiel in vielen Fällen als sogenannte „Marken-Missionare" (McAlexander et al. 2002; Schögel et al. 2005) auf und verbreiten die Markenbotschaft und ihre Begeisterung für die Marke durch positive Mund-zu-Mund-Propaganda[2] im Sinne des viralen Marketing (Langner 2006).[3] Darüber hinaus geben BCs gerne wertvolles Feedback[4] an die Unternehmen und können als potenzielle Innovatoren in den Entwicklungs- und Verbesserungsprozeß von Produkten integriert werden (McAlexander et al. 2002; Füller et al. 2008). Von daher verspricht derzeit kaum ein Phänomen größere Potentiale für Unternehmen.

Dieser Trend birgt jedoch auch Risiken. BCs müssen nicht immer mit den Produkten oder Strategien eines Unternehmens zufrieden sein und können Marketinganstrengungen oder Produktveränderungen kollektiv ablehnen (Muniz/O'Guinn 2001). Durch die kommunikative Reichweite des Web 2.0 können sich Gerüchte oder negative Mund-zu-Mund-Propaganda über Produkte und Marken in kürzester Zeit über große Distanzen hinweg ausbreiten. Vor allem konsumenteninitiierte BCs als unternehmensunabhängige und autonome Phänomene lassen sich durch Marketer nur schwer bis überhaupt nicht steuern (Muniz/O'Guinn 2001; Woisetschläger 2006). BCs entwickeln sehr oft eigene Deutungsmuster in Bezug auf „ihre" Marke, die nicht mit der strategisch formulierten Markenidentität übereinstimmen müssen (Raabe et al. 2004; Hallay et al. 2008). Insofern kann der „Besitz der Marke" durch das Unternehmen in Frage gestellt sein (Muniz/O'Guinn 2001).

Die steigende Bedeutung von BCs hat Auswirkungen auf das Kundenbeziehungsmanagement von Unternehmen. Denn das CRM steht im Umgang mit BCs vor der Herausforderung, Chancen nutzbar zu machen und immanente Risiken abzuschwächen bzw. zu vermeiden. Die einzelnen CRM-Bereiche müssen ihre Kompetenzen jeweils in Bezug auf ihre Beziehung zu BCs erweitern. Das traditionelle Zielgruppen- und Massenmarketing, welches in der Regel auf die dyadi-

---

[2] Der Begriff Mund-zu-Mund-Propaganda wird hier synonym zu Word-of-Mouth (WOM) verwendet.
[3] Untersuchungen belegen, daß der Austausch von Informationen unter Gleichgesinnten einen dreimal höheren Einfluß auf den Kaufentscheid hat, als die klassische Werbung, vgl. Keller/Fay 2006.
[4] Durch den intensiven Konsum und Gebrauch der Marken bzw. Produkte des Unternehmens akkumulieren BC-Mitglieder über die Zeit wertvolles, tiefgreifendes (Experten-)Wissen, das sie zu attraktiven Gesprächspartnern im Rahmen der Produktentwicklung macht, vgl. Raabe 1993.

sche Interaktion zwischen Unternehmen und individuellem Kunden konzentriert ist, muß durch ein community-gerichtetes Marketing ergänzt werden, das die BCs inhärenten Kundenverflechtungen verstärkt fokussiert.

Wie bereits erwähnt, sind BCs etablierter Gegenstand betriebswirtschaftlicher Literatur (Algesheimer 2004; von Loewenfeld 2006; Kaul/Steinmann 2008). Allerdings findet die Diskussion um das BC-Phänomen zum Teil recht euphemistisch, unkritisch und oberflächlich statt. Konsens der Autoren ist in der Regel die ökonomische Relevanz von BCs für Unternehmen und die daraus abgeleitete Notwendigkeit für Unternehmen bzw. das CRM, mit BCs in Beziehung zu treten. Die Auseinandersetzung mit dem Thema findet meist situativ oder technikorientiert statt. Oft verbergen sich dahinter Einzelfalluntersuchungen oder Bestandsaufnahmen nach dem „Best-Practice-Prinzip" (Kaul/Steinmann 2008). Methodisch basieren die Ergebnisse oft auf qualitativen, ethnographischen Studien. Untersuchungsgegenstand sind meist einzelne Dachmarken-Communities (Muniz/O'Guinn 2001; McAlexander et al. 2002; Luedicke 2006). Implikationen für die Marketingtheorie und -praxis werden, sofern vorhanden, dennoch generalisiert und über verschiedene BCs hinweg vertreten. Weiterhin werden häufig Initiierung und Erhaltung unternehmensinitiierter und -gesteuerter BCs in den Fokus gerückt (von Loewenfeld 2006).

Basierend auf den bisherigen Ausführungen wird hier die Position vertreten, daß sich jegliche Unternehmung im Hinblick auf potenzielle Chancen und Risiken mit ihren bereits existierenden BCs auseinandersetzen sollte, jedoch in einer jeweils spezifischen, auf die einzelnen Communities ausgerichteten Herangehensweise. Wie in diesem Beitrag gezeigt werden wird, sind BCs bei näherer Betrachtung mitunter sehr unterschiedlich, und so verschieden BCs sind, so spezifisch sollte auch die Art und Weise sein, wie die Unternehmen mit „ihren" BCs in Beziehung treten. Insofern besteht zunächst die Notwendigkeit, eine geeignete Typologie zu entwickeln, anhand derer Unternehmen BCs einordnen können, um darauf basierende Implikationen für einen differenzierten Umgang mit diesen abzuleiten.

Die besondere Herausforderung der Entwicklung einer geeigneten BC-Typologie ist u. a. dadurch begründet, daß die in der Konsumforschung vorhandenen Methoden auf die Klassifizierung und Typisierung einzelner Konsumenten ausgerichtet sind. Das heißt: Der Einsatz bestimmter Marketinginstrumente ist in der Regel auf Individuen ausgerichtet, nicht auf Kollektive. Solche Methoden auf BCs anzuwenden, birgt die Gefahr, die Wertschöpfungspotentiale bzw. Besonderheiten, die durch die Interaktion zwischen den Konsumenten in diesen Kollektiven bestehen, zu übersehen und damit Chancen wie Risiken nicht angemessen einschätzen zu können.

Um einen ersten Überblick über die „Community-Landschaft" zu erhalten, soll im Folgenden der Frage nach den Charakteristika der Mitglieder online-basierter BCs nachgegangen werden. Dies wird am Beispiel detaillierter soziodemographischer Nutzerprofile online-basierter BCs aus der „Volkswagenwelt" (VWBCs) diskutiert. Diese Charakteristika werden, sofern möglich, in einen gesamtgesellschaftlichen Kontext eingeordnet. Darüber hinaus wird die Heterogenität ausgewählter VWBCs anhand soziodemographischer und lebensstilbezogener Merkmale aufgezeigt.

Im zweiten Teil des Beitrags wird der Frage nachgegangen, welche Arten von BCs existieren, dies wiederum veranschaulicht am Beispiel online-basierter VWBCs. Entsprechend wird der Versuch unternommen, auf Basis der erhobenen empirischen Daten eine geeignete Typologie der untersuchten VWBCs zu entwickeln, um aufzuzeigen, welche Typen von BCs für den Volkswagen Konzern relevant sein könnten.[5] Die Frage danach, wie Unternehmen adäquat mit verschiedenen Arten von BCs in Beziehung treten können bzw. welche konkreten Konsequenzen für die Marketingtheorie und -praxis durch die gewonnenen Erkenntnisse der Typologisierung entstehen, werden zum Abschluss dieses Beitrags kurz angerissen.

2 Methodische Anlage der Untersuchung

Mittels einer computergestützten quantitativen standardisierten Online-Befragung wurden Daten in 27 VWBCs anonymisiert erhoben. Die Grundgesamtheit bildeten dabei alle zum Erhebungszeitpunkt ermittelbaren deutschsprachigen VWBCs, die sich ausschließlich oder unter anderem mit Produkten der Marke *VW* beschäftigten und auf ihrer Internet-Plattform ein Forum als Kommunikationsmedium betreiben.

Insgesamt wurden rund 100 VWBCs recherchiert und angeschrieben, die diese Merkmale erfüllten. Die Rekrutierung wurde mittels eines Anschreibens an die Verantwortlichen der jeweiligen VWBC (Webmaster, Moderator im Forum, Vereinsvorsitzender usw.) per Email, Erinnerungsschreiben im Falle ausbleibender Reaktion und gegebenenfalls telefonischem Kontakt zur Klärung von Unklarheiten und Nachfragen durchgeführt. Insgesamt 27 VWBCs erklärten sich

---

[5] Im Folgenden werden die Bezeichnungen Volkswagen Konzern, Volkswagen AG und Volkswagen synonym verwendet.

zu einer Teilnahme an der Studie bereit, 1 646 vollständig beendete Online-Fragebögen konnten erhoben werden.[6]

Der Link zum Online-Fragebogen wurde mit der Bitte zur Teilnahme entweder durch die Verantwortlichen der VWBCs oder durch die durchführenden Personen in den jeweiligen Foren eingestellt. Im Zeitraum der Datenerhebung und einer Anschlußperiode von mehreren Wochen erfolgte eine parallele Beobachtung der Foren, wobei auf Nachfragen, Anregungen und Kritik seitens der Mitglieder der jeweiligen VWBC kurzfristig reagiert wurde.

Die Hauptuntersuchung fand von Dezember 2009 bis März 2010 in gestaffelter Form statt. Aus Gründen der Umsetzung des Monitoring und der notwendigen Reaktionen auf Kommentare, die von Mitgliedern der jeweiligen VWBC im Forum veröffentlicht wurden, startete die Datenerhebung in den einzelnen Foren zeitlich versetzt. Der Erhebungszeitraum in den einzelnen Foren belief sich auf jeweils zwei bis vier Wochen.

Die Items des standardisierten Fragebogens wurden sowohl theoriegeleitet als auch induktiv entwickelt. Hierzu wurden vierzig qualitative Interviews von je fünfzehn bis neunzig Minuten mit Autofahrern im Juli 2009 durchgeführt. Teile des Fragebogens wurden im Oktober 2009 in zwei Voruntersuchungen getestet.[7] Im November 2009 wurde das Gesamttool in drei online-basierten VWBCs geprüft.

Der Fragebogen der Hauptuntersuchung umfaßt je nach Filterführung bis zu zweihundert Items zu Soziodemographika, Lebensstil, individueller Bedeutung des Autos, verschiedenen Praktiken rund um das Auto und Autofahren (Fahrverhalten, Kommunikation, Unterhaltung, Pflege und Ordnung), Aktivität der VWBC-Mitglieder, Kollektivität der VWBC, Beziehung und Kontakt zum Hersteller, Distinktion gegenüber anderen Autofahrern und Merkmalen der Fahrzeuge (Marke, Modell, Ausstattung, Farbe, Baujahr, Besitz und mitgeführte Gegenstände).

Zusätzlich zu den Individualdaten wurden Daten über die Merkmale der jeweiligen VWBCs gesondert erhoben. Hierzu gehörten Größe, Gründungsjahr, Marken und Modelle, Aktivitäten im Forum, Anzahl der Kommentare auf die Studie, Gründung, Art (kommerziell vs. nicht-kommerziell) und Rücklaufquote. Ziel war es, Auswertungen auf Basis aggregierter Individualdaten und auf Community-Ebene durchführen zu können.

---

[6] Die URL-Adressen lauteten: Beetlefun.de, Bulli-Forum.de, Doppel-Wobber.de, Geilekarre.de, Germancult.de, G-laderseite.de, Golf5-Forum.de, Golf5GTI.com, Golf-4-Tuning.de, GCWuppertal.de, Kaeferdoc.de, Kuebel-Klub.de, LLE-Kartei.de, Pagenstecher.de, Passat3b.de, 35i-forum.de, Polofans.de, Forum.Polo9N.info, R32-Club.de, Sciroccoforum.de, Iroc-Forum.de, T4Forum.de, Volkstreff.de, VR6.de, VWTeam.com, VW-Bulli.de und Volkswagen-Community.de.
[7] Pretest 1 „Community Aktivität" und „Affinität unter Normalautofahrern", Pretest 2 „Community Aktivität und Affinität in Online/Offline BCs".

Der Fokus des Beitrags liegt auf soziodemographischen Merkmalen und Variablen zur Bestimmung von Lebensstilmustern auf der Individual- und Community-Ebene. Des weiteren werden Daten zur Realisierung einer relevanten BC-Typologie herangezogen (Aktivitäten der Community, Kollektivität der Community, Mitgliedschaften in anderen Communities, Marken- und Modelloyalität und Bild der Community vom Konzern).

3 Empirische Ergebnisse

3.1 Soziodemographische Mitgliederprofile

Das typische Mitglied einer online-basierten VWBC ist männlich und durchschnittlich 34 Jahre alt. Verglichen mit der Bevölkerung Deutschlands sind die Mitglieder der VWBCs relativ jung (Abb. 1). Somit sind zwar sehr viele jüngere Menschen Mitglieder in solchen Communities, allerdings hört das „Fansein" nicht mit der Fahranfängerphase auf, wie in Abbildung 1 ersichtlich wird. Vielmehr

Abbildung 1   Altersvergleich

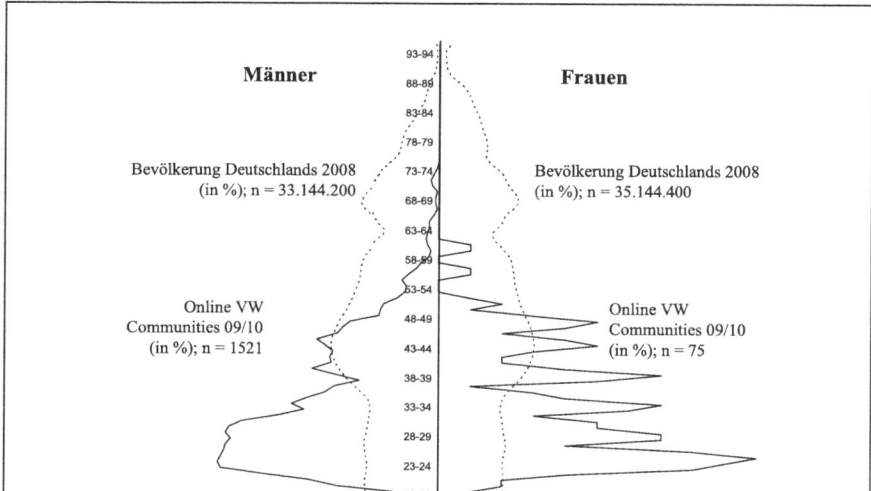

Quellen: Statistisches Bundesamt, eigene Datenerhebung[8]

---

[8] Wenn nicht anders ausgewiesen, handelt es sich nachfolgend um Daten aus der eigenen Erhebung.

bleiben viele ihrem „Hobby" bis ins hohe Alter treu. Ergebnisse aus ethnographischen Studien stützen diesen Eindruck. In den dort untersuchten VWBCs trifft man immer wieder auf „typische Fanbiographien". Viele Personen beginnen zum Beispiel als Mitglieder in Tuner-Communities und entdecken mit fortschreitendem Alter ihre Begeisterung für Youngtimer.[9]

Wirft man einen Blick auf den höchsten Bildungsabschluß der Mitglieder der untersuchten VWBCs, wird ersichtlich, daß ein nicht geringer Anteil höher gebildet ist (Abb. 2). Über 20 Prozent haben einen Fach- bzw. Hochschulabschluß. Personen mit Hauptschulabschluß sind im Vergleich zum gesamtdeutschen Durchschnitt deutlich unterrepräsentiert. So gaben in der Befragung elf Prozent der Personen an, einen Hauptschulabschluß zu haben; der bundesweite Durchschnitt liegt bei rund 40 Prozent (Statistisches Bundesamt).

Über 70 Prozent der Mitglieder online-basierter VWBCs befinden sich in einer Vollzeitbeschäftigung. Arbeitslose bzw. Arbeitssuchende spielen eine untergeordnete Rolle (3,4 %). Knapp 14 Prozent sind noch Schüler, Studenten oder befinden sich in einer beruflichen Ausbildung.

Abbildung 2   Höchster Bildungsabschluß von VWBC-Mitgliedern[10]

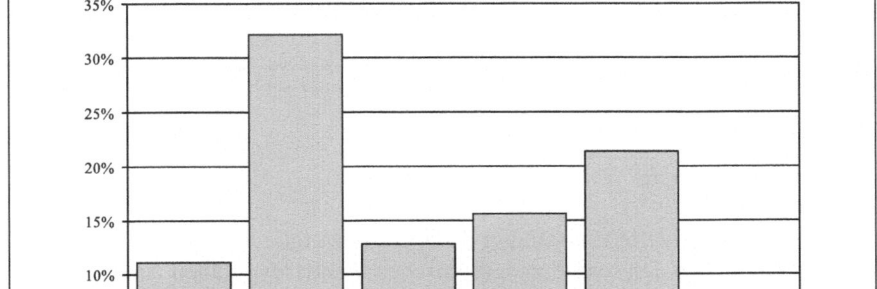

---

[9] Youngtimer sind Fahrzeuge, die zwischen 20 und 30 Jahre alt sind, vgl. Nensel 2007. Dieses Ergebnis basiert auf mehrjährigen ethnographischen Studien und weiterer empirischer Datenerhebungen, die im Rahmen des Graduiertenprojekts „Markenkultur und Unternehmenskultur" vor allem von *Jörg Marschall* (in diesem Band) unternommen wurden (siehe auch www.markenkultur.net).
[10] Erläuterung der Abkürzungen: …abschl./Abschl. = …abschluß/Abschluß; FOS = Abschluß an einer Fachoberschule; FH = Fachhochschule.

Die in der Studie befragten Personen verfügen trotz des geringen Durchschnittsalters über ein überdurchschnittlich hohes Nettoeinkommen (Abb. 3). Dies kommt auch durch den hohen Anteil an Vollzeiterwerbstätigen zustande. Über 55 Prozent der Befragten verfügen über ein Einkommen, das 1 500 € übertrifft; das durchschnittliche Nettoeinkommen in Deutschland liegt bei 1 300 € (Statistisches Bundesamt).

Abbildung 3   Monatliches Netto-Einkommen von VWBC-Mitgliedern in €

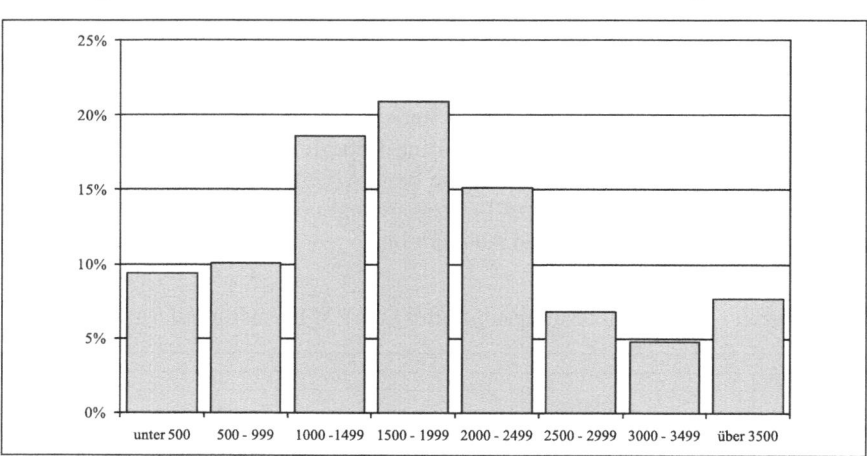

3.2 Lebensstilmuster von VWBC-Mitgliedern

Um eine soziokulturelle Einordnung der VWBC-Mitglieder vornehmen zu können, wurden neben den soziodemographischen Standardvariablen zusätzlich die standardisierten Items der Kurzversion der Lebensführungstypologie von Gunnar Otte (2004) in der Studie erhoben.

Lebensstilkonzepte werden seit den 1980er Jahren als Alternative bzw. Ergänzung zu klassischen Sozialstrukturanalysen diskutiert. Vertreter der Lebensstilforschung führen deren Notwendigkeit auf die Individualisierungsthese zurück, die von einer Entkopplung subjektiver Wahrnehmungen und subjektivem Handeln von objektiven Strukturen ausgeht (Beck 1983; Hitzler 1994; Schulze 2005).[11]

---

[11] Ein umfassender Überblick über die Diskussion zwischen Vertretern der klassischen Sozialstrukturanalyse und den Vertretern von Lebensstilkonzepten findet sich im Sonderband 7 der sozialen Welt, vgl. Berger/Hradil 1990.

Otte (2005) identifiziert zentrale Lebensführungsdimensionen anhand einer Metaanalyse bestehender empirischer Typologien und entwickelt auf dieser Basis eine neue konzeptuelle und empirisch validierte Typologie von Lebensstilen.[12] Damit beansprucht Otte (2004), die mangelnde Vergleichbarkeit bestehender Lebensstiltypologien, ihr Mangel an Theorie und ihre ungewisse empirische Relevanz verbessern und den erheblichen Aufwand bei der Erhebung von Lebensstilvariablen verringern zu können. Für die Strukturierung der Lebensführungsmuster zieht Otte (2005: 451) zwei Dimensionen heran: die hierarchische Dimension des Ausstattungsniveaus sowie die Zeitdimension, „die sich teils im Sinne der (kohortenspezifischen) Modernität, teils im Sinne der (lebenszyklischen) biographischen Perspektive der Lebensführung interpretieren läßt." Die Dimension des Ausstattungsniveaus wird unterteilt in niedrige, mittlere und gehobene Kulturpraktiken und Ausstattungen mit Konsumgütern. Innerhalb der Zeitdimension lassen sich – abgeleitet von ähnlichen Sozialisationskontexten – traditionale, teilmoderne und moderne Modelle der Lebensführung unterscheiden, während sich unter biographischen Aspekten geschlossene[13], konsolidierte[14] und offene[15] Formen der Lebensführung differenzieren lassen (Otte 2005).

Wie in Abbildung 4 (S. 82) veranschaulicht, verteilen sich die VWBC-Mitglieder annähernd so wie der gesamtdeutsche Durchschnitt[16] (weiß unterlegt) bezüglich der Milieus der „Konservativ Gehobenen" (1 Prozent (eigene Erhebung[17]) zu 2 Prozent), so Otte (2005[18]), der „Konventionalisten" (3 Prozent zu 4 Prozent) und der „Aufstiegsorientierten" (26 Prozent zu 25 Prozent). Im Vergleich zum gesamtdeutschen Durchschnitt lassen sich vergleichsweise wenige Befragte (schwarz unterlegt) den Milieus der „Traditionellen Arbeiter" (1 Prozent zu 4 Prozent), der „Liberal Gehobenen" (11 Prozent zu 16 Prozent) und der „Reflexiven" zuordnen (10 Prozent zu 14 Prozent). Dagegen sind für außerordentlich viele Mitglieder von VWBCs (grau unterlegt) die Lebensführungsmuster der „Hedonisten" (24 Prozent zu 18 Prozent), der „Unterhaltungssuchenden" (10 Prozent zu 6 Prozent) und der „Heimzentrierten" (15 Prozent zu 11 Prozent) charakteristisch. Diese drei Muster der Lebensführung, die bei der Onlineerhebung hervorstachen,

---

[12] In der Langversion arbeitet Otte mit 37 Items, die Kurzversion umfaßt 10 Items.
[13] In der Regel handelt es sich um eine durch Lebenserfahrung etablierte Lebensführung.
[14] Hier geht es um eine Lebensführung, die in der Regel durch Familie, berufliche Karriere und vermehrt durch Alltagsroutinen charakterisiert ist.
[15] In der Regel dreht es sich um eine durch eine innovationsfreudige Weltsicht und Erlebnisorientierung geprägte Lebensführung.
[16] Die Daten stammen aus einer repräsentativen Studie aus dem Jahr 2001 in Mannheim, vgl. Otte 2005.
[17] Daten der eigenen Erhebung werden im Folgenden immer an erster Stelle genannt.
[18] Die Vergleichsdaten der Erhebung von Otte (2005) sind nachfolgend an zweiter Stelle angegeben.

Abbildung 4 Lebensstilmuster: VWBC-Mitglieder im Vergleich zur gesamtdeutschen Bevölkerung[19]

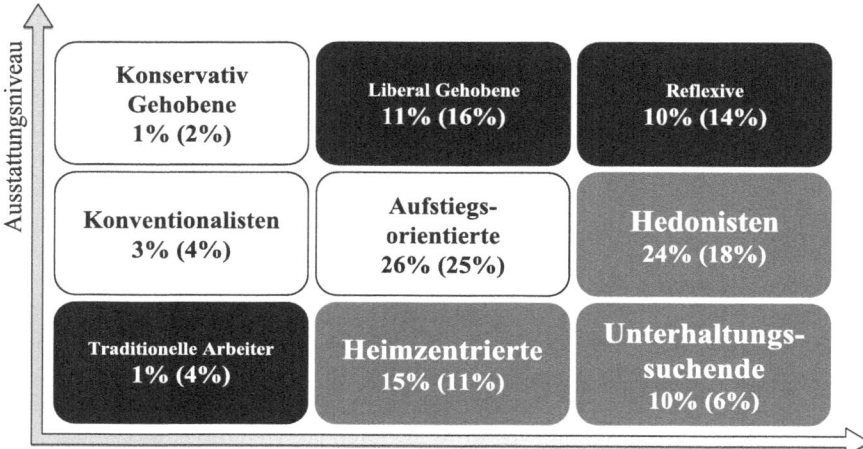

Quellen: Eigene Datenerhebungen bzw. Otte 2005 (in den Klammern angegeben)

zeichnet ein geringes bis mittleres Ausstattungsniveau, ein tendenziell moderner Lebensstil und eine biographische Konsolidierung bzw. Offenheit aus. Zusammengenommen läßt sich nahezu die Hälfte der Befragten einem dieser drei Lebensführungsmuster zuordnen. Im Einzelnen sind für diese drei Muster folgende Merkmale charakteristisch:

- Personen aus dem Milieu der „Heimzentrierten" haben in der Regel relativ geringe Ressourcen zur Verfügung, sind sehr häuslich und auf Familie und Kinder konzentriert und finden sich in der traditionellen Volksfestszene und der modernen Massenkultur (z.B. Popmusik) wieder.
- „Hedonisten" sind in der Regel jung, extrovertiert, innovationsfreudig, genuß- und konsumorientiert, in der „städtischen Spektakel- und Clubkultur" (Otte 2005: 454) verortet und drücken ihre Einstellung durch bestimmte Mode- und Musikrichtungen aus.
- „Unterhaltungssuchende" legen viel Wert auf materialistische Statussymbole, interessieren sich wenig oder gar nicht für politische Themen und weisen

---

[19] Prozentangaben: Verteilung in den jeweiligen VWBCs (Verteilung in Mannheim 2001, repräsentativ für die BRD).

einen höheren Grad außerhäuslicher Unterhaltungs- sowie Erlebniskonsumorientierung auf.

Weiterhin kann mit einem Anteil von rund 26 Prozent ein großer Teil der Befragten den „Aufstiegsorientierten" zugerechnet werden, die sowohl karrierebewußt als auch familienfokussiert und am Mainstream der modernen Freizeitkultur orientiert sind. Befragte, die über ein gehobenes Ausstattungsniveau verfügen, machen immerhin 22 Prozent aus, also rund ein Fünftel der Stichprobe. Vor allem den „liberal Gehobenen" und den „Reflexiven" können diese zugeordnet werden. Beide Muster sind neben dem gehobenen Ausstattungsniveau durch eine tendenziell moderne Einstellung und eine biographische Konsolidierung bzw. Offenheit gekennzeichnet.

Zusammenfassend kann gesagt werden, daß wir es bei Mitgliedern onlinebasierter VWBCs vorwiegend mit Männern in Vollzeitbeschäftigung zu tun haben, die durchschnittlich 34 Jahre alt und überdurchschnittlich gut gebildet sind. Es gibt kaum Schüler, Studenten, Auszubildende, Arbeitslose/-suchende und Rentner. Weiterhin stammen Mitglieder dieser BCs überdurchschnittlich häufig aus den Lebensführungsmustern der „Heimzentrierten", „Unterhaltungssuchenden" und „Hedonisten". Nichtsdestotrotz gibt es VWBC-Mitglieder oder „VW Fans" in allen Milieus.

3.3 Profile ausgewählter VWBCs

Basierend auf der Recherche im Vorfeld der Online-Studie kann von einer „Balkanisierung" bzw. Aufsplitterung der *VW*-Online-Szene gesprochen werden. Die rund 100 recherchierten deutschsprachigen VWBCs differieren stark in Bezug auf die im Mittelpunkt stehende Marke bzw. Produktmarke.[20] So gibt es VWBCs, die sich mit einer ganz speziellen Produktmarke einer bestimmten Baureihe beschäftigen, wie dies bei der „LLE-Kartei" (www.LLE-Kartei.de) der Fall ist. In dieser Interessengemeinschaft, wie sie sich selbst nennt, dreht sich alles um eine von Volkswagen im Jahr 1992 produzierte, auf 2 500 Stück limitierte Sonderauflage des *VW Multivans* („Limited Last Edition"). Auf der anderen Seite gibt es VWBCs, die sich mit mehreren, unter dem Dach des Volkswagen Konzerns befindlichen Automobilmarken befassen, wie im Falle von „Volkstreff" (www.volkstreff.de). Diese VWBC nimmt sich der Marken *VW*, *Audi*, *Seat* und *Skoda*

---

[20] Vgl. Muniz/O'Guinn (2001: 412): „A brand community is a specialized, non-geographically bound community, based on a structured set of social relationships among admirers of a brand. It is specialized because at its centre is a branded good or service."

an. Darüber hinaus gibt es Auto-Communities, die für alle Marken im Automobilbereich offen sind. „Motor-Talk" (www.motor-talk.de) kann als Beispiel für eine solche BC herangezogen werden. Weiterhin gibt es BCs, die sich nur mit getunten Fahrzeugen beschäftigen (markenübergreifend sowie auf eine Marke fokussiert)[21], und solche, die sich auf Oldtimer oder Youngtimer konzentrieren.[22]

In Abbildung 5 wird der Versuch unternommen, die untersuchten VWBCs anhand zweier Dimensionen einzuordnen: Erstens erfolgt die Einordnung auf der vertikalen Achse anhand des Alters der im Mittelpunkt der BC stehenden Fahrzeuge. BCs können sich z. B. ausschließlich mit Oldtimern beschäftigen oder mit Fahrzeugen aktueller Produktionsreihen. Weiterhin können die unterschiedlichsten Mischformen von BCs in Bezug auf diese Dimension vorliegen. Zweitens

Abbildung 5   Balkanisierung der „VW Online-Szene"

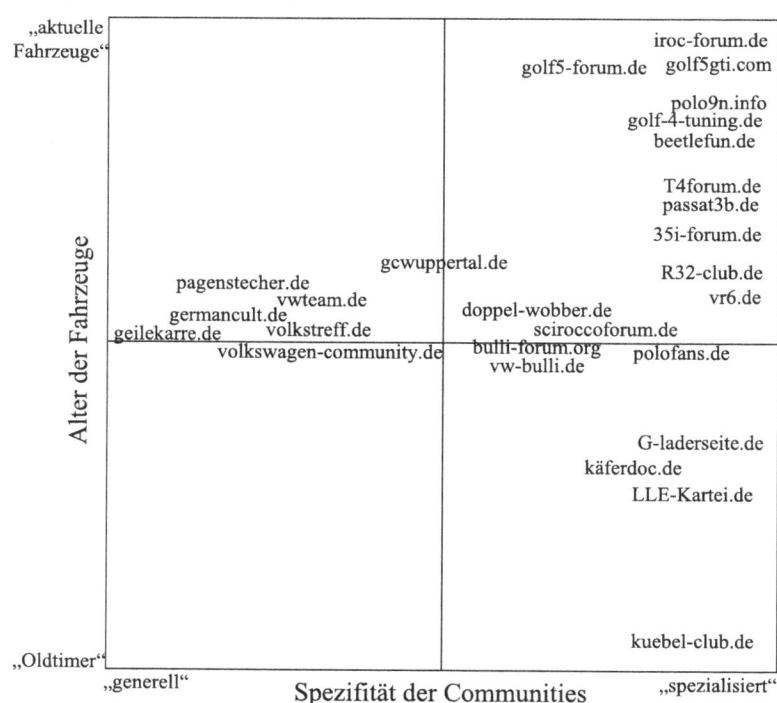

---

[21] Zum Beispiel „Geile Karre" (www.geilekarre.de).
[22] Zum Beispiel die „1. Original Golf I Interessengemeinschaft e. V." (www. www.golf1-ig.de) , siehe den Beitrag von *Marschall* in diesem Band..

erfolgt die Einordnung auf der horizontalen Achse anhand der Spezifität der BCs. VWBCs können sich z.B. sehr spezialisiert mit extremen Nischenfahrzeugen beschäftigen oder mit allen Marken, die unter dem Dach des Volkswagen Konzerns zu Hause sind.[23]

Diese relativ offensichtlichen Differenzen von VWBCs in Bezug auf Spezifität und Alter der im Mittelpunkt stehenden Fahrzeuge gewähren einen ersten Überblick über das Feld und die dort bestehende Balkanisierung der Szene. Da diese Einordnung der VWBCs jedoch nur Produkt- bzw. Markenmerkmale einbezieht und Charakteristika der VWBC-Mitglieder wie Spezifika der VWBCs über Produkt und Marke hinaus unberücksichtigt läßt, kann sie keine ausreichende Hilfe im Hinblick auf ein umfassendes Verständnis der VWBC-Landschaft bieten. Die wenigen zur Einordnung herangezogenen Merkmale entsprechen nicht der Komplexität des Phänomens. Außerdem gewähren diese Merkmale besonders im Hinblick auf für das CRM notwendige Informationen nur eine geringe Aussagekraft bezüglich der Charakteristika verschiedener VWBCs und darauf aufbauend abzuleitender Implikationen. Weitergehende Untersuchungen in Bezug auf soziodemographische und soziokulturelle Charakteristika der VWBC-Mitglieder sollen deshalb einen stärker handlungsorientierten Aufschluß über das Ausmaß der Heterogenität der betrachteten VWBCs geben. Diese differenzierenden Dimensionen sollen im Folgenden beispielhaft anhand von vier untersuchten VWBCs aufgezeigt und diskutiert werden: Doppel-Wobber.de, Golf5GTI.com, LLE-Kartei.de und Iroc-Forum.de.[24]

Der Anteil männlicher Mitglieder liegt bei allen VWBCs bei über 90 Prozent. Doppel-Wobber.de hat dabei mit rund 2 Prozent den geringsten Anteil an weiblichen Mitgliedern, während LLE-Kartei.de mit rund 6 Prozent den größten Frauenanteil aufweist (Tab. 1, S. 86). LLE-Kartei.de hat mit 45 Jahren den höchsten Altersdurchschnitt im Vergleich zu den anderen drei VWBCs. Dort liegt der Durchschnitt mit 27 (Doppel-Wobber.de), 28 (Iroc-Forum.de) und 31 Jahren (Golf5GTI.com) relativ nahe beieinander. Personen dieser drei VWBCs sind deutlich jünger als die Mitglieder der LLE-Kartei. Die Darstellung der Altersverteilungen in den einzelnen VWBCs in Abbildung 6 (S. 87) verdeutlicht dies. Doppel-Wobber.de hat den größten Anteil an jüngeren Mitgliedern und auch die geringste Varianz in Bezug auf das Alter. Das älteste Mitglied ist 46 Jahre alt. Dagegen hat LLE-Kartei.de die größte Spannbreite an Mitgliedern verschiedenen Alters: Das jüngste Mitglied ist 20, das älteste 71 Jahre alt. Die Altersvertei-

---

[23] Hierzu zählen *Audi, Bentley, Bugatti, Lamborghini, Porsche, Scania, Seat, Skoda, Volkswagen Nutzfahrzeuge* und *VW*.
[24] Die Auswahl dieser vier VWBCs erfolgte auf Grund der hohen relativen Rücklaufquoten und der hohen Fallzahlen im Vergleich zu anderen untersuchten VWBCs.

Tabelle 1   VWBC-Vergleich anhand soziodemographischer Variablen

		Doppel-Wobber.de	Golf5GTI.com	LLE-Kartei.de	Iroc-Forum.de
Männeranteil in %		97,8	97,0	94,3	95,5
Altersdurchschnitt in Jahren		26,5	30,8	45,1	28,4
Höchster Bildungsabschluß in %	Hauptschulabschluß	17,4	11,9	14,3	3,6
	Realschulabschluß	34,8	31,3	22,9	30,6
	Fachoberschulabschluß	21,7	16,4	12,9	19,8
	Abitur	17,4	10,4	5,7	24,3
	FH bzw. Hochschulabschluß	8,7	14,9	34,3	14,4
	Promotion bzw. Habilitation	0,0	1,5	4,3	0,9
	Sonstiges	0,0	13,6	5,7	6,3
Erwerbstätigkeit in %	Vollzeit	50,0	82,1	76,8	77,5
	Arbeitslos/-suchend	2,2	1,5	1,4	2,7
	Schüler/Student	19,6	9,0	1,4	12,6
	In beruflicher Ausbildung	15,2	3,0	1,4	5,4
	Rentner	0,0	0,0	8,7	0,0
	Sonstiges	13,0	4,5	10,3	1,8
Sample (n)		47	67	72	113

lung bzw. das Durchschnittsalter können mit dem je im Mittelpunkt der VWBC stehenden Produkt bzw. der Produktmarke in Zusammenhang gebracht werden. So sind der *VW Golf*,[25] mit dem sich Doppel-Wobber.de beschäftigt, und der *VW Scirocco 3*,[26] um den sich das Iroc-Forum.de dreht, Fahrzeuge aus der unteren Mittel- bzw. Kompaktklasse und noch relativ erschwinglich bzw. als Einsteigermodell geeignet. Der *VW Golf V GTI* mit einem Einstiegspreis von ca. 28 000 € bis hin zu fast 40 000 € erscheint *VW*-Fans als „Sport- und Luxusvariante" des *VW Golf* oft begehrenswert, ist jedoch weniger erschwinglich als der „Basis-Golf" bzw. *Scirocco*. Der *VW Multivan* aus der Limited Last Edition stellt bei vielen Automobilenthusiasten eher einen Sammlerwert dar und wird in der Regel nicht als Alltagsauto gebraucht.[27] Meistens besitzen Fahrer von Old- oder Youngtimern

---

[25] Die Kosten für einen neuen, aktuellen *VW Golf V* belaufen sich auf ca. 17 000 € bis hin zu ca. 35 000 €.
[26] Die Kosten für einen Neuwagen variieren von ca. 25 000 € bis ca. 35 000 €.
[27] Vgl. Fußnote 9.

Mitgliederprofile und Typologisierung von *VW* Brand Communities 87

Abbildung 6   Altersverteilung der VWBC-Mitglieder

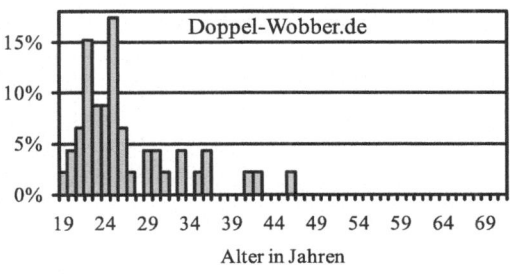

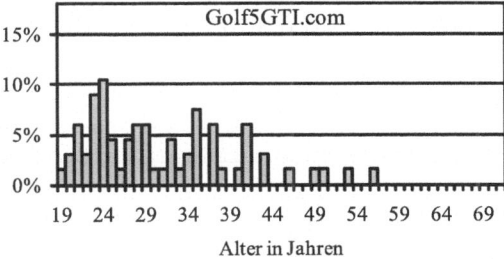

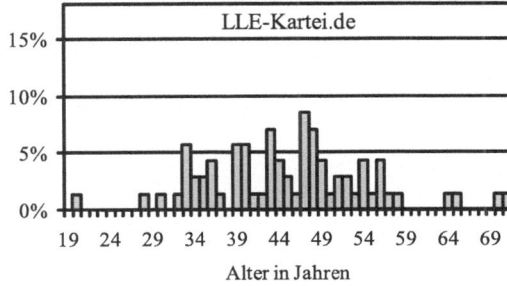

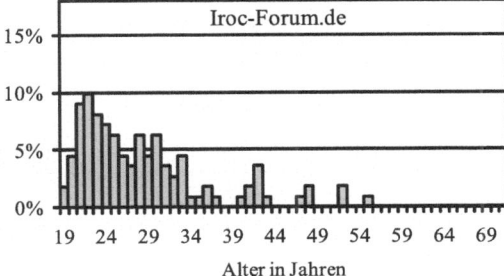

daher auch noch ein weiteres Auto, das sie im Alltag benutzen. Dazu sind allerdings die entsprechenden finanziellen Ressourcen erforderlich.

Diese Annahmen werden u. a. durch die Verteilung der jeweiligen Netto-Einkommen in den vier VWBCs gestützt (Abb. 7). Hier wird ersichtlich, daß Mitglieder von Doppel-Wobber.de über das geringste durchschnittliche Netto-Einkommen verfügen, Mitglieder von LLE-Kartei.de über das höchste.

Das Nettoeinkommen korrespondiert mit der Beschäftigungssituation bzw. der aktuellen Position im Bildungs- bzw. Ausbildungssystem. Mitglieder von

Abbildung 7   Nettoeinkommensverteilung der VWBC-Mitglieder in €

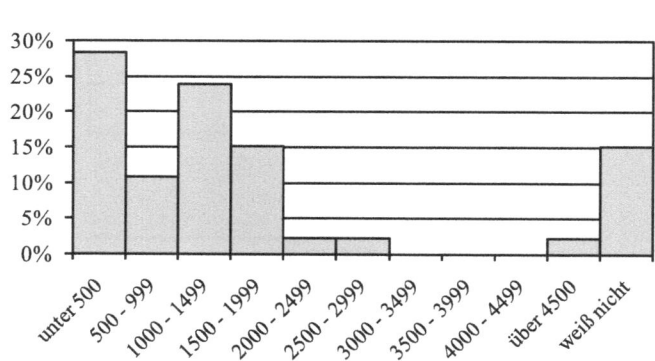

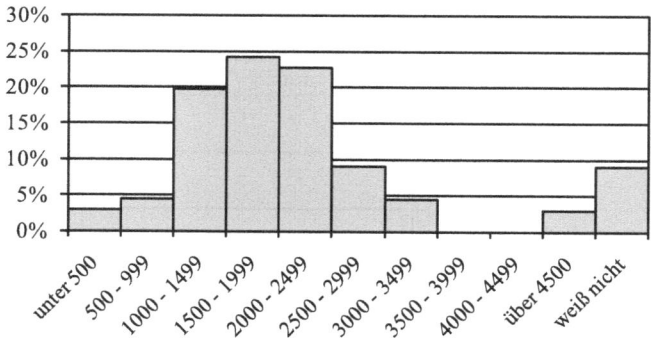

Doppel-Wobber.de sind zu rund 35 Prozent Schüler, Studenten oder befinden sich in beruflicher Ausbildung. Nur 50 Prozent sind vollzeitbeschäftigt. Gerade knapp neun Prozent verfügen über einen Fach- oder Hochschulabschluß, und mit 17 Prozent geben die meisten Befragten im Vergleich zu den anderen VWBCs an, den Hauptschulabschluß als höchsten Bildungsabschluß erworben zu haben. Den geringsten Anteil an Hauptschulabsolventen findet man hingegen unter den Mitgliedern des Iroc-Forum.de (knapp 4 %). Zusammengenommen sind 44 Prozent der Mitglieder dieser VWBC durch einen Fachoberschulabschluß bzw. das Abitur für

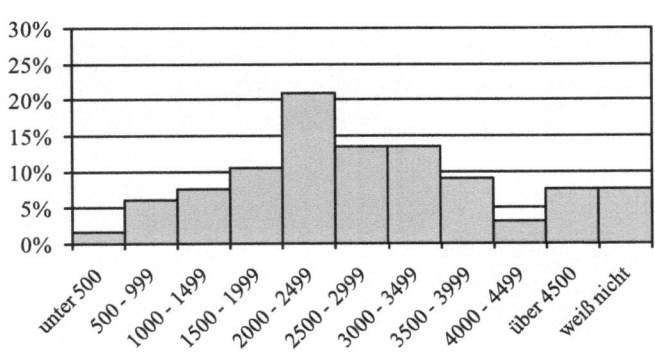

LLE-Kartei.de

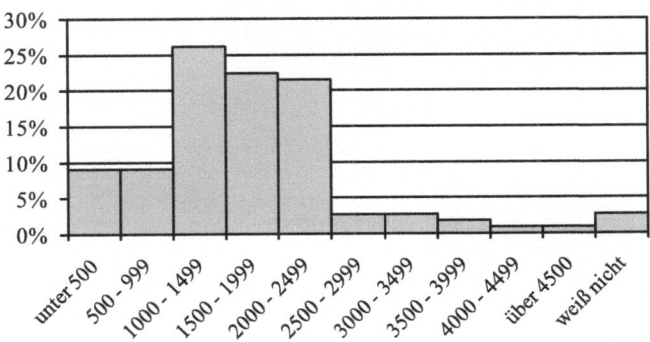

Iroc-Forum.de

den Zugang zu einem Fachhochschul- oder Universitätsstudium berechtigt. Unter den Mitgliedern von Golf5GTI.com trifft dies nur auf 27 Prozent zu. Mitglieder der LLE-Kartei besitzen häufig einen universitären oder vergleichbaren Abschluß (Fachhochschule). Da Mitglieder von Golf5GTI.com zu 82 Prozent vollzeitbeschäftigt sind, ist außerdem zu erwarten, daß die schulische Ausbildung bei einem Großteil der Mitglieder bereits abgeschlossen ist.

Die kulturelle Einordnung der Mitglieder der vier VWBCs erfolgt entsprechend der bereits vorgestellten Lebensstilmuster von Otte (2005). Auch hier werden auf den ersten Blick größere Differenzen sichtbar (Abb. 8). Mitglieder von Doppel-Wobber.de sind im Vergleich zum bundesdeutschen Durchschnitt (in den

Abbildung 8   Milieuverortung der VWBC-Mitglieder

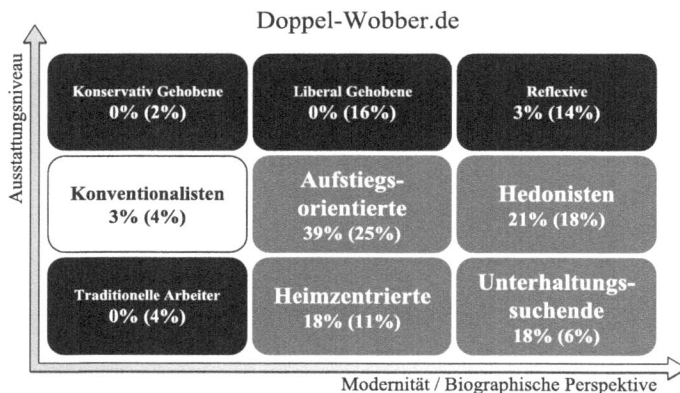

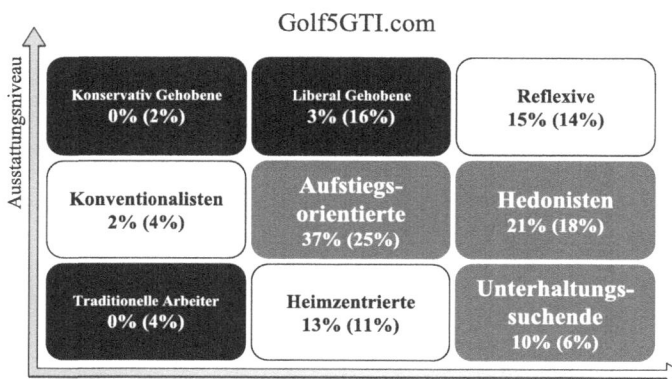

Quelle: Eigene Datenerhebung bzw. Otte 2005

Mitgliederprofile und Typologisierung von *VW* Brand Communities 91

Graphiken sind diese Anteile jeweils in Klammern dargestellt) vor allem in den Milieus der „Aufstiegsorientierten" (39 %) und der „Unterhaltungssuchenden" (18 %) überrepräsentiert. Dagegen sind diese Mitglieder kaum in den Milieus mit hohem Ausstattungsniveau wiederzufinden. Nur rund drei Prozent der Mitglieder sind in einem der drei Lebensstilmuster zu verorten, nämlich bei den „Reflexiven". Mitglieder von Golf5GTI.com gehören ähnlich wie die Mitglieder von Doppel-Wobber.de zu 37 Prozent zu den „Aufstiegsorientierten", und wie in dieser Community lassen sich 21 Prozent den „Hedonisten" zuordnen. Diese beiden VWBCs unterscheiden sich vor allem im Anteil derjenigen Mitglieder, die über ein hohes Ausstattungsniveau verfügen. Lassen sich bei Doppel-Wobber.de gera-

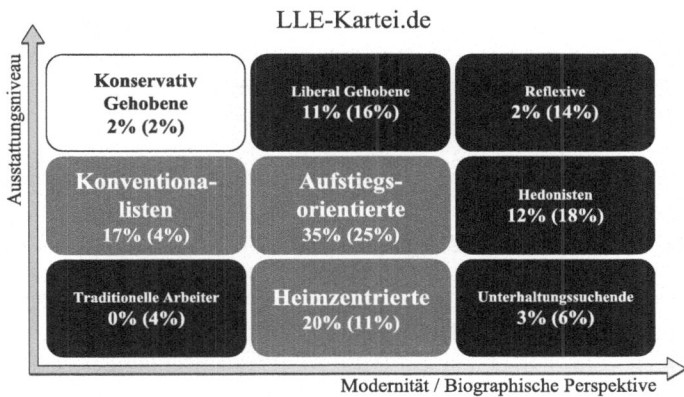

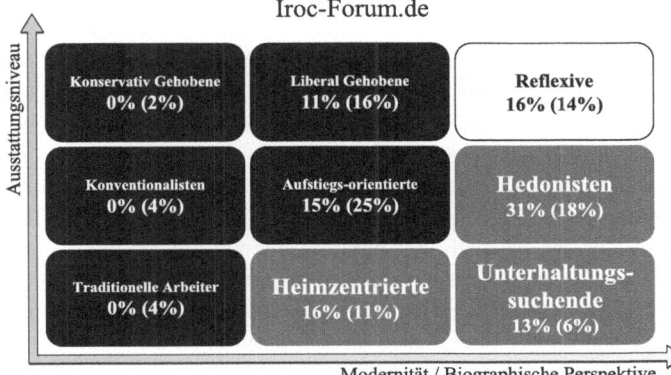

de einmal drei Prozent einem dieser drei Lebensstilmuster zuordnen, finden sich bei Golf5GTI.com immerhin rund 18 Prozent der Mitglieder in einem dieser wieder. Im Iroc-Forum.de kann der größte Anteil an Mitgliedern denjenigen Milieus zugerechnet werden, die sehr modern und biographisch offen sind. Insgesamt gehören 60 Prozent der Mitglieder einem dieser drei Milieus an. Bei Doppel-Wobber. de und Golf5GTI.com sind es 42 bzw. 46 Prozent, in der LLE-Kartei dagegen nur 17 Prozent. Mitglieder der LLE-Kartei sind vor allem bei den „Konventionalisten" auffallend überrepräsentiert (17 % im Verhältnis zu 4 % im deutschen Durchschnitt).

Zusammenfassend kann festgestellt werden, daß sich die vier im Detail betrachteten VWBCs durch jeweils sehr spezifische, teilweise sehr unterschiedliche Merkmale auszeichnen. Somit kann die These der Balkanisierung bzw. Aufsplitterung der *VW*-Online-Szene auch durch das Heranziehen soziodemographischer und -kultureller Charakteristika untermauert werden. Die diesbezüglich festgestellte Heterogenität der VWBCs legt demnach Unternehmen nahe, Maßnahmen im Rahmen des Beziehungsmarketings community-spezifisch zu differenzieren.

4 Ansätze einer marketingstrategisch relevanten VWBC-Typologie

Wie bereits anhand soziodemographischer und -kultureller Eigenschaften der Mitglieder der VWBCs diskutiert, ähneln sich verschiedene VWBCs hinsichtlich der Zusammensetzung ihrer Mitglieder zum Teil sehr, zum Teil unterscheiden sie sich aber auch deutlich. Diese Heterogenität bzw. Homogenität der „Community-Landschaft" soll im Folgenden mit Hilfe weiterer einschlägiger Merkmale auf der Community-Ebene herausgearbeitet werden. Ziel ist die Entwicklung einer Typologie, mit deren Hilfe eine Reduktion der Komplexität des VWBC-Feldes erreicht werden soll. Darüber hinaus macht eine solche Typologie den Volkswagen Konzern handlungsfähig in Bezug auf den Umgang mit seinen jeweiligen BCs. Demzufolge kann der Volkswagen Konzern damit in die Lage versetzt werden, seine VWBCs nach unternehmensbezogenen Relevanzkriterien und Handlungsoptionen bzw. -implikationen zu kategorisieren.

Die Konstruktion der Dimensionen und der darauf basierenden Typologisierung gründet auf theoretischen Annahmen, die kurz diskutiert und begründet werden sollen. Die Auswahl der herangezogenen konstruierenden Variablen wurde im Hinblick auf marketingrelevante Kenngrößen unternommen (Payne/ Rapp 2003; Bruhn 2009; Hollensen/Opresnik 2010). Denn wie beschrieben, sollen durch die Einordnung verschiedener Communities in die Typologie konkrete Implikationen für das CRM abgeleitet werden können. Deshalb erfolgt die Einordnung der VWBCs im Hinblick auf ihr Kooperationspotential mit dem Konzern und in Hinsicht auf ihren potentiellen Impact auf die öffentliche Meinung (im Sinne des WOM). Folgende Annahmen liegen der Konstruktion des Kooperationspotentials der VWBCs mit dem Volkswagen Konzern zu Grunde:

1. Die erste Annahme ist, daß der allgemeine Eindruck einer VWBC vom Volkswagen Konzern einen Einfluß auf ihr Kooperationspotential mit dem Konzern hat. Je besser der allgemeine Eindruck, desto größer das Potential einer Kooperation zwischen Community und Hersteller.
2. Weiterhin wird angenommen, daß auch Marken- und Modelloyalität der Mitglieder dieser VWBC einen Einfluß auf das Kooperationspotential haben. Jacob/Oguachuba (2009) fanden heraus, daß ein positiver Zusammenhang zwischen Kundenbindung und Kundenmitwirkung existiert. Das Vertrauen in eine Marke wirkt sich sowohl auf die Loyalität als auch auf das Kooperationspotential zwischen Community und Konzern positiv aus, wie Füller et al. (2008: 615) feststellen: „brand trust has a positive effect on consumer willingness to contribute to open innovation projects initiated by the preferred brand". Somit kann davon ausgegangen werden, daß sich auch die Marken- und Modelloyalität positiv auf das Kooperationspotential zwischen Community und Konzern auswirkt.

Der potentielle Impact einer VWBC wird im Sinne des WOM-Ansatzes verwendet (Radic/Posselt 2009). WOM als Form sozialer Interaktion findet innerhalb eines sozialen Netzwerkes statt. Demzufolge wird die Wirkung von WOM auch von der Struktur des Netzwerks beeinflußt, durch das Konsumenten miteinander verbunden sind, in diesem Fall der VWBCs.

3. Deshalb wird hier die Annahme getroffen, daß das Diffusionspotential einer VWBC, operationalisiert durch die Anzahl der Mehrfachmitgliedschaften in anderen automobilen BCs, einen Einfluß auf den potentiellen Impact dieser VWBC ausübt.
4. Ferner dürfte das Aktivitätsniveau der VWBC-Mitglieder den potentiellen Impact dieser VWBC beeinflussen, denn je aktiver die Mitglieder einer VWBC sind, desto häufiger und schneller können sich positive sowie negative Informationen und Meinungen via WOM verbreiten.
5. Außerdem besitzen Formen von Altruismus einen Einfluß auf das Ausmaß von WOM und damit auf den potentiellen Impact von VWBCs (Sundaram et al. 1998). Altruismus wird in der vorliegenden Studie durch die Kollektivität der VWBC operationalisiert. Je höher das Ausmaß an Kollektivität der VWBC, desto größer der potentielle Impact der VWBC.

Die Typologie bzw. Einordnung der VWBCs soll auf Basis der jeweiligen Ausprägungen der Dimensionen „Kooperationspotential" und „Potentieller Impact der VWBC" erfolgen, wie in Abbildung 9 veranschaulicht.

Abbildung 9   Konzeption einer allgemeinen BC-Typologie

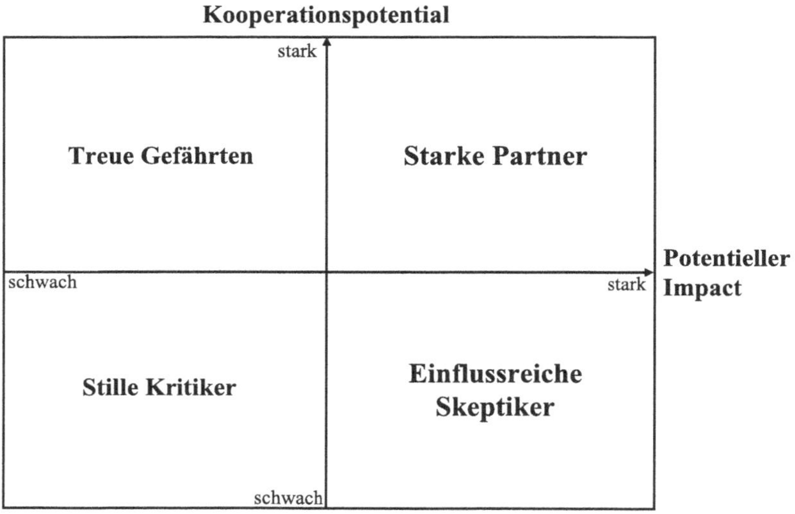

Kooperationspotential

	stark ↑	
Treue Gefährten		**Starke Partner**
schwach		stark
Stille Kritiker		**Einflussreiche Skeptiker**
	schwach	

Potentieller Impact

(1) Demzufolge bergen VWBCs, die sich im Feld rechts oben befinden, für den Volkswagen Konzern ein hohes Kooperationspotential. Gleichzeitig zeichnen sich diese VWBCs durch einen hohen potentiellen Impact im Sinne des WOM aus. In Kombination mit dem relativ positiven Eindruck, den diese BCs vom Konzern haben, sowie der relativ hohen Marken- und Modelloyalität ist in der Regel der potentielle Impact für Volkswagen als sehr positiv einzuschätzen. Deshalb sollte jedes Unternehmen das Wissen und die Kompetenzen solcher „Starken Partner" nutzen und eine positive Zusammenarbeit mit solchen BCs fördern.

(2) Dagegen stellen VWBCs, die sich dem Feld rechts unten zuordnen lassen, einen relativ hohen Unsicherheitsfaktor für das Unternehmen dar, da sie durch ein geringes Kooperationspotential gekennzeichnet sind und über einen hohen potentiellen Impact verfügen, negative Botschaften über das Unternehmen und seine Marken bzw. Produkte sich somit relativ schnell verbreiten können. Solche Typen von BCs, die hier als „Einflußreiche Skeptiker" bezeichnet werden, sollten in jedem Fall beobachtet werden. Ungeschicklichkeiten im Umgang mit diesen

BCs seitens des Konzerns sollten unbedingt vermieden werden. Gegebenenfalls kann der Volkswagen Konzern durch die Beobachtung solcher VWBCs versuchen, geeignete Kontaktpunkte und -ansätze zu identifizieren, um den allgemeinen Eindruck, welchen diese VWBCs vom Unternehmen haben, und die geringe Marken- und Modelloyalität positiv zu beeinflussen.

(3) Bei VWBCs, die sich dem Feld links oben zuordnen lassen, sich also durch ein hohes Kooperationspotential und einen geringen potentiellen Impact auszeichnen, sollte Volkswagen seine „Investitionen" gut überdenken. Da der Impact relativ gering ist, ist fraglich, inwiefern sich Anstrengungen im Hinblick auf eine Förderung der Beziehung zu diesen VWBCs lohnen. Eine gewisse Chance stellt eine solche VWBC dennoch dar. So könnte sich der Volkswagen Konzern in diesem Fall um die Unterstützung dieser „Treuen Gefährten" auf relativ geringem Niveau bemühen, oder, falls sich eine aus Unternehmenssicht positive Entwicklung absehen läßt, den Ausbau solcher VWBCs fördern. Dies könnte dazu führen, daß „Treue Gefährten" mit der Zeit einen höheren potentiellen Impact entwickeln und in das Feld rechts oben rücken, wodurch sie ein größeres Potential für Volkswagen darstellen.

(4) VWBCs, die sich im Feld links unten befinden, stellen weder eine Bedrohung noch eine Chance für das Unternehmen dar. Weder ist ein Kooperationspotential im positiven Sinne vorhanden, noch haben diese „Stillen Kritiker" einen großen potentiellen Impact. Deshalb sollte Volkswagen keine größeren Ressourcen in solche BCs investieren. „Stille Kritiker" sollten zwar beobachtet werden, können aber in Bezug auf eine mögliche Kooperation kurz- und mittelfristig ignoriert werden.

Im Folgenden wird nun der Versuch unternommen, durch geeignete, im Zuge der Onlinebefragung erhobene Variablen[28] komplexe Merkmalsstrukturen der vorliegenden Fälle empirisch valide und typologisch differenzierbar herauszufiltern. Hierzu werden zunächst beispielhaft nur Daten der vier ausgewählten und näher beschriebenen VWBCs analysiert.[29] Mögliche geeignete Items für die Typisierung wurden zunächst anhand marketingrelevanter Kriterien identifiziert (Bruhn 2009). Aus Gründen der Komplexitätsreduktion und praktischen Anwendbarkeit

---

[28] Die Aussagefähigkeit der Typologie wird beeinflußt durch die Kriterien „Trennschärfe" und „Gültigkeit" der Entscheidungsmerkmale.
[29] Die Entwicklung der Typologie befindet sich derzeit noch in einem explorativen Stadium, die geeignete Methodik soll deshalb hier beispielhaft an vier VWBCs verprobt werden. Diese zeichnen sich durch hohe Fallzahlen und hohe relative Rücklaufquoten aus.

der Typologie sollen diese zu abstrakten Dimensionen erster und zweiter Ebene zusammen gefügt werden.[30]

Zu Beginn der Analyse lagen fünf hypothetische Dimensionen erster Ebene vor: „Aktivitätsniveau der VWBC" (bestehend aus einem Item[31]), „Diffusionspotential der VWBC" (bestehend aus einem Item[32]), „Kollektivität der VWBC" (bestehend aus sechs Items[33]), „Allgemeiner Eindruck der VWBC vom Hersteller" (bestehend aus acht Items[34]) und „Marken- und Modelloyalität der VWBC" (bestehend aus vier Items[35]). In einem zweiten Abstraktionsschritt wurden diese fünf Dimensionen erster Ebene zu zwei Dimensionen zweiter Ebene zusammengefügt,

---

[30] Bezogen auf den jeweiligen Abstraktionsgrad.

[31] Item „Wie oft besuchen Sie [Platzhalter mit dem jeweiligen Namen der Online Brand Community]?" – Antwortmöglichkeiten: „täglich", „mehrmals wöchentlich", „einmal pro Woche", „alle 2–4 Wochen", „alle 2–12 Monate", „seltener".

[32] Item „[Platzhalter mit dem jeweiligen Namen der Online Brand Community] ist ja vor allem online organisiert. Es gibt aber auch Automobilgemeinschaften, die vorwiegend oder ausschließlich offline organisiert sind, wie bestimmte Clubs, Vereine, Stammtische usw. Sind Sie Mitglied in einer oder mehreren solcher Automobilgemeinschaften?" – Antwortmöglichkeiten: „Ja, in einer", „Ja, in zweien", „Ja, in dreien", „Ja, in vieren", „Ja, in fünfen", „Ja, in mehr als fünfen", „Nein".

[33] Überleitungstext im Fragebogen: „Verschiedene Mitglieder sind mit [Name der Online Brand Community] in der Regel unterschiedlich stark verbunden. Wie ist das bei Ihnen?"; Item 1: „Ich helfe anderen Mitgliedern von [Name des Forum/der Online-Community] bei Problemen mit ihrem Auto, und zwar durch Beiträge in Internet-Foren oder persönliche E-Mails."; Item 2: „Ich helfe anderen Mitgliedern von [Name des Forum/der Online-Community] bei Problemen mit ihrem Auto, und zwar ... durch persönlichen Kontakt."; Item 3: „Freundschaften mit Mitgliedern von [Name der Online Brand Community] sind mir sehr wichtig."; Item 4: „Ich fühle mich [Name der Online Brand Community] stark verbunden."; Item 5: „Ich helfe, [Name der Online Brand Community] am Laufen zu halten, indem ich Aufgaben übernehme, die über die einfache Mitgliedschaft hinausgehen, z.B. Moderation, Webseitenpflege, usw."; Item 6: „Ich entscheide mit, welche Regeln auf [Name der Online Brand Community] gelten." – Antwortmöglichkeiten: „stimme voll und ganz zu", „stimme eher zu", „teils/teils", „stimme eher nicht zu", stimme überhaupt nicht zu".

[34] Überleitung: „Im Folgenden finden Sie eine Reihe von gegensätzlichen Begriffen. Bitte wählen Sie auf der Skala jeweils diejenige Position aus, die Ihrem persönlichen Eindruck und Empfinden in Bezug auf Ihre Beziehung zum Unternehmen [Platzhalter für Marke] am nächsten kommt."; Item 1: „angenehm–unangenehm"; Item 2 „zuverlässig–unzuverlässig"; Item 3 „warm–kalt"; Item 4 „fair–unfair"; Item 5 „aufrichtig–unaufrichtig"; Item 6 „zufriedenstellend–unzufriedenstellend"; Item 7 „freundlich–unfreundlich"; Item 8 „kompetent–inkompetent"; Bewertung des jeweiligen semantischen Differenzials auf einer Skala von 1 bis 5.

[35] Item 1: „Wie viele Autos der Marke [Platzhalter für Marke] haben Sie in der Vergangenheit schon besessen (gekauft bzw. geleast)? Bitte rechnen Sie Ihr derzeitiges/(Ihre) derzeitigen Auto(s) mit ein." – Antwortmöglichkeiten: „1", „2", „3", „4", „5", „mehr als 5"; Item 2: „Es geht nun um das Automodell, daß Sie bisher schon näher beschrieben haben. Wie viele Autos dieses Modells (z.B. Golf, Astra, E-Klasse, usw.) haben Sie schon besessen (gekauft bzw. geleast)? Bitte rechnen Sie Ihr derzeitiges/(Ihre) derzeitigen Auto(s) mit ein." – Antwortmöglichkeiten „1", „2", „3", „4", „5", „mehr als 5"; Item 3 „Wenn ich die Wahl habe, werde ich mich auch in Zukunft immer für einen [Platzhalter für Marke] entscheiden." – Antwortmöglichkeiten: „trifft voll und ganz zu"; „trifft eher zu"; „teils/teils", „trifft eher nicht zu", „trifft überhaupt nicht zu"; Item 4: „Wenn ich die Wahl habe, werde ich

Mitgliederprofile und Typologisierung von *VW* Brand Communities 97

und zwar: „Kooperationspotential der VWBC mit dem Hersteller"[36] und „Potentieller Impact der VWBC"[37]. Abbildung 10 veranschaulicht die Konstruktion der Dimensionen erster und zweiter Ebene, auf Basis derer in einem nächsten Schritt die Typologisierung der VWBCs erfolgen soll.

Abbildung 10   Hypothetische Konstruktion der Dimensionen

```
angenehm - unangenehm
zuverlässig - unzuverlässig
warm - kalt
fair - unfair                           → Allgemeiner Eindruck der
aufrichtig - unaufrichtig                 VWBC vom Hersteller
zufriedenstellend - unzufriedenstellend                              → Kooperationspotential der
freundlich - unfreundlich                                              VWBC mit dem
kompetent - inkompetent                                                Hersteller

Vergangenes Kaufverhalten (Marke)
Vergangenes Kaufverhalten (Modell)     → Marken- und
Beabsichtigtes Kaufverhalten (Marke)     Modelloyalität der
Beabsichtigtes Kaufverhalten (Modell)    VWBC

Gegenseitige Hilfeleistung durch
Forenbeiträge oder eMails              → Aktivitätsniveau der
Gegenseitige Hilfeleistung durch          VWBC
persönlichen Kontakt
Wertschätzung von Freundschaften mit   → Diffusionspotential der     → Potentieller Impact der
anderen Mitgliedern                       VWBC                          VWBC
Affektive Verbundenheit mit der VWBC
Engagement für das Funktionieren der
VWBC                                   → Kollektivität der VWBC
Ausmaß der Mitbestimmung in der
VWBC
```

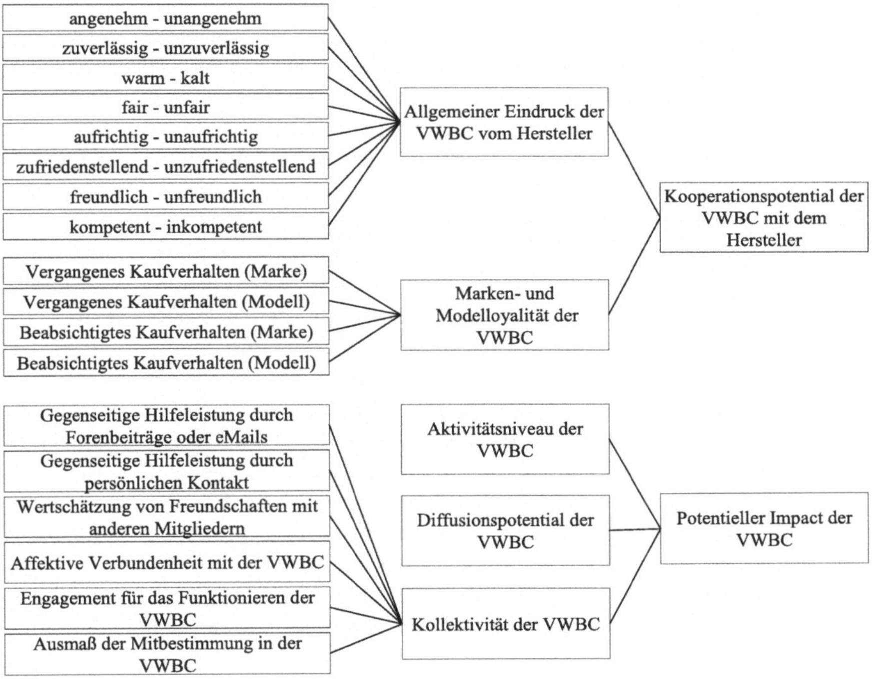

Soweit die konzeptionellen Überlegungen, die einer empirischen Überprüfung unterzogen werden müssen. Diejenigen Dimensionen, die aus mehreren Items zusammengesetzt sind, wurden mittels Reliabilitäts- und Faktorenanalysen hinsichtlich Trennschärfe, Gültigkeit und Zuverlässigkeit mit Hilfe von SPSS getestet.

---

mich auch in Zukunft immer für einen [Platzhalter für Modell] entscheiden." – Antwortmöglichkeiten: siehe Item 3.

[36] Bestehend aus den beiden Dimensionen „Allgemeiner Eindruck der VWBC vom Hersteller" und „Marken- und Modelloyalität der VWBC".

[37] Bestehend aus den drei Dimensionen „Aktivitätsniveau der VWBC", „Kollektivität der VWBC" und „Diffusionspotential der VWBC".

Anhand von Cronbachs Alpha wurde in der Reliabilitätsanalyse jeweils geprüft, ob die Quellvariablen reliabel sind bzw. ohne große Schwankungen das theoretische Konstrukt widerspiegeln. Durch die Faktorenanalyse wurde kontrolliert, ob die Quellvariablen der jeweiligen Dimensionen jeweils homogen bzw. eindimensional sind.

Nicht alle aufgenommenen Variablen hielten den verschiedenen Qualitätskriterien stand und wurden deshalb eliminiert (Fromm 2000; Baur 2003; Rammstedt 2004).[38] Daraufhin wurden additive Indizes derjenigen Dimensionen gebildet, die aus mehr als einem Item bestehen, und in einem weiteren Abstraktionsschritt wurden die identifizierten Dimensionen der ersten Ebene zu generelleren Dimensionen auf der zweiten Ebene zusammengefügt, und zwar „Kooperationspotential der VWBC" sowie „Potentieller Impact der VWBC". Schließlich wurden diese beiden Dimensionen mittels Reliabilitäts- und Faktorenanalysen hinsichtlich Trennschärfe, Gültigkeit und Zuverlässigkeit mit Hilfe von SPSS getestet.

Nur vier der hypothetischen Dimensionen erster Ebene hielten nach einer Reduzierung der Variablen den Kriterien stand, und zwar „Aktivitätsniveau der VWBC", „Kollektivität der VWBC", „Allgemeiner Eindruck der VWBC vom Hersteller" (bestehend aus acht Items) und „Marken- und Modelloyalität der VWBC" (bestehend aus zwei Items). Demzufolge wurde die Dimension zweiter Ebene „Potentieller Impact" nur aus zwei Dimensionen erster Ebene gebildet, nämlich „Kollektivität der VWBC" und „Aktivitätsniveau der VWBC". Hier wurde ein additiver Index gebildet. Die zweite theoretisch abgeleitete Dimension zweiter Ebene – ursprünglich als „Kooperationspotential der VWBC mit dem Hersteller" angedacht – konnte der statistischen Überprüfung nicht standhalten. Somit verblieb hier nur die Dimension erster Ebene „Allgemeiner Eindruck der BC vom Konzern". Abbildung 11 veranschaulicht die endgültige, statistisch validierte Konstruktion der Dimensionen, auf Basis derer nun die Typologisierung der VWBCs erfolgt ist.

Die Einordnung der vier, oben bereits detailliert betrachteten VWBCs erfolgte anhand ihrer jeweiligen Mittelwerte der beiden letztendlich realisierten

---

[38] Innerhalb der Dimension „Kollektivität" wurden die Items 5 und 6 eliminiert (Item 5: „Ich helfe, [Name der Online Brand Community] am Laufen zu halten, indem ich Aufgaben übernehme, die über die einfache Mitgliedschaft hinausgehen, z. B. Moderation, Webseitenpflege, usw."; Item 6: Ich entscheide mit, welche Regeln auf [Name der Online Brand Community] gelten."); innerhalb der Dimension Marken- und Modellloyalität wurden ebenfalls zwei Items, nämlich Item 1 und 2 (Item 1: „Wie viele Autos der Marke [Platzhalter für Marke] haben Sie in der Vergangenheit schon besessen (gekauft bzw. geleast)? Bitte rechnen Sie ihr derzeitiges/Ihre derzeitigen Auto mit ein."; Item 2: „Es geht nun um das Automodell, daß Sie bisher schon näher beschrieben haben. Wie viele Autos dieses Modells (z.B. Golf, Astra, E-Klasse, usw.) haben Sie schon besessen (gekauft bzw. geleast)? Bitte rechnen Sie Ihr derzeitiges/(Ihre) derzeitigen Auto(s) mit ein.").

Mitgliederprofile und Typologisierung von *VW* Brand Communities

Abbildung 11 Konstruktion der Dimensionen (statistisch validiert)

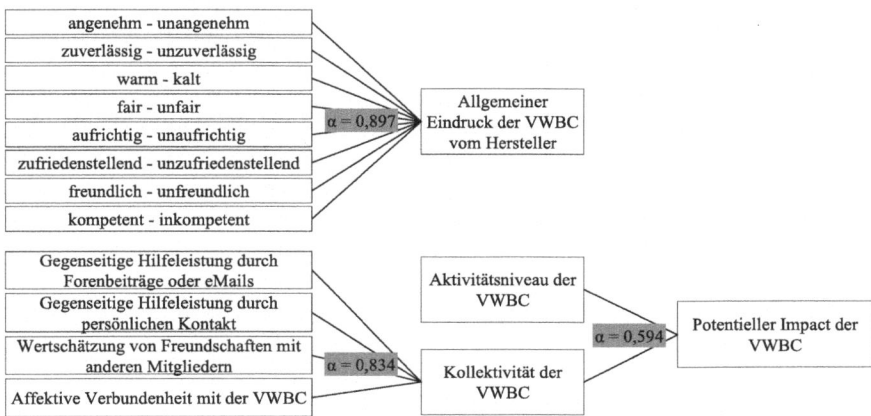

Dimensionen „Potentieller Impact der VWBC" und „Allgemeiner Eindruck der VWBC vom Hersteller" (Abb. 12). Es ergab sich durchweg ein sehr positives Bild für den Volkswagen Konzern, da alle vier untersuchten VWBCs chancenreich erschienen. Am meisten Potential bargen Golf5GTI.com, Iroc-Forum.de und Doppel-Wobber.de, die hier als „Starke Partner" identifiziert werden konnten.

Abbildung 12 Typologisierung von vier ausgewählten VWBCs

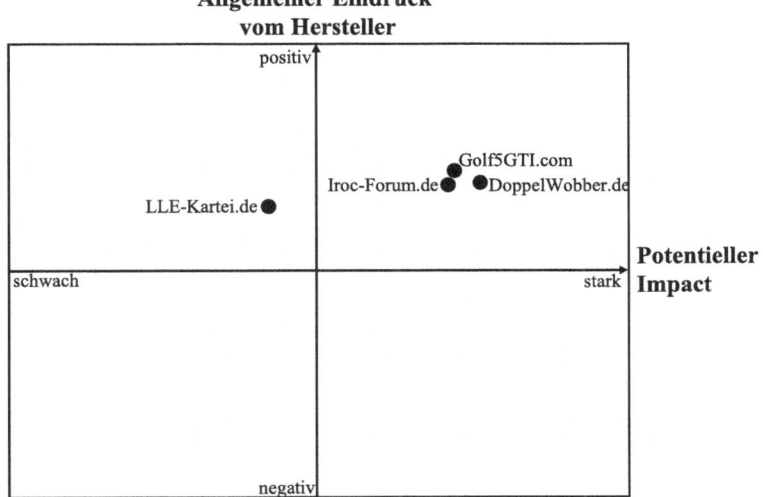

Diese drei VWBCs sind sich in Bezug auf die typisierenden Merkmale sehr ähnlich. Gerade mit diesen VWBCs sollte die Volkswagen AG in Beziehung treten, eine positive Zusammenarbeit fördern und sich das Wissen und die Kompetenz, über die diese „Starken Partner" in der Regel verfügen, zu Nutzen machen.

Die LLE-Kartei unterscheidet sich im Hinblick auf die zur Typisierung herangezogenen Merkmale relativ stark von den anderen drei untersuchten VWBCs. Sie zeichnet sich durch ein etwas geringeres „Kooperationspotential" und einen wesentlich geringeren „Potentiellen Impact" aus und läßt sich somit als „Treuer Gefährte" identifizieren. Hier könnte der Volkswagen Konzern unterstützend zu Tage treten, gegebenenfalls durch spezifische Förderung dieser VWBC in Richtung einer positiven, unternehmensrelevanten Entwicklung den Nutzen dieser Community steigern und sie im Idealfall zu einem „Starken Partner" aufbauen.

5 Zusammenfassung und Ausblick

Wie in diesem Beitrag aufgezeigt wurde, ist es für Unternehmen und speziell das CRM bedeutend, sich mit ihren BCs im Hinblick auf mögliche Chancen und Risiken auseinander zu setzen. Ein umfassendes Verständnis des Phänomens und der jeweiligen existierenden BCs sind dafür zwingend notwendig. Dies wurde hier beispielhaft anhand der *VW* Online-Szene erarbeitet.

Ein erster Einblick in die Daten der vorliegenden Studie gab Aufschluß über das durchschnittliche Mitglied einer VWBC: Dieses ist männlich, 34 Jahre alt, überdurchschnittlich gut gebildet, vollzeiterwerbstätig und konnte einem Milieu mit geringem bis mittlerem Ausstattungsniveau bei gleichzeitig relativ moderner bis sehr moderner Lebensführung zugerechnet werden.

Ein zweiter, tieferer Einblick zeigt jedoch auf, daß die Szene äußerst heterogen ist, und zwar sowohl in Bezug auf den inhaltlichen Schwerpunkt der jeweiligen VWBC als auch bezüglich der soziodemographischen und -kulturellen Zusammensetzung der Mitglieder verschiedener VWBCs. Es kann somit von einer Balkanisierung der *VW* Online-Szene gesprochen werden.

Diese Erkenntnisse führen zu dem Schluß, daß seitens des Volkswagen Konzerns ein spezifischer Zugang – sowohl strategisch als auch im Hinblick auf operationale Aktivitäten – mit einem hohen Kongruenzgrad zur festgestellten Typencharakteristik sichergestellt werden muß, um der weitläufigen Heterogenität der VWBC-Landschaft gerecht zu werden. Um den Konzern in die Lage zu versetzen, seine Communities anhand unternehmensbezogener Relevanzkriterien und Handlungsoptionen bzw. -implikationen kategorisieren zu können, wurde deshalb eine Typologie am Beispiel von vier ausgewählten VWBCs entwickelt.

Für die Entwicklung eines community-gerichteten CRM ist es notwendig, das CRM theoretisch-konzeptionell um eine Community-Komponente zu erweitern. Diese muß neben der Beziehung zwischen Konsument und Unternehmen (B2C) zusätzlich den vielfältigen Verflechtungen und Interaktionen zwischen Konsumenten untereinander (C2C) Beachtung schenken. Weiterhin muß die Generalisierbarkeit der hier entwickelten VWBC-Typologie auf Communities verschiedener Marken und Güterbereiche überprüft werden. Als Desiderate verbleiben konkrete Implikationen im Sinne umsetzbarer Strategien und praktischer Handlungskonzepte.

Literatur

Algesheimer, René (2004): Brand Communities: Begriff, Grundmodell und Implikationen. Wiesbaden.
Baur, Nina (2003): Wie kommt man von den Ergebnissen der Faktorenanalyse zu Dimensionsvariablen? Eine Einführung in die Dimensionsbildung mit SPSS für Windows. Quelle: http://www.uni-bamberg.de/fileadmin/uni/fakultaeten/sowi_lehrstuehle/empirische_sozialforschung/pdf/bambergerbeitraege/BBES13-2003.pdf
Beck, Ulrich (1983): Jenseits von Stand und Klasse? Soziale Ungleichheiten, gesellschaftliche Individualisierungsprozesse und die Entstehung neuer sozialer Formationen und Identitäten, in: Reinhard Kreckel (Hg.): Soziale Ungleichheiten. Göttingen, S. 35–74.
Berger, Peter A./Hradil, Stefan (Hg.) (1990): Lebenslagen, Lebensläufe, Lebensstile. Göttingen.
Bruhn, Manfred (2009): Relationship Marketing. Das Management von Kundenbeziehungen. München.
Fournier, Susan/Lee, Lara (2009): Getting Brand Communities Right: Embrace conflict, resist the urge to control, forget opinion leaders and build your brand, in: Harvard Business Review, S. 105–111.
Fromm, Sabine (2000): Faktorenanalyse. Eine Einführung für Sozialwissenschaftler mit SPSS für Windows. Bamberg.
Füller, Johann/Matzler, Kurt/Hoppe, Melanie (2008): Brand Community Members as a Source of Innovation, in: Journal of Product Innovation Management 25, S. 608–619.
Hallay, Hendric/Hellmann, Kai-Uwe/Raabe, Thorsten (2008): „Der See ruft ...". Markenkultur zwischen Forschung und Praxis, in: Markenartikel, S. 60–63.
Hitzler, Ronald (1994): Sinnbasteln. Zur subjektiven Aneignung von Lebensstilen, in: Ingo Mörth/Gerhard Fröhlich (Hg.): Das symbolische Kapital der Lebensstile. Zur Kultursoziologie der Moderne nach Pierre Bourdieu. Frankfurt/New York, S. 75–92.
Hollensen, Svend/Opresnik, Marc (2010): Marketing. A Relationship Perspective. München.
Jacob, Frank/Oguachuba, Jane S. (2009): Verhaltensimplikationen der Kundenmitwirkung – Hebelwirkung für die Einstellung zur Marke, in: Manfred Bruhn/Bernd Stauss (Hg.): Kundenintegration. Forum Dienstleistungsmanagement. Wiesbaden, S. 91–110.
Kaul, Helge (2008): Integriertes Community Marketing – Kunden- und Leistungspotenziale erfolgreich verknüpfen, in: Helge Kaul/Cary Steinmann (Hg.): Community Marketing. Stuttgart, S. 53–71.
Kaul, Helge/Steinmann, Cary (Hg.) (2008): Community Marketing. Wie Unternehmen in sozialen Netzwerken Werte schaffen. Stuttgart.
Keller, Ed/Fay, Brad (2006) Single-Source WOM Measurement. Bringing together Senders and Receivers: Inputs and Outputs. Quelle: http://www.slideshare.net/kellerfay/single-source-wom-measurement.
Langner, Sascha (2006): Viral Marketing. Wie Sie Mundpropaganda gezielt auslösen und Gewinn bringend nutzen. Wiesbaden.

Luedicke, Marius K. (2006): Brand Community Under Fire: The Role of Social Environments for the HUMMER Brand Community, in: Advances in Consumer Research 33, S. 486–493.

McAlexander, James H./Kim, Stephen K./Roberts, Scott D. (2003): Loyalty: The Influences of Satisfaction and Brand Community Integration, in: Journal of Marketing Theory and Practice, 11, S. 1–11.

McAlexander, James H./Schouten, John W./Koenig, Harold F. (2002): Building Brand Community, in: Journal of Marketing 66, S. 38–54.

Muniz, Albert M., Jr./O'Guinn, Thomas C. (2001): Brand Community, in: Journal of Consumer Research 27, S. 412–432.

Nensel, Kuno (2007): Youngtimer. Warum junge Leute spießige Autos fahren. Quelle: http://www.welt.de/lifestyle/article1085110/Warum_junge_Leute_spiessige_Autos_fahren.html.

Otte, Gunnar (2004): Sozialstrukturanalysen mit Lebensstilen. Eine Studie zur theoretischen und methodischen Neuorientierung der Lebensstilforschung. Wiesbaden.

Otte, Gunnar (2005): Entwicklung und Test einer integrativen Typologie der Lebensführung für die Bundesrepublik Deutschland, in: Zeitschrift für Soziologie 34, S. 442–467.

Payne, Adrian/Rapp, Reinhold (2003): Handbuch Relationship Marketing. Konzeption und erfolgreiche Umsetzung. München.

Raabe, Thorsten (1993): Konsumentenbeteiligung an der Produktinnovation. Frankfurt/M.

Raabe, Thorsten/Caproni, Mirella/Rubens-Laarmann, Anne/Hammermeister, Jörg/Uphoff, Karsten (2004): Kultur als Gegenstand der Marketingforschung, in Forschungsgruppe Unternehmen und gesellschaftliche Organisation (FUGO) (Hg.): Perspektiven einer kulturwissenschaftlichen Theorie der Unternehmung. Marburg, S. 309–340.

Radic, Dubravko/Posselt, Thorsten (2009): Word-of-Mouth Kommunikation, in Manfred Bruhn/Franz-Rudolf Esch/Tobias Langner (Hg.): Handbuch Kommunikation. Grundlagen – Innovative Ansätze – Praktische Umsetzung. Wiesbaden, S. 249–266.

Rammstedt, Beatrice (2004): Zur Bestimmung der Güte von Multi-Item-Skalen: Eine Einführung. Mannheim.

Reichheld, Frederick F. (1996): The Loyalty Effect. The Hidden Force behind Growth, Profits, and Lasting Value. Boston.

Rüeger, Brian P./Hannich, Frank M. (2008): Community und Kunde: Die Bedeutung von Communities innerhalb des Customer Relationship Management (CRM), in: Helge Kaul/Cary Steinmann (Hg.): Community Marketing. Wie Unternehmen in sozialen Netzwerken Werte schaffen. Stuttgart, S. 17–32.

Schulze, Gerhard (2005): Die Erlebnisgesellschaft. Kultursoziologie der Gegenwart. Frankfurt/New York.

Schögel, Markus/Tomczak, Torsten/Wentzel, Daniel (2005): Communities – Chancen und Gefahren für die marktorientierte Unternehmensführung, in: Thexis, S. 2–5.

Sundaram, D. S./Mitra, Kaushik/Webster, Cynthia (1998): Word-of-Mouth Communications: A Motivational Analysis, in: Advances in Consumer Research 25, S. 527–531.

von Loewenfeld, Fabian (2006): Brand Communities. Erfolgsfaktoren und ökonomische Relevanz von Markengemeinschaften. Wiesbaden.

Woisetschläger, David (2006): Markenwirkung von Sponsoring: Eine Zeitreihenanalyse am Beispiel des Formel 1-Engagements eines Automobilherstellers. Wiesbaden.

Praktiken von Brand Communities
Ethnographische Einblicke in eine *VW Golf I*-Community

Jörg Marschall

> „Die große Mehrzahl sozialer Beziehungen aber hat teils den Charakter der Vergemeinschaftung, teils den der Vergesellschaftung. Jede noch so zweckrationale und nüchtern geschaffene und abgezweckte soziale Beziehung (Kundschaft z. B.) kann Gefühlswerte stiften, welche über den gewillkürten Zweck hinausgreifen." (Weber 1972: 22)

1 Einleitung

„Brand Communities" (BCs) sind durch Beziehungen charakterisiert, die sowohl den Charakter der Vergemeinschaftung als auch der Vergesellschaftung aufweisen. Einerseits fühlen sich Personen solchen „Communities" subjektiv zugehörig, etwa der Gruppe der „Golf-Fahrer", und manche verbinden damit sogar ein recht intensives Gefühl der Zusammengehörigkeit („Wir Golf Fahrer"). Andererseits schließen sie sich ganz zweckrational mit anderen Marken-Interessierten zusammen, um Hilfe und Unterstützung zu erfahren bzw. ihre Interessen mit anderen besser verfolgen zu können, etwa bei der Beschaffung von Ersatzteilen, bei Problemen oder der Artikulation gemeinsamer Interessen gegenüber den Markenherstellern.

Auch viele Produktmarken des Volkswagen Konzerns dienen als Vergemeinschaftungsanlässe, wobei es hierbei verschiedene Formen und Größenordnungen gibt. Sehr verbreitet ist etwa der Freundeskreis (häufig auch „Schrauberclique" genannt), der gemeinsame Vorlieben für *VW*-Produkte pflegt, zusammen „schraubt" und ab und zu auf ein Markenfestival fährt.[1] Stammtische rund um eine (Produkt-)Marke sind eine weitere Form, deren Größenordnung oberhalb des Freundeskreises liegt, da sich dort in der Regel zwischen zwölf bis 30 Personen regelmäßig treffen, häufig einmal pro Monat, um über Marke und Produkt zu reden, um „private" Gespräche zu führen. Sie sind lokal verortet und meist nicht formal organisiert. Schließlich gibt es BCs, welche in diesem Zusammenhang die

---

[1] Dementsprechend wurden im Rahmen dieser ethnographischen Arbeit solche Freundeskreise vielfach auf Markentreffen wie dem *VW Golf GTI*-Treffen am Wörthersee angetroffen, um dort Interviews mit ihnen durchzuführen.

größte, auf Dauer gestellte Form der Vergemeinschaftung um Marken ausmachen. Sie sind – zumindest von ihrer Definition her – nicht an einen Ort gebunden, so daß – im Falle einer in Deutschland angesiedelten BC – Mitglieder über ganz Deutschland verstreut sein können.[2]

Dieser Beitrag hat eine solche BC zum Gegenstand, die sich um original erhaltene *VW Golf* der ersten Generation (1974–1983) gebildet hat. Die dargestellten Befunde beruhen auf einer sich über zwei Jahre lang erstreckenden Ethnographie, mithin ein typischer Beitrag zur BC-Forschung. Vor dem Hintergrund der einschlägigen Forschung dürfte dabei relativ neu sein, daß – wenigstens für einen Teilbereich der automobilen BCs – gezeigt wird, in welchem Ausmaß an den Fahrzeugen gebastelt, getüftelt, repariert und restauriert wird und wie BC-Mitglieder zu Experten und kompetenten Praktikern in Bezug auf Marke und Produkt werden. Die eindimensionale Beschreibung von BC-Mitgliedern als „admirers of a brand" (Muniz/O'Guinn 2001: 412), wie es sich in der Forschungsliteratur durchgesetzt hat, wird damit entschieden in Frage gestellt. Stattdessen wird die hier behandelte BC als Erzeuger und Pfleger eines Sonderwissensbestands um den *VW Golf I* aufgefaßt.

Um dies aufzuzeigen, geht die hier präsentierte Forschung vom Konzept der Praktiken aus, das sich als nützliches Instrument zum Verständnis von BCs erwiesen hat (Schau et al. 2009). Praktiken werden in Anlehnung an Schatzki (1996) als überindividuelle, sich wiederholende Handlungsbündel aufgefaßt, angeleitet durch praktisches Verständnis, explizites Regel- und Faktenwissen sowie emotive Wissensbestände und mit materiellen Artefakten verwoben. Ein solches Konzept von Praktiken lenkt die ethnographische Aufmerksamkeit auf konkrete und benennbare Aktivitäten, die BCs wesentlich auszeichnen. Durch eine dieser BC eigene Konfiguration von Praktiken und den damit verbundenen Wissensbeständen wird in diesem Beitrag eine typische Oldtimer-/Youngtimer[3]-Community beschrieben.

---

[2] Dies ist lediglich ein grober Überblick über Formen von Vergemeinschaftung um Marken. Er stützt sich auf eine zweijährige Ethnographie, die im Rahmen eines Promotionsprojekts betrieben wurde. Darüber hinaus stützt er sich auf empirische Arbeiten, die in anderen Teilprojekten des Graduiertenprojekts „Markenkultur und Unternehmenskultur" (www.markenkultur.net) unternommen wurden, u.a. die Online-Studie zu *VW*-Communities, vgl. *Wenzel* in diesem Band. Hinzu kommen Erfahrungen aus einem Lehrforschungsprojekt an der TU Berlin, aus dem sechs studentische Einzelfallstudien über Freundeskreise, Stammtische und „brand communities" im Automobilsektor hervorgingen, vgl. u.a. Bretzger et al. 2010 für eine *Fiat 500*-BC, online zugänglich über www.communityforscher.de. Nicht eingeschlossen in diesem Überblick sind „Event-Vergemeinschaftungen" (McAlexander/Schouten 1998; McAlexander et al. 2002), weil in diesem Beitrag nur auf Dauer gestellte Kollektive von Interesse sind.

[3] Als „Youngtimer" gelten im deutschen Sprachgebrauch Fahrzeuge, die 20 Jahre und älter, aber noch kein Oldtimer (30 Jahre und älter) sind. Wie Oldtimer müssen sie in einem guten und originalen

Der Ausarbeitung dieser typischen Konfiguration von Praktiken geht eine Bestimmung dessen voraus, was hier mit „brand community" gemeint ist. Hierzu wird der Fall – eine Community von Liebhabern des *VW Golf* der ersten Generation – im Lichte der einschlägigen Literatur betrachtet. Daraufhin wird der Fall durch die dort typischen Praktiken beschrieben. Wobei diese BC als eine soziale Organisation aufgefaßt wird, welche die Erhaltung von für sie bedeutsamen Praktiken sicherstellt. Ferner soll für einzelne Praktiken aufgezeigt werden, ob und inwiefern es für sie von Bedeutung ist, daß sie „innerhalb" einer BC stattfinden.

2 Methode und Datenbasis

Die diesem Beitrag zugrunde liegenden Daten sind aus einer seit Juni 2008 andauernden fokussierten Ethnographie gewonnen. Als fokussiert gilt eine Ethnographie, wenn Feldaufenthalte von einem oder mehreren Tagen unternommen werden, im Unterschied zur ethnologischen Ethnographie, bei der mehrmonatige bis hin zu mehrjährigen Feldaufenthalte die Regel sind (Lüders 2000; Hirschauer/Amann 1997; Knoblauch 2001; Braun-Thürmann 2006). Für die hier untersuchte *VW Golf I*-Community wurden mehrere räumlich und zeitlich fokussierte Phasen teilnehmender Beobachtung durchgeführt: das jährliche Markenfestival der BC, die zweimal im Jahr stattfindenden mehrtägigen Ausfahrten, ein Besuch der Oldtimermesse „Technoclassica" in Essen sowie eine Mitgliederversammlung des Vereins „1. Golf I Interessengemeinschaft e. V.", um den es hier im wesentlichen geht (im folgenden bloß Golf I IG). Bei all diesen Gelegenheiten beruhten An- wie Abreise auf Mitfahrgelegenheiten, die von BC-Mitgliedern angeboten wurden, so daß die Feldaufenthalte auf ein Maximum ausgedehnt werden konnten. Dies entspricht den räumlich und zeitlich fokussierten Phasen des BC-Lebens. Denn BCs sind als „Teilzeit-Gemeinschaften" (Hitzler) nur für bestimmte Ausschnitte der Lebenswelt zuständig. Keinesfalls bilden sie einen vollständigen Lebenszusammenhang.

Neben der Ethnographie im Sinne teilnehmender Beobachtung wurden mehrere leitfadengestützte Interviews mit einzelnen Mitgliedern geführt. Weiterhin sind Beiträge im Internetforum der BC und der Mitgliederzeitschrift „Ur-Golf-Kurier" in die Datensammlung und -auswertung mit eingeflossen.

---

bzw. zeitgenössischen Zustand sein, um in den Genuß einer speziellen Youngtimer-Versicherung zu kommen. Während Oldtimer gesetzlich definiert sind, weil sie unter bestimmten Voraussetzungen steuerliche Vergünstigungen erhalten („H-Kennzeichen"), gibt es für Youngtimer keine allgemein anerkannte Definition.

Dem eigentlichen Feldzugang ging eine Internetrecherche bezüglich mutmaßlicher BCs in der „Volkswagenwelt" (VWBCs) voraus.[4] Darüber hinaus wurden große Markentreffen wie das Wörtherseetreffen oder „VW Blasen" in der Lausitz aufgesucht. Internetrecherche und explorative Feldaufenthalte lieferten einen ersten groben Überblick über Vielfalt und Größenordnungen von VWBCs. Schließlich wurde die Entscheidung getroffen, als zentralen Untersuchungsfall die Golf I IG zu beforschen, die als Ankerpunkt für eine eigenständige *VW Golf I*-Community angesehen werden kann. Daneben wurden zwei weitere VWBCs beforscht: eine um den *VW Transporter T3* und eine um den *VW Golf V GTI*. Diesbezügliche Befunde fließen in diesen Beitrag aber nicht ein.

Die Entscheidung für die Golf I IG fiel vor allem, weil sich diese um das Hauptprodukt von Volkswagen dreht, den *VW Golf*, und weil sie mit ihrer Konzentration auf die erste Generation und den Originalzustand versprach, „Markenkultur" sozusagen in Reinform zu produzieren. Der erste reguläre Feldzugang erfolgte über das Jahrestreffen der Golf I IG.[5]

3   Die *VW Golf I*-Community als Brand Community

Bezüglich der Bestimmung einer „brand community" wird in diesem Beitrag von der Definition von Albert M. Muniz, Jr. und Thomas O'Guinn (2001: 412 f.) ausgegangen. Demnach stellt eine BC eine auf eine einzelne Marke spezialisierte Beziehungsstruktur von Bewunderern dieser Marke dar, ausgezeichnet durch Wir-Gefühle, Rituale, Traditionen und eine moralische Verpflichtung der Mitglieder untereinander wie gegenüber der BC. Dabei sind BCs nicht unbedingt an einen Ort gebunden, sondern können – im Sinne Benedict Andersons (1988) – auch bloß „imaginiert" werden. Auf diese Weise können sie auch dann existieren, wenn sich nur wenige Mitglieder untereinander tatsächlich kennen. Existenz wie Eigenschaften anderer BC-Mitglieder werden lediglich unterstellt. Dadurch können BCs abgelöst von einem Ort bestehen und über die Größenordnung einer

---

[4] Die Bestimmung einer „brand community" durch Muniz/O'Guinn (2001) war leitend bei der Suche und Auswahl von geeigneten VWBCs.

[5] Veranstaltungen wie das Jahrestreffen der Golf I IG sind typisch für automobile „brand communities". Auch der Berliner Bulli-Stammtisch veranstaltet ein Jahrestreffen, das „VW Bus Festival Berlin", und die BC um den *VW Golf V GTI* veranstaltet das „Mammut Treffen" in Geiselwind. In der BC-Forschung werden solche Treffen als „Brand Fests" bezeichnet. Keines der im Rahmen dieser Studie besuchten Treffen wird von Volkswagen ausgerichtet, sondern durch die entsprechenden Communities. BC sind keinesfalls in dem Maße auf von den Markenherstellern organisierte Markenfeste angewiesen, wie dies die Literatur nahelegt, vgl. McAlexander/Schouten 1998; McAlexander et al. 2002, 2003.

traditionalen Dorfgemeinschaft erheblich hinauswachsen. Zusätzlich wird die Reichweite der Vorstellung von einer BC durch die Massenmedien vergrößert, da ja viele Marken national und international bekannt sind.

Liebhaber original erhaltener *VW Golf I* bilden eine solche BC, die sich um die Produktmarke *VW Golf*, genauer: die erste Generation des *VW Golf* schart, gebaut zwischen 1974 und 1983, mit einem besonderen Interesse an original erhaltenen *VW Golf*-Exemplaren, die nicht durch optisches und/oder Leistungstuning verändert wurden. Sie sind keine voneinander isolierten Auto-Liebhaber, sondern interagieren miteinander (wenn auch bei weitem nicht jeder mit jedem), bei Gelegenheiten, die durch die BC organisiert werden, sei es in Form von Markenfestivals, Ausfahrten oder Diskussionen und Hilfestellungen im Internetforum. Hinzu kommen persönliche Treffen in kleinem Maßstab, Telefongespräche, E-Mails etc. Schließlich kann davon ausgegangen werden, daß man in deutlich höherem Maße mit Unterstützung durch andere *VW Golf I*-Liebhaber rechnen kann, wenn man sich innerhalb dieser BC befindet, als wenn man als Hilfesuchender von außen kommt.

Die *VW Golf I*-Community verfügt über ein Set von Strukturen, die Face-to-Face-Kontakte ermöglichen und befördern. Jedes Jahr findet ein dreitägiges Jahrestreffen statt, das von der Golf I IG organisiert wird und an dem *VW Golf I*-Liebhaber aus ganz Deutschland und dem benachbarten europäischen Ausland teilnehmen. Zweimal im Jahr findet eine mehrtägige Ausfahrt mit den *VW Golf I* statt, die ebenfalls von Mitgliedern der Golf I IG zu wechselnden Reisezielen veranstaltet wird. Eine weitere Struktur, die beständigen Austausch erlaubt, ist das Online-Forum der Golf I IG, in dem BC-Mitglieder, einschließlich solcher, die keine Mitglieder der Golf I IG sind, Beiträge verfassen. Dieser feine Unterschied ist hier übrigens entscheidend, weil die in diesem Beitrag behandelte *VW Golf I*-Community eine über den Golf I IG-Verein hinausgehende Beziehungsstruktur von *VW Golf I*-Liebhabern ist. Markentreffen, Ausfahrten und das Internetforum werden zwar von der Golf I IG organisiert. Als Teilnehmer finden sich jedoch gleichermaßen Golf I IG-Mitglieder wie nicht im Verein organisierte, aber zur Community zugehörige *VW Golf I*-Liebhaber.

Bezüglich der Frage einer generellen Bewertung von BCs, zu der auch die Mitglieder dieser *VW Golf I*-Community gezählt werden, kann gesagt werden, daß man es hierbei mit Vergemeinschaftungsformen zu tun hat, die als „posttraditional" qualifiziert werden (Hitzler et al. 2008). Dabei treffen auf solche „Posttraditionalen Gemeinschaften" gewisse Merkmale traditioneller Gemeinschaften nicht oder nur in eingeschränktem Maße zu.[6] So sind „Posttraditionale Gemeinschaften"

---

[6] Daneben gibt es Bestimmungen oder wenigstens Schlagwörter, die besondere Formen von Communities betreffen, aber nicht alle Kriterien der traditionalen Gemeinschaft suspendieren, wie „community without propinquity" und „communities of interest" (Webber 1963), „community of limited

Teilzeit-Gemeinschaften, oder wie es auch heißt: „single-purpose Gemeinschaften" (Hitzler 1998). Sie sind Gemeinschaften, die nur für einen bestimmten Ausschnitt der Lebenswelt zuständig sind. Keinesfalls sind sie ein alles umfassender Lebenszusammenhang, der das Individuum vollständig einbindet, wie es Tönnies (1887) für traditionale Gemeinschaften gesehen hatte. Im Falle der *VW Golf I*-Liebhaber drehen sich die Beziehungen und Interaktionen in erster Linie um den *VW Golf I*. Dadurch sind sie in Bezug auf Werte, Normen, Bedeutungszuschreibungen und Praktiken auf dieses Auto beschränkt und durch die BC beeinflußt. Was sie beruflich tun, wie sie ihr Familienleben gestalten oder politisch wählen, bleibt von der BC größtenteils unbeeinflußt.[7] Wobei sich gewisse Werte und Normen, die für diese *VW Golf I*-Community, hier als eine „Posttraditionale Gemeinschaft" verstanden, wichtig sind, durchaus auf den Konsum im allgemeinen beziehen können. So gibt es etwa das Motiv „Werte erhalten", das fordert, Dinge möglichst lange zu gebrauchen, zu pflegen und zu erhalten, was sich deutlich von der Wegwerfmentalität des konsumistischen Mainstreams absetzt (Marschall 2010).

Ferner beruhen „Posttraditionale Gemeinschaften" nicht auf besonderen Gemeinschaftsbeziehungen, ein Kriterium, das „echte" Gemeinschaften nach Ansicht einiger Autoren erfüllen müssen (Gusfield 1975; Calhoun 1980, 1998). Solche Gemeinschaftsbeziehungen müssen im Sinne Parsons' „pattern variables" diffus, multiplex (eine Terminologie aus der formalen Netzwerkanalyse) und emotional sein (Gläser 2006, o.J.; Hellmann 2008). Soziale Beziehungen in „Posttraditionalen Gemeinschaften" sind dagegen spezifisch, uniplex und themenbasiert. Das heißt nicht, daß diese Beziehungen nicht stets das Potential hätten, multiplex zu werden, indem sie etwa über den themenbasierten Vergemeinschaftungsanlaß hinauswachsen. Jedoch ist dies keinesfalls zwingend und typisch. Auch sind Beziehungen in „Posttraditionalen Gemeinschaften" nicht notwendigerweise „emotional". So basieren BCs auf einem geteilten Interesse an bestimmten Marken bzw. Produkten, und wenn eine BC einen Verein als organisationale Stütze besitzt, nennt sie sich häufig „Interessengemeinschaft".[8] Wobei Gemeinschaften – auch

---

liability" (Janowitz 1952), „communities of practice" (Lave/Wenger 1991; Wenger 1998) oder „intentionale Gemeinschaften" (Dierschke et al 2006).
[7] Sofern nicht Werte, die in Bezug auf Marke und Produkt Verbindlichkeit haben, hier Einfluß üben, wie z.B. Patriotismus und Freiheit, die für *Harley-Davidson*-Anhänger beschrieben werden, vgl. Schouten/McAlexander 1995.
[8] Interessengemeinschaften sind nach Tönniesschem Verständnis der Gesellschaft zuzuschlagen, in der Weberschen Terminologie eine Form der Vergesellschaftung. Lediglich Herman Schmalenbach (1922) läßt mit dem Begriff des Bundes ein echtes Dazwischen zwischen Gemeinschaft und Gesellschaft zu. Während für Tönnies Interessengemeinschaften unmöglich sind, wird dies von der neueren angelsächsischen Community-Literatur kaum noch als Problem wahrgenommen. So wird Malvin Webber (1963: 29, 49) mit seinen „Communities of interest" viel zitiert. Auch die BC-Literatur hat nie verkannt, daß sich hier Mitglieder aufgrund des Interesses an einer bestimmten

traditionelle Gemeinschaften des Ortes – empirisch gesehen stets auch von Konflikten durchzogen werden und sich nicht nur durch emotionale Beziehungen konstituieren (Brint 2001).

Die Mitgliedschaft in „Posttraditionalen Gemeinschaften" ist selbst gewählt: Man tritt immer aus eigenem Entschluß bei. Das gilt dementsprechend auch für BCs. Somit weichen BCs auch in diesem Punkt von der traditionalen Gemeinschaftsbestimmung Tönnies' ab. Sie sind keine Schicksalsgemeinschaft, in die man hineingeboren wird und zu der es im Grunde keine Alternative gibt.[9] Selbst der Austritt aus „Posttraditionalen Gemeinschaften" ist viel unproblematischer als in traditionalen Gemeinschaften wie der Familie oder traditionalen Dorfgemeinschaft. Allerdings ist ein Austritt keinesfalls folgenlos. So verliert man im Falle der *VW Golf I*-Community häufig die Chance auf besondere Hilfestellungen und gute Teileversorgung. Mitglieder fürchten überdies den Verlust sozialer Beziehungen und Freundschaften, die durch und innerhalb der BC entstanden und auf Dauer gestellt sind. Austritte und freies Nomadisieren zwischen „Posttraditionalen Gemeinschaften" sind daher mit nachteiligen Konsequenzen verbunden, auch weil man zumeist ein gewisses Expertenwissen mit erheblicher Spezialisierung auf eine bestimmte Marke aufgebaut hat, das sich kaum auf andere Marken und Produkte einfach übertragen läßt: Ein *VW Golf I* Experte wäre in einer *VW Käfer*-BC wieder ein Neuling.

Schließlich sind „Posttraditionale Gemeinschaften", um einen letzten wichtigen Unterschied zu traditionalen Gemeinschaften zu nennen, nicht an einen Ort gebunden. Dementsprechend setzen sich BCs aus Mitgliedern zusammen, die über größere Räume, im Extremfall weltweit, verstreut sind. BCs müssen sich daher Orte schaffen, an denen die Mitglieder miteinander interagieren können. Treffen und Festivals, Stammtische und Ausfahrten sind solche typischen „Orte", um sich von Angesicht zu Angesicht auszutauschen. Internetforen sind weitere Gelegenheiten, bei denen Mitglieder computervermittelt interagieren können.

4 Brand Communities und Praktiken

Im Folgenden soll das Aktivitätsspektrum einer *VW Golf I*-Community aufgeschlüsselt und beschrieben werden. Hierzu wird von konkreten, identifizierbaren,

---

Marke zusammenschließen. Beispiele aus der „Volkswagenwelt" sind die IG T2 e. V., die IG T3, die IG Käfer Leipzig und die Scirocco Original IG.

[9] Dieses Problem hat der traditionale amerikanische Community-Begriff nicht, da die Zugehörigkeit zu einer amerikanischen Community – etwa einer Siedlergemeinschaft – immer schon auf eigenem Entschluß beruhte, vgl. Joas 2006: 34.

benennbaren Praktiken ausgegangen.[10] Praktiken sind Handlungsbündel. Schatzki (1996) spricht von „Doings and Sayings", die durch einen der Praktik zugeordneten Wissensbestand zu einer sinnhaften Einheit zusammengefügt werden. Sie weisen eine gewisse Ausdehnung in Raum und Zeit auf, werden also stetig irgendwo von irgendwem wiederholt. Der Praktikenbegriff schließt außeralltägliche Rituale – etwa die Kür des schönsten *VW Golf I* auf einem Festival – ebenso ein wie Alltagsroutinen, z. B. das allgegenwärtige Fachsimpeln.

Praktiken wie Restaurieren, Fachsimpeln oder Teilehandel sind „erfahrungsnahe" Begriffe, wie Geertz (1973) es formuliert hat: Menschen wissen üblicherweise, an welcher Aktivität sie gerade teilnehmen, und in der Regel haben sie dafür einen Namen (Schatzki 1996). In der *VW Golf I*-Community weiß jeder, was unter der Praktik des Restaurierens zu verstehen ist, und selbst diejenigen, die nicht restaurieren können, wissen in etwa, was man an Fähigkeiten, Material, Wissen und Werkzeug mitbringen muß, um erfolgreich zu restaurieren. Jeder *VW Golf I*-Liebhaber weiß, ab wann er oder sie gerade an einer Fachsimpelei teilnimmt, oder daß die „Teilejagd" eine prominente Aktivität in der Community ist. Und wenn auch nicht alle BC-Mitglieder restaurieren, fachsimpeln oder mit Teilen handeln, erkennen sie doch das jeweilige Aktivitätenbündel, können es identifizieren und bezeichnen. Sie sind in der Lage, darauf zu reagieren, stellen etwa, wenn sie ein Restaurationsergebnis vor sich sehen, die „richtigen" Fragen, wie „Hast Du das selbst gemacht?" oder „Wie lange arbeitest Du da schon dran?".

Die Beobachtbarkeit und Erfahrungsnähe einzelner Praktiken sowie die Tatsache, daß „das Feld" sich über sie bewußt ist und innerhalb gewisser Grenzen darüber Auskunft geben kann, machten sie methodisch zu einem guten Zugang für die ethnographische Arbeit. Man kann sich anhand von Praktiken das zunächst unbekannte Feld aufschließen. Praktiken sind geeignet, eine Antwort auf die Frage „What the hell is going on here?" des Ethnographen zu geben. Im Unterschied dazu sind Werte durchaus von Interesse, aber nicht direkt beobachtbar und nur über Umwege zu finden. Darüber hinaus ist kaum feststellbar, ob sie überhaupt von einer Mehrheit der BC-Mitglieder geteilt werden. Und Symbole, um eine weitere Alternative zum Zugang durch Praktiken zu nennen, sind im Feld zwar vorhanden, allen voran Symbole der Marke. Aber außer, daß eine gewisse Affinität zur Marke vermutet werden kann, erfährt man durch Symbole relativ wenig über eine BC.[11]

---

[10] Einen Praktikenansatz im Zusammenhang mit BC verwenden Schau et al. (2009) für eine Sekundäranalyse von Studien zu neun BCs, um zu allgemeinen BC-Praktiken zu kommen. Warde (2005) gibt wiederum einen Überblick über Praktiken in der Konsumforschung.
[11] Eine Ausnahme hiervon stellt die gelungene Beschreibung einer „Subculture of Consumption" von *Harley-Davidson*-Liebhabern durch Schouten/McAlexander (1995) dar. Diese arbeitet wesentlich über Werte und Symbole.

Einzelhandlungen werden zu einer Praktik dadurch, daß sie durch Wissen „gebündelt" werden. Dieser jeder Praktik zugeordnete Wissensbestand umfaßt drei „Sorten" von Wissen.[12] Die erste Sorte besteht aus einem impliziten Verständnis der in einer Praktik gebündelten Handlungen inkl. Sprechhandlungen, das sich dadurch ausdrückt, daß man eine Praktik erkennt und zuschreiben kann, beispielsweise ein Restaurationsprojekt eines *VW Golf I*-Liebhabers bemerkt und in der Lage ist festzustellen: Hier ist jemand im Begriff, einen *VW Golf I* zu restaurieren. Liegt ein weitergehendes Verständnis der Praktik „Restaurieren" vor, reagiert man auf eine solche Restauration angemessen, indem man etwa gekonnt Fragen stellt, kompetente Kommentare abgibt oder durch beiläufige Bemerkungen zeigt, daß man verstanden hat, worauf es bei der Restauration ankommt. Das umfassendste Verständnis der Praktik „Restaurieren" liegt dann vor, wenn man einige oder alle entsprechenden Handlungen eigenhändig vornehmen kann, also selbst Restaurateur ist.

Die zweite Sorte des Wissens, die ein jeweiliges Handlungsbündel zu einem sinnhaften Zusammenhang macht, sind explizite Regeln, Instruktionen, Anweisungen usw. So gibt es beispielsweise die Regel, daß kleine Rückleuchten, die am *VW Golf I* bis Juli 1980 verbaut wurden, ein wertsteigerndes Merkmal darstellen. Hier ist Schatzkis Praktikenbegriff um explizite Wissensbestände zu ergänzen, wie die Information, daß der *VW Golf I* von 1974 bis 1983 gebaut oder vom italienischen Designer Giugiaro gestaltet wurde.[13]

Die dritte Sorte von Wissen umfaßt „teleoaffektive" Strukturen, d.h. mit Emotionen verknüpfte Ziele. So sind viele Praktiken der *VW Golf I*-Community sehr stark mit Emotionen durchsetzt, etwa die Begeisterung für den *VW Golf I*, das Restaurieren als Ganzes, die „Teilejagd", bei der Gefühle des Triumphs auftreten, wenn das lang gesuchte Teil endlich gefunden wird, oder die Freude am kollektiven Auftritt, wenn viele *VW Golf I* in einer Kolonne fahren.

Praktiken haben also eine innere Organisation, insofern sie mehrere Einzelaktivitäten zu erkennbaren sinnhaften Einheiten bündeln. Praktiken organisieren sich aber auch mit anderen Praktiken zu größeren Ordnungen. Sie können sogar eine „domain of social life" (Schatzki 1996) bilden, organisieren

---

[12] Die folgenden Ausführungen zu Praktiken und Wissen folgen Schatzki (1996).
[13] Daß solches explizites Wissen aber kein einsatzbereites praktisches Wissen ist, wird man spätestens dann feststellen, wenn man sich mit solchen (möglicherweise schnell angelesenen) Wissensfragmenten in einer Fachsimpelei wiederfindet. Auf die Bemerkung, der *VW Golf I* wurde bis 1983 gebaut, würde wahrscheinlich ein kompetenter Gesprächspartner reagieren, indem er darauf hinweist, daß das Cabrio aber bis 1993 gebaut wurde. Eine nächste Erwiderung könnte die sein, daß der *VW Golf I* als „Citigolf" sogar bis 2009 in Südafrika gebaut wurde. Daraufhin könnte der nächste – vielleicht kompetenteste – Fachsimpler der Runde darlegen, wie viele Teile aus dem *VW Golf II* im *VW Citigolf* verbaut wurden, so daß er sich erheblich vom *VW Golf I* unterscheidet.

sich hierarchisch, verschachteln sich ineinander und/oder stehen nebeneinander. Praktiken „can overlap, form hierarchies, and join to compose more complex practices; and a given performance or choice can be governed by a variety of them." (Schatzki 1996: 96)

Wie groß oder klein ein Handlungsbündel sein muß, um als Praktik zu gelten, ist nicht genau bestimmt. Kann die Aktivität „Wühlen in einer Kiste mit gebrauchten Ersatzteilen" schon als Praktik gelten? Oder die „Suche nach einem bestimmten Teil", was „Wühlen in einer Kiste" ebenso einschließt wie das Studieren von lokalen Kleinanzeigen oder die Suche in Internetmärkten? Oder soll erst das umfassende Aktivitätenbündel „Kauf und Verkauf von Teilen" als Praktik gelten, also die Suche, aber auch das Anbieten von Teilen, was alle genannten Einzeltätigkeiten mit einschließt? Theorien sozialer Praktiken geben hier keine ausreichende Hilfe, weil sie kein Kriterium dafür angeben, was als Einzelaktivität zu bündeln ist, um zu einer Praktik zu kommen. In nahezu allen Fällen könnte man Praktiken in „kleinere" Praktiken zerlegen oder zu noch „größeren" Praktiken zusammenfassen.

Für die empirische Arbeit mit dem Konzept „Soziale Praktiken" ist dieses Problem jedoch weniger schwerwiegend. In diesem Beitrag werden Praktiken beschrieben, derer sich „das Feld" bewußt ist, als Aktivitäten, die dort betrieben werden. Ein zweites Kriterium ist, daß Praktiken Bedeutung tragen müssen. Um das Beispiel „Wühlen in einer Kiste" nochmals heranzuziehen: Diese Tätigkeit trägt nur Bedeutung, sofern sie eine Einzelhandlung innerhalb der Praktik „Teilehandel" ist. Wer in einer Kiste wühlt, sucht ein bestimmtes Teil oder will sich informieren, was es an Teilen dort gibt, und zwar genau deswegen, weil er an der Praktik „Teilehandel" teilnimmt. Das „weiß" auch das Feld, hat für eine solche Praktik zwar keinen eigenen Namen wie „Wühlen in einer Kiste", sehr wohl aber einen wie „Teilejagd" oder „Teilehandel".

Die Konfiguration von Praktiken, wie sie innerhalb der *VW Golf I*-Community das Aktivitätsspektrum bestimmt, soll im Folgenden beschrieben werden. Die „domain of social life" bzw. das „Feld der Praktiken" (Gherardi 2006), wie es von der *VW Golf I*-Community „bewirtschaftet" wird, soll betrachtet werden, indem vor allem eine Praktik, nämlich das Restaurieren, ins Zentrum gestellt wird. Weitere Praktiken werden daraufhin betrachtet, wie sie sich um das Restaurieren gruppieren. Diese weiteren Praktiken organisieren sich auf dreierlei Art um das Restaurieren: indem sie dem Restaurieren vorgelagert, nachgelagert oder parallel dazu organisiert sind.

5 Restaurieren als Praktik

Daß Restaurieren eine zentrale Praktik innerhalb der *VW Golf I*-Community ist, spiegelt sich schon in der Selbstbeschreibung der Golf I IG wider. Dort heißt es:

„Die IG hat es sich zur Aufgabe gemacht, VW Golf der Baujahre 1974 bis 1983 bzw. Cabriolet bis 1993 sowie die ‚Verwandten' Caddy, Rabbit, Caribe und Citigolf im originalen Serienzustand zu erhalten. Die Mitglieder der IG tauschen Erfahrungen und Wissen rund um den Golf I aus und helfen sich bei der Fahrzeugbeschaffung, -instandsetzung und -pflege sowie bei der Ersatzteilversorgung." (www.golf1-ig.de)

Die Golf I IG bestimmt also die Erhaltung von *VW Golf I* im serienmäßigen Originalzustand als ihre zentrale Aufgabe. Mitglieder der Golf I IG und der über die IG hinausgehenden Community besitzen einen oder mehrere *VW Golf I* und unterstützen sich dabei, diese(n) in einen möglichst originalen Zustand zu versetzen oder zu erhalten. In der Praxis schließt dies häufig ein, daß ein Fahrzeug in diesen Zustand erst zurückversetzt werden muß, weil die Vorbesitzer zahlreiche Umbauten vorgenommen haben oder das Fahrzeug in schlechtem Zustand ist und unpassende Ersatzteile bei Reparaturen verbaut wurden, etwa nach Unfallschäden.

VW Golf I-Liebhaber mit einem restaurationsbedürftigen Auto befinden sich fortlaufend inmitten dieses Projekts, sei es, daß sie einen langfristigen Plan verfolgen, was noch zu tun ist, sei es, daß die Restauration zu einem Ende gekommen ist, man aber dennoch beständig beobachten und prüfen muß, ob alles in Ordnung ist. Selbst Besitzer von weitgehend fertig restaurierten Fahrzeugen artikulieren eine Menge weiterhin zu erledigender Aufgaben. Die Tatsache, daß ein solches Projekt niemals wirklich abgeschlossen ist, kommentiert ein Mitglied mit den Worten: „So ein Auto ist eigentlich 'ne lebende Baustelle. Aber man hat ja auch seine Freude dran, wenn man wieder mal was geschafft hat, und ich hab's auch nicht eilig. Ich hab das Auto seit 15 Jahren, und wenn's in 15 Jahren erst wirklich perfekt dasteht, ist das auch in Ordnung". Demgegenüber äußert sich ein Mitglied mit einem weniger weit fortgeschrittenen Restaurationsprojekt wie folgt:

„Ich hab 'nen längerfristigen Plan, was noch anliegt, sobald [...] Ressourcen da sind. Sprich: Geld für Werkzeuge, und Zeit. [...] Daß man sagt: Er kommt mal wieder ganz auseinander, [...] Innenausstattung meinetwegen raus. Und repariert gezielt diese Stellen, die noch zu machen sind. Die jetzt nur geflickt sind, auf Deutsch gesagt. Dann läßt man den komplett lackieren. Dann wäre man auf den Stand, wo man eigentlich hin möchte, wenn man eine Komplettrestaurierung gemacht hat. So war es nur eine sehr umfangreiche Reparatur. Aber die war so umfangreich, daß alles, was irgendwie relevant ist, sprich Bremsen, Bremsleitungen, Spritleitungen, Motor,

Kupplung, das ist komplett rausgeflogen – und wurde erneuert. Oder ersetzt durch Teile, die also einwandfrei sind."

Eine Restauration befindet sich stets im Prozeß. Für die verschiedenen Stadien verwenden Mitglieder Abstufungen, von „fahrbereit" (was einen Zustand bezeichnet, der die technische Funktionsfähigkeit gewährleistet, das Optische und die Originalität aber erstmal unberücksichtigt läßt) über eine „umfangreiche Reparatur" bis hin zu einer „Komplettrestauration", bei der jedes Zierteil stimmt. Selten sind Fahrzeuge in einem Zustand, der gar keine Restauration nötig hat. Für solche Fahrzeuge wird die Bezeichnung „unrestauriert" verwendet. Restaurationen werden von den Besitzern entweder selbst durchgeführt oder ganz bzw. in Teilen an eine Werkstatt abgegeben. Das Auswählen der Werkstatt, die konkrete Vergabe des Auftrags sowie die richtige Bewertung der verrichteten Arbeit und das Sich-Durchsetzen im Falle von Konflikten sind dabei sehr anspruchsvoll. Ärger mit Werkstätten ist Gegenstand vieler Geschichten. So weist ein Artikel unter der Überschrift „Mein Golf und Ich" in der Mitgliederzeitschrift „Ur-Golf-Kurier", in dem eine Restauration beschrieben wird, die überwiegend selbst durchgeführt wurde, bei der für bestimmte Arbeiten aber eine Werkstatt hinzugezogen wurde, folgende Passage auf:

„Als alles von unserer Seite aus fertig war, ging der Golf zum Lackierer. Damit fing das einzige große Problem an. Bei der ersten Lackierung wurde die Farbe nicht genau getroffen: Himbeer- statt Surinam-Metallic. Großes Gezetere – neue Lackierung. Als wir den Wagen begutachteten, stellten wir fest, daß der Lackierer wohl nur im Stehen gearbeitet hat. An allen Stellen, die man nur beim Niederknien erreichen kann, wie zum Beispiel die Türunterkanten, war so gut wie keine Farbe. Nach meinem Protest weigerte sich der Besitzer des Lackierbetriebes, weiter an meinem Auto zu arbeiten. Nur ein privater Besuch bei ihm zu Hause und unter Einsatz meiner sprichwörtlichen ‚Überredungskunst' (wenn auch hier in etwas anderer Art und Weise) brachten ihn dazu, mein Cabrio ein drittes Mal zu spritzen, diesmal mit der richtigen Motivation." (Ur-Golf-Kurier 11/2002: 10)

Berichte über Restaurationen, die BC-Mitglieder in Interviews erzählen oder in besagter „Mein Golf und Ich"-Rubrik veröffentlichen, sind offenbar relativ solitäre Projekte, die längst in Gang gesetzt oder abgeschlossen wurden, bevor sie Mitglied der Community wurden. Faßt man den Golf I IG-Verein als organisationale Instanz innerhalb der *VW Golf I*-Community auf, die bestimmte Gelegenheiten zur Interaktion organisiert, wie Jahrestreffen, Ausfahrten oder das Internet-Forum, gilt das Jahrestreffen 1999 als erstes Treffen von Liebhabern original erhaltener *VW Golf I*. Diejenigen, die sich zu diesem Zeitpunkt der Community anschlossen, waren bereits kompetente Praktiker bezüglich originaler *VW Golf I*. Das heißt: Sie haben der Community nicht bedurft, um ihren *VW Golf* zu restaurieren, zu reparieren oder instand zu halten. Sie verfügten über das nötige technische und modellhistorische Verständnis und konnten auf erforderliche Daten, Spezifikationen und Anleitungen zugreifen. Ebenso haben sie die teleoaffektiven Strukturen verinnerlicht, die für das Restaurieren und Reparieren von *VW Golf I* verbreitet sind. Das heißt: Sie fanden den *VW Golf I* so schön und begehrenswert und akzeptierten, daß dafür sehr viel Zeit und Geld investiert werden muß.

Um mit einer Analogie zu sprechen: So wie viele Organisationsmitglieder eine primäre Sozialisation bereits durchlaufen haben, bevor sie Mitglieder einer Organisation werden, haben auch diese BC-Mitglieder häufig eine zuvor erfolgte Qualifikation bezüglich des *VW Golf I* erfahren. Zum ersten Jahrestreffen der Golf I IG kamen dementsprechend *VW Golf I*-Liebhaber, die bereits fortgeschrittene Restaurationsobjekte besaßen. Zwar haben sie bei ihrem jeweiligen *VW Golf*-Projekt Unterstützung durch die Familie (typischerweise durch den Vater), Freunde, möglicherweise auch eine Schrauberclique erfahren, nicht aber durch eine BC. In vielen Geschichten, die die BC-Mitglieder über ihren „Golf und Ich" in Ausgaben des „Ur-Golf-Kurier" veröffentlichten, war schon ein vorzeigbarer *VW Golf I* vorhanden, bevor das erste Treffen besucht wurde.

Inwiefern ist nun die Community von Bedeutung, wenn zentrale Praktiken wie Restaurieren von einander isolierten Praktikern betrieben werden, Restaurieren als relativ solitäres Projekt von Community-Mitgliedern also längst in Gang gesetzt oder gar abgeschlossen wurde, bevor sie BC-Mitglieder wurden? Auf zwei mögliche Arten kann ein Einfluß der BC auf das Feld der Praktik „Restaurieren" vermutet werden. Zum einen wäre denkbar, daß die BC zuvor von einander isolierte *VW Golf I*-Liebhaber zusammenführt und diese in ihrer Teilnahme an Praktiken bestärkt, möglicherweise auch ihre Wissensbestände auf ein neues Niveau bringt. Ein zweiter möglicher Einfluß wäre darin zu sehen, daß die Praktik „Restaurieren" tatsächlich weitgehend ohne BC auskommt, aber jene Praktiken, die dem Restaurieren vor- oder nachgelagert sind oder parallel dazu verlaufen, eine zusätzliche Sinnressource darstellen und weitere Motivation liefern, also die teleoaffektiven Strukturen stärken.

Die These der Bestärkung und Bestätigung von Restaurateuren durch die BC wird durch empirische Befunde gestützt. So berichtet die folgende Mitteilung von einer typischen „Erstbegegnung" mit der BC:

> „Die IG nahm X. damals als ein ‚Auffangbecken von Leuten wahr, die genauso gedacht haben wie man selbst'. Er sah es damals so: ‚Ich hab was, was erhaltenswert ist'. Beim ersten Treffen 1999 fand er die Bestätigung durch Gleichgesinnte, die ihm sagten: ‚Du hast was Besonderes'." In einem anderen Falle sah ein Mitglied

ausdrücklich davon ab, sein Fahrzeug in wirtschaftlich schwierigen Zeiten zu verkaufen, um die freundschaftlichen Beziehungen in der Community nicht zu verlieren. Wiederum ein weiteres Mitglied der Community war zwar von sich aus motiviert, die Restauration des eigenen Fahrzeugs zu beginnen, doch das ständige Fragen nach dem Golf I seitens der Community gab schließlich den Anstoß. Nach einem ersten Kennenlernen „wurde ich einige Zeit danach im Herbst 1999 Mitglied der Golf I IG. Fortan nagelte mein Golf III TDI als ‚Randerscheinung' zu IG-Veranstaltungen, wo er immer mal wieder auf Fotos im Hintergrund abgelichtet wurde. Da es aber auf Dauer sehr frustrierend ist, gefragt zu werden: ‚Wo steht denn Dein Golf', und mir das vertraute Dieselgeräusch wirklich fehlte, wurde es Zeit für einen Wiederaufbau". (Ur-Golf-Kurier 16/2003)

Angesichts der zahlreichen erfolgreichen Restaurationen außerhalb der BC bleiben solche Hinweise auf die Rolle der BC für das Restaurieren jedoch relativ schwach. Im folgenden soll für vorgelagerte, nachgelagerte und gleichzeitig ablaufende Praktiken geprüft werden, welche Rolle die BC dort jeweils spielt.

5.1 Der Restauration vorgelagerte Praktiken: Der Handel mit Fahrzeugen und Ersatzteilen

Die Restauration eines *VW Golf I* ist voraussetzungsvoll. Sie erfordert eine Vielzahl von Kenntnissen über Techniken der Reparatur und Restauration, selbst wenn man gewisse Arbeiten nicht selbst ausführt, sondern ausführen läßt. Eine Restauration setzt weiterhin Werkzeuge, Ersatzteile und einen geeigneten Platz voraus, wie eine Garage, Halle oder Werkstatt. Natürlich muß das eigentliche Restaurationsobjekt, ein *VW Golf I*, vorhanden sein. Der *VW Golf I* wird seit 1983, das *VW Golf I Cabrio* seit 1993 nicht mehr gebaut, so daß der *VW Golf I*-Markt bereits seit Jahren ein Gebrauchtwagenmarkt ist, der mit steigendem Alter des *VW Golf I* zu einem Markt für Liebhaberfahrzeuge wurde. *VW Golf I* werden heute über Kleinanzeigen in Zeitschriften und Zeitungen gehandelt, über Internetmarktplätze wie eBay und mobile.de sowie persönliche Netzwerke von *VW Golf I*-Liebhabern. Der Handel durch persönliche Netzwerke wird von Verkäufern nicht zuletzt gewählt, um sicherzustellen, daß der verkaufte Wagen in die „richtigen" Hände gelangt. Vom Kaufinteressenten wird in der Regel erwartet, daß er den Originalzustand erhält, den Wagen nicht „verbastelt" und einen angemessenen Stellplatz für ein Liebhaber-Fahrzeug zur Verfügung hat. Dies illustriert die folgende Feldnotiz: „X. erzählt, daß jemand aus der Tuning Szene ein Auto anbot, ein Originales, an dem X. Interesse bekundete. Der Verkäufer wollte erst die Tiefgarage sehen, die X. für das Auto vorsah: Er wollte wissen, daß das Auto in guten Händen ist. X. sagt, er würde das jetzt auch so machen."

Je besser erhalten, seltener, originaler ein Fahrzeug ist, desto höher ist die Wahrscheinlichkeit, daß Verkäufer den Weg über persönliche Netzwerke wählen; diese wiederum verlaufen häufig innerhalb der BC. Das gezielte Lancieren der Information, daß ein Wagen zum Verkauf steht, innerhalb eines definierten Adressatenkreises, illustriert folgendes Zitat, vom gleichen Mitglied, auf das sich auch die vorangegangene Feldnotiz bezieht:

> „Und ja, die Frage ist: Wie geh ich so was an, wie mach ich das? Und da ist es schon so, daß ich das ähnlich mache, wie dieser Kollege, der mir das zweite Auto verkauft hat. [...] Ich streue so ein bißchen subtil Informationen, im Clubbereich, bei einer Ausfahrt oder so, mal an einem Stammtisch. Und da kommen schon auch Reaktionen. Das ist dann auch die Klientel, die dann auch weiß, was es wert ist, die dann auch das Fahrzeug über die letzten acht Ausfahrten schon kennt. Und dann sagt, da hab ich Bock zu, den will ich haben, da bin ich auch bereit, den Preis zu bezahlen, weil das Auto isses wert, das ist ein ehrliches Fahrzeug. Also es ist eine ganz kleine Klientel, die man da irgendwie ansprechen muß."

Unterstützung durch die BC erfahren Transaktionspartner dann, wenn der Kaufinteressent aufgrund räumlicher Entfernung den zum Verkauf stehenden *VW Golf I* nicht selbst begutachten kann. In solchen Fällen geben BC-Mitglieder, die räumlich nahe wohnen, bei der Begutachtung oftmals Hilfestellung:

> „Wieder zu Hause angekommen, bat ich einige Clubkameraden aus Berlin um Hilfe bzw. um genaue Besichtigung des Cabrios bei Tageslicht. Nachdem ich einige Absagen erhielt (keine Zeit, zu weit entfernt) erklärte sich X.[14] (dem ich hier nochmals meinen herzlichsten Dank sagen möchte) bereit, das Fahrzeug zu begutachten. [...] Also, die von Jan aufgrund seiner Besichtigung [...] durchgeführte Beschreibung ist schon beispielhaft Ausführlich und emotionslos teilte er mir die Stärken und Schwächen des Cabrios mit (von den Fotos ganz zu schweigen...)" (Ur-Golf-Kurier 42/2010: 6)

Wie der Handel mit Fahrzeugen basieren auch der Handel bzw. die Versorgung mit Ersatzteilen auf allgemeinen Gebrauchtmärkten, die unabhängig von der BC funktionieren. Über eBay werden Ersatzteile gehandelt, und vor einigen Jahren konnten noch viele Teile auf Schrottplätzen erworben werden. Daneben sind zu-

---

[14] Analog zu Interviews und Feldnotizen werden auch in Zitaten aus dem Ur-Golf Kurier Personen anonymisiert. Zwar ist der Ur-Golf Kurier im Prinzip öffentlich, richtet sich aber an einen kleinen Kreis von Community-Mitgliedern.

mindest Verschleißteile als Neuware über den Zubehörhandel erhältlich, so daß die Funktionsfähigkeit eines *VW Golf I* einigermaßen gewährleistet werden kann. So versucht das „VW Classic Parts Center" in Wolfsburg, die Ersatzteilversorgung für den *VW Golf I* und andere ältere *VW*-Modelle zu verbessern. Hierzu werden einerseits alte Lagerbestände aufgekauft, andererseits Teile nachproduziert. Generell gilt aber: Je älter der *VW Golf I* wird, desto schlechter wird die Teileversorgung. Auf Schrottplätzen gibt es immer weniger *VW Golf I*, aus denen sich noch brauchbare Teile gewinnen lassen, und „Classic Parts" hat längst nicht alle Teile im Sortiment; außerdem wird „Classic Parts" von Restaurateuren häufig als zu teuer empfunden. Bestimmte Teile sind knapp, so daß Restaurateure manchmal jahrelang danach suchen. Dazu gehören Zierteile und Teile, die zu seltenen Ausstattungen gehören, beispielsweise eine bestimmte Sitzgarnitur. Daher findet durch die BC ein reger Handel mit gebrauchten Teilen statt, und zwar in Form privater Teilestände auf Treffen, durch Hörensagen in persönlichen Netzwerken, durch das Internetforum oder in Form von Kleinanzeigen im Ur-Golf-Kurier. Der Beitritt in die Golf I IG ist häufig motiviert durch die Möglichkeit, an diesem Community-internen Handel teilnehmen zu können oder Unterstützung bei der Teilesuche, der Teileidentifikation und dem Teiletransport zu bekommen:

> „Die meisten treten ein, weil sie sich davon versprechen, einfacher an Teile ranzukommen. Das ist auch richtig. Man kann dadurch, daß man meinetwegen, man wohnt in Flensburg, kennt aber jemanden, der wohnt in Südbayern. Man kennt dann diesen Menschen und redet mit ihm und er weiß von dem Problem, das man hat, man sucht ein bestimmtes Teil, und er schaut kurz vorm Bodensee auf einem Schrottplatz, den nur er kennt sozusagen, nach diesem Teil. Das kann man alleine gar nicht leisten, das ist unmöglich. [...] Na, jedenfalls, es ist alleine nicht zu leisten, Teile zu finden, so wie man's durch die Clubgemeinschaft kann. Man kann also wirklich von nah und fern Leute haben, die die Augen aufhalten oder die so was im Fundus haben, das ist alleine nicht leistbar."

So wie man für den Handel mit Fahrzeugen lange Strecken zurücklegen muß, ist es auch für den Kauf von Teilen. Beispielhaft sind Bemerkungen wie „So habe ich z. B. in Ulm eine gut erhaltene komplette Schottenkaro Sitzgarnitur aufgetrieben und habe die 1.400 km lange Strecke nicht gescheut." (Ur-Golf-Kurier) Wenn möglich, unterstützen sich BC-Mitglieder beim Teilehandel durch Abholung und Transport, der häufig bis zur Zielperson über „mehrere Ecken" organisiert wird.

Die Unterstützung, die die BC für das Auffinden von Teilen sowie die Logistik leistet, wird dadurch ergänzt, daß der Teilehandel innerhalb der BC nach anderen Regeln betrieben wird als außerhalb, wie etwa auf eBay:

„Sagen wir mal so: Auf eBay ist das anonym, und da hat man weniger Skrupel. Wenn ich hier jemandem gegenüber stehe, jemandem, den ich vielleicht persönlich kenne, und das läuft so ein bißchen auf der Basis, man handelt ja gegenseitig. Nächstes Mal steh' ich mal bei X., der vorhin hier war, und der hat was für mich. Das basiert so ein bißchen auf der Basis, daß man halt dem Einen mal was gönnt, und der Andere dem Anderen. Bei eBay weiß ich nicht, wem ich es verkaufe, schon mal weiß ich's natürlich auch. Aber die Leute wissen auch, wer ich bin, schreiben mich dann auch schon mal an. Bei eBay setzt man natürlich ganz klar auf das Prinzip, daß der Höchstpreis zustande kommt, den will ich hier nicht unbedingt erzielen."

Gerade auf den privaten Teileständen im Rahmen der Jahrestreffen zeigt sich, daß der Teilehandel innerhalb der BC nicht nur nach Regeln der Reziprozität und Fairneß betrieben wird, sondern daß das dortige Angebot auch jene seltenen Teile umfaßt, die von den oben genannten Teilequellen nicht abgedeckt werden:

„Der Teilehandel auf dem Treffen, das find ich immer schön, da sind viele Teile auch, die du so wirklich nirgendwo mehr kriegen kannst. Und die Preispolitik ist da auch was anderes. Wenn du da auf dem Treffen bist, dann kriegst du – weißte das ist nicht so, da hast immer auch so ein, zwei Abgedrehte, die dann immer meinen, sie müssten die Sau rauslassen bei den Preisen – aber in der Regel haste so, daß die auch wirklich vernünftige Preise aufrufen. Wo Du sagst, das ist nicht so, du kriegst da vielleicht auf dem freien Markt bei eBay oder so noch mehr für, aber da wir uns ja nicht gegenseitig das Geld aus der Tasche ziehen wollen, sondern ein bisschen auch helfen wollen, der helfende Charakter auch sehr stark ist auch, sind die Preise da sehr human eigentlich."

Zum Handel mit Ersatzteilen gehört ganz wesentlich die Identifikation von Motorisierungen, Ausstattungsvarianten sowie kleineren Änderungen durch Volkswagen am *VW Golf I*, so daß die Zuordnung von Teilen zum richtigen Modell mit der jeweiligen Ausstattung eine anspruchsvolle Aufgabe sein kann. Um diese Zuordnung zu leisten, werden zeitgenössische Prospekte und Artikel der Auto-Fachpresse konsultiert und entsprechende Fragen im Forum gestellt und beantwortet. Vor allem werden die Fahrzeuge der anderen fortlaufend in Augenschein genommen, verglichen und in Fachsimpeleien einbezogen. Dies ist besonders bei Treffen und Ausfahrten möglich, wo die Autos der anderen unmittelbar präsent sind. Die Möglichkeit der BC, auf eine sehr große Zahl von Referenzfahrzeugen zurückgreifen zu können, und die ständige Ingebrauchnahme dieser bei Vergleichen, Begutachtungen und Fachsimpeleien, ist hierbei von enormer Bedeutung für den Aufbau und die Erhaltung eines umfangreichen Wissensbestands bezüglich der Vielzahl von Motorisierungen, Ausstattungsvarianten und Änderungen in der Modellpflege. Die besondere Leistung, die Restaurateure bei der Bestimmung der richtigen Teile erbringen, werden in folgendem Zitat unter Abgrenzung zur Tuning-Szene artikuliert, in der man bloß auf Teile „aus dem Kaufhaus" zurückgreift: „Weil irgendwie rumfrickeln kann jeder. Und das Auto original erhalten, das ist schon etwas schwieriger. Und dann das passende Teil zu finden, das zum richtigen Baujahr zum richtigen Auto gehört, das ist dann schon ein ganz anderer Aufwand."

Die *VW Golf I*-Community verfügt also über eine Reihe von Praktiken, die die Versorgung mit Fahrzeugen und Autoteilen sicherstellen sowie die richtige Identifikation dieser ermöglichen. Ferner werden beim Handel mit Fahrzeugen und Teilen die Grenzen des Innen und Außen der BC sichtbar: Beim Verkauf gut erhaltener Fahrzeuge äußern Verkäufer häufig den Wunsch, daß das zu verkaufende Auto „innerhalb der Szene" verbleiben soll. Der Handel mit Teilen und Fahrzeugen ist zu einem gewissen Grad partikularistisch, insofern die Bedingungen des Handels für Mitglieder andere sind als für Außenstehende.

5.2   Der Restauration nachgelagerte Praktiken: Treffen und Ausfahrten

Die *VW Golf I*-Community unterstützt die Restauration selten direkt, etwa durch gegenseitige Hilfe beim „Schrauben". Dies wäre wegen der räumlichen Entfernung zwischen den Mitgliedern auch nur schwer möglich. Die BC hilft beim Restaurieren hingegen, indem sie die vorgelagerten Praktiken Fahrzeughandel, Teilehandel und Teileidentifikation unterstützt. Auch der Restauration nachgelagerte Praktiken sind von der BC abhängig, insofern Restaurationsergebnisse von ihr mit „Sinn versorgt" werden. Die BC kennt mehrere Praktiken, die kollektive Anerkennung von Restaurationsergebnissen organisieren. Treffen und Ausfahrten bieten zahlreiche Gelegenheiten, bei denen Fahrzeuge bewundert, kommentiert oder überhaupt erstmals wahrgenommen werden. Hierbei muß man sich vergegenwärtigen, daß außerhalb der BC ein einzelner *VW Golf I* kaum Aufmerksamkeit, geschweige denn Anerkennung erfahren dürfte, weil er im Straßenbild nicht mehr als besonderes Auto wahrgenommen wird. Er ist weder alt genug, um als Oldtimer wahrgenommen zu werden, noch könnte er mit aktuellen Modellen hinsichtlich Leistung oder Design mithalten. In BC-Praktiken bestätigt man sich dagegen fortlaufend, welch schönes und begehrenswertes Auto der *VW Golf I* ist. Die Verwendung der *VW Golf I* auf Treffen, bei Fahrten in der Kolonne, die Abbildung auf Fotos und erst recht die Durchführung von Wettbewerben stellen außeralltägliche Inszenierungen des *VW Golf I* dar, die auch Neulinge und Außenstehende ansprechen und dazu beitragen, den *VW Golf I* als ein besonderes Liebhaberauto „sehen zu lernen".

Die plötzliche „Befähigung", einen original erhaltenen *VW Golf I* als etwas Besonderes wahrzunehmen, wird von der BC in mehreren Geschichten beschrieben. So erzählt ein BC-Mitglied von einem Photoshooting, bei dem der Photograph erstmals „lernt", den *VW Golf I* als etwas Schönes und Erhaltenswertes zu betrachten:

> „Da der Golf jetzt in einem super Zustand ist, hat ein Hobby Photograf einen Photoshoot von dem Golf auf einem schönen Platz gemacht [...]. Der Fotograf hat mir gesagt, er hätte den Golf vorher aus seiner Sicht nur als ein ganz normales Auto gesehen, aber nach dem Photoshoot sah er den Golf als ein Liebhaber-Auto, geliebt durch einen Liebhaber, der auf angemessene Art sein Auto hegt und pflegt." (Ur-Golf-Kurier 32/2007: 13)

Die *VW Golf I*-Community bestätigt sich also permanent in der Ansicht, daß original erhaltene *VW Golf I* etwas Schönes, Wertvolles, Erhaltenswertes sind. Mehr noch gilt, daß eine bestimmte Sichtweise erzeugt und stabilisiert wird, der zufolge der *VW Golf I* ein zu bewahrendes Kulturgut ist, das aus dem Straßenbild nicht verschwinden darf. Diese Art Wertschätzung alter *VW Golf I* bedarf der kollektiven Versicherung umso mehr, als der *VW Golf* als Massenauto für den Betrachter (noch) allzu vertraut, normal und alltäglich ist, im Gegensatz zu „echten" Oldtimern, die schon zu „Lebzeiten" etwas Besonderes waren.

5.3 Zur Restauration gleichzeitig ablaufende Praktiken: Hilfestellungen und Fachsimpeln

Nachdem bisher vor- und nachgelagerte Praktiken der Restauration besprochen wurden, sollen zum Abschluß noch zur Restauration gleichzeitig ablaufende Praktiken angesprochen werden. Außerdem geht es um fortlaufende Hilfeangebote und ihre Inanspruchnahme. Exemplarisch, wenn auch zugespitzt, ist hierfür die Antwort, die ein Hilfesuchender im Forum auf die Frage bekommt, welches Schrauberbuch besonders empfehlenswert sei: „Die beste Empfehlung wäre jemand von uns :-) Jemand, der schon ewig an einem Golf 1 schraubt und jede Unterlegscheibe kennt."[15] Der Austausch solcher Hilfestellungen geschieht im Forum, aber auch bei Treffen und Ausfahrten der *VW Golf I*-Community. Hinzu kommen bilaterale Hilfen über E-Mail und Telefon und – wegen der räumlichen Entfernung seltener – über direkte Interaktionen.

---

[15] Vgl. http://www.golf1-ig.de/board/read.php?1,35340.

Neben expliziten Hilfestellungen, die sich oft an konkreten Problemen orientieren, ist eine weitere Praktik allgegenwärtig: das Fachsimpeln. Wo immer Mitglieder einer BC zusammenkommen, kann Fachsimpeln beobachtet werden. Fachsimpeln ist eine lockere, informelle und scheinbar beiläufige Konversation, die in unterschiedlichster Weise auf das entsprechende Thema bezogen sein kann. Eine Fachsimpelei innerhalb der *VW Golf I*-Community ist also auf den *VW Golf I* oder bestimmte Teile davon bezogen, wie Technik, Historie oder Marke. Eine Fachsimpelei ist gekennzeichnet von regelmäßigen Themensprüngen. Es besteht kein Zwang, ein Thema abzuschließen oder gar erschöpfend zu behandeln. Ebensowenig muss dabei ein bestimmtes Problem gelöst werden.

Eine Fachsimpelei kann aus einem „normalen" Gespräch heraus entstehen, aus der Kontaktaufnahme durch die Frage nach dem Auto des anderen, durch eine Bemerkung, auf die ein anderer reagiert. Niemals jedoch würden zwei oder mehr Personen bewußt beschließen, eine Fachsimpelei zu beginnen; eine solche Situation wäre künstlich und gestellt. Dagegen könnte man durchaus beschließen, ein bestimmtes Problem gemeinsam zu bearbeiten. Fachsimpeln kann „rein kommunikativ" durchgeführt werden, also ohne Anwesenheit des materiellen Artefakts, wie das in der angeführten Feldnotiz der Fall war. Genauso findet Fachsimpeln unter direkter Einbeziehung des Fahrzeugs statt. *VW Golf I*-Liebhaber, fachsimpelnd und um ein Auto herumstehend, sind auf Markenfestivals und Ausfahrten allgegenwärtig: „Bei jedem Stopp, den wir während den Ausfahrten gemacht haben, ergibt sich sofort ein reger Austausch. Motorhauben gehen auf, die Fahrer stehen in Gruppen darum. Man sieht sich Ausstattungsdetails an, identifiziert Baujahre, fragt nach" (Feldnotiz).

Schließlich muß eine weitere Bedingung für eine gelungene Fachsimpelei gegeben sein: Es müssen zwei oder mehr in etwa gleich kompetente Fachsimpler an ihr teilnehmen. Zwar können Fachsimpeleien kompetitiven Charakter annehmen, so daß sich die unterschiedliche Kompetenz der Fachsimpler zeigt. Eine zu große Asymmetrie würde dem schnellen Abtausch von Bemerkungen, Informationen und Meinungen allerdings entgegenstehen. Die Fachsimpelei würde entweder zu einer Belehrung und Beratung oder in einen Monolog umschlagen. In einer weiter unten angeführten Situation gab es immer wieder Meinungsverschiedenheiten zwischen den beiden sehr kompetenten Fachsimplern; diese wurden aber niemals zugespitzt, sondern überspielt oder einer der beiden gab schnell nach, wobei sich dieses Nachgeben auf beide etwa gleich verteilte.

So allgegenwärtig Fachsimpeln im Feld zu beobachten ist, so schwierig ist es für die Ethnographie, Daten zu Fachsimpeleien zu erheben. Für den von außen kommenden Beobachter laufen sie häufig in zu hoher Geschwindigkeit ab und sind in ihren Themen zu speziell, gar unverständlich, um sie als Feldnotiz zu erheben. In Interviews, die üblicherweise aufgezeichnet werden, finden dagegen kaum Fachsimpelei statt, so daß auch diese keine Daten für Fachsimpeln liefern. Um dennoch eine Fachsimpelei zu dokumentieren, wird im folgenden auf eine Feldnotiz zurückgegriffen, die unter Liebhabern des *VW Transporters T3* (Bulli) stattfand, die aber genauso unter *VW Golf I*-Experten hätte stattfinden können. Sie fand nachts, um etwa 2.30 Uhr auf einem Festival von *VW Bulli*-Liebhabern statt:

> „Auf dem Tisch der Dreier-Gruppe steht eine Kiste Bier. Während der Stunde, die sie nach meiner Ankunft noch da sind, trinken sie allerdings nicht mehr viel. [...] Nach kurzer Zeit geht das Gespräch in extreme Fachsimpelei über. Es geht zuerst um Getriebe, Zahnräder, Lager sehr viele andere Teile, die – so reime ich es mir zusammen – zum Getriebe gehören. Es werden Nummern genannt, Preise, Händler [...], wer was wo produzieren läßt, wie gut sie sind. Welche Serie man gerade besser nicht kauft. Über die Gewinnspanne, die VW macht bei bestimmten Teilen [...]. Ihr Wissen ist konkret, aus erster Hand, detailliert. Wenn jemand mal einen Adapter gebaut hat etwa, hatten sie den schon selbst in der Hand, bewerten ihn im Hinblick auf Preis, Einfachheit in der Handhabung. Zu manchen Teilen wissen sie den Abstand der Bohrlöcher. Beide haben ganz offensichtlich schon viel geschraubt, Preise von früher geben sie in DM an. Nicht selten sind sie sich uneins, oft kann aber einer von beiden etwas aus eigener Erfahrung belegen (der Dritte verabschiedet sich schon bald, er war kaum in die Fachsimpelei involviert). – Das Thema geht über zu Bremsen. Auch hier: Kenntnis aller möglichen Varianten, detailliert, aus eigener Schraubererfahrung. Die Dekra ist auf dem Festival, und einer der beiden will, so verstehe ich das, einen Standard mit der Dekra vereinbaren, über einen bestimmten Einbau, der viele betrifft. In den Gesprächen geht es auch darum, welche Teile man aus anderen Modellen wo im Bulli verbauen kann, Golf II Bremskabel etwa. Oder Teile aus dem Audi S6, etc. Viele Teile, v. a. Zahnräder, bezeichnen sie mit der jeweiligen Nummer. Sie diskutieren auch den Aspekt Alltagstauglichkeit des Bulli. Sie gehen um 3:40 Uhr."

Fachsimpeln ist eine Praktik, durch die der Wissensbestand der BC immer wieder in Gebrauch genommen wird und mittels derer Teilnehmer spielerisch ihr Wissen als relevant erleben können. Fachsimpeln trägt also dazu bei, den Wissensbestand einer BC zu reproduzieren.

6 Fazit

Dieser Beitrag zeigt auf, wie innerhalb einer „brand community" ein dichtes Aktivitätsspektrum sichtbar wird, sobald man sich den Praktiken, die dort typisch sind, ethnographisch nähert. Restaurieren und Reparieren, Treffen und

Ausfahrten, Kolonne fahren und Fotos machen, Fachsimpeln sowie der Handel mit Teilen und Fahrzeugen: All dies sind Praktiken, die das „Community-Leben" auszeichnen und die nötigen Wissensbestände für das Restaurieren produzieren und reproduzieren. Hierzu gehören das gesamte technische Wissen über das Fahrzeug und seine Bestandteile, das modellhistorische Wissen über den *VW Golf I* und seine „Verwandten" sowie die emotiven Wissensbestände bzw. teleoaffektiven Strukturen, mit Emotionen versehenen Ziele, die Restaurationen motivieren. Nur weil der *VW Golf I* als etwas Wertvolles und Schönes, als begehrenswertes Ziel konstruiert wird, lohnt es sich, die enorme Menge an Geld, Zeit und Arbeit in eine Restauration zu investieren. Die der BC eigene Wahrnehmung des *VW Golf I*, das Sehen, Riechen, Fühlen und Hören des Autos, das ästhetische Wissen (Strati 2003), wird in solchen Praktiken generiert und fortlaufend aktualisiert und stabilisiert.

BC-Mitglieder – das ist durch den Praktikenansatz sichtbar geworden – sind kompetente Praktiker um Marke und Produkt. Sie nur als Markenanhänger oder Bewunderer einer Marke zu begreifen, deren Interaktionen in dünnen Ritualen wie dem gegenseitigen Grüßen im Straßenverkehr, wie bei Muniz/O'Guinn (2001), oder in der Teilnahme an vom Markenhersteller organisierten Veranstaltungen gegeben sind (McAlexander et al. 2002), charakterisiert sie nur unzutreffend. Dementsprechend sehen sich Mitglieder der *VW Golf I*-Community eher als „Originalos", insofern sie durch die Restauration den Originalzustand des Fahrzeugs anstreben, denn als *VW*-Fans oder -Anhänger.

Die zentrale Praktik des Restaurierens und Erhaltens gibt die Selbstsicht der BC vor, weniger die Orientierung an der Marke. Abgrenzungen zu anderen BCs folgen dieser Selbstsicht: „Originalos vs. Tuner" anstatt „*VW* vs. *Opel*". Besitzer eines original erhaltenen *VW Golf I* zollen einem original erhaltenen *Opel*-Youngtimer Respekt, nicht aber einem getunten *VW Golf III*. BCs sind sich durch ihre Praktiken ähnlich oder unähnlich, nicht durch die Marke, um die sich diese Praktiken drehen.

Sowohl die über diesen Fall hinausgehende Empirie, von der das Graduiertenprojekt „Markenkultur und Unternehmenskultur" Kenntnis hat, als auch der Stand zur BC-Forschung regen an, auch andere VWBCs unter der Perspektive des Praktikenansatzes zu betrachten. Um nur zwei Hinweise zu geben: In BCs um den *VW Transporter* (dem „Bulli") sind gleichzeitig Praktiken des Restaurierens, die sich am Originalzustand orientieren, und Praktiken des Tunens und des individuellen Ausbaus zentral. Vorgelagerte Praktiken sind – analog zum *VW Golf I*-Fall – der Handel mit Teilen und Fahrzeugen, nachgelagerte Praktiken sind u. a. Festivals, Off-Road Fahren und Camping.

In der BC um den *Apple Newton*, einen frühen PDA (1993–1998), organisieren sich Praktiken um das Am-Leben-Erhalten der genutzten Geräte, d. h. Pflege und Wartung sowie Instandsetzungen und Reparaturen.[16] Dieser Fall ist interessant, weil der Hersteller Apple den *Newton* nicht mehr unterstützt, so daß auch diese BC einen regen Handel mit gebrauchten Ersatzteilen und Geräten betreibt und sich durch Geschichten fortlaufend versichert, daß der *Newton* auch aktuellen PDAs mindestens ebenbürtig ist.

Sicher ist nicht jede BC durch eine reiche Konfiguration von Praktiken charakterisierbar, wie das bei der *VW Golf I*-Community gelingt. Wahrscheinlich gibt es BCs, deren Mitglieder tatsächlich ihre wesentliche Gemeinsamkeit in der Bewunderung einer Marke besitzen. Die grundsätzliche Übertragbarkeit der Besonderheiten des *VW Golf I*-Community-Falls ist aber anzunehmen, so daß die Ethnographie von BC von der Theorie sozialer Praktiken profitieren kann.

Literatur

Anderson, Benedict R. (1988): Die Erfindung der Nation. Zur Karriere eines folgenreichen Konzepts. Frankfurt/M.
Braun-Thürmann, Holger (2006): Ethnografische Perspektiven: Technische Artefakte in ihrer symbolisch-kommunikativen und praktisch-materiellen Dimension, in Werner Rammert/Cornelius Schubert (Hg.): Technografie. Zur Mikrosoziologie der Technik. Frankfurt/M., S. 199–221.
Bretzger, Richard/Döring, Nils/Görendt, Martin/Sauer, Martin (2010): Ein nettes Auto für nette Menschen. Posttraditionale (Marken-)Gemeinschaft um den klassischen Fiat 500. Berlin.
Brint, Steven (2001): *Gemeinschaft* Revisited. A Critique and Reconstruction of the Community Concept, in: Sociological Theory 19, S. 1–23.
Calhoun, Craig J. (1998): Community without propinquity revisited: Communications technology and the transformation of the urban public sphere, in: Sociological inquiry 68, S. 373–397.
Calhoun, Craig J. (1980): Community: toward a variable conceptualization for comparative research, in: Social History 5, S. 105–129.
Dierschke, Thomas/Drucks, Stephan/Kunze, Iris (2006): Intentionale Gemeinschaften: Begriffe, Felder, Zugänge, in: Matthias Grundmann/Thomas Dierschke/Stephan Drucks/Iris Kunze (Hg.): Soziale Gemeinschaften. Experimentierfelder für kollektive Lebensformen. Münster, S. 101–118.
Geertz, Clifford (1973): The interpretation of cultures. Selected essays by Clifford Geertz. London.
Gherardi, Silvia (2006): Organizational knowledge. The texture of workplace learning. Malden.
Gläser, Jochen (2006): Wissenschaftliche Produktionsgemeinschaften. Die soziale Ordnung der Forschung. Frankfurt/M.
Gläser, Jochen (o.J.): Community as a type of social order. o. O.
Gusfield, Joseph R. (1975): Community. A critical response. Oxford.
Hellmann, Kai-Uwe (2008): Die Renaissance der Gemeinschaften? Quelle: http://www.markeninstitut. de/fileadmin/user_upload/dokumente/Renaissance.pdf
Hirschauer, Stefan/Amann, Klaus (Hg.) (1997): Die Befremdung der eigenen Kultur. Zur Ethnographischen Herausforderung soziologischer Empirie. Frankfurt/M.
Hitzler, Ronald (1998): Posttraditionale Vergemeinschaftung. Über neue Formen der Sozialbindung. Berliner Debatte INITIAL 9, S. 81–89.

---

[16] Vgl. Muniz/Schau 2005; Schau/Muniz 2006. Ein PDA (personal digital assistent) ist ein tragbarer, in der Handfläche zu haltender Computer, der hauptsächlich für Kalender- und Adressbuchfunktionen und für Aufgabenplanung genutzt wird.

Hitzler, Ronald/Honer, Anne/Pfadenhauer, Michaela (Hg.) (2008): Posttraditionale Vergemeinschaftung. Theoretische und ethnografische Erkundungen. Wiesbaden.
Janowitz, Morris (1952): The Community Press in an Urban Setting. The Social Elements of Urbanism. The social elements of urbanism. Glencoe.
Joas, Hans (2006): Gemeinschaft und Demokratie in den USA, in: Matthias Grundmann/Thomas Dierschke/Stephan Drucks/Iris Kunze (Hg.): Soziale Gemeinschaften. Experimentierfelder für kollektive Lebensformen. Münster, S. 31–42.
Knoblauch, Hubert (2001): Fokussierte Ethnographie, in: Sozialer Sinn, S. 123–141.
Lave, Jean/Wenger, Etienne (1991): Situated Learning. Legitimate peripheral participation. Cambridge.
Lüders, Christian (2000): Beobachten im Feld und Ethnographie, in: Uwe Flick/Ernst von Kardoff/Ines Steinke (Hg.): Qualitative Forschung. Ein Handbuch. Reinbek, S. 384–401.
Marschall, Jörg (2010): „So ein Auto ist eigentlich 'ne lebende Baustelle". Markengemeinschaften als Prosumentenkollektive, in: Birgit Blättel-Mink/Kai-Uwe Hellmann (Hg.): Prosumer Revisited. Zur Aktualität einer Debatte. Wiesbaden, S. 149–168.
McAlexander, James H./Kim, Stephen K./Roberts, Scott D. (2003): Loyalty: The Influences of Satisfaction and Brand Community Integration, in: Journal of Marketing Theory & Practice 11, S. 1–11.
McAlexander, James H./Schouten, John W. (1998): Brandfests. Servicescapes for the Cultivation of Brand Equity, in: John F. Sherry, Jr. (Hg.): Servicescapes: The Concept of Place in Contemporary Markets. Lincolnwood, S. 377–402.
McAlexander, James H./Schouten, John W./Koenig, Harold F. (2002): Building Brand Community, in: Journal of Marketing 66, S. 38–54.
Muniz, Albert M., Jr./Schau, Hope Jensen (2005): Religiosity in the Abandoned Apple Newton Brand Community, in: Journal of Consumer Research 31, S. 737–747.
Schatzki, Theodore (1996): Social Practices. A Wittgensteinian Approach to Human Activity and the Social. Cambridge.
Schau, Hope Jensen/Muniz, Albert M. (2006): A Tale of Tales. The Apple Newton Narratives, in: Journal of Strategic Marketing 14, S. 19–33.
Schau, Hope Jensen/Muniz, Albert M., Jr./Arnould, Eric J. (2009): How Brand Community Practices Create Value, in: Journal of Marketing 73, S. 30–51.
Schmalenbach, Herman (1922): Die soziologische Kategorie des Bundes, in: Walter Strick (Hg.): Die Dioskuren. Jahrbuch für Geisteswissenschaften. München, S. 35–105.
Schouten, John W./McAlexander, James H. (1995): Subcultures of Consumption. An ethnography of the new bikers, in: Journal of Customer Research 22, S. 43–61.
Strati, Antonio (2003): Knowing in practice. Aesthetic understanding and tacit knowledge, in: Davide Nicolini/Silvia Gherardi/Dvora Yanow (Hg.): Knowing in organizations. A practice-based approach. Armonk/London, S. 53–75.
Tönnies, Ferdinand (1887): Gemeinschaft und Gesellschaft. Abhandlung des Communismus und des Socialismus als empirischer Culturformen. Leipzig.
Warde, Alan (2005): Consumption and Theories of Practice, in: Journal of Consumer Culture 5, S. 131–153.
Webber, Melvin M. (1963): Order in diversity: community without propinquity, in: Lowdon Wingo (Hg.): Cities and space. The future use of urban land. Baltimore, S. 23–54.
Weber, Max (1972 [1922]): Wirtschaft und Gesellschaft. Grundriss der verstehenden Soziologie. Tübingen.
Wenger, Etienne (1998): Communities of Practice. Learning, meaning, and identity. Cambridge.

Kampagnen und Kontaktpunkte

Die Bedeutung von „brand communities" hat nicht nur für die Forschung, sondern auch die Unternehmen rasant zugenommen. Dabei ist das Phänomen markentreuer Kunden, die sich über ihre geschätzten Marken untereinander austauschen, wahrlich nichts Neues. Man kennt das längst, ob Fußballfans oder Märklin-Freunde, Autotuner oder Briefmarkensammler. Hinzu gekommen ist freilich, daß durch das Internet die Erreichbarkeit markentreuer Kunden füreinander beträchtlich erleichtert wurde, und daß viele Unternehmen verstärkt auf Maßnahmen setzen, um mit schon existierenden „brand communities" ins Geschäft zu kommen oder gar selbst welche aus der Taufe zu heben. Insofern dürfte es nicht überraschen, wenn für die Unternehmen der Informations- und Kooperationsbedarf rapide steigt. Wie aber setzt sich ein Unternehmen zeitnah und zuverlässig in Kenntnis darüber, was in jenen „brand communities" geschieht, die mit seinen Marken sympathisieren? Und wie sollte ein Unternehmen Kontaktaufnahme und Kommunikation mit solchen „brand communities" gestalten? Hier steht die Forschung noch ganz am Anfang, und für die Unternehmen gilt dies um so mehr. Fest steht lediglich, daß das Internet, in dem fast alle „brand communities" mit eigenen Homepages, Foren, Wikis vertreten sind, eine wichtige Bezugsquelle für Informationen dieser Art geworden ist, und daß die konkrete Kooperation mit einzelnen „brand communities" auf die Entwicklung einer eigenständigen Kommunikationspolitik hinauslaufen dürfte, wofür wiederum speziell geeignete Kontaktpunkte zwischen Unternehmen und Kunden von größtem Wert sind.

Was den Aspekt der Informationsbeschaffung und -auswertung betrifft, so unterbreitet *Felix Teschner* in seinem Beitrag eine eigens entwickelte Methode zur Erfassung, Sicherung und Sichtung von aufeinander bezogenen Diskussionsbeiträgen („threads") innerhalb solcher „brand communities". *Teschner* verbindet die Vorstellung seiner Methode mit der Anwendung auf ein *VW Touareg* Diskussionsforum, in dem sich die Teilnehmer zwischen März 2008 bis August 2010 anläßlich der Einführung des *VW Touareg*-Nachfolgemodells im Februar 2010 intensiv mit diesem Sachverhalt auseinandersetzten. Seine Analyse zeigt, daß mindestens drei Phasen zu unterscheiden sind, nämlich vor, während und nach der Einführung des *VW Touareg*-Nachfolgemodells, die eine je eigene Dynamik und Charakteristik aufweisen. Seine Empfehlung an die Unternehmen lautet, sich möglichst früh mit solchen „brand communities" in Verbindung zu setzen, sich mit ihnen von gleich zu gleich auseinanderzusetzen und deren Expertise aufzugreifen, um frühzeitig über mögliche Risiken und Probleme informiert zu sein, die nicht bloß einzelne Mitglieder solcher „brand communities" sehen mögen, sondern sämtliche Kunden beschäftigen könnten.

Eine Besonderheit in der Automobilbranche sind die Händler. Anders als in der Konsumgüterindustrie werden Autos nicht über Vollsortimenter verkauft, die sämtliche Marken führen, sondern jeder Automobilkonzern hält ein eigenes Vertriebsnetz vor oder kooperiert mit selbständigen Vertragshändlern, die zumeist nur ihre Marken feilbieten. Den Händlern kommt damit eine zentrale Stellung in der Verbindung zwischen Unternehmen und Kunden zu. *Vivian Hartleb* hat ihre Untersuchung deswegen auf die Möglichkeit gerichtet, daß gerade Händler geeignet sein könnten, um mit „brand communities" zu kooperieren oder solche gar erst zu generieren. Zu diesem Zweck hat *Hartleb* mehrere Händler unterschiedlicher Automarken befragt, zudem die Homepages entsprechender „brand communities" analysiert und schließlich Sekundärquellen seitens der Hersteller sowie von Dachverbänden genutzt. Das Ergebnis ihrer Studie ist, daß es in jedem Fall ein Potenzial gibt, das Händler und damit auch die Hersteller für sich nutzen könnten, um mit ihren „brand communities" in Kontakt zu treten und sich mit ihnen auszutauschen, daß dieses Potenzial aber weder von den Händlern noch den Herstellern bislang ausreichend genutzt und somit verschenkt wird. Hierauf bezogen unterbreitet *Hartleb* Vorschläge, wie man dieses Potenzial erfolgversprechend heben könnte.

VW Community Monitoring
Eine neue Methode zur Exploration von Brand Communities

Felix Teschner

> „Man sagt zwar, daß der Markentechniker eine Marke schafft, aber das ist nur ein Sprachgebrauch. Der Markentechniker liefert gewissermaßen nur eine Materialkomposition, die besonders geeignet und verführerisch ist, um von der Masse aufgenommen und zu einer lebendigen Marke auferweckt zu werden. Eine uneingeführte Marke ist tot. Das Leben kann ihr erst die Masse einhauchen, aber das kann man nicht erzwingen, sondern nur anregen." (Domizlaff 2005: 130)

1   Problemstellung

Nach wie vor wird in identitätsorientierten Markenführungsansätzen von einer aktiven Steuerbarkeit der Marken als positionierbaren Vorstellungsbildern in den Köpfen der Konsumenten ausgegangen, die ihr Kaufverhalten prägen würden (Esch 2005: 11, 433, 2004: 23; Meffert et al. 2002: 6).[1] Diese Annahmen folgen Hans Domizlaffs Auffassung, der 1939 schrieb: „Das Ziel der Markentechnik ist die Sicherung einer Monopolstellung in der Psyche der Verbraucher." (Domizlaff 2005: 68) Darüber hinaus meinte Domizlaff (2005: 130) aber auch, daß Marken lediglich als Angebote zu verstehen sind, die erst durch die Masse (Konsumenten) zu einer lebendigen Marke werden.[2] Freilich werden die Beteiligung der Konsumenten bei der Markenführung und ihre nicht unmittelbar beeinflußbaren Interaktionen, die ebenfalls Einfluß auf die Bedeutung einer Marke haben, bis heute kaum berücksichtigt.[3]

Nachdem in der Marketingforschung der Austausch der Konsumenten untereinander weitgehend ignoriert wird,[4] geht die „Brand Community"-Forschung

---
[1] Zu Markenführungsansätzen vgl. Kapferer 1992; Meffert 2005; Esch et al. 2005: 112.
[2] Heutzutage wird im Marketing üblicherweise zwischen der Markenidentität (Unternehmensperspektive) und dem Markenimage (Konsumentenperspektive) unterschieden. Die Einflußnahme der Konsumenten auf die Markenwahrnehmung wird jedoch kaum berücksichtigt.
[3] Eine Ausnahme stellt die Consumer Culture Theory dar, in der diese Erkenntnisse bereits seit längerem verfolgt werden, vgl. Schouten/McAlexander 1995; Kozinets 2001, 2002; Arnould 2006.
[4] Eine Ausnahme stellen Kommunikationstheorien dar. In Ansätzen zur Diffusion von Informationen werden Meinungsführer als beteiligte Akteure identifiziert. Somit werden soziale Einflüsse

davon aus, daß Interaktionen zwischen Kunden einen großen Einfluß auf die Wahrnehmung, Beurteilung und Akzeptanz von Marken und die Loyalität der Kunden haben (Cova/Cova 2002; Algesheimer 2004; Muniz/O'Guinn 2005, 2009; von Loewenfeld 2006; Iltgen/Künzler 2008: 249; Rösger et al. 2008: 94; Arnezeder et al. 2009: 348). Es verbreitet sich die Einsicht, „daß Markengemeinschaften eine aktive interpretative Funktion übernehmen, indem die Bedeutung einer Marke in der Gemeinschaft sozial verhandelt und nicht von außen unverändert und gemäß der Intention des Markenmanagements übernommen wird" (Tropp 2009: 186) und somit außerhalb des direkten Unternehmenseinflusses liegt. Marken werden häufig kollektiv konsumiert und ihre Bedeutungen in sozialen Prozessen ausgehandelt.

Damit bestätigt sich die Sicht der Markensoziologie, wonach die Konsumenten eine wichtige Rolle bei der Aushandlung der Markenbedeutung spielen: „Marke bezeichnet das dynamische Produkt der Kommunikation über ein bestimmtes Produkt (Sach- oder Dienstleistung). An einer Markenkommunikation sind alle möglichen Stakeholder beteiligt." (Hellmann 2008: 8) Marken, verstanden als „einzigartiger Wissensbereich mit spezifischer Symbolik" (Tropp 2004: 273), sind demnach Gebilde, die sich über Einflüsse massenmedialer Kommunikation hinaus in Prozessen sozialer Interaktion unter Beteiligung verschiedenster Anspruchsgruppen entwickeln.

In „Brand Communities" (BCs), also Vergemeinschaftungsformen gleichgesinnter Anhänger einer Marke, wird die aktive Rolle von Kunden besonders deutlich. In BCs werden Interpretationen der jeweiligen Marke ausgehandelt, im Falle von Online Communities werden diese Prozesse sogar technisch vermittelt sichtbar. Zudem verschwimmen durch die Verbreitung internetbasierter Kommunikationsformen die Grenzen zwischen Konsumenten und Produzenten. Nutzergenerierte Inhalte gewinnen an Bedeutung und werden von Kaufinteressenten zunehmend als glaubwürdig eingeschätzt. Mit ihrer Nutzung und Interpretation von Marken sind die Konsumenten am Markenbildungsprozeß direkt beteiligt. „They become part of the brand-building process." (Muniz/O'Guinn 2005: 64) Dabei können die Ergebnisse dieser Aushandlungsprozesse, die Einstellungen zur Marke und das tatsächlich von den Konsumenten wahrgenommene und geteilte Markenimage von der strategisch geplanten Markenidentität abweichen. Teilweise stehen sie sogar in deutlichem Gegensatz zu der Soll-Positionierung des jeweiligen Unternehmens (Raabe et al. 2004; Muniz/O'Guinn 2005: 69, 2009: 23).

---

erfaßt. Allerdings wird versucht, Konsumentenkommunikation und Konsumverhalten zu trennen, vgl. Muniz/O'Guinn 2005: 77.

Da das Interesse einer BC einer speziellen Marke gilt[5] und es nahe liegt, daß eine Vielzahl von Diskussionen um Markenthemen zirkulieren, ist zu vermuten, daß sich in ihnen neben Expertenwissen und Verwendungshinweisen auch zahlreiche, für das Marketing relevante Informationen identifizieren lassen (Raabe/ Wenzel 2009: 11).[6]

Nach Muniz/O'Guinn (2001: 418 ff.) zeichnen sich BCs durch „shared consciousness" (Wir-Gefühl), „rituals and traditions" und „a sense of moral responsibility" (gegenseitige moralische Verpflichtung) aus.[7] Ihre Mitglieder gelten als besonders markenloyal (McAlexander et al. 2002; von Loewenfeld 2006). Sie engagieren sich als Markenunterstützer, oder zumindest unterstützen sie ihre Vorstellung von der Marke: „Members work to help the brand, or at least their vision of it." (Muniz/O'Guinn 2005: 66) Gleichzeitig stellen sie Besitzansprüche bezüglich „ihrer" Marke, und sie sind teilweise sogar bereit, gegen unerwünschte Veränderungen ihrer Marke zu protestieren (Muniz/O'Guinn 2001; Raabe/Wenzel 2009: 4).[8] Muniz/O'Guinn (2005: 68) diagnostizieren weiter das Bedürfnis der BCs nach einer starken und einzigartigen Markenwahrnehmung bzw. -bedeutung: „The need for a strong and unique brand meaning is a powerful one." Nach McAlexander et al. (2002: 51) wirken sie sogar als Markenmissionare („brand missionaries"), die die Markenbotschaft verbreiten.[9] Aufgrund ihres Potentials für das Marketing, etwa die Möglichkeit der direkten Ansprache markenbegeisterter Konsumenten, werden BCs zum „holy grail" der Markenloyalität erklärt (McAlexander et al. 2002: 38).

Kritische Aspekte von BCs, wie die mögliche kollektive Abwendung vom Unternehmen, die Multiplikation negativer viraler Effekte oder ihre geringe Steuerbarkeit, wurden ebenfalls thematisiert (Kozinets 2001: 81 ff.; Belz et al. 2007: 4; Tropp 2009: 185; Esch et al. 2009: 149). Ansätze zur Einschätzung des Bedrohungspotentials sowie des Umgang mit den Risiken stehen jedoch noch aus.

---

[5] So gibt es *VW*-Fanclubs, die sich durch Offenheit gegenüber sämtlichen Modellen des Unternehmens auszeichnen, oder Produktmarkenclubs, deren zentrales Bezugsobjekt ausschließlich ein favorisiertes Modell ist, wie die *VW Golf GTI* Clubs.
[6] Raabe/Wenzel (2009) beschreiben BC-Mitglieder als attraktive Gesprächspartner im Rahmen von Produktentwicklungen aufgrund ihres durch den intensiven Konsum der Marken erworbenen tiefgreifenden (Experten-)Wissens.
[7] Muniz/O'Guinn (2001: 412) definieren „brand communities" folgendermaßen: „A brand community is a specialized, non-geographically bound community, based on a structured set of social relationships among admirers of a brand."
[8] Von Loewenfeld (2006: 127) spricht in diesem Zusammenhang sogar vom „Markenterrorismus" durch BCs.
[9] Diese Annahme scheint inzwischen weitgehend akzeptiert, vgl. von Loewenfeld 2006; Herrmann et al. 2010: 478.

Für den Aufbau nutzbringender Beziehungen zwischen Unternehmen und „ihren" BCs sind grundsätzliche Kenntnisse über die jeweilige BC unter Berücksichtigung ihrer Potentiale und Risiken erforderlich. Im Zentrum des Interesses stehen die jeweilige Bedeutungszuweisung bzw. das in einer BC ausgehandelte geteilte Markenverständnis.

Über ein gemeinschaftlich geteiltes Markenverständnis, gemeinsame Werte und intensive Austauschbeziehungen können auch Bestandteile der Kultur(en) der jeweilige BCs sichtbar werden. Hallay et al. (2008: 61) definieren Markenkultur in Anlehnung an die Kulturdefinition von Clifford Geertz (1983: 9) als „ein durch unterschiedliche Akteure gesponnenes, gemeinschaftlich geteiltes Bedeutungsgewebe, das sich um bestimmte Marken und auf sie bezogene Kommunikations- und Aktionsformen webt."[10]

Ein Verständnis der BC-Kulturen kann als Schlüssel zum Aufbau von tragfähigen Beziehungen zwischen Unternehmen und „ihren" BCs gesehen werden. Letztlich ist zu akzeptieren, daß unterschiedliche, durch Konsumenten ausgebildete Markenkulturen eine Marke umgeben können. Da Markenkultur hier als kollektives Phänomen verstanden wird und Markenbedeutungen kommunikativ vermittelt, gesichert oder auch geändert werden, gilt es, die primär individualistisch ausgerichtete Marketingforschung um soziale Aspekte des Konsums zu erweitern (Algesheimer/Herrmann 2005: 749).

Für die Entwicklung und Anwendung von Marketingmaßnahmen, die diese Erkenntnisse berücksichtigen, stellt sich die Herausforderung, die in BCs entwickelte spezifische Form der Markenverwendung und -verehrung mit ihren Bedeutungszuschreibungen, den Besonderheiten des internen Umgangs, der Haltung gegenüber Wettbewerbern, ihrer Sprache und ihren Regeln als Bestandteile der jeweiligen Markenkultur(en) anzuerkennen (Tropp 2009: 184). Über die Kenntnis der spezifischen Markenkulturen kann ferner eine auf Interaktion und Verständnis der bereits etablierten Markenbedeutungen basierende Markenführung ausgelegt werden.

Die Kenntnis relevanter Themen in BCs und der Prozesse kollektiver Meinungsbildung, die als Ausdruck der spezifischen Markensymbolik in ein gemeinschaftlich geteiltes Verständnis, eine gemeinsame Wertebasis („common ground") der Marke münden können,[11] ist vor allem für Praktiker von entscheidender Be-

---

[10] Zur Begrifflichkeit der Markenkultur vgl. Tropp (2009: 184), der Markenkultur in Anlehnung an Siegfried J. Schmidts Konzeption von Unternehmenskultur als ein Programm auffaßt, das Lösungen dafür liefert, wie eine Markengemeinschaft das letztendliche Ziel aller Markengemeinschaften erreichen kann, nämlich Markenbewunderung kollektiv Ausdruck zu verleihen, vgl. Schmidt 2004: 118.
[11] Vgl. Tropp 2009: 183; Muniz/O'Guinn 2009: 19

deutung für die Entwicklung realitätsnaher Marketingmodelle und Strategien.[12] Als Grundlage ist hierfür ein zielgerichteter Zugang zu BCs und ihren kollektiven Prozessen erforderlich.[13]

Über die Erforschung von BCs können außerdem bestehende Defizite der klassischen Marktforschung ausgeglichen werden.[14] Analysen unverfälschter kommunikativer Austauschprozesse über Marken, wie sie in BCs vorzufinden sind, wurden bisher kaum berücksichtigt, um das tatsächlich geteilte Markenverständnis der Konsumenten zu ergründen. Besonders online-basierte BCs sind aufgrund ihrer Zugänglichkeit und vielfältigen Binnenkommunikation für die empirische Forschung geeignet (Welker/Wünsch 2010). Auch Grünewald (2009: 31) betont die Vorzüge der Online-Forschung,

> „denn sie verspricht unmittelbaren Einblick in die Produktion von Meinungen, Haltungen und Bedeutungen. In der Diskursvielfalt der Nutzerforen artikuliert sich die Stimme der Kunden. [...] Hier werden mit immer weitreichenderen Wirkungen Produkte oder Marken gefeiert, verurteilt oder Trends dynamisiert."

Es ist daher naheliegend, BCs mit ihrer intensiven Binnenkommunikation,[15] in denen die Konsumenten freie und vielfältige Einblicke in ihre Markeninterpretation gestatten, als markenbezogene Forschungsobjekte zu nutzen. Weiterhin kann angenommen werden, daß eine Analyse von BCs – als klarer Vorteil gegenüber herkömmlichen Befragungsverfahren – geeignet ist, die kollektiven Prozesse der Entwicklung, Persistenz und Veränderung von geteilten Bedeutungen zu erkennen und zu verstehen.

Zur Erforschung kollektiver Prozesse sind einige Annahmen zu beachten: Kollektive Meinungen werden nicht in der jeweiligen Kommunikationssituation

---

[12] Die wahrgenommene Glaubwürdigkeit und Nutzung von BCs als Referenz im Vorfeld von Kaufentscheidungen wurden durch diverse Studien bestätigt, vgl. Capgemini 2010: 9, 15; Muniz/O'Guinn 2005: 70, 2009.
[13] So beschreiben Muniz/O'Guinn (2005: 81) die Chancen, die ein Monitoring von BCs bieten kann.
[14] Der Schwerpunkt gegenwärtiger Marktforschung liegt üblicherweise auf der Analyse individueller Bedürfnisse und Einstellungen der Konsumenten durch Beobachtungen und Befragungen. Interaktionen zwischen Konsumenten werden, obwohl sie die Wahrnehmung, Beurteilung und Akzeptanz von Produkten nachhaltig beeinflussen, in der Marketingtheorie und Praxis weitgehend vernachlässigt, vgl. Algesheimer/Herrmann 2005: 749. Die klassische Marktforschung erzeugt zudem durch Stimuli „Laborsituationen" und somit realitätsverzerrende, „nicht natürliche" Erkenntnisse. Die tatsächlichen, markenbezogenen Einstellungen der Konsumenten und ihre Veränderungen lassen sich durch diese Art der Forschung kaum zuverlässig erfassen. Siehe hierzu Tropp (2011: 90), der auf die Fragwürdigkeit der Aussagekraft von in künstlichen Situationen gewonnenen Erkenntnissen hinweist, ferner Jäckel (2005: 145).
[15] Dieckmann (2008: 565) verweist in diesem Zusammenhang auf die Vorzüge nichtreaktiver Verfahren, wie verdeckte Beobachtungen, die jedoch im Marktforschungskontext kaum anwendbar sind.

neu konstruiert, sondern „durch die wechselseitige Steigerung und Ergänzung der beteiligten Individuen entfaltet." (Bohnsack/Przyborski 2009: 494) Sie werden im Diskurs gefestigt, weiterentwickelt, erweitert oder korrigiert. Das Kollektive entwickelt sich, so Bohnsack/Przyborski, „aus der zwanglosen Integration des Einzelnen in einem sich wechselseitig steigernden Diskurs." Bei der Analyse von BCs ist daher die Selbstläufigkeit der Diskurse zu nutzen, um tieferliegende kollektive Strukturen und Muster ohne äußere Beeinflussung zu erkennen (Bohnsack/Pryzborski 2009: 498). Von besonderem Interesse sind zudem die Geschichten der BCs, die in Form konsumentengenerierter Inhalte vorliegen.

> „In den Geschichten spiegeln sich auch die Werte der Community wider. Im Unterschied zu allgemeinen Geschichten, die zu einer Marke erzählt werden, unterscheiden sich Community-spezifische Geschichten dadurch, daß die in ihnen aufgegriffenen Texte und Symbole die Kultur dieser Community ausdrücken." (Arnezeder et al. 2009: 340)

Als geeigneter Ansatz zur Analyse von online-basierten BCs wird die *Netnographie* gesehen, deren Vorzüge darin liegen, ungefilterte und unverfälschte Einblicke in die Anwendungswelten der Kunden bzw. in deren Kommunikation zu ermöglichen (Fösken 2009: 26).[16] Dabei sind

> „nicht die einzelnen Personen selbst [...] der Untersuchungsgegenstand, sondern die im Internet beobachtbare Konversation und soziale Interaktion. Mit dieser Methode läßt sich herausarbeiten, wie die Mitglieder der einzelnen Online Communities über bestimmte Themen denken, wie sie einzelne Produkte und Marken bewerten bzw. welche Themen in der Community den Schwerpunkt bilden." (Sinkovics et al. 2009: 66)

Durch kontinuierliches Monitoring, das dokumentiert, wie sich das Markenimage und relevante Themen ändern und welche Multiplikatoren besonderen Einfluß auf die Markenwahrnehmung haben, kann ein realitätsnahes Verständnis einer BC aufgebaut werden (Stucky et al. 2010: 410).

Schließlich stellt sich die Frage, wie die entsprechenden Informationen gewonnen, d.h. wie die Binnenkommunikation einer internetbasierten BC, auf relevante Bestandteile hin untersucht werden. Die Herausforderung besteht darin, einen zielgerichteten Zugang zu zentralen BC-Themen zu gewinnen, ohne die

---

[16] Die auf den Prinzipien der Ethnographie basierende, in das Internet verlagerte Netnographie geht auf Kozinets (1998) zurück. Aufgrund der Zielsetzung, die BC-Kultur(en) zu erforschen, liegt die Verwendung einer (modifizierten) Netnographie nahe.

Kommunikation zu beeinflussen oder von der Fülle an Daten „erschlagen" zu werden.[17] Ein nachvollziehbares methodisches Vorgehen, ein „Online Brand Community Monitoring", das diese Voraussetzungen erfüllt, ist daher zu entwickeln.

Im Rahmen dieses Beitrages wird ein selbst entwickeltes Tool vorgestellt, das Phasen starker Intensität in der computer-gestützten Kommunikation von BCs identifizierbar macht und die sich anschließende qualitative Analyse gezielt auf bedeutsame Kommunikationsvorgänge hinlenkt. Es wird gezeigt, wie kollektive Aushandlungsprozesse und ihre Ergebnisse über ein Monitoring erschließbar sind. Aus den Ergebnissen des Monitoring werden Implikationen für zukünftige BC-Marketingmaßnahmen ableitbar. Mit der nach dieser Methode gewonnenen Kenntnis der Binnenkommunikation der untersuchten BCs will der Beitrag etablierte Thesen der BC-Forschung kritisch prüfen. Als Untersuchungsobjekt dient eine reale *VW Touareg* Online Community, Untersuchungsanlaß ist die Einführung der zweiten *VW Touareg*-Generation im Jahre 2010. Das linke Bild zeigt den alten *VW Touareg,* das rechte Bild den neuen.

Abbildung 1   Der alte und der neue *VW Touareg*

Zum Verständnis der im späteren Verlauf untersuchten Vorgänge ist die primär betriebswirtschaftlich ausgerichtete Fragestellung um sozialwissenschaftliche Konzepte zu erweitern, die geeignet sind, die sozialen Prozesse innerhalb der Veränderungsphase einer BC zu erklären. Für den untersuchten Fall einer Wandlungsphase mit vermuteter Neuausrichtung der BC werden Erkenntnisse von Harold Garfinkel und Victor Turner berücksichtigt.

Eine Bezugnahme auf Garfinkels Krisenexperimente, in denen untersucht wurde, wie durch bewußte Störungen von Alltagsroutinen diese zu durchbrechen sind und dadurch neue, sonst nicht beobachtbare Erkenntnisse erlangt werden

---

[17] Zur Problematik der internetbasierten Forschung vgl. Rössler/Wirth 2001: 298.

können (Re-Konstruktion von Strukturen), erscheint sinnvoll.[18] Garfinkel erkannte, daß über Irritationen, also Störungen von Alltagsroutinen, die Entstehung (Rekonstruktion) einer kognitiven Ordnungsstruktur (soziale Ordnung) nachvollzogen werden kann.[19] Im vorliegenden Fall wird davon ausgegangen, daß die Gerüchte um das Nachfolgemodell des *VW Touareg* bei der entsprechenden BC für Irritationen sorgten und in der Folge zu Reflexionen zwischen den Mitgliedern führen würden. Es wurden somit eine authentische Krisensituation, für die keine künstlichen Irritationen notwendig waren, und Prozesse der (Neu-)Ordnung dieser BC untersucht.

Turner (2008) beschreibt wiederum Übergangsriten zwischen einem alten und einem neuen sozialstrukturellen Zustand, die in drei Phasen ablaufen: die Trennungs-, die Schwellen- und die Angliederungsphase. Eine Übertragung der Annahmen Turners auf Veränderungen bzw. Neuorientierungen innerhalb von BCs ist hilfreich, um die Öffnung (Loslösung), Veränderung (Schwellenphase) und Festigung (Wiedereingliederung) einer Community, also ihre Dynamik theoretisch einordnen und begreifen zu können.

2   Methoden-Mix

Für die nachfolgende Analyse wird eine Kombination aus quantitativen und qualitativen Methoden gewählt, um entscheidende Kommunikationsphasen mit hoher Aktivität sowie zentrale Themen der untersuchten BC erkennen und benennen zu können. Mit Hilfe einer eigens programmierten, auf der Skriptsprache „PHP" basierenden Software wurden sämtliche öffentliche Beiträge des *VW Touareg*-Forums und die dazugehörigen Profilinformationen in einer statistisch bearbeitbaren und leicht zugänglichen Form gesichert. Über die Sicherung der Daten wird ein Grundproblem der internetbasierten Forschung gelöst: die Flüchtigkeit der Strukturen und Inhalte.[20]

Nach einer quantitativen Datenauswertung, die anschließend nochmals in eine graphische Darstellung des Kommunikationsverlaufs (Beiträge pro Tag)

---

[18] Innerhalb eines Krisenexperiments bezog Hellmann (2010) die Erkenntnisse Garfinkels auf den Kontext der BC-Forschung. So wurde über künstliche Störungen von Routinen versucht, sonst nicht beobachtbare Phänomene von Markenfans durch ihr Reflexwerden sichtbar zu machen.
[19] Während bei Parsons das Problem der Intersubjektivität durch die Annahme einer gemeinsam geteilten Kultur als gelöst erscheint, erkennt Garfinkel intersubjektives Verstehen als „Produkt eines kontinuierlichen Erzeugungsprozesses", vgl. Schneider 2009: 13.
[20] Zur Notwendigkeit der Datensicherung bei der internetbasierten Forschung meinen Rössler/Wirth (2001: 298), daß „uns die Inhalte angesichts der schieren Fülle, ihrer multimedialen Vielfalt und ihrer extremen Flüchtigkeit aus den Händen zu gleiten" drohen.

übersetzt wurde, konnten zentrale Phasen kommunikativer Aktivität innerhalb der online-gestützten BC über „Peaks" identifiziert werden. Dabei stechen die aktivsten Zeiträume aus dem Grundrauschen der durchschnittlichen Beitragshäufigkeiten deutlich hervor. Sie stellen Anhaltspunkte für einen direkten Zugang zu potentiell zentralen BC-Diskussionen dar und grenzen den Aufwand für die folgende Analyse sinnvoll ein.[21] Über eine qualitative Analyse der identifizierten Peaks konnten anschließend Themen und Themenevolutionen inhaltsanalytisch erfaßt werden.

Es wurde angenommen, daß im Gegensatz zur Mehrzahl der Beiträge nur einige wenige in der Lage sein würden, breitere Reaktionen und lebendige Diskussionen auszulösen. Die Frage nach Auslösern solcher Diskussionen und ihren Merkmalen blieb in der Forschung bisher unbeantwortet. Besonders für die Marketingpraxis dürften aber die Identifikation von Themen mit aktivierendem Potential sowie die genutzten Informationsquellen der BCs von großer Bedeutung sein.[22]

Die graphische Darstellung der Peaks ermöglichte die gezielte Suche nach dem Auslöser der betrachteten Diskussionen. Durch die Rückbeziehbarkeit der Kurvendarstellung auf die Datenbasis wurde die Möglichkeit geschaffen, über eine inhaltsanalytische Betrachtung den jeweiligen Initialbeitrag zu identifizieren und die Diskussionen auf ihre Ursprünge zurückzuführen. Somit ließ sich nicht nur ergründen, welche Informationsquellen und Themen für die *VW Touareg*-BC von Bedeutung waren, sondern auch welche Akteure mit welchen Beiträgen eine Diskussion auslösten.[23]

Die fixierte Datenbasis ermöglichte zusätzlich einen quantitativen Zugang zu Schlüsselinformationen der *VW Touareg*-BC. So konnten u. a. gesicherte Aussagen zur Samplegröße (Anzahl der Mitglieder und Beiträge), zur Aktivität (Beiträge pro Mitglied) und durchschnittliche Tagesaktivität der BC-Mitglieder und zu Detailinformationen zu den Diskussionsphasen (Anzahl der Mitglieder und Beiträge) getroffen werden.

---

[21] Die Häufung der Beiträge sowie die stärkere Beteiligung an den Diskussionen können als Indikatoren für die Relevanz dieser Themen für die BC-Mitglieder gewertet werden.
[22] Ein verbreitetes Ziel für Marketer ist das Auslösen von markenbezogenen Diskussionen. Mit den Schlagwörtern Mundpropaganda, Word-Of-Mouth und Buzz-Marketing werden Maßnahmen beschrieben, die die authentische Generierung von Gesprächen und Empfehlungen von Marken zum Ziel haben, vgl. Muniz/O'Guinn 2005.
[23] Das Ausbleiben weiterer Kommentare im Verlauf einer Diskussion kann als Zeichen für weitgehenden Konsens (oder auch ausbleibendes weiteres Interesse) in dem jeweiligen Moment gewertet werden.

3 Empirie

3.1 Eine VW Touareg Brand Community als Forschungsfeld

Als Untersuchungsgegenstand wurde eine internetbasierte BC bezüglich der Marke VW Touareg von März 2008 bis August 2010 analysiert. Dieser Zeitraum umfaßt eine Phase, in der das Nachfolgemodell angekündigt und intensiv diskutiert wurde. Speziell die auf das Nachfolgemodell bezogenen Gesprächsverläufe („Threads") wurden näher untersucht, weil zu vermuten war, daß sich besonders in diesem Verlaufsabschnitt kollektiv geteilte Einstellungen der BC-Mitglieder deutlich zeigen würden, da mit dem neuen – zu Beginn der Untersuchung noch unbekannten – Nachfolgemodell eine „interne Konkurrenz"[24] geschaffen wurde, außerdem noch kein geteiltes Verständnis vom neuen Fahrzeug vorhanden war. Es wurde weiter angenommen, daß neben zentralen Themen der *VW Touareg*-BC und Hinweisen zu bereits bestehenden kollektiv geteilten Werten und Haltungen auch Prozesse der sozialen Aushandlung der Markenbedeutung sichtbar werden würden.

Der untersuchte Gesprächsverlauf umfaßt insgesamt 1 550 Beiträge. Eröffnet wurde er durch einen Initialbeitrag im März 2008, in dem erste Spekulationen über das Nachfolgemodell des ersten *VW Touareg* erwähnt wurden. Der letzte Beitrag wurde im August 2010 verfaßt, also ein halbes Jahr nach der offiziellen Vorstellung des neuen *VW Touareg* im Februar 2010. Mit diesem Beitrag wurde der Thread geschlossen. An dem untersuchten Gesprächsverlauf beteiligten sich insgesamt 195 registrierte Mitglieder.[25] Das gemittelte Aktivitätsniveau betrug über den betrachteten Zeitraum 7,7 Beiträge je Mitglied.

Auffallend war eine deutlich ungleichmäßige Verteilung der Beiträge pro Akteur. So existierte ein besonders aktiver Zirkel von Mitgliedern, von denen ein Großteil der Beiträge stammte und die maßgeblich zur Dynamik der Diskussionen beigetragen haben (Abb. 2). Etwa zehn Prozent der Mitglieder stellten über 50 Prozent der Beiträge (811 Beiträge durch die 19 aktivsten Mitglieder). Zugleich fiel auf, daß die meisten Mitglieder lediglich mit einem oder zwei Beiträgen aktiv an der Diskussion teilnahmen (96 Mitglieder mit max. 2 Beiträgen). Jedoch kann ihre passive Teilnahme am Diskurs (als Leser) aus methodischen Gründen nicht einwandfrei nachgewiesen werden. Gleichwohl konnte die häufig angenommene Vermutung, daß sich nur vergleichsweise wenige Personen an den

---

[24] Das Nachfolgemodell stellte die *VW Touareg*-Fans erstmals vor die Alternative, von der ersten zur zweiten Generation zu wechseln.
[25] 53 zusätzliche Beiträge von Gastautoren konnten aufgrund ihres fehlenden Profils nicht eindeutig einzelnen Personen zugeordnet werden und wurden daher quantitativ nicht berücksichtigt.

Diskussionen aktiv beteiligen und die überwiegende Mehrheit eher passiv bleibt („Lurker"), in dieser Einzelfallbetrachtung bestätigt werden (Stegbauer/Rausch 2001; Beck 2005: 117).

Abbildung 2 Verteilung der Mitglieder nach Aktivitätsniveau
(195 Mitglieder gesamt)

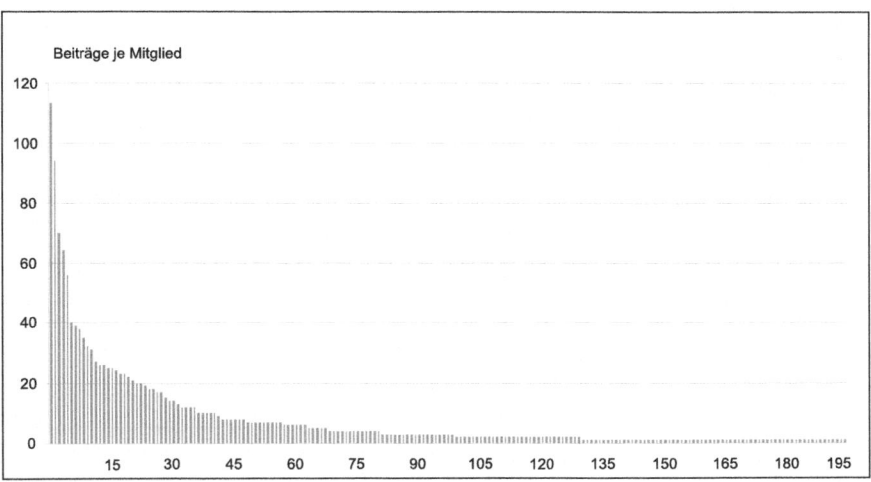

Zur Einschätzung des Aktivitätsniveaus sind folgende Informationen über das „Grundrauschen" des Gesprächsverlaufs hilfreich: Über den Gesamtverlauf wurden täglich durchschnittlich zwei Beiträge verfaßt, wobei zu beachten ist, daß es längere Phasen gab, in denen keine Beiträge veröffentlicht wurden. Eine ausschließliche Betrachtung der aktiven Tage mit neuen Beiträgen beschreibt einen durchschnittlichen Aktivitätsgrad von sieben Beiträgen pro Tag.

Im Gesamtverlauf fallen 32 Peaks auf mittlerem Niveau auf (10 bis 25 Beiträge pro Tag).[26] Diese Peaks fungierten als Indikatoren für rege Diskussionen. Ihre inhaltliche Analyse gab Hinweise auf zentrale, besonders aktiv diskutierte Themen der online-gestützten BC sowie ihre zeitliche Verortung. Ein besonders starker Ausschlag im Februar 2010 (104 Beiträge) stach aus dem Verlauf deutlich hervor. Dieser Ausschlag markierte die Diskussion anläßlich der Weltpremiere

---

[26] In der Darstellung wurde zugunsten der Übersichtlichkeit darauf verzichtet, Phasen ohne Aktivität zu berücksichtigen.

des neuen *VW Touareg* (Abb. 3). In dieser Phase offenbarte sich das erkennbare „kommunikative Potential"[27] der BC über den betrachteten Zeitraum.

Abbildung 3 Gesamtverlauf (Beiträge pro Tag)

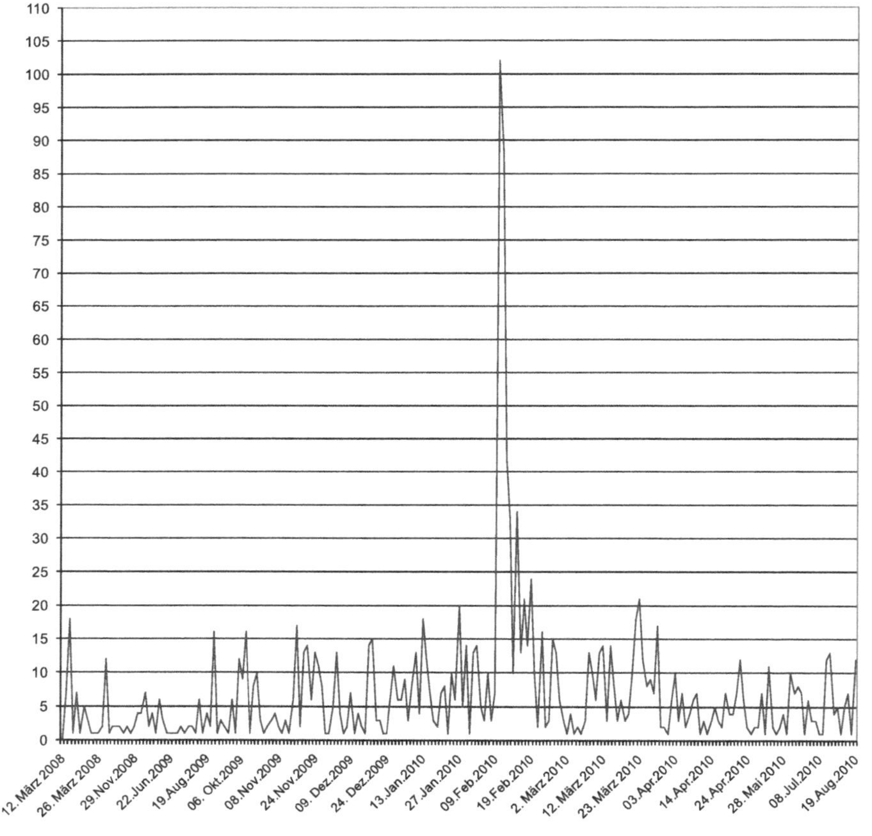

Zur Veranschaulichung der Binnenkommunikation wurden die zehn Diskussionen mit der stärksten Beteiligung (Beiträge pro Tag) analysiert. Die Phase der höchsten Aktivität anläßlich der offiziellen Premiere des Modells wurde ebenfalls

---

[27] Es wird sichtbar, daß gegenüber den übrigen Peaks ein deutlich höherer Aktivitätsgrad in einer offensichtlich für viele Mitglieder relevanten bzw. irritierenden Situation innerhalb der betrachteten Community erreicht werden konnte.

untersucht, aufgrund gewisser Besonderheiten aber nicht als Indikator für zentrale Diskussionen bewertet. In dieser (Sonder-)Phase fanden keine Aushandlungen bzw. Diskussionen statt. Statt dessen wurden fast ausschließlich erste persönliche Meinungen zum Fahrzeug artikuliert. Gemeinschaftliche Haltungen oder Themen wurden im Gegensatz zu den übrigen Diskussionen nicht sichtbar.

Durch diese systematische Beschränkung der Analyse sollte ein erster praxistauglicher Einblick in die potentiellen Schwerpunktthemen der *VW Touareg*-BC ermöglicht werden. Von besonderem Interesse war dabei die Frage, ob diese beschränkte Auswahl an Diskussionsschwerpunkten bereits wiederkehrende Themen und Haltungen des Forums repräsentiert und somit eine sinnvolle Reduzierung der Komplexität darstellt.

Auslöser der betrachteten zehn Diskussionen waren in fünf Fällen Hinweise von Mitgliedern auf externe Veröffentlichungen zum neuen *VW Touareg* (dreimal Autobild und je einmal Blogcatalog.com und Motortalk.de). In den anderen Fällen wurden die Diskussionen durch Fragen und Hinweise zum Fahrzeug ohne Bezug auf externe Quellen ausgelöst.[28]

Auffällig war, daß fünf von sechs Peaks vor der offiziellen Premiere durch externe Veröffentlichungen ausgelöst wurden. In diesem Zeitabschnitt wurden Gerüchte und Prognosen zum Nachfolgeprodukt offensichtlich besonders engagiert aufgenommen und aktiv diskutiert. Regelmäßig lösten Beiträge mit Hinweisen auf Prototypenbilder und Informationen zum Fahrzeug entsprechende Diskussionen aus.

Eine vollständige Sichtung des Materials hat gezeigt, daß nach der Premiere keine Hinweise auf externe Veröffentlichungen als Auslöser der Diskussionen vorlagen, obwohl der neue *VW Touareg* in diversen Fachzeitschriften und Internetseiten thematisiert wurde. Fragen und Hinweise von Mitgliedern der Community zu Fahrzeugdetails lösten die Diskussionen aus. Zusammenhänge zwischen der Dauer der Mitgliedschaft der Autoren bzw. ihres Aktivitätsniveaus und der Resonanz auf ihre Beiträge konnten nicht festgestellt werden.

3.2 Phasenbezogene Analyse des Gesamtverlaufs

Bei einer Analyse der Peaks fiel auf, daß sich die Gesprächsverläufe vor, während und nach der Premiere nicht nur im Hinblick auf Auslöser und Themen, sondern

---

[28] Die Auslöser waren ein Hinweis auf die vermutliche Preisgestaltung, eine offene Frage nach den Offroad-Eigenschaften, eine Frage nach der Beschaffenheit der Rückleuchten, ein Hinweis auf die einseitige Farbpalette sowie ein Beitrag über einen Wettbewerbsfahrzeugvergleich nach einer Probefahrt.

auch im Kommunikations- und dem Gruppenverhalten maßgeblich voneinander unterschieden. Als Zugang zur Exploration der BC erschien es daher lohnenswert, die unterschiedlichen Charakteristika der abgrenzbaren Phasen gesondert untersucht. Es ließen sich drei Phasen abgrenzen: die Prä-Akutphase (Erwartung der Produkterneuerung), die Akutphase (Vorstellung des neuen Produktes) und die Post-Akutphase (Integration des neuen Produktes), die jeweils gesondert dargestellt werden.

3.2.1 Die Prä-Akutphase: Erwartung der Produkterneuerung

Im Zeitabschnitt der ersten Debatte über das Nachfolgemodell ab dem 13. März 2008 bis zur offiziellen Vorstellung des neuen *VW Touareg*-Modells am 9. Februar 2010 konnten 24 Peaks mit mehr als fünf und 15 Peaks mit über zehn täglichen Beiträgen identifiziert werden. Insgesamt wurden in diesem Zeitraum 634 Beiträge veröffentlicht. Angesichts fehlender Klarheit über die endgültige Gestalt, Motorisierung etc. des Nachfolgemodells war dieser Teil des Gesprächsverlaufs durch wiederkehrende Grundthemen der Diskussionen geprägt, die, gestützt auf Vermutungen, die Unsicherheit der *VW Touareg*-BC ausdrückten. So konnte man lesen: „ich finde, der T[ouareg] sollte so bleiben, wie er ist, vielleicht ein bißchen aufgepeppt werden, die Elektronik & so, aber im Großen und Ganzen Lieben wir ihn Doch so, wie er JETZT ist!" Zugleich wurde eine Abgrenzung gegenüber Mitbewerbern vorgenommen, wenn es etwa hieß: „Irgendwie geht das fast in diese rund-knuddelige Optik, die viele SUVs heutzutage haben. Von denen wollen wir uns doch eigentlich abgrenzen, oder?"

Innerhalb dieser Phase lösten mehrheitlich (18 von 24 Peaks) Informationen über den neuen *VW Touareg* unter Angabe der jeweiligen Quelle (zumeist Automobilzeitschriften oder Internetseiten) die Diskussionen aus. Vereinzelt (5 von 24 Peaks) reichten individuelle Meinungsäußerungen zu bestimmten Aspekten des Fahrzeugs (ohne Bezug auf externe Quellen), um Diskussionen auszulösen. Informationen zum neuen *VW Touareg* wurden gezielt von den Mitgliedern gesucht und aktiv in der BC verbreitet.

Als maßgebliches Thema konnte die neue Designlinie ausgemacht werden. Das vermeintlich neue Design wurde auffallend skeptisch diskutiert und mehrheitlich als zu sportlich abgelehnt. Es galt etwa als „porschig", zu wenig massiv, „nicht mehr männlich" und nicht mehr charakteristisch, „weichgespült".[29] Ähnlichkeiten zu Wettbewerbern und anderen Volkswagen-Modellen wurden beschrieben. Die Eigenständigkeit des *VW Touareg* schien bedroht. Wettbewer-

---

[29] Die Begrifflichkeiten wurden in dieser Form von der BC verwendet.

ber, die als mögliche Alternative galten, wurden diskutiert, wie der *BMW X5,* der *BMW X6* und der *Audi Q5*. Eine gewisse Offenheit ihnen gegenüber war deutlich zu erkennen.

Das zentrale Identifikationsmerkmal des ersten *VW Touareg*-Modells, sein als „männlich" und „bullig" beschriebenes Erscheinungsbild, wurde durch die Prototypenbilder offensichtlich in Frage gestellt. Entsprechend deutlich erfolgte die Ablehnung der BC-Mitglieder gegenüber derartigen Veränderungen „ihres" *VW Touareg*. Eine Bewertung lautete etwa: „Das sieht ja furchtbar aus! Hoffe nicht, daß sie den Dicken so verändern werden!" Eine weitere Einschätzung war: „Die Eigenart und die unverwechselbare Ansicht bleiben mit Sicherheit nicht erhalten." Die Designdiskussionen endeten jedoch regelmäßig in der Erkenntnis, daß das Nachfolgemodell erst bei dessen Einführung endgültig zu bewerten sei.

Die mutmaßliche zukünftige Motorisierung war ein weiterer Bestandteil vielfältiger Diskussionen. In diesen Auseinandersetzungen wurden Sorgen um die Verfügbarkeit der leistungsstärksten Motoren sowie erstes Interesse an der Hybridtechnologie artikuliert.[30] Bei den Hybridantriebsdiskussionen war allerdings zu erkennen, daß vor Ausreifung dieser Technik ein Diesel mit vergleichbaren Leistungsdaten klar präferiert wurde.

Neben dem Datum der Markteinführung und der wahrscheinlichen Preisgestaltung wurde die Frage des „richtigen" Bestellzeitpunktes für das neue Modell diskutiert. Zentrale Aspekte dieser Diskussionen waren der Zeitpunkt der Verfügbarkeit des Fahrzeugs ohne die als „Kinderkrankheiten" beschriebenen Probleme der ersten Baureihe und die Unsicherheit einer „blinden" Bestellung vor der offiziellen Premiere. In diesen Diskussionen waren Befürworter von sehr frühen Käufen mit positiven persönlichen Erfahrungen gegenüber Mitgliedern mit negativen, möglicherweise überzeichneten Erfahrungen („bereits 10 km hinter der Autostadt fielen Autoteile ab") in der Minderheit.

Verunsicherungen darüber, ob das Nachfolgemodell des ersten *VW Touareg* den Erwartungen der BC gerecht werden könne und ein sinnvoller Anschluß an das derzeit aktuelle Modell gelänge, wurden besonders als Resonanz auf unterschiedliche Prototypenbilder und Computersimulationen diverser Automobilzeitschriften sichtbar. Bilder von nicht anschlußfähigen Prognosen für den neuen *VW Touareg* führten häufig zu deutlicher Ablehnung und zur Artikulation des Selbstverständnisses der BC-Mitglieder über die Besonderheiten „ihres Touareg",

---

[30] Obwohl die Zulassungsstatistiken belegen, daß die höchsten Motorisierungsvarianten nur eine untergeordnete Rolle spielen, sind diese Motoren für die BC von besonderer Bedeutung. Das Interesse an diesen Motorvarianten, gemeinsam mit dem Wunsch nach einem „bulligen" Design, lassen auf den Wunsch nach einem potenten, aggressiven, maskulinen Auftritt des Fahrzeugs schließen.

bis hin zu Reflexionen über ihre Eigenheiten als *VW Touareg*-Fahrer gegenüber Fahrern verschiedener Wettbewerber.

Zusammenfassend wurde deutlich, daß die Spekulationen um das Nachfolgemodell des ersten *VW Touareg* die BC offensichtlich verunsicherten. Ihr Selbstverständnis, das sich auf den ersten *VW Touareg* gründete, schien in Frage gestellt. Die durch die Produkteinführung ausgelösten Irritationen konnten in Anlehnung an Garfinkels Krisenexperimente als Ursache für Reflexionen genommen werden, die sich in der Artikulation und Überprüfung kollektiver Haltungen ausdrückten.[31] Durch die besondere Irritationssituation wurden Einblicke in sonst nicht sichtbare Zusammenhänge der BC möglich.

Neben den Auslösern konnten die Abschlüsse der Diskussionen klar erkannt und benannt werden. Innerhalb der Diskussionen fanden Themenvariationen statt, die aus der Beobachterperspektive stets nachvollziehbar waren. Insgesamt schien der Kommunikationsverlauf mit aufeinander aufbauenden Gesprächsführungen, gegenseitigen Bezugnahmen und Dialogen geordnet.[32] Als Ergebnis der Diskussionen konnten überwiegend geteilte Haltungen beobachtet werden.

3.2.2 Die Akutphase: Vorstellung des neuen Produktes

Die offizielle Premiere als aktivste Phase des gesamten Verlaufes vom 10. bis zum 13. Februar 2010 wurde von der *VW Touareg*-BC mit großem Interesse verfolgt. In diesem Zeitraum wurden 265 Beiträge veröffentlicht und der höchste Peak mit 104 Beiträgen gebildet. Eine starke Beteiligung von bisher passiven Mitgliedern fand statt. Somit ist diese Phase auch ein Indikator für die Dimension der sonst nicht beobachtbaren Zuhörerschaft und die Reichweite der Beiträge in weniger aktiven Diskussionen. Auslöser der zentralen Diskussionen waren übrigens Hinweise auf die anstehende offizielle Premiere sowie die ersten realen Bilder des *VW Touareg*.

In der Akut-Phase wurden in erster Linie aufgeregte Einzelmeinungen zu Fahrzeugdetails vorgebracht. Gemeinsame Erörterungen bestimmter Themen konnten kaum beobachtet werden, und negative Meinungen wurden regelmäßig durch positive Detailbeschreibungen und den Hinweis auf die notwendigen

---

[31] Ähnliche Beobachtungen konnte Garfinkel in seinen Krisenexperimente machen. In diesem Fall sind jedoch – im Gegensatz zu Garfinkels künstlichen Störungen der Alltagsroutine – Spekulationen über ein Nachfolgemodell als Irritationen in der Lage, reflexives Verhalten auszulösen und somit sonst unsichtbare Zusammenhänge sichtbar zu machen. Hellmann (2010) nutzte bereits Krisenexperimente im Kontext der BC-Forschung, um verborgene Phänomene sichtbar zu machen.

[32] Die BC scheint eine eigene regelhafte Kommunikationsstruktur ausgebildet zu haben. Garfinkel beschreibt Strukturen bzw. Ordnungen als Ergebnis von sozialen Aushandlungen, die bis auf Ausnahmen nur in ihrem Ergebnis sichtbar werden.

ersten Liveerfahrungen relativiert. So konnte man u. a. lesen: „Innenraum Foto überzeugend, Frontansicht mal ‚live' abwarten, Heck traumhaft" / „Freue mich auf die ersten T-Regs zum ‚anfassen'" / „Sorry, aber ich werde mit den Bildern nicht warm. Weich gespülte Golf-Audi Optic. Vielleicht wird das besser, wenn ich den in Natur sehe, aber so ist er nicht mein Fall." Doch wurde das neue Fahrzeug lediglich vereinzelt abgelehnt. Während in der Prä-Akutphase Verunsicherungen und abwehrende negative Haltungen überwogen, war nun ein deutlicher Meinungsumschwung zu einer positiveren Einschätzung des neuen *VW Touareg* beobachtbar.

Im Gegensatz zum vorangegangenen Gesprächsverlauf ließen sich während dieser hochaktiven Phase keine abgrenzbaren Diskussionen mit deutlichem Beginn und Ende ausmachen. In der Mehrzahl der Beiträge wurde zurückhaltend formuliert und ohne Bezug auf vorherige Äußerungen. Es bildeten sich daher kaum nachvollziehbare Themenstränge heraus. Bestimmte Details, wie die als weniger „bullig" beschriebene Designlinie, der hochwertige Innenraum oder angenommene Offroad-Eigenschaften, wurden zwar häufig thematisiert, jedoch nicht in einer strukturierten, aufeinander aufbauenden Form, sondern ungeordnet, mit geringem Bezug zu anderen Beiträgen. Das Mitteilungsbedürfnis aufgrund der ersten Eindrücke der BC-Mitglieder war hier offensichtlich besonders hoch. Auffällig war ferner, daß bis dahin etablierte Kommunikationsmuster und Verhaltensweisen weitgehend außer Kraft gesetzt schienen.[33] Vielmehr wurden Einzelmeinungen und Einschätzungen der BC-Mitglieder zum Fahrzeug artikuliert. Die ersten (angeblichen) Bestellungen wurden verkündet. Das Forum schien den neuen *VW Touareg* als sinnvolle Weiterführung der ersten Generation zu akzeptieren, beschrieben als „Evolution statt Revolution".

Für den Beobachter liessen sich erste Hinweise zur Interpretation des neuen Fahrzeugs erkennen. Kollektiv ausgehandelte Meinungen wurden jedoch (noch) nicht sichtbar. Die *VW Touareg*-BC mußte offensichtlich erst ein geteiltes Verständnis ihres gemeinsamen, nun veränderten Bezugspunktes entwickeln.[34]

---

[33] Turner beschreibt typische Phasen der Regellosigkeit bei Transformationsprozessen von Gruppen. Diese Phasen, in denen die bisherigen Regeln und Ordnungen außer Kraft gesetzt scheinen, sind ihm zufolge für erfolgreiche Transformationen einer bestehenden in eine neue Ordnung notwendig.
[34] Unter Bezugnahme auf Turners Erkenntnisse argumentiert, befindet sich die Gruppe in einem Schwellenzustand und steht vor der Aufgabe, die Widereingliederung des Fahrzeugs und der BC in einen neuen Zusammenhang vorzunehmen.

3.2.3 Die Post-Akutphase: Integration des neuen Produktes

In der Phase nach der Premiere vom 14. Februar bis zum 19. August 2010 wurden 648 Beiträge veröffentlicht. Es konnten 26 Peaks mit mehr als fünf sowie 15 Peaks mit mehr als zehn täglichen Beiträgen identifiziert werden. Der Diskussionsverlauf zwischen der Premiere und der nachfolgenden Phase stellte einen fließenden Übergang zu einer erneuten Strukturierung der Kommunikation dar.[35]

Auslöser für Diskussionen waren in dieser Phase nicht mehr Veröffentlichungen in der einschlägigen Presse, vielmehr Fragen, persönliche Meinungen und überwiegend positive Erfahrungsberichte von BC-Mitgliedern. Die Diskussionen variierten recht häufig und waren weniger an einzelnen Schwerpunktthemen orientiert. Sie ähnelten eher Kaufberatungen als grundsätzlichen Auseinandersetzungen über das Nachfolgemodell und sein Selbstbild. Es überwogen Meinungsverschiedenheiten über Produkteigenschaften, die nicht mehr auf Vermutungen gestützt waren. Offene Fragen in neuen Beiträgen waren vielfach kaufrelevant und entsprechend konkret. So wurden Details wie Lieferzeiten, Leasingraten, mögliche Rabatte und Konfigurationsvarianten sowie Fragen nach der vermeintlichen Zuverlässigkeit der ersten Baureihe diskutiert. Nachrichten von BC-Mitgliedern wurden genutzt, um glaubwürdige Informationen aus „erster Hand" zu bekommen. Designdiskussionen wurden eher am Detail (z. B. LED Rückleuchten) und nicht mehr grundsätzlich geführt.

Nach der offiziellen Premiere beruhigte sich das Diskussionsverhalten. Die geäußerten Meinungen zum *VW-Touareg*-Nachfolgemodell wurden auffällig vorsichtig formuliert und waren häufig durch entsprechende Fragen nach Konsens und Absicherung bemüht. Geteilte Einstellungen zum Fahrzeug waren über eine generelle Akzeptanz der Mehrheit hinaus erst in Anfängen zu beobachten. Das Diskussionsverhalten ähnelte mit aufeinander aufbauenden Beiträgen und Versuchen der Konsensfindung wieder dem der Phase vor der Premiere. Im Gegensatz zu dieser, in der Informationen zum neuen *VW Touareg* gezielt von Mitgliedern gesucht und in die BC getragen wurden, schien die Community nun jedoch vor der Aufgabe zu stehen, ein gemeinsames Verständnis zum weiterentwickelten Nachfolgemodell herzustellen. Sie schien bemüht, wieder eine übereinstimmende und anschlußfähige Interpretation des neuen Fahrzeugs zu entwickeln.

Zum Abschluß der Beobachtung wurde der neue *VW Touareg* mehrheitlich akzeptiert und als „richtige" und „stimmige" Weiterentwicklung beschrieben. Kritik wurde nur noch vereinzelt an Details geäußert, die erwartete Verringerung des

---

[35] Garfinkel beschreibt die (Re-)Konstruktion von Strukturen und Regeln in sozialen Gruppen durch die Akteure. Seine Annahmen geben eine Erklärungshilfe für die Entstehung einer (neuen) Ordnung, vgl. Schneider 2009.

Restwerts des alten Modells durchweg negativ gesehen. Vereinzelte, unentschlossene BC-Mitglieder zeigten eine Wechselbereitschaft, besonders zur Marke *BMW*. Die anfängliche Ablehnung der als weniger „bullig" und „weichgespült" beschriebenen Erscheinung des neuen *VW Touareg* wurde plötzlich durch eine mit dem irreführenden Wort „Sozialverträglichkeit" bezeichnete (neue) Wirkung des Fahrzeugs abgemildert. Damit wurde eine erhöhte gesellschaftliche Akzeptanz des *VW Touareg* aufgrund des weniger aggressiven und „filigraneren" Design angenommen. So heißt es in einem Beitrag: „Schön, oder meinetwegen ‚sozialverträglich', finde ich, daß das Auto anscheinend wirklich geräumiger geworden ist und dennoch schlanker wirkt." Und in einem anderen Beitrag konnte man lesen: „Die kompaktere Form des alten sah einfach mehr nach Geländewagen aus. Der neue ist aber optisch schon ‚sozialverträglicher'." Ehemals Negatives wurde in einen neuen Zusammenhang gestellt, positiv interpretiert und somit wieder anschluß- bzw. konsensfähig gemacht. Im konkreten Fall kam die als „weichgespült" beschriebene Designlinie ihrem Wunsch nach Understatement nahe, der in früheren Diskussionen als Grund für den Kauf eines Volkswagens und den Verzicht auf Motorenkennzeichnungen am Fahrzeug genannt wurde. Die *VW Touareg*-BC besaß also die Fähigkeit zur Neuinterpretation früher abgelehnter Produkteigenschaften.[36]

4 Befunde, Diskussion, Bewertung

Über den gesamten Verlauf ließen sich wiederkehrende Detailthemen feststellen, die mit großer Übereinstimmung in Ausrichtung und Vokabular diskutiert wurden. Diese Themen betrafen sowohl die Gesamterscheinung als auch Details, die für die Wahrnehmung des *VW Touareg* als bedeutsam eingeschätzt wurden und für die BC eine besondere Relevanz besaßen. Neben diesen wiederkehrenden Themen konnten deutliche Unterschiede im Informations- und Kommunikationsverhalten, bei den Schwerpunktthemen und der Entwicklung kollektiver Haltungen in den Phasen vor, während und nach der Premiere erkannt werden.

Während vor der Premiere Veröffentlichungen und Gerüchte über das *VW Touareg*-Nachfolgemodell aktive Diskussionen auslösten, nahmen die Auf-

---

[36] Über die kognitive Dissonanztheorie kann die Notwendigkeit der Neuausrichtung der BC erklärt werden. Festinger (1957) beschreibt in seiner „Sektenstudie" die Möglichkeit der Neuinterpretation durch eine Gruppe, um wahrgenommene Dissonanzen zwischen der Erwartung und der tatsächlich eingetroffenen Realität auszugleichen. Im vorliegenden Fall wird die Dissonanz durch die Erwartung eines „männlichen" Fahrzeugs und das tatsächlich vorgestellte „weichgespülte" Fahrzeug aufgelöst. Die Auflösung dieser Dissonanz erfolgt durch die Neuinterpretation, die es den BC-Mitgliedern ermöglicht, ihr Fahrzeug weiterhin zu verehren.

merksamkeit bzw. die beobachtbare Reaktion auf Veröffentlichungen direkt nach der Premiere deutlich ab. Hingegen wurden Fahrberichte von BC-Mitgliedern mit großem Interesse wahrgenommen und lösten auch nach der Premiere intensive Diskussionen aus. Die *VW Touareg*-BC schien in kürzester Zeit die für sie wesentlichen Informationen aufgenommen und hohe Produktkenntnis entwickelt zu haben, so daß sie mit ihrem aktualisierten Quasi-Expertentum nur geringe Resonanz auf klassische Werbemaßnahmen zeigte. Die BC wäre daher weniger als Pool interessierter Werberezipienten, sondern eher als Kooperationspartner mit hohen Produktkenntnissen einzustufen, der öffentlichkeitswirksam tätig wurde. Ihre Mitglieder waren in jedem Fall Kunden mit besonderen Ansprüchen und einem eigenen geteilten Markenverständnis, die Änderungen an ihrem Produkt durchaus kritisch aufnahmen. Die Annahmen, BCs seien Markenmissionare, wie bei McAlexander et al. (2002), oder Unterstützer ihrer Marke, wie bei Muniz/ O'Guinn (2005), sind daher in dieser Pauschalität in Frage zu stellen. Im beobachteten Fall konnte erkannt werden, daß die *VW Touareg*-BC vom ursprünglichen *VW Touareg* überzeugt war, der verteidigt, gegenüber Wettbewerbern klar vorgezogen und entsprechend beworben wurde. Besonders vor der Premiere waren konservative Tendenzen zu beobachten. Für das Nachfolgemodell stand die BC nicht unvermittelt ein; Veränderungen am Design wurden deutlich kritisiert. Gegenseitige Vergewisserungen einer kollektiv ablehnenden Haltung gegenüber dem zukünftigen Fahrzeug konnten erkannt werden.

Sowohl das Markenunternehmen als auch ihre Endscheider wurden kritisch und mit einiger Skepsis, tendenziell auch als bedrohlich wahrgenommen. Die für die BC nicht nachvollziehbaren Entscheidungen der Marketer wurden durchweg nicht geteilt, Sorgen vor unangemessenen Veränderungen des *VW Touareg* artikuliert. Für den Fall, daß der neue *VW Touareg* den Ansprüchen der BC nicht genügen würde, diskutierte die Community potentielle Alternativen. Auch konnte eine Offenheit der *VW Touareg*-BC gegenüber einigen Wettbewerbsmodellen beobachtet werden. In diesem Zusammenhang wurden beispielsweise Bauart und Leistung eines Wettbewerbsmotors von der BC durchgängig als positiv beschrieben und somit auf besonders authentische Weise beworben.[37] Die BC agierte daher keineswegs als eine Gruppe von Multiplikatoren, die Markenbotschaften unreflektiert und unverändert weitergaben. Die BC-Mitglieder konnten aufgrund ihrer kritischen Haltung, ihrer Ablehnung von Veränderungen und der Offenheit gegenüber Wettbewerbern nicht undifferenziert als „Markenmissionare" oder „Fürsprecher" der Marke angesehen werden. Letztlich handelten sie

---

[37] Es ist davon auszugehen, daß die positive Beurteilung und Anerkennung der Qualität eines Wettbewerbsmodells auf potentielle Interessenten besonders glaubwürdig wirken dürften.

lediglich als Markenmissionare oder Fürsprecher *ihrer* Interpretation des ersten *VW Touareg*-Modells. Thematisch war die Phase vor der Premiere durch Skepsis und Ablehnung neuer Designelemente geprägt. Ängste wurden dahingehend artikuliert, den bekannten und für „echt" befundenen *VW Touareg* zu verlieren und in Zukunft entweder eine als „weichgespült" beschriebene Variante, ein veraltetes Modell oder einen Wettbewerber fahren zu „müssen". Das von Muniz/O'Guinn beschriebene Bedürfnis nach einer starken und einzigartigen Markenbedeutung spiegelte sich in diesen Kommunikationsepisoden. Die wahrgenommene Einzigartigkeit des *VW Touareg* stellte für die BC offenbar eine wichtige Orientierung dar. Ausführlich wurden der Charakter des Fahrzeugs und die Unterscheidung von Fahrern und Fahrzeug gegenüber Wettbewerbern reflektiert. Eine als zu gering wahrgenommene Unterscheidbarkeit und Positionierung des *VW Touareg* gegenüber Wettbewerbern würden dieses klare Selbstbild der *VW Touareg*-Fans gefährden. Reaktionen auf diverse Erlkönigbilder und Visualisierungen des Nachfolgemodells wurden regelmäßig durch Vergleiche mit Designelementen gängiger Wettbewerber negativ konnotiert. Die Einzigartigkeit des *VW Touareg,* ihr „Fetisch", schien in Frage gestellt. Diese Entwicklung wurde von der BC als ernste Bedrohung wahrgenommen und entsprechend häufig und heftig diskutiert. Für den Fall der tatsächlichen Annäherung an Wettbewerber drohten einige Mitglieder sogar mit ihrer Abkehr von der Marke und damit verbunden mit dem Austritt aus der BC, obwohl der Austritt besonders für respektierte und aktive Mitglieder mit Verlusten des erworbenen Status und der Nähe zu den anderen Mitgliedern verbunden gewesen wären.[38]

Das Kommunikationsverhalten veränderte sich von aufeinander bezogenen Diskussionen vor der Premiere über weniger strukturierte Einzelbeiträge und Meinungsäußerungen während der Premiere zu erneut geordneten Diskussionen mit wechselseitigem Bezug. Vor der Premiere waren Tendenzen der gegenseitigen Vergewisserung und geteilten Verunsicherung wegen der unklaren Entwicklung des *VW Touareg*-Nachfolgemodells beobachtbar. Die Besonderheiten des Fahrzeugs und das Selbstverständnis der *VW Touareg*-BC wurden reflektiert und damit sichtbar. Während der Premiere konnte ein Zeitraum aufgeregter individueller Kommunikation mit hohem Informations- und Mitteilungsbedürfnis festgestellt werden. Kollektiv geteilte Meinungen waren in diesem Zeitabschnitt aufgrund unstrukturierter und wenig gefestigter Beiträge nicht erkennbar. Die Phase nach der Premiere war dagegen erneut durch weitgehende Geordnetheit der Beiträge und Verhandlungen bezüglich der Haltung zum neuen *VW Touareg* geprägt. Details

---

[38] Eine Sichtung des Gesamtmaterials ließ eine Hierarchie zwischen den Mitgliedern erkennen. Es bestätigte sich der entsprechende Hinweis von Muniz/O'Guinn (2001: 419).

wurden ausführlich diskutiert, Konsens in vielen Fällen sichtbar. Schrittweise wurde von der BC eine kollektiv geteilte bzw. akzeptierte Haltung zum neuen Fahrzeug und den Fahrzeugdetails entwickelt.

Im betrachteten Verlauf fielen die Entwicklung eines eigenen Jargons und deren Übernahme und Integration in die laufenden Diskussionen auf. Über eine eigene Sprache wird die Community gefestigt und zugleich für Außenstehende schwerer zugänglich.[39] Bei der Übernahme von Sprache und Haltungen wurden normative Gruppeneffekte sichtbar. Über die Gesamtheit der Beiträge wurde auch die Entwicklung der spezifischen Kultur der *VW Touareg*-BC erkennbar und in wesentlichen Bestandteilen benennbar. Die Mitglieder entwickelten und festigten ihr Selbstverständnis als „brand community". Die verbreitete Annahme, nach der eine kleine Anzahl an „Influentials" den Großteil der Beiträge liefert, konnte bestätigt werden.

Die Untersuchung hat weiterhin gezeigt, daß durch Irritationen rund um das Nachfolgemodell Phänomene sichtbar wurden, die mit den Erkenntnissen aus Garfinkels Krisenexperimenten vergleichbar sind und einen tiefergehenden Aufschluß über das geteilte Markenverständnis der BC und seine Entstehung erlauben.[40] Durch den Vergleich der Phasen vor und nach der Premiere, die offensichtlich eine bedeutsame Irritation der Routine der *VW Touareg*-BC auslöste (reale Krisensituation), war eine Abfolge von Verunsicherung, gegenseitiger Vergewisserung, kurzfristiger Öffnung, Re-Integrationsversuchen, Entwicklung und neuerlicher Festigung der spezifischen BC-Ausrichtung zu erkennen, gleichsam das Ringen um eine verbindliche kollektive Haltung (Turner 2008).

So zeigte sich in der Phase vor der Premiere, dem Zeitraum der Verunsicherung, auffällig deutlich, daß die BC regelmäßig um Absicherung ihrer gemeinsamen Einstellung zum *VW Touareg* bemüht war. Es ließen sich in dieser Phase die für die BC zentralen Bedeutungen des *VW Touareg* ergründen, die über klassische Verfahren kaum identifizierbar gewesen wären. In Erwartung eines neuen Modells vergewisserte sich die *VW Touareg*-BC hinsichtlich der geteilten Haltung gegenüber dem Vorgängermodell, der zentralen Elemente, der besonders wichtigen Details und Eigenschaften, die einen „echten" *VW Touareg* ausmachen und ihn von Wettbewerbern unterscheiden. Besonders in dieser Phase waren auch unausgesprochene, als fest erscheinende Gruppenstandards der Kommunikation festzustellen. In der Phase nach der Premiere wurde dagegen über die Neuausbildung und allmähliche Festigung des fortentwickelten Marken-

---

[39] So wird ausschließlich vom ersten *VW Touareg* als „dem Dicken" gesprochen. Diese Begrifflichkeit erschließt sich für Außenstehende nicht unmittelbar.
[40] Die BC kann aufgrund gemeinsam geteilter Kultur als „Interpretationsgemeinschaft" gesehen werden, die intern einen raschen Konsens erreichen kann, vgl. Schneider 2009: 34.

verständnisses verhandelt, verbunden mit der erneuten Herausbildung geordneter Kommunikationsstrukturen.

Zusammenfassend kann gesagt werden, daß sich die betrachtete *VW Touareg*-„brand community" während des Zeitraums der Beobachtung in einem Spannungsfeld bewegte, das zwischen notwendiger Veränderung im Sinne einer Integration von Innovationen und dem artikulierten Wunsch aufgespannt war, „altes zu bewahren", um den entwickelten Charakter des bisherigen Fahrzeugs beizubehalten. Veränderungen wurden als notwendig begriffen, der ursprüngliche Charakter sollte sich allerdings auch zukünftig im Produkt wiederfinden lassen. Durch Innovationen sollte die Anschlußfähigkeit/Selbstähnlichkeit im Sinne einer nachvollziehbaren Weiterentwicklung des *VW Touareg* unter Beibehaltung wesentlicher Charakteristika des ursprünglichen Modells berücksichtigt werden.

Erst durch die Betrachtung der Höhepunkte eines längeren Diskussionsverlaufs wurden für das Verständnis der Vorgänge entscheidende, stark voneinander abweichende Phasen der Informationsbeschaffung, der Auslösung von Diskussionen, der Setzung von Themen und der Kommunikation sichtbar, die für sich genommen deutlich unterschiedliche Analyseergebnisse lieferten. Die Kenntnis dieser Zusammenhänge war notwendig, um die Diskussionen und deren Bedeutung für die BC angemessen interpretieren zu können.

Eine Analyse der Initialbeiträge gab Aufschluß darüber, welche Informationen zu welchen Zeitpunkten in der Lage sind, vielfältige Diskussionen auszulösen. Über diese Kenntnis ließ sich abschätzen, welche Themen für die BC von besonderem Interesse sind und wie in Zukunft Gespräche rund um die Marke ausgelöst werden können. Da sich typische Auslöser und Themen über den Verlauf phasenweise stark voneinander unterscheiden, sind die potentiell gesprächsauslösenden Kommunikationsangebote an der jeweiligen Phase auszurichten und auf entsprechende Informationsbedürfnisse der Community zu beziehen.

Bereits ein Überblick über die relevantesten Themen und Diskurse kann geeignet sein, um Grundlagen für ein tieferes Verständnis von „brand communities", ihrer Dynamik und ihren spezifischen Besonderheiten zu schaffen. Schon auf Grundlage dieser Erkenntnisse können zukünftige community-gerichtete Maßnahmen und inhaltlich stimmige Anknüpfungspunkte wie Botschaften, Produkterweiterungen und Dienstleistungen erarbeitet werden.

Die „brand community" ist in der Lage, relevante Produktinformationen rasch aufzunehmen und zu teilen. Sie entwickelt bzw. aktualisiert in kürzester Frist ihr Quasi-Expertentum. Für das jeweilige Unternehmen ergibt sich daher die Herausforderung, beim Umgang mit BCs die besonderen Interessensgebiete und Informationsbedürfnisse zu berücksichtigen. BCs sollten aufgrund ihres Expertenwissens und ihrer gemeinschaftlich entwickelten Einstellung zur Marke nicht wie „gewöhnliche" Konsumenten angesprochen werden. Ein dialogischer Umgang, auf „Augenhöhe", ist zu empfehlen.

In BCs artikuliert sich zweifellos die Stimme besonders interessierter Konsumenten. Es zeigt sich, daß BC-Mitglieder großen Wert auf die Einzigartigkeit ihrer Marke legen, aber auch ablehnende Haltungen gegenüber (Veränderungen) „ihrer" Marke einnehmen, Wettbewerber als adäquate Alternative diskutieren und sich von „ihrer" Marke abwenden können. Statt sie vorschnell und ohne Berücksichtigung ihrer eigenen spezifischen Haltung als Markenmissionare („brand missionaries") einzustufen, ergibt sich vielmehr die Herausforderung, vorsichtig und überlegt *mit* ihnen und ihrer bereits ausgebildeten Markenkultur umzugehen. BCs stellen insgesamt ein kommunikatives Gegengewicht gegenüber der unternehmerisch induzierten Markenkommunikation dar. Eine Erweiterung der bestehenden Markenführungsansätze unter Berücksichtigung von BCs und ihrer Potentiale erscheint daher vielversprechend. Denn über das vorgestellte „Brand Community Monitoring" lassen sich authentische Insights gewinnen, die durch Befragungen nicht oder nur schwer ermittelbar wären. Die Methode ist in der Lage, mit überschaubarem Aufwand eine Orientierung innerhalb der BC-Kommunikation zu liefern, zentrale Diskussionen und Themen aufzudecken und das spezifische BC-Markenverständnis zu identifizieren.

5 Implikationen für das Marketing

Bereits über eine Analyse der Schwerpunktthemen lassen sich ein grundlegendes Verständnis wesentlicher Spezifika einer „brand community" entwickeln und erste Anhaltspunkte zur potentiellen Eignung der Community für gerichtete Marketing-Maßnahmen erkennen. Aus den gewonnenen Forschungserkenntnissen können erste Implikationen für verschiedene Handlungsfelder des Marketing abgeleitet werden.

Für die Marktforschung ergeben sich Chancen, indem neben Bedürfnissen, Interessen und Wünschen der BC auch Kernwettbewerber benannt werden, zu denen eine besonders hohe Wechselbereitschaft besteht. Markenverständnis und -verwendung dieser besonders involvierten Zielgruppe können ebenso ergründet werden wie die Genese von Bedeutungszuweisungen. Mit der übers Monitoring gewonnenen Kenntnis der kommunikativen BC-Prozesse lassen sich dramatisch wirkende Verhaltensweisen realistisch einschätzen. So könnte die starke Kritik an einem neuen Produkt im Vorfeld der Weltpremiere für sich genommen den irreführenden Eindruck zukünftiger Ablehnung erwecken. Tatsächlich ist eine BC bei der kollektiven Einstimmung auf das neue Produkt aber in der Lage, von zunächst negativen Bewertungen einen Meinungsumschwung hin zu einer positiven Neuinterpretation zu leisten. Hieran werden die Interpretationsfähigkeit bzw. die Bandbreite der Interpretationsmöglichkeiten einer BC sichtbar. Frühe negative Reaktionen auf Produktänderungen sind daher unter Umständen zu relativieren. Die Vorteile eines kontinuierlichen Monitoring werden deutlich, da nicht nur Momentaufnahmen aus der Zielgruppe erfaßt werden, sondern Prozesse der Meinungsbildung und auch kritische Phasen mit Interventionspotential erkannt werden können.

Die Produktkommunikation kann auf Basis der erkannten Relevanz besonders bedeutsamer Fahrzeugdetails für eine BC stärker an diesen Komponenten ausgerichtet und durch die Integration kundenseitig bedeutsamer Details insgesamt stimmiger gestaltet werden. Von einer BC wahrgenommene Vorzüge gegenüber potentiellen Wettbewerbern sind erkennbar und können für vielversprechende glaubwürdige Kommunikationsmaßnahmen genutzt werden. Die schnelle Verbreitung von Informationen innerhalb einer BC führt dazu, daß sie in kurzer Zeit einen hohen Produktkenntnisstand erreicht. Die klassische Produktkommunikation mit Basisinformationen zu einem Fahrzeug sollte bei dieser Anspruchsgruppe daher durch fundiertere Informationen ersetzt oder ergänzt werden. Informationsdefizite, die Kaufrelevanz besitzen, können frühzeitig erkannt und über eine erweiterte Produktkommunikation ausgeglichen werden. Unsicherheiten der Konsumenten lassen sich auf diese Weise verringern.

Für das Innovationsmanagement lassen sich Einblicke in die Kommunikation über Verwendungsweisen und besonders entscheidende Fahrzeugdetails nutzen, um Hinweise auf notwendige Eigenschaften zukünftiger Modelle und eventuell vorhandene Wünsche zu erkennen. Aufgrund der intensiven Austauschsituationen sind BCs darüber hinaus auch für die Qualitätssicherung von Bedeutung. So können sowohl technische Schwachstellen als auch Problemlösungsvorschläge frühzeitig erkannt und berücksichtigt werden. Aufgrund ihrer produktspezifischen Aufmerksamkeit sind BCs außerdem geeignet, als Feedbackinstanz Defizite in der Markenkommunikation und Kundenbetreuung aufzudecken und zur Verbesserung entsprechender Maßnahmen beizutragen.

Wie am Interesse der BC an Berichten über das Fahrzeug von BC-Mitgliedern deutlich wurde, schätzt diese besonders engagierte und informierte Zielgruppe in hohem Maße authentische Produkterfahrungen. BC-Mitglieder sollten daher frühzeitig in produktbezogene Veranstaltungen wie Pressetage, Testtage beim Händler etc. integriert werden.

Für den Aufbau von Beziehungen zwischen Unternehmen und „ihren" BCs ist darüber hinaus die Ergründung ihrer BC-Kultur notwendig. Die Berücksichtigung der möglicherweise vom Verständnis des Unternehmens abweichenden Markenverständnisse der BCs ist für die Planung zukünftiger Produktinnovationen und die Ausrichtung zukünftiger Kommunikationsmaßnahmen geboten, um sie, soweit möglich und sinnvoll, an diesen Konsumentengruppen auszurichten. Zumindest sollten im Monitoring erkannte deutliche Widersprüche zu Produktzuschreibungen der BCs vermieden werden, um die Gefahr möglicher Proteste zu verringern.

Mit Hilfe der Erkenntnisse aus dem Monitoring können bei ausreichender Tiefe der Betrachtung insgesamt anschlußfähige Bedeutungsangebote und zielgerichtete Kommunikationsmaßnahmen gestaltet werden, die den besonderen Bedürfnissen der BCs in sprachlich-thematischer und kultureller Weise gerecht werden oder zumindest nahe kommen. Idealerweise wäre ein Dialog mit einer derartigen hochspezialisierten „brand community" zu führen. Über Dialoge könnten grundlegende Unsicherheiten der BC-Mitglieder sowie ihre anfängliche Skepsis vor einer Produktvariation vermindert, ihre wahrgenommene Nähe zur Marke erhöht und ihr Expertenstatus gewürdigt werden.

Die Untersuchung hat weiter ergeben, daß für den Beziehungsaufbau zwischen Unternehmen und BCs ein kulturelles Verständnis beider Seiten erforderlich ist. Eine Vermittlerposition, die statt technischer Lösungen das Gewicht auf das wechselseitige Verstehen beider Kulturen legt, könnte die Basis für einen konstruktiven Umgang legen, von denen Unternehmen wie BCs profitieren dürften.

Darüber hinaus ist die Erforschung von BCs für die Markenführung von Bedeutung. Die Berücksichtigung geteilter Bedeutungszuweisungen einer BC zu ihrer Marke kann Konflikten bei Markenpositionierungsentscheidungen vorbeugen, und die Gefahren einer als unpassend wahrgenommenen (Neu-) Positionierung oder von Veränderungen entgegen dem jeweiligen etablierten Markenverständnis von BCs können dadurch verringert werden. Zuschreibungen einer BC können dagegen genutzt werden, um eine weitgehend bruchfreie Markenkommunikation zu erreichen, neue Kommunikationspotentiale zu erkennen und die Unterstützung der Markenfans zu gewinnen. Unabdingbar für den Umgang mit BCs ist jedoch die Bereitschaft, die bisher häufig angenommene Markensteuerbarkeit angesichts der weitgehend autonomen, wechselseitigen Prozesse der Meinungsbildung in BCs, die in eigene, von der strategischen Positionierung abweichende Markeninterpretationen münden können, zu relativieren. Die Auswirkung einer BC mit ihrer eigenen Interpretation der Marke als Referenz für Kaufinteressenten ist zu berücksichtigen.

Literatur

Algesheimer, René (2004): Brand Communities. Begriff, Grundmodell und Implikationen. Wiesbaden.
Algesheimer, René/Herrmann, Andreas (2005): Brand Communities. Grundidee, Konzept und empirische Befunde, in: Franz-Rudolf Esch (Hg.): Moderne Markenführung. Wiesbaden, S. 747–761.

Arnould, Eric J. (2006): Consumer culture theory: retrospect and prospect, in: European Advances in Consumer Research 7, S. 605–607.
Arnezeder, Christian/Esch, Franz-Rudolf/Winter, Kai (2009): Brand Community-Building bei Harley-Davidson, in: Franz-Rudolf Esch/Wolfgang Armbrecht (Hg.): Best Practice der Markenführung. Wiesbaden, S. 333–351.
Beck, Klaus (2005): Computervermittelte Kommunikation im Internet. München.
Beckmann, Suzanne C./Langer, Roy (2009): Netnographie, in: Renate Buber/Hartmut H. Holzmüller (Hg.): Qualitative Marktforschung: Konzepte, Methoden, Analysen. Wiesbaden, S. 219–228.
Belz, Christian/Schögel, Marcus/Tomczak, Torsten (2007): Innovation Driven Marketing: Vom Trend zur innovativen Marketinglösung, in: Christian Belz/Torsten Tomczak/Marcus Schögel (Hg.): Innovation Driven Marketing. Vom Trend zur innovativen Marketinglösung. Wiesbaden, S. 3–20.
Bohnsack, Ralf/Przyborski, Aglaja (2009): Gruppendiskussionsverfahren und Focus Groups, in: Renate Buber/Hartmut H. Holzmüller (Hg.): Qualitative Marktforschung: Konzepte, Methoden, Analysen. Wiesbaden, S. 491–506.
Capgemini (2010): Cars Online 09/10 Understanding Consumer Buying Behavior in a Volatile Market. Quelle: http://www.de.capgemini.com/insights/publikationen/cars_online_2009_2010/ (04.06.2010).
Cova, Bernard/Cova, Véronique (2002): Tribal Marketing. The Tribalisation of Society and its Impact on the Conduct of Marketing, in: European Journal of Marketing 36, S. 595–620.
Diekmann, Andreas (2008): Empirische Sozialforschung. Hamburg.
Domizlaff, Hans (2005): Die Gewinnung des öffentlichen Vertrauens. Ein Lehrbuch der Markentechnik. Hamburg.
Esch, Franz-Rudolf/Langner, Tobias/Ullrich, Sebastian (2009): Internetkommunikation, in: Manfred Bruhn/Franz-Rudolf Esch/Tobias Langner (Hg.): Handbuch Kommunikation. Wiesbaden, S. 127–156.
Esch, Franz-Rudolf (2004): Strategie und Technik der Markenführung. Wiesbaden.
Esch, Franz-Rudolf (Hg.) (2005): Moderne Markenführung. Wiesbaden.
Festinger, Leon (1957): A Theory of Cognitive Dissonance. Stanford.
Fösken, Sandra (2009): Ideen mit Kunden finden, in: Absatzwirtschaft, Sonderheft Media & Research, S. 26–29.
Geertz, Clifford (1983): Dichte Beschreibung. Beiträge zum Verstehen kultureller Systeme. Frankfurt/M.
Grünewald, Stephan (2009): 40 Mordmeldungen bisher, in: Absatzwirtschaft, Sonderheft Media & Research, Messen und Verstehen, S. 30–31.
Hallay, Hendric/Hellmann, Kai-Uwe/Raabe, Thorsten (2008): Der See ruft ... Markenkultur zwischen Forschung und Praxis, in Markenartikel, S. 60–63.
Hellmann, Kai-Uwe (2005): Funktion und Folgen von Brand Communities, in: Münsteraner Diskussionsforum für Handel, Distribution, Netzwerk- und Markenforschung. Münster, S. 50–66.
Hellmann, Kai-Uwe (2008): Soziologie der Marke. Marke als Eigenwert der Werbung. (Vortrag auf dem Marketing & Customer Solutions Gipfel). Quelle: http://www.markeninstitut.de/fileadmin/user_upload/dokumente/Tinidad.pdf (01.10.2010).
Hellmann, Kai-Uwe (2010): Krisenexperimente mit Fokusgruppen, in: Planung & Analyse, S. 38–39.
Henkel, Joachim/Sander, Jan G. (2007): Identifikation innovativer Nutzer in virtuellen Communities, in: Cornelius Herstatt/Birgit Verworn (Hg.): Management der frühen Innovationsphasen. Grundlagen – Methoden – Neue Ansätze. Wiesbaden, S. 77–107.
Herrmann, Andreas/Algesheimer, René/Landwehr, Jan R./Huber, Frank (2010): Management von Kundenbeziehungen durch Brand Communities, in: Dominik Georgi/Karsten Hadwich (Hg.): Management von Kundenbeziehungen. Perspektiven – Analysen – Strategien – Instrumente. Wiesbaden, S. 469–484.
Iltgen, Andrea/Künzler, Simon (2008): Web 2.0 – schon mehr als ein Hype? Ergebnisse einer Studie, in Christian Belz/Marcus Schögel/Oliver Arndt/Verena Walter (Hg.): Interaktives Marketing. Neue Wege zum Dialog mit Kunden. Wiesbaden, S. 238–255.
Jäckel, Michael (2005): Medienwirkungen – Ein Studienbuch zur Einführung. Wiesbaden.
Kapferer, Jean-Noel (1992): Die Marke – Kapital des Unternehmens. Landberg/Lech.

Kozinets, Robert V. (1998): On Netnography: Initial Reflections on Consumer Research Investigations of Cyberculture, in: Advances in Consumer Research 25, S. 366–371.

Kozinets, Robert V. (2001): Utopian Enterprise: Articulating the Meanings of Star Trek's Culture of Consumption, in: Journal of Consumer Research 28, S. 67–88.

Kozinets, Robert V. (2002): Can Consumers Escape the Market? Emancipatory Illuminations from Burning Man, in: Journal of Consumer Research 29, S. 20–38.

McAlexander, James H./Schouten, John W./Koenig, Harold F. (2002): Building Brand Community, in: Journal of Marketing 66, S. 38–54.

Meffert, Heribert/Burmann, Christoph (2005): Wandel in der Markenführung – vom instrumentellen zum identitätsorientierten Markenverständnis, in: Heribert Meffert/Christoph Burmann/Martin Koers, (Hg.): Markenmanagement – Identitätsorientierte Markenführung und praktische Umsetzung. Wiesbaden, S. 19–36.

Meffert, Heribert/Burmann, Christoph/Koers, Martin (2002): Stellenwert und Gegenstand des Markenmanagement, in: Heribert Meffert/Christoph Burmann/Martin Koers (Hg.): Markenmanagement – Grundfragen der identitätsorientierten Markenführung. Wiesbaden, S. 3–14.

Muniz, Albert M., Jr./O'Guinn, Thomas C. (2001): Brand Community, in: Journal of Consumer Research 27, S. 412–432.

Muniz, Albert M., Jr./O'Guinn, Thomas C. (2005): Marketing Communications in a World of Consumption and Brand Communities, in: Allan J. Kimmel (Hg.): Marketing Communication. New Approaches, Technologies, and Styles. New York, S. 63–85.

Muniz, Albert M., Jr./O'Guinn, Thomas C. (2009): Collective Brand Relationships, in: Deborah MacInnis/C. Whan Park/Joseph Priester (Hg.): Handbook of Brand Relations. New York, S. 173–194.

Prahalad, Coimbatore Krishnarao/Ramaswamy, Venkatram (2000): Wenn Kundenkompetenz das Geschäftsmodell mitbestimmt, in: Harvard Business Manager 22, S. 64–75.

Raabe, Thorsten/Caprioni, Mirella/Rubens-Laarmann, Anne/Hammermeister, Jörg/Uphoff, Karsten (2004): Kultur als Gegenstand der Marketingforschung, in: Forschungsgruppe Unternehmen und gesellschaftliche Organisation (FUGO): Perspektiven einer kulturwissenschaftlichen Theorie der Unternehmung. Marburg, S. 309–340.

Raabe, Thorsten/Wenzel, Melanie (2009): Konsumorientierte Gemeinschaften aus Sicht des Marketing, in: Irene Antoni-Komar/Marina Beermann/Christian Lautermann/Joachim Müller/Niko Paech/Hedda Schattke/Uwe Schneidewind/Reinhard Schulz (Hg.): Neue Konzepte der Ökonomik. Unternehmen zwischen Nachhaltigkeit, Kultur und Ethik. Marburg, S. 287–306.

Rösger, Jürgen/Herrmann, Andreas/Heitmann, Mark (2008): Der Markenareal-Ansatz zur Steuerung von Brand Communities, in: Interactive Marketing im Web 2.0+, S. 93–112.

Rössler, Patrick (2005): Inhaltsanalyse. Konstanz.

Rössler, Patrick/Wirth, Werner (2001): Inhaltsanalysen im World Wide Web, in: Werner Wirth/Edmund Lauf (Hg.): Inhaltsanalysen, Perspektiven, Probleme, Potentiale. Köln, S. 280–302.

Schmidt, Siegfried J. (2004): Unternehmenskultur. Die Grundlage für den wirtschaftlichen Erfolg von Unternehmen. Weilerswist.

Schneider, Wolfgang Ludwig (2009): Grundlagen der soziologischen Theorie. Band 2: Garfinkel – RC – Habermas – Luhmann. Wiesbaden.

Schouten, John W./McAlexander, James H. (1995): Subcultures of Consumption: An Etnography of the New Bikers, in: Journal of Consumer Research, 22, S. 43–61.

Sinkovics, Rudolf R./Penz, Elfriede/Castillo, Francisco Jose Molina (2009): Qualitative Analyse von Online Communities für Neuproduktentscheidungen, in: Der Markt. Journal für Marketing 48, S. 61–72.

Stegbauer, Christian/Rausch, Alexander (2001): Die schweigende Mehrheit – „Lurker" in internetbasierten Diskussionsforen, in: Zeitschrift für Soziologie 30, S. 48–64.

Stucky, Nik/Rüf, François/Keller, Nils/Kummer, Stefan (2010): Image & Co: Eine Online-Analyse der Markenwahrnehmung am Beispiel von Automarken, in: Martin Welker/Carsten Wünsch (Hg.): Die Online-Inhaltsanalyse. Forschungsobjekt Internet. Köln, S. 409–426.

Turner, Victor W. (2008): Liminalität und Communitas, in: Andréa Belliger/David J. Krieger (Hg.): Ritualtheorien. Wiesbaden, S. 247–260.
Tropp, Jörg (2004): Markenmanagement. Der Brand Management Navigator – Markenführung im Kommunikationszeitalter. Wiesbaden.
Tropp, Jörg (2009): Markenführung: Wer führt wen? – Die Medialisierung des Marketings und ihre Folgen für die Marketing- und die Unternehmenskommunikation, in: Frank Keuper/Jürgen Kindervater/Heiko Dertinger/Andreas Heim (Hg.): Das Diktat der Markenführung. Wiesbaden, S. 168–194.
Tropp, Jörg (2011): Moderne Marketingkommunikation. System – Prozesse – Management. Wiesbaden.
Vollbrecht, Ralf (2001): Einführung in die Medienpädagogik. Weinheim/Basel.
von Loewenfeld, Fabian (2006): Brand Communities. Erfolgsfaktoren und ökonomische Relevanz von Markengemeinschaften. Wiesbaden.
Welker, Martin/Wünsch, Carsten/Böcking, Saskia/Bock, Annekatrin/Friedemann, Anne/Herbers, Martin/Isermann, Holger/Knieper, Thomas/Meier, Stefan/Pentzold, Christian/Schweitzer, Eva Johanna (2010): Die Online-Inhaltsanalyse: methodische Herausforderung, aber ohne Alternative, in: Martin Welker/Carsten Wünsch (Hg.): Die Online-Inhaltsanalyse. Forschungsobjekt Internet. Köln, S. 9–30.

Verschenktes Potential
Händler als zentrale Schnittstelle zwischen Herstellern und Brand Communities

Vivian Hartleb

1 Einleitung

Automobile begeistern bereits seit Jahrzehnten die Menschheit, und noch heute erfreuen sich beispielsweise Modelle wie der *VW Käfer* großer Beliebtheit. Schon früh gründeten *VW Käfer*-Fans eigeninitiativ Vereine und Clubs, mit dem Ziel, sich sowohl deutschlandweit als auch international mit anderen *VW Käfer*-Fans auszutauschen und die Marke gemeinsam zu erleben.[1] Zudem haben die Vielfalt, Bedeutung und Wahrnehmung sogenannter „Brand Communities" (BCs) durch zunehmende Mobilität und das Aufkommen neuer Kommunikationsmedien in der Gesellschaft stark zugenommen (Hartleb 2009). Dabei werden BCs definiert als „a specialized, non-geographically bounded community, based on a structured set of social relationships among admirers of a brand" (Muniz/O'Guinn 2001: 418).

Basierend auf den Beiträgen von Muniz/O'Guinn (2001) und McAlexander et al. (2002) zum BC-Thema folgte eine Vielzahl von Studien, die sich mit diesem neuen Forschungsgebiet beschäftigt haben. Es konnte gezeigt werden, daß BC-Mitglieder einen hohen Grad an Loyalität gegenüber der jeweiligen Marke aufweisen (Algesheimer 2004; Algesheimer et al. 2005; Bagozzi/Dholakia 2006; Carlson et al. 2008; von Loewenfeld 2006; McAlexander et al. 2002; Muniz/O'Guinn 2001; Shang et al. 2006; Thompson/Sinha 2008). Ferner werden BCs in dem kundenbasierten Brand Equity Modell von Keller (2008) der höchstmöglichen Stufe der Loyalität, der sog. „Resonance" zugeordnet. Dieses Modell umfaßt vier Merkmale: Loyalität im Sinne von Wiederkauf, eine persönliche Bindung wie der „Liebe" zu einer Marke, einen „Sense of Community", d.h. das Gefühl der Zugehörigkeit und Identifikation mit anderen Markennutzern, sowie ein aktives Engagement für die Marke, wie die Bereitschaft, Zeit, Energie und Geld in die Marke zu investieren (Keller 2008: 60 f.; Keller et al. 2008: 70). Muniz/O'Guinn

---

[1] Vgl. http://members.aon.at/kco/Pages/ueber%20uns.html.

(2001: 427) bezeichnen BC-Mitglieder auch als „active loyalists", die sich durch Engagement, Gewissenhaftigkeit und Leidenschaft für eine Marke auszeichnen.[2] Unternehmen profitieren jedoch nicht nur von der hohen Markenloyalität der BC-Mitglieder, sondern auch von deren positiven „Word of Mouth" (WOM), umgangssprachlich Mundpropaganda, sowie den Ideen und Innovationen, die in diesen BCs kreiert werden (Algesheimer 2004; Algesheimer et al. 2005; Füller et al. 2008). Neben zahlreichen Vorteilen von BCs, die Unternehmen für sich nutzen können, ist es jedoch ratsam, mögliche, mit BCs einhergehende Risiken nicht zu vernachlässigen. So wird in der Literatur häufig auf die Gefahr hingewiesen, daß im Zeitalter von Internet und viralem Marketing insbesondere Online Communities einen großen Einfluß auf die Markenkommunikation nehmen können, der ggf. nicht im Einklang mit der des Unternehmens steht (Hollenbeck/Zinkhan 2006; Muniz/Schau 2007). Betrachtet man die Landschaft der „brand communities" in der „Volkswagenwelt", wird deutlich, welchen Herausforderungen sich Unternehmen gegenübersehen können.

Im Rahmen einer Internetrecherche konnten für die Marke *VW* über 200 BCs identifiziert werden (Hartleb 2009: 125). Zu vermuten ist jedoch, daß die tatsächliche Zahl weit darüber liegt, da rein regionale BCs, die bisher noch keine Online-Präsenz aufweisen, nicht erfaßt wurden. Vor diesem Hintergrund ist von großer Bedeutung, daß sich Unternehmen wie Volkswagen aktiv mit dem BC-Phänomen beschäftigen und entsprechende Strategien verfolgen, wie bestehende, kundeninitiierte BCs in die Markenkommunikation der Unternehmens eingebunden werden können.

Erste Ansatzpunkte zum Umgang mit BCs finden sich in der Literatur. Jedoch wurde über das BC-Management bislang nur wenig geschrieben (Hartleb 2009: 125). Die durchgeführten BC-Studien konzentrieren sich zumeist auf die Analyse der dyadischen Beziehungsstruktur zwischen BCs und Hersteller. Untersuchungen und Aussagen darüber, inwieweit Intermediäre wie Händler vor Ort im Rahmen der oben genannten Beziehungsstruktur eine weitere wichtige Rolle einnehmen können, fehlen (Hartleb 2009: 125). Das Beispiel *Harley Davidson* zeigt jedoch, daß lokale Händler als zentraler Treffpunkt der jeweiligen regionalen BCs fungieren und auch in zentral-organisierte Ausfahrten seitens des Herstellers mit eingebunden werden können.[3] Die geringe Aufmerksamkeit, die den Händlern vor Ort im Kontext der BCs bisher beigemessen worden ist, verwundert zudem, weil es gerade diese sind, die mit den Kunden in direktem Kontakt stehen und als Bindeglied zwischen Kunde und Hersteller fungieren. Insbesondere bei

---

[2] Zum Begriff „active loyalists" vgl. Gruen/Ferguson 1994: 3.
[3] Zudem integriert *Harley Davidson* selbst seine Händler vor Ort aktiv in Veranstaltungen und Events wie beim Posse Ride in Amerika, vgl. Fournier et al. 2000.

Herstellern, die ihre Marke exklusiv über Händler oder eigene Niederlassungen vertreiben, werden die Händler vor Ort von den Kunden als Repräsentanten der Marke wahrgenommen. Der Einbezug der Händler durch den Hersteller könnte folglich zu einem effektiveren und effizienteren Umgang mit BCs beitragen.

Die weiteren Ausführungen werden sich dieser Thematik dergestalt annehmen, daß die dyadische Beziehung zwischen BCs und Hersteller um die Perspektive des Händlers zu einer triadischen Betrachtungsweise erweitert wird (Abb. 1).

Abbildung 1   Beziehungstriade im Rahmen eines Brand Community-Managements

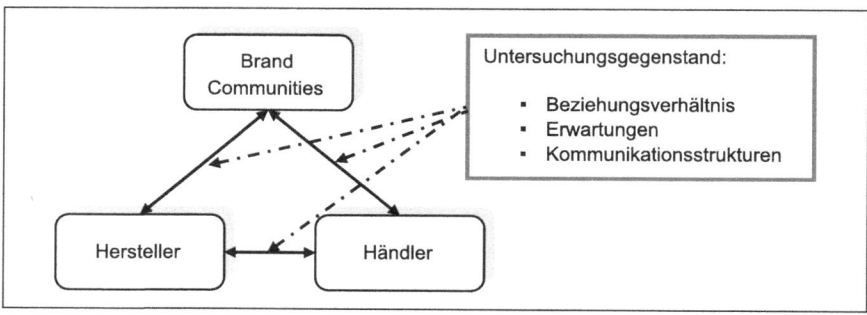

Im Vordergrund der vorliegenden Untersuchung[4] steht die Analyse der in Abbildung 1 dargestellten Beziehungstriade vor dem Hintergrund folgender Forschungsfragen: Wie ist das Beziehungsverhältnis zwischen BCs und Herstellern bzw. Händlern ausgeprägt? Welche Erwartungen haben BCs an den Hersteller bzw. den Händler vor Ort? Und inwieweit findet ein Informationsaustausch zwischen Hersteller und Händler statt?

Obgleich „brand communities" für Unternehmen kein neues Phänomen sind, fand dieses Forschungsgebiet in der Literatur erst durch den Beitrag von Muniz/ O'Guinn (2001) verstärkt Beachtung. Aufbauend auf diesen Beitrag sowie der Studie von McAlexander et al. (2002) haben sich in den darauf folgenden Jahren im wesentlichen fünf Forschungsströmungen entwickelt (Hartleb 2009: 36 ff.): erstens *Charakteristika von BCs und ihren Mitgliedern* (Carlson et al. 2008; Cova/ Pace 2006; Cova et al. 2007; Leigh et al. 2006; Ouwersloot/Odekerken-Schroeder 2008; Schau/Muniz 2002; Schau et al. 2009; Schembri 2009); zweitens *Interaktionen in BCs und deren Auswirkung auf die Marke* (Algesheimer et al. 2005;

---

[4] Die nachstehenden Ausführungen stellen nur einen Teil der durchgeführten Untersuchung dar. Die vollumfänglichen Ausführungen können nachgelesen werden in Hartleb (2009).

Casaló et al. 2008; McAlexander et al. 2007; Shang et al. 2006; Woisetschläger et al. 2008); drittens *In-Group/Out-Group Forschung* (Bagozzi/Dholakia 2006; Hickman/Ward 2007; Hollenbeck/Zinkhan 2006; Luedicke 2006; Thompson/ Sinha 2008); viertens *Produktivität von BCs* (Füller et al. 2007, 2008; Kim et al. 2008; Muniz/Schau 2005, 2007; Schau/Muniz 2006) und fünftens *Studien, die das BC-Phänomen auf andere Sektoren wie Institutionen oder den B2B-Sektor übertragen* (Andersen 2005; McAlexander et al. 2003, 2004; Schouten et al. 2007).

Die theoretische Fundierung der vorliegenden Untersuchung basiert auf den Studien von Muniz/O'Guinn (2001) und McAlexander et al. (2002) sowie den von ihnen hergeleiteten BC-Modellen. Während Muniz/O'Guinn „brand community" als eine Kunde-Kunde-Marke-Triade definierten, erweiterten McAlexander et al. (2002) dieses Modell zu einem kundenzentrierten Modell, in dem der Kunde im Mittelpunkt steht und Beziehungen zu anderen Kunden, der Marke, dem Produkt und dem Unternehmen („Marketer") unterhält. Mit der Kategorie Marketer erweiterten McAlexander et al. (2002) die BC-Triade um eine Dimension, die insbesondere für das Management von BCs relevant ist (Hartleb 2009: 31). Sie konstatierten, daß Kunden, wie Studien gezeigt haben, sowohl die Beziehung zum Hersteller als auch zu Vertretern der jeweiligen Marke sehr schätzen. Überdies argumentiert die „Theory of Consumption Systems", daß die Zufriedenheit des Kunden mit dem Händler vor Ort die Konsumerfahrung und die Einstellung gegenüber dem Hersteller maßgeblich beeinflußt (Mittal et al. 1999). Demnach schaffen Hersteller und Händlern gemeinsam einen Mehrwert für den Kunden (Anderson/Narus 1995; Mittal et al. 1999).

Abbildung 2 Erweitertes kundenzentriertes Brand Community-Modell

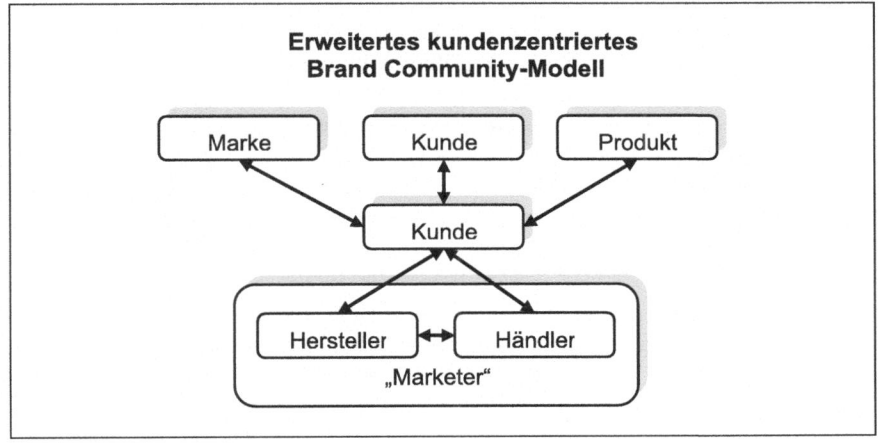

Aufbauend auf diesem Gedankengang, wird in der vorliegenden Untersuchung die Dimension des „Marketer" nach sog. „Third Parties" weiter differenziert, die in der Kommunikation zwischen Kunden und Unternehmen zwischengeschaltet sein können, und dem Hersteller selbst. In der Automobilbranche sind diese Third Parties u. a. die Händler vor Ort, die in direktem Kundenkontakt stehen und als Repräsentant der Marke fungieren (Abb. 2).

3 Empirische Analyse

3.1 Design der empirischen Analyse

In der vorliegenden Untersuchung wurde ein Mixed-Method-Ansatz gewählt, der eine Kombination aus qualitativer und quantitativer Forschung umfaßt (Creswell 2009). Ausgangspunkt bildete ein qualitativer Forschungsansatz, mit dem Ziel, zunächst ein grundlegendes Verständnis über die Rolle und Bedeutung von Händlern im BC-Kontext zu schaffen. Basierend auf diesen Ergebnissen, wurde im nächsten Schritt eine quantitative Studie durchgeführt, die die Erkenntnisse aus der qualitativen Studie vertiefen sowie empirisch darlegen sollte, inwieweit Händler von einem BC-Engagement profitieren können.

Im Rahmen der qualitativen Studie wurden markenübergreifend 16 problemzentrierte Interviews mit Automobilhändlern durchgeführt (Hartleb 2009: 93 ff.). Um die Perspektive der BCs in die Analyse zusätzlich mit einbeziehen zu können, wurde mittels der Methode der Netnographie[5] weiteres Datenmaterial gesammelt. Durch dieses Vorgehen konnten die Aussagen der Händler mit denen der BCs im Sinne einer Daten- und Methodentriangulation verglichen sowie weitere Informationen gewonnen werden. Insgesamt konnten Daten von 33 BCs in die Analyse aufgenommen werden. Zudem wurden Dokumente zu Dachverbänden von Herstellern, die im Rahmen der Internetrecherche gefunden wurden, mit in die Analyse einbezogen, um ein präziseres Bild der Beziehungsstrukturen zu erhalten.

Für die Auswertung der qualitativen Daten wurde die Software MAXQDA eingesetzt. Insgesamt konnten mehr als 800 Kodierungen in 67 Kategorien und Subkategorien vorgenommen werden. Weitere 233 Kodings in 32 Kategorien und Subkategorien wurden bei der Analyse der mittels Netnographie gesammelten Daten vorgenommen.

Im Nachgang zur qualitativen Studie wurde eine quantitative Studie in Form eines Online-Fragebogens durchgeführt, der über einen entsprechenden Link er-

---

[5] Netnographie ist eine Methode der qualitativen Forschung, die speziell auf die Erforschung von Konsumentenverhalten in Online Communities ausgerichtet ist, vgl. Beckmann/Langer 2007: 221.

reichbar war (Hartleb 2009: 167 ff.). Mit dem Ziel, möglichst viele BCs bezüglich der Automobilbranche auf die Befragung aufmerksam zu machen, wurden deutschlandweit knapp 550 Ansprechpartner[6] von BCs per E-Mail bzw. Kontaktformular angeschrieben, mit der Bitte, sich an der Umfrage zu beteiligen und den Link an weitere BC-Mitglieder weiterzuleiten, um diese auf die Befragung aufmerksam zu machen. Aufgrund des hohen Verbreitungsgrades des Links über Internetseiten und die Weiterleitung per E-Mail konnten neben BC-Mitgliedern auch Nicht-BC-Mitglieder erreicht und als Kontrollgruppe in die empirische Analyse mit einbezogen werden. Insgesamt wurden 788 BC-Mitglieder und 235 Nicht-BC-Mitglieder befragt. Von den 788 BC-Mitgliedern werden 90 von ihrem Händler vor Ort unterstützt. Die prozentuale Verteilung auf die einzelnen Marken kann der Abbildung 3 entnommen werden.

Abbildung 3 Charakteristika des Datensatzes

	Brand Community-Mitglied		Nicht-BC-Mitglied (n = 235)
	Keine Unterstützung (n = 698)	Mit Unterstützung (n = 90)	
Anteil nach Marken (%)			
Audi	20,9	15,6	23,8
BMW	32,1	24,4	32,8
Ford	9,2	25,6	8,5
Mercedes	11,2	5,6	4,3
VW	15,8	13,3	13,2
Sonstige	10,8	15,5	17,4

3.2 Ergebnisse der qualitativen Untersuchung

Ziel der qualitativen Untersuchung war es zunächst, einen Überblick über die Beziehungsstrukturen innerhalb der in Abbildung 1 dargestellten Beziehungstriade zwischen Hersteller, Händlern und BCs zu erhalten. Mit Blick auf die BC-Land-

---

[6] Die BCs wurden mit Hilfe der Suchmaschinen Google und Yahoo identifiziert. Die Auswahl der Marken entsprach aus Gründen der Vergleichbarkeit weitgehend denen, die auch in der qualitativen Untersuchung Gegenstand der Analyse waren. Differenziert nach Marken wurden 45 *Audi-*, 85 *BMW-*, 160 *Ford-*, 40 *Mercedes-*, 50 *Opel-* und 170 *VW-*Brand Communities angeschrieben.

schaft wurde jedoch deutlich, daß BCs nach offiziell anerkannten und nicht offiziell-anerkannten BCs zu unterscheiden sind (Hartleb 2009: 131 ff.). Hintergrund ist, daß bereits Dachverbände für BCs existieren, die als Bindeglied zwischen BCs und Herstellern fungieren, sich im Hinblick auf den Umfang von Vorschriften und Reglementierungen aber unterscheiden. Dachverbände, die beispielsweise einen hohen Grad an Reglementierungen aufweisen, sind in ihrer Ursprungsform zumeist aus der Initiative einzelner BCs entstanden, haben sich über die Zeit jedoch zu einer Organisation gewandelt, die an den Hersteller eng gebunden ist. Der Beitritt zu diesen Dachverbänden ist mit einer Reihe von Auflagen verbunden, die in der Vergangenheit bei einigen BCs zu einem gewissen Maß an Reaktanz geführt haben. So ist für viele Dachverbände eine wesentliche Voraussetzung, daß eine BC ein eingetragener Verein (e. V.) sein muß. Unter den BCs ist allerdings die Organisationsform der Interessensgemeinschaft (IG) weit verbreitet, die im Gegensatz zu einem eingetragenen Verein unverbindlicher ist. Im Vergleich zu einem Verein bedarf eine Interessensgemeinschaft weder eines Vorstandes noch müssen Jahresversammlungen u. a. m. abgehalten werden. Zudem müssen BCs Auflagen bezüglich des Corporate Design (CD) und der Corporate Identity (CI) erfüllen. Die Konsequenz daraus ist, daß viele BCs nicht bereit sind, dem Dachverband beizutreten und sich offiziell anerkennen zu lassen. Sie befürchten, dadurch ihre Individualität und Unabhängigkeit zu verlieren. So heißt es u. a.: „Wir haben mal die Statuten gelesen, die der Dachverband [Automarke] in Deutschland hat und da haben wir gesagt: Gerade das wollen wir nicht. Diese Clubregeln, da hat man einen Vorsitzenden, einen Kassenwart, man muß soundso viele Treffen im Jahr abhalten, wo wieder soundso viele mit dabei sein müssen. Da ist dann wieder so ein Zwang dahinter." (BC Mitglied 1); „Weil wir das nicht wollen, da sträuben wir uns dagegen. Dieses ‚ihr müßt, dann könnt ihr, dann dürft ihr'. Wir möchten uns nicht gerne was vorschreiben lassen." (BC Mitglied 4); „Weil mein ganzes Erarbeitetes hier dann in ein Raster reinkommt, wo das alles völlig untergeht." (BC Mitglied 17)

Mit der offiziellen Anerkennung sind aber nicht nur Auflagen und Pflichten verbunden, sondern auch eine Reihe von Vorteilen, wie die Berechtigung, das Markenzeichen verwenden und sich als Vertreter der Marke bezeichnen zu dürfen, oder die Möglichkeit, verschiedene Unterstützungsleistungen in Anspruch nehmen zu können und mit zusätzlichen Informationen zur Marke und einzelnen Modellen versorgt zu werden. Folglich können BCs, die sich diesen Dachverbänden anschließen, als offiziell anerkannte, und BCs, die keinem Dachverband angehören, als nicht offiziell-anerkannte BCs bezeichnet werden.

Festzuhalten ist zudem, daß Hersteller derzeit noch sehr unterschiedlich mit BCs umgehen. Die Spanne reicht von keinerlei aktivem Engagement über zentrale Ansprechpartner beim Hersteller bis hin zu stark organisierten Dachverbänden.

Interessant ist jedoch, daß den Händlern in diesem Zusammenhang bisher nur wenig Aufmerksamkeit gewidmet wurde. Nur vereinzelt findet man in entsprechenden Statuten Hinweise darauf, daß auch die Händler in die Betreuung der BCs einbezogen werden sollen. Es stellt sich daher die Frage nach dem „Warum?".

Erste Gespräche mit Händlern haben gezeigt, daß bei den meisten Händlern in Bezug auf das BC-Thema ein großes Fragezeichen vorzufinden ist und ihnen auch seitens der Hersteller keine Informationen bereitgestellt werden (Hartleb 2009: 141 ff.). Für BCs bedeutet dies, daß Anfragen bei Händlern gegebenenfalls nicht beantwortet oder direkt abgelehnt werden. Viele der befragten BCs gaben in den Interviews an, daß es schwer ist, einen Händler für eine Zusammenarbeit zu gewinnen. Zum Beispiel wurde gesagt: „Wir haben uns darum bemüht. Wir wissen von anderen Clubs, daß es sehr schwer ist, Händler für eine Unterstützung zu finden. Die Händler sehen keine Vorteile in einer Zusammenarbeit." (BC Mitglied 5); „Eine Beteiligung von Händlern und Herstellern wird von unserer Seite ausdrücklich erwünscht." (BC Mitglied 23); „Das Forum wurde privat gegründet. Leider möchte sich kein Händler/Hersteller daran beteiligen. Entsprechende Anfragen wurden nicht beantwortet." (BC Mitglied 24)

Die BCs, die einen Händler als Kooperationspartner für sich gewonnen haben, beschreiben die Zusammenarbeit als äußerst positiv und partnerschaftlich, in der das Miteinander auf einem wechselseitigen Geben und Nehmen beruht. Diese Einschätzung wird auch von den Händlern geteilt. Beide Seiten sprechen weniger von Verpflichtungen als vielmehr von einer Beziehung, die von Ausgewogenheit und Vertrauen geprägt ist. So heißt es etwa: „Ich denke mal, die Zusammenarbeit ist eigentlich ganz intensiv. Das ist, wie es in einer Partnerschaft so sein sollte, ein Geben und Nehmen." (Händler 16); „Also, also bei dem [Automarke] Club [Stadt] ist das schon so eine Art richtige Partnerschaft." (Händler 1); „Die Mitglieder sind froh, einen bekannten Ansprechpartner zu haben." (BC Mitglied 12); „Manche erhoffen sich halt mehr. Aber das ist ja ein Geben und Nehmen. Die meisten denken halt, die geben nur, aber das Geld sitzt bei keinem mehr locker. Auch nicht mehr bei Autohäusern. Wir kennen das von anderen Autohäusern, daß die andere Clubs finanzieren oder mit Autos unterstützen, aber das sieht der Juniorchef bei uns noch nicht." (BC Mitglied 4)

Aus dem letzten Statement wird deutlich, daß BCs auf unterschiedliche Arten durch den Händler unterstützt werden können. Die Unterstützungsarten reichen von finanzieller Förderung über die Unterstützung bei BC-Events bis hin zu materiellen Leistungen. Abbildung 4 verdeutlicht, daß sich Händler zudem nicht nur auf eine Unterstützungsart konzentrieren, sondern im Schnitt auf zwei bis drei unterschiedliche Weisen BCs unterstützen. Diese Vielfalt an Unterstützungsarten verdeutlicht überdies, daß bisher kein einheitliches Vorgehen besteht, wie Händler BCs unterstützen können.

Abbildung 4 Unterstützungsleistungen der Händler

	Unterstützungsleistungen seitens der 16 befragten Händler					
	Nachlässe/ Rabatte	Finanzielle Unterstützung	Unterstützung bei Veranstaltungen	Materielle Unterstützung	Werbung/ Öffentlichkeitsarbeit	Informationsversorgung
Anzahl Händler	7	6	9	3	5	2

Die in der Abbildung 4 aufgeführten Unterstützungsarten wurden in der Form auch von den BCs bestätigt. Von diesen war u. a. zu vernehmen: „Wir bekommen finanzielle Vorteile und zusätzliche Infos für unsere Mitglieder." (BC Mitglied 12); „Er unterstützt uns finanziell und berät uns in Fachfragen." (BC Mitglied 6); „Der Händler hat in 2006 Clubkleidung gesponsert und gewährt außerdem Mitgliedern Nachlässe bei Teilen, Zubehör und bei Neukauf und Reparaturen. Außerdem hat er den Mitgliedern, die auf Versammlungen des [Dachverbandsname] fahren mußten, auf Anfrage ein Auto zur Verfügung gestellt. Es wurde ebenso für die Hauptversammlung die Ausstellungshalle zur Verfügung gestellt. Dafür haben wir uns bereit erklärt, bei einer Abendveranstaltung mitzuhelfen. Wir haben auch bei diversen Automobil-Neuvorstellungen einen Stand aufgebaut und z. B. Kaffee und Kuchen an die Kunden ausgegeben. Grundsätzlich steht von uns ein Prospektständer mit Flyern im Ausstellungsraum. Wir bedanken uns jedes Jahr bei allen Mitarbeitern des Autohauses mit einem Weihnachtsgeschenk." (BC Mitglied 2); „Der Händler sponsert uns, z. B. mit Aufklebern und Jacken. Wir machen zusammen Veranstaltungen. Kommen mit unseren Oldtimern. Das ist für den Händler positiv." (BC Mitglied 5)

Das letzte Statement zeigt, daß auch die Händler von einer Kooperation mit BCs profitieren können. Zu den positiven Effekten für den Händler zählen beispielsweise positive Imageeffekte und WOM-Effekte sowie höhere Händlerloyalität und entsprechende Umsatzsteigerungen. Doch obwohl für Händler mit BC-Engagement viele Vorteile eintreten können, steht häufig die Frage nach der Kosten/Nutzen-Relation im Vordergrund. Insbesondere die fehlende Meßbarkeit des Erfolges und der erhöhte Zeitaufwand werden immer wieder als kritische Größen angeführt. In den Interviews wurde u. a. geäußert: „Das ist mehr oder weniger ein Zuschußgeschäft. Das ist eine Sache, weil Werbung kann man ja nicht messen. Und letztes Jahr sind z. B. zwei Geschäfte daraus resultiert. Bei einem Kollegen, der in [Ortsname] einen Club unterstützt, sind es ein oder zwei." (Händler 4); „Ich bin in der Situation, Verantwortung in Leitungsebene zu haben, und seitdem geh ich immer in diese Richtung, aber ich geh nicht aktiv rein, weil der Hebel des Erfolgs bei diesen Clubs nicht so für mich meßbar ist, wie es bspw. bei anderem Zielgruppenmarketing ist." (Händler 7); „Man muß es auch immer in Relation sehen, weil irgendein Engagement, was man mit einem Club zusammen hat, ist auch eine Investition, weil, wenn sie heute eine Veranstaltung planen, ist es auch immer eine Kostenfrage." (Händler 8).

Festzuhalten bleibt, daß seitens der BCs ein hohes Interesse besteht, Händler als Kooperationspartner zu gewinnen. Die eher spärliche Resonanz der Händler läßt sich demgegenüber auf fehlende Informationen zu diesem Themenbereich und darauf zurückführen, daß Händler nicht abschätzen können, inwiefern sie tatsächlich von einem solchen BC-Engagement profitieren können. Dieser Fragestellung wird im Rahmen der nachstehenden quantitativen Untersuchung weiter nachgegangen.

3.3 Ergebnisse der quantitativen Untersuchung

Im Rahmen der quantitativen Untersuchung kann grundsätzlich zwischen drei Gruppen unterschieden werden: (1) BC-Mitglieder, die von einem Händler unterstützt werden (n=90), (2) BC-Mitglieder, die noch nicht mit einem Händler zusammen gearbeitet haben (n=698), und (3) Nicht-BC-Mitglieder, d. h. Kunden, die bisher nicht Mitglied in einer BC sind (n=235). Nachstehend wird zunächst die Gruppe der BC-Mitglieder, deren BC aktiv von einem Händler unterstützt, näher analysiert. Im Anschluß daran wird der Frage nachgegangen, inwieweit BC-Mitglieder, deren BCs bisher nicht mit einem Händler zusammengearbeitet hat, daran interessiert sind und wie diese gestaltet sein sollten.

In einem ersten Schritt kann festgehalten werden, daß die sechs, aus der qualitativen Untersuchung extrahierten Unterstützungsarten in der quantitativen Studie Bestätigung fanden (Hartleb 2009: 181 f.). In der Kategorie „Sonstige Unterstützungsleistungen" wurden lediglich drei weitere Formen der Unterstützung genannt, die den bereits bestehenden sechs Kategorien nicht direkt zugeordnet werden konnten: Unterstützung im Schadenfall, Benutzung der Werkstatt und Probefahrten mit neuen Modellen. Die in Abbildung 5 dargestellte Statistik zeigt, daß BC-Mitglieder angaben, am häufigsten in Form von Nachlässen und Rabatten unterstützt zu werden (75,3 % der BCs), gefolgt von der Unterstützung bei Veranstaltungen (67,4 %) und dem Bereitstellen von Informationen zum Produkt bzw. technischen Informationen (62,9 %). Eine direkte finanzielle Unterstützung erhalten nur 23,6 Prozent der BCs.

In einem zweiten Schritt diente die qualitative Untersuchung der Beantwortung der in der quantitativen Analyse aufgeworfenen Fragestellung, inwieweit

Abbildung 5 Unterstützungsleistungen der Händler

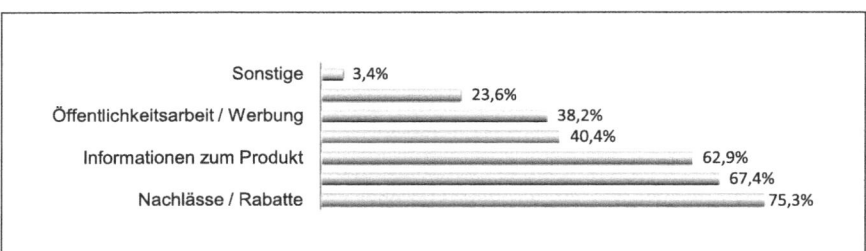

sich ein BC-Engagement aus Händlerperspektive überhaupt lohnt. Um diesbezüglich eine Aussage tätigen zu können, werden die oben genannten drei Gruppen hinsichtlich ihrer Händler-Loyalität in Form von positiven WOM-Effekten, Wiederkaufsabsichten und Cross-Selling-Aktivitäten gegenübergestellt und mittels einer Varianzanalyse analysiert.[7]

Basierend auf den bisherigen Ergebnissen der BC-Forschung, die BC-Mitgliedern im allgemeinen ein sehr hohes Maß an Markenloyalität bescheinigt, liegt die Vermutung nahe, daß diese Mitglieder auch den Händlern gegenüber ein hohes Maß an Loyalität aufweisen. Die Ergebnisse der Varianzanalyse in Abbildung 6 (S. 169) zeigen jedoch, daß sich die hohe Markenloyalität von BC-Mitgliedern nicht automatisch auf die Händlerloyalität überträgt. Sowohl im Hinblick auf positive WOM-Effekte, Wiederkaufsabsichten und Cross-Buying-Aktivitäten bestehen keine signifikanten Unterschiede zwischen BC-Mitgliedern, die nicht von einem Händler unterstützt werden, und Nicht-BC-Mitgliedern.

Betrachtet man hingegen die Gruppe der BC-Mitglieder, deren BC von einem Händler vor Ort unterstützt wird, sind signifikante Unterschiede in allen drei Bereichen festzustellen, und zwar sowohl im Vergleich zu BC-Mitgliedern, deren BCs nicht unterstützt werden, als auch zu Nicht-BC-Mitglieder. Die Bereitschaft zum Wiederkauf beim Händler sowie positive WOM-Effekte sind bei BC-Mitgliedern, die vom Händler unterstützt werden, signifikant höher ausgeprägt (Wiederkauf: 2,14 bzw. WOM: 1,55) als in den anderen beiden Gruppen (nicht unterstütze BC-Mitglieder: Wiederkauf: 2,94 bzw. WOM: 2,02 und Nicht-BC-Mitglieder: Wiederkauf: 2,61 bzw. WOM: 1,99) (Abb. 6, S. 169).[8]

Ebenso hat die Analyse der Ausgaben für Zubehör des vergangenen Jahres gezeigt, daß die BC-Mitglieder, die unterstützt werden, im Durchschnitt signi-

---

[7] Vgl. hierzu sowie zu weiteren Details zur Überprüfung des Meßmodells und der Verfahrensprämissen Hartleb 2009: 177 ff.
[8] Den Werten liegt eine 5er-Skala mit 1 („trifft voll zu") und 5 („trifft gar nicht zu") zugrunde.

Abbildung 6   Ergebnisse der Varianzanalyse (Hartleb 2009: 180)

	Mittelwerte		
	Unterstützt	Nicht-Unterstützt	Nicht-Mitglied
Wiederkauf	2,14 *** **	2,94	2,61 n. s.
WOM	1,55 *** ***	2,02	1,99 n. s.
Zubehör (€)	720,46 ** **	273,54	259,51 n. s.

* = statistically significant at p < .10; ** = statistically significant at p < .05; *** = statistically significant at p < .01; n. s. = not significant

fikant mehr Geld für Zubehör bei ihrem Händler vor Ort ausgegeben haben (ca. 720 €) als BC-Mitglieder, die nicht unterstützt werden (ca. 274 €) bzw. Nicht-BC-Mitglieder (ca. 260 €).

Die Ergebnisse zeigen, daß Händler vom BC-Phänomen nur profitieren können, wenn sie mit BCs aktiv zusammenarbeiten und diese unterstützen. Engagieren sich die Händler vor Ort nicht, ist es für sie bedeutungslos, ob ihre Kunden BC-Mitglied sind oder nicht.

Aus der qualitativen Studie ging bereits hervor, daß viele BCs sich eine Zusammenarbeit mit einem Händler wünschen. Die quantitative Studie ermöglicht aufgrund des hohen n eine differenziertere Betrachtung. Zu unterscheiden sind rein überregionale BCs von denen, die vorwiegend einen regionalen Bezug haben. Abbildung 7 verdeutlicht, daß der Wunsch nach Unterstützung bei regional agierenden BCs signifikant stärker ausgeprägt ist als bei rein überregional orientierten. Auf einer 5er-Skala von 1 (erfreulich) bis 5 (ärgerlich) beantworteten die Mitglieder rein regionaler BCs die Frage durchschnittlich mit einem Wert von 1,89, Mitglieder rein überregionaler BCs hingegen durchschnittlich mit 2,61. Hintergrund ist, daß es sich im Falle rein überregionaler BCs zumeist um große Online-Communities handelt, in denen sich die Mitglieder zwar online vernetzen, auf regionaler Ebene jedoch nicht persönlich treffen. Auch die Frage, inwieweit eine Zusammenarbeit mit Händlern von den BC-Mitgliedern befürwortet wird, wurde hinsichtlich der Verteilung ähnlich beantwortet. Auf einer

Abbildung 7   Deskriptive Ergebnisse

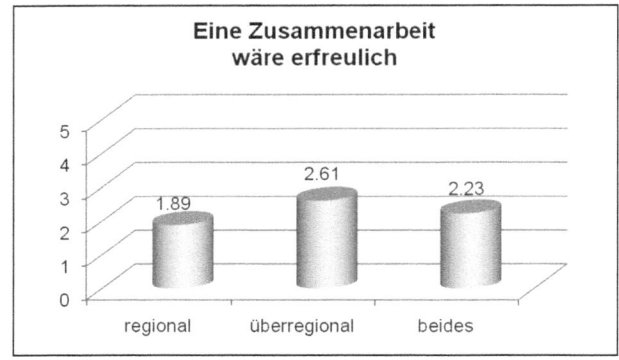

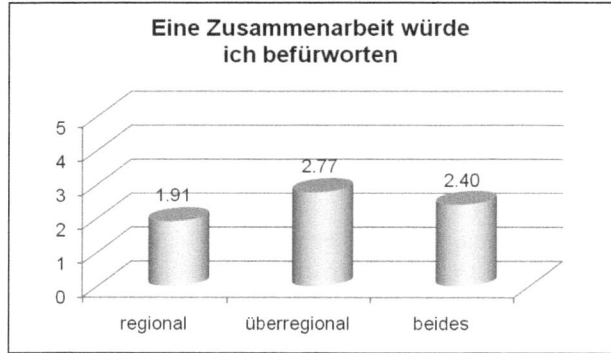

Skala von 1 („befürworte ich") bis 5 („lehne ich ab") antworteten die Mitglieder rein regionaler BCs durchschnittlich mit 1,91, die Mitglieder rein überregionaler BCs mit 2,77 und BC-Mitglieder, die sowohl regional als auch überregional aktiv sind, mit 2,40.

Weiterhin wurden die BC-Mitglieder gefragt, welche Art der Zusammenarbeit sie sich wünschen. Neben Rabatten und sonstigen finanziellen Unterstützungsleistungen wurden u. a. die nachstehenden Wünsche geäußert: Nutzung der Räumlichkeiten zu Fahrzeugmodifikationen und Treffen; technische Unterstützung und Pflegetipps; Ersatzteilversorgung; Know-how-Austausch zwischen Hersteller, Händler und Endkunde; Produktentwicklungen/Fragen zur Konstruktion von neuen Automodellen, Ausstattungen usw.; Austausch von Erfahrungen; gemeinschaftliche Veranstaltungen, z. B. Fahrsicherheitstrainings etc.; Organisation von (über)regionalen Treffen; Onlineberatung; Ausfahrten mit neuen Modellen der Marke; detailliertere und frühere Infos über die Produkte des Herstellers;

Einladungen zu Neuvorstellungen bzw. Promotion-Veranstaltungen; Förderung von Clubmitgliedschaften; Werbepartner; Kooperationspartner bei Ausstellungen und Messen.

Die aufgeführten Wünsche verdeutlichen, daß Händler auf ein großes Spektrum von Unterstützungsleistungen zurückgreifen können, die von BC-Mitgliedern aktiv nachgefragt werden. Zudem konnte gezeigt werden, daß die Händler für BCs eine wesentliche Rolle spielen, und daß sich ein BC-Engagement auf Händlerseite auch für diese auszahlt und nicht nur reines Zuschußgeschäft ist. Es wird daher empfohlen, daß die Hersteller ihr Händlernetz im Umgang mit BCs und deren Unterstützung aktiv mit einbeziehen, um eine optimale Betreuung der BCs vor Ort gewährleisten zu können. Wie genau Hersteller und Händler sich im BC-Kontext engagieren können, wird im nachstehenden Kapitel erläutert.

4 Implikationen

Aus den gewonnenen Erkenntnissen der qualitativen und quantitativen Studien lassen sich für die Hersteller wie Händler Implikationen hinsichtlich des Umgangs mit BCs ableiten (Hartleb 2009: 188 ff.). Es hat sich gezeigt, daß insbesondere bei regionalen BCs ein erhöhter Bedarf nach Ansprechpartnern vor Ort besteht. Es liegt daher nahe, auf das bestehende Händlernetz zurückzugreifen und dieses aktiv in ein umfassendes BC-Management einzubeziehen. Um eine einheitliche und für alle Parteien zielführende Zusammenarbeit von BCs und Händlern vor Ort sicherzustellen, bedarf es seitens der Hersteller einer Konzeption, die die Bedürfnisse der BCs wie der Händler vor Ort vereint.

Die Analyse der Daten hat zudem gezeigt, daß bisher noch kein einheitliches Vorgehen auf Seiten der Händler hinsichtlich des Umgangs mit BCs existiert. Ein gewisser Standardisierungsgrad innerhalb der BC-Betreuung ist jedoch notwendig, um ein einheitliches Auftreten der Marke in der Öffentlichkeit und gegenüber den BCs gewährleisten zu können. Folglich sollte die operative, regionale Clubbetreuung zwar weiterhin bei den Händlern vor Ort verankert sein, strategische Aspekte zum Umgang mit BCs sollten jedoch zentral durch den Hersteller entwickelt und koordiniert werden. Wichtig ist, daß die Händler durch den Hersteller aktiv ins BC-Management mit einbezogen und mit Informationen versorgt werden, einen Leitfaden zum Umgang mit BCs erhalten und einen zentralen Ansprechpartner für Rückfragen an die Seite gestellt bekommen.

Inwieweit ein Hersteller für das BC-Management eine zentrale Abteilung im Unternehmen oder eine Art Dachverband einrichtet, ist im Einzelfall zu entscheiden. Wichtig ist, daß im Falle eines Dachverbandes die Kommunikation zwischen Dachverband und Händlern sichergestellt wird. Die derzeitige Praxis zeigt, daß das Reglement, welches mit diesen BC-Dachverbänden einhergeht, noch einmal zu überdenken ist. Ein „zu viel" an Verpflichtungen und Regularien kann auf Seiten der BCs zu Unmut führen und damit kontraproduktiv im Rahmen eines umfassenden BC-Managements sein.

Händler sollten den Anfragen von BCs grundsätzlich offen gegenüberstehen und eine mögliche Kooperation mit der jeweiligen BC ausloten. Eine solche Kooperation bringt für beide Parteien Vorteile. So könnten die BCs bei Veranstaltungen sowie im Rahmen personeller Unterstützung als fester Bestandteil mit eingebunden werden. Die BCs können diese Gelegenheiten nutzen, um Werbung für ihre BCs zu machen und sich in der Öffentlichkeit zu präsentieren. Zudem sollten Händler vor Ort aus strategischen Gesichtspunkten mindestens einen Mitarbeiter beschäftigen, der sich aus persönlichem Interesse in der jeweiligen BC engagiert. Dies sichert kurze Kommunikationswege und fördert die Intensität und Kontinuität der Zusammenarbeit. Weiterhin führt eine gute Zusammenarbeit zwischen BCs und Händlern zu erhöhter Kundenbindung, positiven Image- und WOM-Effekten und in letzter Konsequenz zu Absatzsteigerungen.

Insbesondere aus der quantitativen Studie ging hervor, daß hinsichtlich eines BC-Managements zwischen regionalen und überregionalen BCs unterschieden werden kann. Während regional ausgerichtete BCs ihren Bedarf an Unterstützung durch einen Händler deutlich machen, ist die Resonanz seitens der überregionalen BCs geringer, was an der deutschlandweiten Verteilung der Mitglieder liegen dürfte. Dennoch bieten auch diese BCs Ansatzpunkte für regionale Händler. In diesem Fall empfiehlt es sich, daß nicht nur regionale Händler langfristige Kooperationen mit überregionalen BCs eingehen, sondern regionale Händler sich zu einer strategischen Händlergruppe zusammenschließen und die Betreuung der überregionalen BCs gemeinsam übernehmen (Hartleb 2009: 206 f.). Ähnlich schlagen bereits Ahlert et al. (1996: 310) die Bildung von strategischen Händlergruppen vor, die die „Keimzelle für innovative Wege der Kundenbindung bilden." Der Grundgedanke einer solchen strategischen Händlergruppe ist es, ein gemeinsames Marketing-Konzept zur optimalen Betreuung der überregionalen BCs zu entwickeln. Dies beinhaltet eine strategische Verteilung der Händler, so daß diese nicht lokal miteinander in Konkurrenz treten. Jeder der angeschlossenen Händler verpflichtet sich, in bestimmten Abständen Veranstaltungen zu organisieren und ggf. weitere Aufgaben wie ein aktives Engagement innerhalb eines Diskussionsforums der überregionalen BCs zu übernehmen. Je nach Größe der zu betreuenden BCs können sich auch innerhalb überregionaler BCs regionale Stammtische herausbilden, die, sofern sie in das Einzugsgebiet eines teilnehmenden Händlers fallen, wie andere regionale BCs betreut werden.

Abschließend bleibt festzuhalten, daß noch erheblicher Nachholbedarf im Hinblick auf das BC-Management besteht und daß es sich für einen Hersteller wie Volkswagen empfiehlt, sich aktiv im BC-Kontext zu engagieren und dabei das eigene Händlernetz in ein sogenanntes umfassendes BC-Management zu integrieren.

Literatur

Ahlert, Dieter/Kollenbach, Stephan/Korte, Christian (1996): Strategisches Handelsmanagement. Erfolgskonzepte und Profilierungsstrategien am Beispiel des Automobilhandels. Stuttgart.
Algesheimer, René (2004): Brand Communities. Begriff, Grundmodell und Implikationen. Wiesbaden.
Algesheimer, René/Dholakia, Utpal M./Herrmann, Andreas (2005): The Social Influence of Brand Community: Evidence from European Car Clubs, in: Journal of Marketing 69, S. 19–34.
Andersen, Poul H. (2005): Relationship Marketing and Brand Involvement of Professionals through Web-enhanced Brand Communities: The Case of Coloplast, in: Industrial Marketing Management 34, S. 285–297.
Anderson, James C./Narus, James A. (1995): Capturing the Value of Supplementary Services, in: Harvard Business Review 73, S. 75–83.
Bagozzi, Richard P./Dholakia, Utpal M. (2006): Antecedents and Purchase Consequences of Customer Participation in Small Group Brand Communities, in: International Journal of Research in Marketing 23, S. 45–61.
Beckmann, Suzanne C./Langer, Roy (2007): Netnographie, in: Renate Buber/Hartmut H. Holzmüller (Hg.): Qualitative Marktforschung: Konzepte – Methoden – Analysen. Wiesbaden, S. 219–228.
Carlson, Brad D./Suter, Tracy A./Brown, Tom J. (2008): Social versus Psychological Brand Community. The Role of Psychological Sense of Brand Community, in: Journal of Business Research 61, S. 284–291.
Casaló, Luis. V./Flavián, Carlos/Guinalíu, Miguel (2008): Promoting Consumer's Participation in Virtual Brand Communities: A New Paradigm in Branding Strategy, in: Journal of Marketing Communications 14, S. 19–36.
Cova, Bernard/Pace, Stefano (2006): Brand Community of Convenience Products: New Forms of Customer Empowerment – The Case „my Nutella The Community", in: European Journal of Marketing 40, S. 1087–1105.
Cova, Bernard/Pace, Stefano/Park, David J. (2007): Global Brand Communities across Borders: The Warhammer Case, in: International Marketing Review 24, S. 313–329.
Creswell, John W. (2009): Research Design: Qualitative, Quantitative, and Mixed Methods Approaches. Thousand Oaks.
Füller, Johann/Jawecki, Gregor/Mühlbacher, Hans (2007): Innovation Creation by Online Basketball Communities, in: Journal of Business Research 60, S. 60–71.
Füller, Johann/Matzler, Kurt/Hoppe, Melanie (2008): Brand Community Members as a Source of Innovation, in: Journal of Product Innovation Management 25, S. 608–619.
Fournier, Susan/McAlexander, James/Schouten, John W./Sensiper, Sylvia (2000): Building Brand Community on the Harley-Davidson Posse Ride, in: Harvard Business School Cases, S. 1–37.
Gruen, Thomas W./Ferguson, Jeffery M. (1994): Using Membership as a Marketing Tool: Issues and Applications, in: Jagdish M. Sheth/Atul Parvatoyar (Hg.): Relationship Marketing. Theory, Methods and Applications. Atlanta, S. 60–64.
Hickman, Thomas M./Ward, James (2007): The Dark Side of Brand Community: Inter-Group Stereotyping, Trash Talk, and Schadenfreude, in: Advances in Consumer Research 34, S. 314–319.
Hollenbeck, Candice R./Zinkhan, George M. (2006): Consumer Activism on the Internet: The Role of Anti-brand Communities, in: Advances in Consumer Research 33, S. 479–485.
Keller, Kevin L. (2008): Strategic brand management. Building, measuring, and managing brand equity. Upper Saddle River.

Keller, Kevin L./Apéria, Tony/Georgson, Mats (2008): Strategic Brand Management: A European Perspective. Harlow.

Kim, Joong H./Bae, Zong-Tae/Kang, S. H. (2008): The Role of Online Brand Community in New Product Development: Case Studies on Digital Product Manufacturers in Korea, in: International Journal of Innovation Management 12, S. 357–376.

Leigh, Thomas W./Peters, Cara/Shelton, Jeremy (2006): The Consumer Quest for Authenticity: The Multiplicity of Meanings Within the MG Subculture of Consumption, in: Journal of the Academy of Marketing Science 34, S. 481–493.

Luedicke, Marius K. (2006): Brand Community Under Fire: The Role of Social Environments for the HUMMER Brand Community, in: Advances in Consumer Research 33, S. 486–492.

McAlexander, James H./Schouten, John W./Koenig, Harold F. (2002): Building Brand Community, in: Journal of Marketing 66, S. 38–54.

McAlexander, James H./Kim, Stephen K./Roberts, Scott D. (2003): Loyalty: The Influence of Satisfaction and Brand Community Integration, in: Journal of Marketing Theory and Practice 11, S. 1–11.

McAlexander, James H./Koenig, Harold F./Schouten, John W. (2004): Building a University Brand Community: The Long-Term Impact of Shared Experiences, in: Journal of Marketing for Higher Education 14, S. 61–79.

Mittal, Vikas/Kumar, Pankaj/Tsiros, Michael (1999): Attribute-Level Performance, Satisfaction, and Behavioral Intentions over Time: A Consumption-System Approach, in: Journal of Marketing 63, S. 88–101.

Muniz, Albert M., Jr./O'Guinn, Thomas C. (2001): Brand Community, in: Journal of Consumer Research 27, S. 412–432.

Muniz, Albert M., Jr./Schau, Hope J. (2005): Religiosity in the Abandoned Apple Newton Brand Community, in: Journal of Consumer Research 31, S. 737-747.

Muniz, Albert M., Jr./Schau, Hope J. (2007): Vigilante Marketing and Consumer-Created Communications, in: Journal of Advertising 36, S. 35-50.

Ouwersloot, Hans/Odekerken-Schroeder, Gaby (2008): Who's who in brand communities – and why?, in: European Journal of Marketing 42, S. 571–585.

Schau, Hope J./Muniz, Albert M., Jr. (2002): Brand Communities and Personal Identities: Negotiations in Cyberspace, in: Advances in Consumer Research 29, S. 344–349.

Schau, Hope J./Muniz, Albert M., Jr. (2006): A Tale of Tales: The Apple Newton Narratives, in: Journal of Strategic Marketing 14, S. 19–33.

Schau, Hope J./Muniz, Albert M., Jr./Arnould, Eric J. (2009): How Brand Community Practices Create Value, in: Journal of Marketing 73, S. 30–51.

Schembri, Sharon (2009): Reframing brand experience: The experiential meaning of Harley-Davidson, in: Journal of Business Research 62, S. 1299–1310.

Schouten, John W./McAlexander, James H./Koenig, Harold F. (2007): Transcendent Customer Experience and Brand Community, in: Journal of the Academy of Marketing Science 35, S. 357–368.

Shang, Rong-An/Chen, Yu-Chen/Liao, Hsueh-Jung (2006): The Value of Participation in Virtual Consumer Communities on Brand Loyalty, in: Internet Research 16, S. 398–418.

Thompson, Scott A./Sinha, Rajiv K. (2008): Brand Communities and New Product Adoption: The Influence and Limits of Oppositional Loyalty, in: Journal of Marketing 72, S. 65–80.

von Loewenfeld, Fabian (2006): Brand Communities. Erfolgsfaktoren und ökonomische Relevanz von Markengemeinschaften. Wiesbaden.

Woisetschläger, David/Hartleb, Vivian/Blut, Markus (2008): How to Make Brand Communities Work: Antecedents and Consequences of Consumer Participation, in: Journal of Relationship Marketing 7, S. 237–256.

Diskursanalysen von Markenkulturen

Der Begriff der Markenkultur ist schillernd und ambivalent zugleich. Immerhin drückt sich darin eine kulturalistische Aufwertung des Kommerziellen aus, und dazu noch von Marken, diesen berühmt-berüchtigen Ikonen der Marktwirtschaft: hochumstritten, von den einen geliebt, von den anderen gehaßt. Völlige Indifferenz trifft man selten an. Von daher kann sicherlich gefragt werden, ob die Zuschreibung des Kulturbegriffs auf das Markenphänomen unbedingt sein muß. Reicht es nicht, daß es überhaupt Marken gibt, wirkungsmächtigste Sozialtechnologie des Marketing, der man schon von Kindesbein an widerstandslos ausgesetzt ist? *Nicht,* wenn man zugesteht, daß Marken nicht bloß für die Unternehmen, sondern auch die Kunden hochbedeutsam sind, und zwar nicht bloß qua Kauf und Konsum, sondern vielmehr durch Aneignung und Umgestaltung. Gerade der Tanz um das goldene Kalb „Marke" vereinigt Angebot und Nachfrage. Hand in Hand zelebrieren sie ihren Fetischbrauch, und mehr noch stellen Marken für viele Konsumenten und Kunden Prestige dar, gar Sinnressource, Lebensbegleiter, parasozialer Partner mit Interaktivitätspotential. In diesem Moment zeigen Marken tatsächlich Kultur. Denn Marken können weit mehr sein als bloße Sach- oder Dienstleistungen, technische Artefakte. Außerdem gehören Marken längst zum festen Inventar der (im)materiellen Kultur unserer Gesellschaft. Nur stellt sich die Frage, wie sich die Kultur von Marken empirisch erforschen läßt. Wo spielt sich Markenkultur konkret ab? Was genau ist darunter zu verstehen? Eine Möglichkeit besteht darin, Markenkultur als eine besondere Form von Kommunikation zu betrachten, die mittels Diskursanalyse untersucht werden kann.

So befaßt sich *Michael Friedemann* in seinem Beitrag mit der Analyse von zwei Diskursfeldern, die sich um den *VW Golf I* und den *VW Golf V* herum ausgebildet haben. Beide Diskursfelder werden durch vielerlei Quellen gespeist. *Friedemann* hat drei ausgewählt und sich dabei auf manifeste Formen der Kommunikation konzentriert: erstens Werbekampagnen seitens des Unternehmens Volkswagen, zweitens Artikel seitens gewisser Fachmagazine und drittens Leserbriefe seitens einzelner Kunden. Bei der eigentlichen Diskursanalyse hat sich *Friedemann* dann jeweils angeschaut, welcher Deutungsmuster sich das Unternehmen, die Fachmagazine und die Kunden jeweils bedient haben, einmal für das *VW Golf I*- und ein weiteres Mal für das *VW Golf V*-Diskursfeld. Ziel war es, in einem ersten Schritt über einen synchronen Vergleich der Deutungsmuster jedes der beiden Diskursfelder herauszufinden, ob diese Deutungsmuster weitgehend kongruent waren oder nicht, und in einem zweiten Schritt zu prüfen, welche Unterschiede sich beim diachronen Vergleich der beiden Diskursfelder miteinander ergeben würden. Der zweite Schritt führte übrigens auf eine vorläufige Ermittlung der Markengeschichte des *VW Golf,* weil es durch den Abgleich der beiden Diskursfelder möglich sein sollte, das Verhältnis von Kontinuität und Diskontinuität, Erinnern und Vergessen in Augenschein zu nehmen. Denn die Geschichte einer Marke, oder sollte man sagen: das kollektive Gedächtnis der mit ihr Befaßten, gehört gleichfalls zum Phänomen der Markenkultur.

Ganz ähnlich stellt sich der Beitrag von *Thomas Heun* dar, der ebenfalls am Phänomen der Markenkultur angesetzt und dazu öffentlich sichtbare Formen der Kommunikation diskursanalytisch untersucht hat. Anders als bei *Friedemann* beschränkte sich *Heun* ausschließlich auf Homepages von Autofanclubs, die systematisch erhoben und analysiert wurden. Dafür begnügte sich *Heun* nicht bloß auf Produkte des Volkswagen Konzerns, sondern hat deutlich breiter ermittelt. So liegen seinem Sample insgesamt 64 Autofanclubs zugrunde, die sich auf 21 unterschiedliche Marken bezogen. In der weiteren Vorgehensweise ging es *Heun* dann gleichwohl um die Aufdeckung zentraler Deutungsmuster, die sich in diesen Szenen beobachten ließen. Hierbei zeigte sich, daß vor allem eine Polarisierung die Diskurse bestimmt: die zwischen Original und Tuning, d.h. zwischen der Haltung, den Originalzustand eines Fahrzeugs über alles zu stellen, und der Haltung, massive Veränderungen an den Fahrzeugen vorzunehmen. Doch auch die „Volkswagenwelt" war noch Gegenstand seiner Untersuchung. So nahm *Heun* einen speziellen Vergleich der „Brand Cultural Maps" von *Opel* und *VW* vor, mit dem Ergebnis, daß die „Opelwelt" sich im Kern um „Fahrdynamik auf allen Straßen" dreht, während die „Volkswagenwelt" durch das Deutungsmuster „Der vernünftige Klassiker" qualifizierbar ist.

Der Wille des Herstellers und der Eigensinn der Verwender
Eine diskursanalytische Untersuchung der *VW Golf*-Markenbedeutung im Zeitvergleich 1974–1982 und 2005–2008

Michael Friedemann

1 Eine kulturtheoretische Erweiterung der Markenforschung

Das Thema „Markenführung" zieht seit Jahren Aufmerksamkeit auf sich. In jüngster Zeit zeigen sich aber auch die Grenzen der klassischen Markenforschung, die Markenführung überwiegend als „entscheidungsorientierte Informationsverarbeitung und ihre Verwendung zur zielgerichteten Steuerung von Marken" definiert (Caspar/Metzler 2002: 6).[1]

Markenunternehmen und deren Kunden werden bei solch einer Sichtweise getrennt betrachtet. Die Kunden sind außerhalb der Unternehmen verortet und nehmen die Rolle passiver Rezipienten der ausschließlich vom Unternehmen gestalteten Markenbedeutungen ein. Immerhin weisen einige Autoren darauf hin, daß Unternehmen bzw. Marketing Manager wesentlich weniger direkte Kontrolle über die Bedeutungen einer Marke haben, als in der klassischen Markenforschung angenommen (Muniz/O'Guinn 2001; Holt 2004; Schau et al. 2009).

Eine wesentliche Ursache für diesen Mangel an direkter Kontrolle kann in der zunehmenden Relevanz von Consumer-to-Consumer (C2C) Beziehungen vermutet werden (Hallay et al. 2008). In Folge der damit einhergehenden Interaktionen und Interpretationen der Kunden werden Marken nicht ausschließlich vom Unternehmen gestaltet, wie Beverland (2005: 460) schreibt, sondern durch die Kunden als wichtige Co-Produzenten einer Markenbedeutung mitbeeinflußt (Jaworski/Kohli 2006; Kalaignanam/Varadarajan 2006; Prahalad/Ramaswamy

---

[1] Definitorisch ergeben sich nur marginale Abweichungen vom Begriff der Markenpolitik, welcher definiert ist als „Gestaltung von Marken durch einen Markenartikelhersteller (inklusive Dienstleister) oder ein Handelsunternehmen zur Erreichung von Hersteller- oder Handelszielen" (Sattler 2001: 39). Definitorisch wird eine explizite Verbindung der Markenpolitik bzw. Markenführung zu den Verhaltenswissenschaften hergestellt. Das läßt sich damit begründen, daß die derzeitige Markenforschung insbesondere die Erfüllung verhaltenswissenschaftlicher Ziele als eine zentrale Voraussetzung zur Befriedigung ökonomischer Ziele sieht. Diese Auffassung wird von verschiedenen Autoren vertreten, vgl. Engelhardt 1998: 7; Franke 2002: 80–93; Haase/Kleinaltenkamp 2004: 38–40.

2004; Vargo/Lusch 2004). Zwar werden die Kunden auch in die betriebswirtschaftlichen Modelle mit einbezogen, jedoch meist auf ihre Funktion als Käufer reduziert. Diese Reduktion aufs Kaufen verhindert das Verstehen der Aneignung von Marken.

Eine Möglichkeit zur Perspektivenerweiterung bietet die Integration des Markenkulturkonzepts.[2] Hierdurch kann man der Tatsache gerecht werden, daß Markenbedeutungen nicht allein von den Unternehmen gestaltet werden (Deshpandé 1983; Vargo/Lusch 2004). Vielmehr sind daran immer mehrere Akteure beteiligt. Marken sind ein Kulturphänomen, das kollektiv produziert wird. Dies ist ein wichtiger Aspekt, der bei der Markenpositionierung und -profilierung berücksichtigt werden sollte. Allerdings ist das Wissen um die Kultur von Marken noch sehr ungenügend.

In Anbetracht des Forschungsstands verfolgt dieser Beitrag das Ziel, mithilfe eines kulturorientierten Zugangs im Rahmen einer Fallstudie aufzuzeigen, wie man sich die Entstehung und Entwicklung von Markenbedeutungen vorzustellen hat. Eine solche Analyse könnte für die Markenpolitik weiterführend sein, da sie ein Suchfeld für die Bestimmung realitätsangemessener Markenpositionierung und die Erklärung des Versagens intendierter Positionierungen bietet.

2 Theoretische Grundlagen

Das grundsätzliche Problem einer Markenpositionierung, wie sie in der betriebswirtschaftlichen Markenforschung beschrieben wird, liegt in der Annahme, daß die Markenverwender[3] überwiegend die Rolle passiver Rezipienten einnehmen (Deshpandé 1983). Darüber hinaus werden die Markenverwender als Individuen und nicht als vernetztes Kollektiv betrachtet, etwa im Sinne einer Kundschaft.[4]

---

[2] Markenkultur ist ein übergreifendes Konstrukt, das sich als Brückenkonzept zwischen Unternehmen und deren markenspezifischer Umwelt durch inner- und außerbetriebliche Akteursbezüge erklärt. Markenkultur ist gleichzeitig verbindendes wie trennendes Phänomen zwischen markenbezogener Bedeutungsschaffung durch das Unternehmen und den Bedeutungszuweisungen durch die Marken-Anhänger, die sich in unterschiedlichem Umfange organisieren, z.B. in „brand communities", vgl. Muniz/O'Guinn 2001. Markenkultur kann verstanden werden als „eine kollektiv existierende, sinnhafte Ordnung im Sinne von Unterscheidungen, Deutungsmustern und Praktiken, die auf Marken bezogen ist." (Hellmann/Raabe 2008) Sie stellt ein durch unterschiedliche, unternehmensinterne wie -externe Akteure gesponnenes Bedeutungsgewebe dar, das sich um bestimmte Marken, deren Nutzung und die auf sie bezogene Kommunikation entwickelt und verfestigt.
[3] Der Begriff der Markenverwender umfaßt Investoren, die Fachpresse, individuelle Kunden, Kundennetzwerke wie „brand communities" etc.
[4] Kundschaft bezeichnet ein nicht bloß imaginiertes, sondern real erfahrbares Kollektiv von Kunden, die allesamt die gleiche Marke wertschätzen und intensiv nutzen. Bei Kundschaft kommt es

Es erscheint stark verkürzt vorauszusetzen, daß die Markenverwender die mit der jeweiligen Markenpositionierung verbundenen Aussagekonzepte unreflektiert annehmen, selbst wenn diese nicht ihren eigenen Markenvorstellungen entsprechen. Denn wie die Forschung inzwischen aufgedeckt hat (wofür den Cultural Studies eine Vorreiterrolle zukommt), erfolgt die Übernahme des Aussagekonzepts durch die Markenverwender unterschiedlich stark, bis hin zu der Möglichkeit einer nutzerseitigen Umdeutung von Funktionen und Konnotationen einzelner Markenleistungen.[5]

Verhaltenstheoretisch begründete Positionierungsansätze überschätzen vor diesem Hintergrund die Durchsetzungsfähigkeit ihrer Soll-Positionierung (Markenidentität) und blenden ein komplexes und hochdynamisches gesellschaftliches Umfeld weitgehend aus, so daß mögliche anbieterkonträre Recodierungen der Markenbedeutung durch die Kundschaft keine Berücksichtigung finden (Raabe et al. 2004). Betrachtet man die Markenpositionierung hingegen aus einer kulturorientierten Perspektive, wird sichtbar, daß die Deutungen der Markenverwender im Zeitverlauf einer viel stärkeren Beachtung bedürfen.[6] Infolgedessen erscheinen die Ansätze der kognitiv-psychologischen Markenpolitik zur Markenpositionierung als ungenügend.

Im Folgenden wird ein Modell vorgestellt, welches auf Grundlage verschiedener Modelle entwickelt wurde und Markenkultur als Kreislaufkonzept konzipiert (Abb. 1, S. 180).[7] Zentraler Ansatzpunkt dieses Konzepts ist die Annahme eines wechselseitigen Austauschprozesses markenspezifischer Bedeutungen, der

---

gewissermaßen zur wechselseitigen Beobachtung und Bestätigung der Tatsache, daß viele Kunden sich grundsätzlich für eine bestimmte Marke entschieden haben, die für sie einen besonders hohen Stellenwert in ihrer Lebenswelt besitzt. Im Rahmen dieser Untersuchung wird der Typologie von Deichsel gefolgt und vor allem mit dem Begriff der Kundschaft gearbeitet, vgl. Deichsel 2004, S. 50 ff.
[5] Vgl. Raabe et al. 2004: 326 f. Als Beispiele für eine solche anbieterseitige Recodierung markenstrategischer Inhalte und Aussagen verweisen die Autoren auf die Markenhistorie der Marken *Harley Davidson* und *Opel Manta*.
[6] Zwar wird durch die Berücksichtigung der Markenhistorie ein retrospektiver Bezug in der klassischen Markenpolitik hergestellt, allerdings in einem wenig zielführenden Sinne. Bedeutung und Verwendung von Markenhistorie in der betriebswirtschaftlichen Markenforschung lassen sich wie folgt zusammenfassen: Markenhistorie wird im Sinne von (positiver) Vergangenheit verstanden. Es sind vor allem die Verdienste einzelner Marken in der Vergangenheit, die kommuniziert werden. Negative Facetten werden hingegen nur sehr zurückhaltend aufgearbeitet und dem Konsumenten kommuniziert. Man denke hier an die Auseinandersetzung mit der Zwangsarbeiterthematik bei Volkswagen im Rahmen des Zweiten Weltkriegs, vgl. Mommsen/Grieger 1997. Die Markenhistorie dient dem Unternehmen somit als Reputationsfaktor. Vor dem Hintergrund dieses verkürzten Begriffsverständnisses kann im Rahmen der betriebswirtschaftlichen Markenforschung nur vom Konstrukt „Markenhistorie" gesprochen werden, dem ein gegenstandsbezogenes Verständnis zugrunde liegt.
[7] Vgl. McCrackens (1986) „Movement of Meaning Model", du Gay et al. (1997) „Circuit of culture" sowie Hellmanns (2004) Kreislaufmodell der Produktion und Rezeption von Erwartungen, Bedeu-

Abbildung 1 Kreislaufkonzept einer Markenkultur

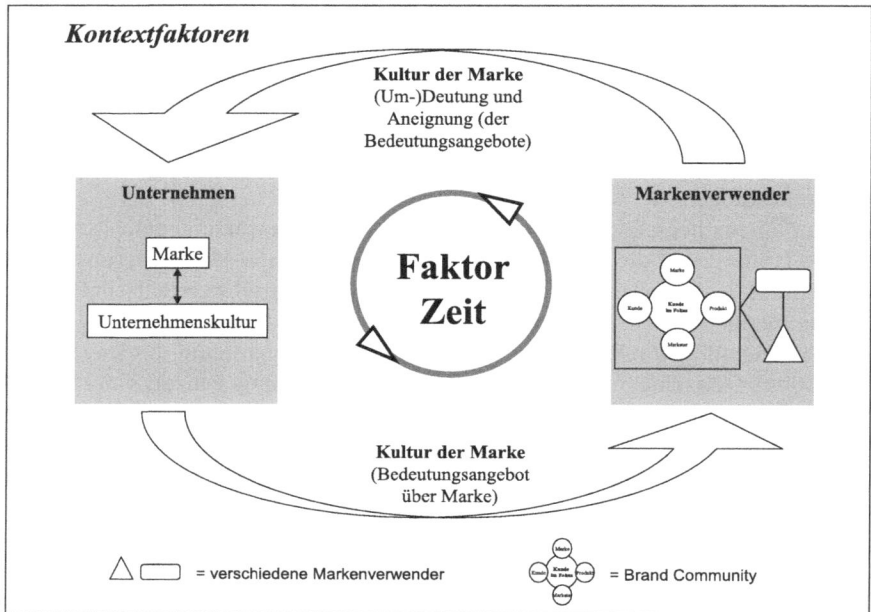

zwischen Markenanbietern und Markenverwendern verläuft und durch den jeweiligen situativen Kontext geprägt wird. Weiterhin wird angenommen, daß dieser Austauschprozeß anhand sozialer Praktiken studiert werden kann.[8]

Auf der Unternehmensseite wird die Marke insbesondere durch die vorhandene Unternehmenskultur mitgeprägt (Burmann/Meffert 2005). Umgekehrt prägt aber auch die Marke die Unternehmenskultur durch die Erwartungen und Bedeutungen, die dem jeweiligen Unternehmen von außen entgegengebracht werden. Diese Erwartungen und Bedeutungen werden schwerpunktartig durch die Marktforschung antizipiert und damit in das Unternehmen eingesteuert (Schrage/Friederici 2008).

---

tungen und Botschaften im Wechselspiel. Diese Ansätze würden auf ihre Eignung für das Konzept Markenkultur hin diskutiert und kritisch bewertet.
[8] Der wechselseitige Austausch markenspezifischer Bedeutungsinhalte zwischen den Unternehmen und den Markenverwendern ist nicht als einmaliger Prozeß zu verstehen, sondern diachron weiterzudenken. Darüber hinaus findet dieser wechselseitige Prozeß nicht isoliert statt, sondern muß in den jeweiligen situativen Kontext eingebettet werden. In diesem Sinne stehen die Mitglieder einer Markenkultur durch Veränderungen in ihrer natürlichen, technologischen oder sozialen Umwelt vor neuen Rahmenbedingungen, mit denen sie sich auseinandersetzen müssen.

Um zu beobachten, wie Markenverwender auf diesen Austauschprozeß einwirken, werden sich die weiteren Ausführungen speziell auf „Brand Communites" (BCs) als einer manifesten Form von Kundschaft konzentrieren. Hierzu wird das „Customer-Centric Model of Brand Community" von McAlexander et al. (2002) zugrunde gelegt. Diese Entscheidung wurde getroffen, um berücksichtigen zu können, daß es zu vielfältigen (Um)Deutungen und Aneignungen unternehmensseitiger Bedeutungsangebote vor dem Hintergrund verschiedener Beziehungen kommen kann, die sich bezüglich einzelner Kunden („Kunde im Fokus") feststellen lassen. Insbesondere werden die von den Unternehmen angebotenen Bedeutungen von BCs aktiv angeeignet und teilweise sogar umgestaltet. Dabei interagieren diese mit anderen relevanten Akteuren wie der Fachpresse, mit denen sie vernetzt sind und bei denen ebenfalls Prozesse der Aneignung und Um(Deutung) stattfinden. Alle Marken-relevanten Akteure werden folglich zu Co-Produzenten der Markenbedeutung. Durch diese Sichtweise werden die Markenverwender nicht als reagierende, sondern als interpretierende Akteure begriffen, die ihren Handlungen und Beziehungen Bedeutung zu geben versuchen (Karmasin 1998: 11–17).

3 Empirische Untersuchung der *VW Golf*-Markenkultur

Gegenstand der Fallstudie ist die Markenkultur des *VW Golf*, die im Zeitverlauf betrachtet wird. Ziel ist es, die wechselseitigen Austauschprozesse markenspezifischer Bedeutungen zwischen Markenanbieter und Markenverwendern zu rekonstruieren.

Der zeitliche Horizont der Studie erstreckt sich von 1974 bis 2008, mit einer Beschränkung auf den *VW Golf I* (1974–1982) und den *VW Golf V* (2005–2008), weil eine Betrachtung des gesamten Zeitraums aus forschungsökonomischen Gründen nicht möglich war. Es wird so möglich, zwei verschiedene Zustände der *VW Golf*-Markenkultur miteinander zu vergleichen: die *VW Golf*-Markenkultur im Zeitraum von 1974 bis 1982 mit der Markenkultur im Zeitraum von 2005 bis 2008. Der räumliche Bezugspunkt ist Deutschland.

Zur Rekonstruktion der *VW Golf*-Markenkultur für beide Zeiträume wurden im Rahmen der Diskursanalyse jeweils ein Diskursfeld zum *VW Golf I* ($t_{1974-1982}$) und ein Diskursfeld zum *VW Golf V* ($t_{2005-2008}$) konstruiert. Basierend auf dem Vergleich zwischen diesen Diskursfeldern können Rückschlüsse auf die Entwicklung der *VW Golf*-Markenkultur getroffen werden. Zu diesem Zweck wurde vor dem diachronen Vergleich der Diskursfelder zunächst eine synchrone Analyse vorgenommen, um das jeweilige Diskursfeld bezüglich des *VW Golf I* und *VW Golf V* in den Blick zu bekommen.

3.1 Der diskursanalytische Zugang

Die empirische Untersuchung bediente sich der Wissenssoziologischen Diskursanalyse.[9] Die Konstitution und Aufbereitung der Diskurse erfolgte durch die diskursspezifische Verknüpfung allgemeiner Deutungsmuster.[10] Damit wird ein qualitativer Sprung gemacht von psychologisch-kognitiven Modellen zu praxeologisch-fundierten Konzepten, in denen kollektive Wissensrepertoires die Kompetenzen und Praktiken der Akteure strukturieren und von diesen wiederum performativ hervorgebracht und verändert werden.[11] Auf diese Weise wird deutlich, daß Bedeutungen nicht im Objekt „Marke" selbst vorliegen, sondern erst im Rahmen des kollektiven Gebrauchs der Marke entstehen (du Gay et al. 1997: 84 f.). Durch die systematische Beleuchtung der hinter den Praktiken stehenden Markenbedeutungen wird Markenkultur als ein gemeinschaftlich geteiltes System markenspezifischer Beziehungen und Handlungen sichtbar (Hallay et al. 2008).[12] Abbildung 2 zeigt das Untersuchungsmodell, welches die *VW Golf*-Markenkultur als Diskursfeld annimmt.

Dieses Diskursfeld wird weiterhin durch die beiden Zeiträume 1974 bis 1982 für den *VW Golf I* und 2005 bis 2008 für den *VW Golf V* differenziert, die sich wiederum aus den *VW Golf*-Diskursen von Journalisten, der Kundschaft (vor allem den BCs als manifeste Form) und dem Unternehmen zusammensetzen.[13] Die

---

[9] Allerdings ist festzuhalten: Von *der* Diskursanalyse zu sprechen ist problematisch. In Anbetracht einer feststellbaren „inhaltlichen und methodischen Heterogenität von Diskursanalysen" läßt sich Diskursanalyse als Verfahren zunächst weder „unmittelbar noch eindeutig auf eine spezifische sozialwissenschaftliche Methode der Datenerhebung oder Datenauswertung" beziehen (Keller 1997: 310). Folglich gibt es die Diskursanalyse nicht. Eine vergleichbare Sichtweise vertritt auch Kunz (2005: 56).

[10] Deutungsmuster werden in der wissenssoziologischen Tradition als kollektive Produkte, als Elemente des gesellschaftlichen Wissensvorrats verstanden, vgl. Keller 2006: 63. Keller (2007, 2008a) schlägt ein Konzept der Wissensanalyse vor, weil eine wissensanalytisch profilierte Diskursperspektive sondierende Konzepte zur Analyse von diskursiv erzeugten Wissensfeldern benötige.

[11] Aus dieser Perspektive werden einzelne Handlungen als Teil kollektiver Handlungsgefüge erklärt und nicht einseitig aus Absichten, Eigenschaften, Strebungen und anderen mentalen Charakteristika der Individuen hergeleitet.

[12] Die besondere Eignung eines solchen Verständnisses für die Untersuchung von Markenkultur läßt sich treffend mit den Worten von Keller (2008b: 285) ausdrücken: „Kultur als Diskursfeld zu begreifen, impliziert, auf Auseinandersetzungen um Reproduktion und Veränderung von Deutungsweisen und Handlungspraktiken hinzuweisen, die vielgestaltige Strukturiertheit, (Re-)Produktion, Heterogenität und Wandelbarkeit soziokultureller Ein- oder besser: ‚Vielheiten', die Bedeutung der diskursiven Artikulationskämpfe für die Erzeugung, Identitätsstabilisierung und Transformation solcher Diskurs-Kollektive zu betonen."

[13] Bei dieser Unterscheidung, die forschungspraktisch sinnvoll ist, darf nicht unterschlagen werden, daß zwischen den benannten Untersuchungsobjekten faktisch Überschneidungen existieren. Diesen

Abbildung 2   Markenkultur als Diskursfeld

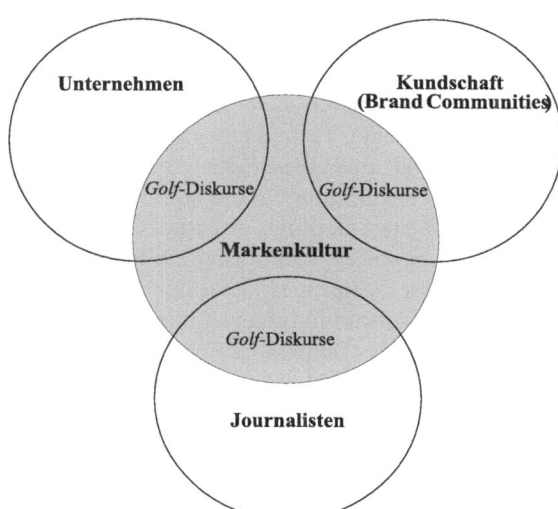

einzelnen Diskurse wetteifern dabei um die Konstitution und Definition der Ausprägungen der *VW Golf*-Markenkultur.[14]

Vor diesem Hintergrund wurden die Daten- bzw. Textsorten bestimmt, auf deren Grundlage die Diskurse rekonstruiert werden sollten. Im vorliegenden Fall wurden öffentlich zugängliche Texte als primäre Analysegrundlage herangezogen.[15] Es wurde ein Dossier an publizierten Texten zusammengestellt, um das öffentlich relevante Bedeutungsspektrum repräsentieren zu können. Zusätzlich wurden zur Gewinnung von Hintergrundinformationen verschiedene wissenschaftliche und populäre Publikationen herangezogen. Die Zuordnung des Textmaterials erfolgte in drei Gruppen: Die erste Gruppe hat die Markenwerbung der Volkswagen AG in Deutschland zum Gegenstand (Gries 2003: 107). Die zweite

---

Überschneidungen wird insofern Rechnung getragen, als die Diskursstränge in den jeweiligen Diskursfeldern untersuchungsobjektübergreifend konstruiert werden.

[14] Hinsichtlich der Frage, wie viele unterschiedliche Diskurse in einem Diskursfeld um die Phänomenkonstitution ringen, ist zu bedenken, daß, je mehr man sich einem Diskurs nähert, desto größer wahrscheinlich die Zahl unterschiedlicher Subdiskurse wird. Keller (2007: 67) stellt diesbezüglich fest, daß die vor dem Hintergrund der Fragestellung theoretisch zu bestimmende Abstraktionsebene für die jeweilige „Einheit" eines Diskurses ausschlaggebend ist.

[15] Zur Analyse öffentlicher Diskurse im Markenkontext bieten sich verschiedene Medienformate an. Dazu zählen Werbeanzeigen, Internettexte, öffentliche Reden, Flugblätter, Buchveröffentlichungen, Fernsehberichte, Radionachrichten oder Zeitungs- bzw. Zeitschriftentexte.

Gruppe beinhaltet zeitgenössische Textdokumente der Kundschaft zur Marke
VW Golf; als Quellen dienten Leserbriefe aus Automobilfachzeitschriften ('Auto,
Motor und Sport' (AMS), 'Auto Bild' sowie 'Gute Fahrt') sowie Beiträge in ausgewählten Online-Foren (DoppelWOBber.de und Golf.V.de). Die dritte Gruppe
umfaßt redaktionelle Beiträge der deutschen Fachpresse über die Marke *VW Golf*;
als Quellen für die journalistischen Texte dienten die Zeitschriften „Auto, Motor
und Sport" (AMS), „Auto Bild" und „Gute Fahrt".[16]

Die jeweilige Auswahlentscheidung für das konkrete Datenmaterial erfolgte
mit Bezug auf das theoretische Sampling, welches für eine diskursanalytische
Untersuchung als geeignet bewertet wird (Keller 2008a). Insgesamt konnten für
die *VW Golf I*-Werbung 69 Werbeanzeigen identifiziert werden. Bei der Fachpresse wurden 37 Artikel als bedeutsam für eine detaillierte Untersuchung bewertet,
und bei der Kundschaft handelt es sich um 22 Beiträge. Beim *VW Golf V* sind es
7 Werbeanzeigen, 43 Fachpresseartikel und 37 Beiträge seitens der Kundschaft.

3.2 Ergebnisse der empirischen Untersuchung

Im Folgenden geht es zunächst um die synchrone Rekonstruktion der *VW Golf*-Debatten. Zu diesem Zweck wird die *VW Golf I*-Debatte der Werbung exemplarisch betrachtet.[17]

3.2.1 Synchrone Rekonstruktion der *VW Golf*-Debatten am Beispiel der *VW Golf I*-Werbung

Zum Zwecke der synchronen Rekonstruktion der *VW Golf I*-Debatte wurden
69 Anzeigen analysiert. Fünf Deutungsmuster wurden dabei freigelegt: „Gebrauchsnutzen", „Leidenschaft", „Überlegenheit", „Understatement" und „Vernunft". Betrachtet man die Verbreitung dieser Deutungsmuster, gemessen an der
Gesamtzahl untersuchter Werbeanzeigen, zeigt sich, daß das Deutungsmuster
„Gebrauchsnutzen" die *VW Golf I*-Debatte auf Unternehmensseite am stärksten
geprägt hat. Weiterhin waren die Deutungsmuster „Überlegenheit" und „Ver-

---

[16] Die Entscheidung für diese Textquellen stützt sich auf Janichs Vorgehen für die Auswahl von Werbeanzeigen in Zeitschriften und wird in der vorliegenden Arbeit auf journalistische Artikel angewendet. Janich (2001: 207) empfiehlt eine „Kombinationslösung", die Zeitschriften mit einem sehr breiten Adressantenkreis ebenso berücksichtigen soll wie Zeitschriften mit einem sehr speziellen Adressatenkreis.

[17] Die Diskursbeiträge seitens der Fachpresse und der Kundschaft weisen in der Sache und Bewertung übrigens in die gleiche Richtung wie die Werbebeiträge.

nunft" auffallend. „Leidenschaft" und „Understatement" spielten untergeordnete Rollen (Tab. 1).

Tabelle 1   Deutungsmuster zum *VW Golf I* seitens der Werbung

Werbung	Werbeanzeigen, die Deutungsmuster beinhalten	% von Werbeanzeigen an Gesamtsample
Gebrauchsnutzen	45	66%
Vernunft	41	60%
Überlegenheit	38	55%
Understatement	26	38%
Leidenschaft	15	22%

Set: 69 Anzeigen

Nachdem die wichtigsten Deutungsmuster der *VW Golf I*-Debatte in der Werbung herausgefunden worden waren, stellte sich die Frage nach den konkreten Deutungselementen, die diese Deutungsmuster prägten.[18] Tabelle 2 (S. 186) zeigt die Deutungsmuster zum *VW Golf I* und ihre Aufschlüsselung.

Das Deutungsmuster „Gebrauchsnutzen" setzte sich in der *VW Golf I*-Werbung aus drei Deutungselementen zusammen. Die Aussagen bezüglich des dominierenden Deutungselements „Hoher Komfort" (43%[19]; 1974–1982) stellten den *VW Golf I* als geräumig, bequem und streßfrei dar. So lautete ein Anzeigentext: „Denn auch seine Innenausstattung gehört zum Komfortabelsten, was in dieser Klasse angeboten wird. Viel Platz für ihre Familie, viel für Ihre Bequemlichkeit und viel Sicherheit." (Anzeige 37, 1977) Das Deutungselement „Hohe Funktionalität" (26%[20]; 1974–1982) thematisierte den *VW Golf I* als praktisch, der zur Erleichterung des Alltags dienen konnte. Hier wurden etwa seine kompakten Außenmaße hervorgehoben. Ein Beispiel für eine Anzeige, die das Deutungselement „Hohe Funktionalität" beinhaltet, zeigt Abbildung 3 (S. 187).

---

[18] Ein Deutungsmuster verknüpft unterschiedliche Bedeutungselemente zu einer kohärenten (nicht notwendig: konsistenten) Deutungsfigur, die in unterschiedlicher manifester Gestalt auftreten kann, vgl. Keller 2007, 2008a. Jedes Deutungselement kann einem Deutungsmuster inhaltlich exakt zugeordnet werden. Dem jeweiligen trennscharf voneinander abgegrenzten Deutungselement unterliegen wiederum verschiedene Aussagen, die in Zeit und Raum verteilt sein können. Die Deutungsmuster dienen als Grundlage zur Diskurskonstruktion. Die identifizierten Deutungselemente müssen trennscharf abgegrenzt werden, um ihre Aussagekraft zu gewährleisten. Die Benennung der Deutungsmuster erfolgt durch den Forscher und wird durch ihren Inhalt bestimmt, in diesem Fall also durch die Deutungselemente. Die Anzahl der Deutungselemente, die letztlich ein Deutungsmuster bei einem der ausgewählten Untersuchungsobjekte strukturiert, kann jedoch unterschiedlich sein.
[19] Bezogen auf 30 Werbeanzeigen aus einer Summe von 69.
[20] Bezogen auf 18 Werbeanzeigen aus einer Summe von 69.

Tabelle 2   Deutungselemente und -muster zum *VW Golf I* seitens der Werbung

Deutungs-muster	Deutungselement	Zeitraum	Anzahl an Werbe-anzeigen mit Deu-tungselement	% von Werbe-anzeigen an Gesamtsample
Gebrauchs-nutzen	Hoher Komfort	1974–82	30	43%
	Hohe Funktionalität	1974–82	18	26%
	Hohe Zuverlässigkeit	1977–82	13	19%
Vernunft	Wirtschaftlichkeit	1974–82	26	38%
	Hohe Sicherheit	1975–82	16	23%
	Solider Fahrspaß	1974–82	13	19%
	Besonnenheit	1974	1	1%
Überlegenheit	Klassenüberlegenheit	1974–81	15	22%
	Außergewöhnlich/ Einzigartig	1975–82	14	20%
	Erfolge	1977–82	11	16%
	Klassenübergreifende Überlegenheit	1974–82	10	15%
Understatement	Universeller Anspruch	1974–82	14	20%
	Bescheidenheit	1974–79	12	17%
Leidenschaft	Ikone GTI	1976–82	8	12%
	Fahrspaß	1975–82	5	7%
	Hohe Beliebtheit	1975–77	5	7%

Das Deutungselement „Hohe Zuverlässigkeit" (19%[21]; 1977–1982) beinhaltete Aussagen zur Qualität eines *VW Golf I*. Entsprechend wurde in einer Anzeige geschrieben: „An Unserer Qualität ist nicht zu rütteln." (Anzeige 43, 1978) Durch das Hervorheben „Unserer Qualität" wurde überdies ein indirekter Vergleich mit den Wettbewerbern initiiert. Auf die Zuverlässigkeit eines *VW Golf I* konnten sich die Kunden demnach verlassen, auf die der Wettbewerber möglicherweise nicht, lautete das Bedeutungsangebot des Unternehmens. Daß Aussagen zu diesem Deutungselement erst ab 1977 aufkamen, ist nicht ungewöhnlich, da es zunächst einer gewissen Zeitspanne bedurfte, um von Zuverlässigkeit glaubwürdig sprechen zu können.

Das Deutungsmuster „Vernunft" setzte sich in der *VW Golf I*-Werbung aus vier Deutungselementen zusammen. Die meisten Aussagen konnten dem Deu-

---

[21] Bezogen auf 13 Werbeanzeigen aus einer Summe von 69.

Abbildung 3   Werbeanzeige *VW Golf I* von 1974 (Quelle: Archiv DDB)

tungselement „Wirtschaftlichkeit" (38 %[22]; 1974–1982) zugeordnet werden. Es handelte sich dabei um positive Aussagen hinsichtlich der Kraftstoffsparsamkeit und dem stabilen Gegenwert eines *VW Golf I*. Ein Beispiel hierfür liefert eine Passage aus einer Werbeanzeige von 1977: „Trotzdem ist der Golf nicht das Auto für Großverdiener. Sondern alles in allem der vernünftigste Gegenwert, den man zur Zeit für Geld bekommt." (Anzeige 35, 1977) Aussagen, die dem Deutungselement „Hohe Sicherheit" (23 %[23]; 1975–1982) zugeordnet werden konnten, thematisierten die als herausragend angebotene Sicherheit eines *VW Golf I*.[24] Das

---

[22] Bezogen auf 26 Werbeanzeigen aus einer Summe von 69.
[23] Bezogen auf 16 Werbeanzeigen aus einer Summe von 69.
[24] Exemplarisch sei folgende Passage aus einer Werbeanzeige von 1979 genannt: „Sicher ist sicher. Der Golf. Wenn es um Sicherheit im Straßenverkehr geht, ist der Golf sicherlich bestens ausgestattet. Und das heißt beim Golf eine Menge. […] Damit kann man den Golf mit Sicherheit wohl zu den sichersten Autos seiner Klasse zählen." (Anzeige 54, 1979)

Deutungselement „Solider Fahrspaß" (19 %[25]; 1974–1982) umfaßte wiederum Aussagen, deren Kern die Synthese aus Fahrspaß und Vernunft war. Exemplarisch verdeutlicht eine Werbeanzeige zum *VW Golf GTI* von 1982 diesen Sachverhalt.[26] Der *GTI* wurde dabei als Sportwagen thematisiert, allerdings als einer, der anderen Sportwagen durch seine Alltagstauglichkeit überlegen sein sollte. Er wurde gar als „robustes Gebrauchsauto Marke Volkswagen" beschrieben. Schließlich ließt sich dem Deutungselement „Besonnenheit" (1 %[27]; 1974) innerhalb der *VW Golf I*-Kommunikation nur eine Aussage zuordnen. Dennoch sollte diese nicht ignoriert werden. Es handelt sich um die Werbeanzeige „Bauen Sie sich mal ein vernünftiges Auto." (Anzeige 6, 1974). Diese Werbeanzeige aus dem Jahr 1974, mit einem *VW Golf I* als auszuschneidendem Papiermodell, gibt die Umsichtigkeit wieder, für die ein Fahrzeug in dieser Zeit stehen mußte.

Das Deutungsmuster „Überlegenheit" umfaßte in der *VW Golf I*-Werbung ebenfalls vier Deutungselemente. Am stärksten geprägt wurde dieses Deutungsmuster von dem Deutungselement „Klassenüberlegenheit" (22 %[28]; 1974–1982). Der folgende Text aus einer Werbeanzeige gibt exemplarisch wieder, wie der *VW Golf I* als überlegenes Fahrzeug innerhalb der Kompaktwagenklasse thematisiert wurde:

> „Jetzt steht der Golf noch besser da. Serienmäßig auf Stahlgürtelreifen. Mit Scheibenbremsen vorn. Und damit Sie auch bei schlechtem Wetter noch besser fahren, hat er eine elektrische Scheibenwaschanlage und eine beheizbare Heckscheibe. Alles serienmäßig. Alles schön und gut, werden Sie vielleicht sagen. Aber gibt es nicht andere Autos, die das auch haben? Schon. Doch nicht alle haben das, was der Golf sonst noch hat: Ein modernes, kompaktes Styling. Eine moderne, kompakte Technik. [...] Das allein hat schon ausgereicht, den Golf zum populärsten Auto Deutschlands zu machen. Und so wie er jetzt dasteht, geht er mit Sicherheit noch besser weg." (Anzeige 20, 1975)

Einen gleichermaßen prägenden Einfluß auf das Deutungsmuster „Überlegenheit" hatte das Deutungselement „Außergewöhnlich/Einzigartig" (20 %[29]; 1975–1982). Innerhalb der Aussagen zu diesem Deutungselement wurde der *VW Golf I* als ungewöhnlich thematisiert. Die Aussage einer Werbeanzeige aus dem Jahr 1979

---

[25] Bezogen auf 13 Werbeanzeigen aus einer Summe von 69.
[26] Vgl. Anzeige 68, 1982: „Und so möchten wir nochmal in aller Freundschaft darauf hinweisen, daß wir mit dem GTI nicht vordergründig einen heißen Ofen gebaut haben, sondern ein robustes Gebrauchsauto Marke Volkswagen, das Tag für Tag unermüdlich und wirtschaftlich seinen Dienst tut."
[27] Bezogen auf 1 Werbeanzeigen aus einer Summe von 69.
[28] Bezogen auf 15 Werbeanzeigen aus einer Summe von 69.
[29] Bezogen auf 14 Werbeanzeigen aus einer Summe von 69.

Der Wille des Herstellers und der Eigensinn der Verwender   189

lautete etwa: „Klar, daß sich ein ungewöhnliches Auto wie der Golf ungewöhnlich gut verkauft. Aber daß er gleich so ungewöhnlich gut ankommt, wer hätte das gedacht?" (Anzeige 52, 1979) Ein weiteres Deutungselement innerhalb dieses Deutungsmusters war „Erfolge" (16%[30]; 1977–1982). Zwar wurde der *VW Golf I* bereits 1975 und 1976 zum meistverkauften Auto Europas; in der Werbung wurden solche Referenzen jedoch erst ab 1977 genutzt (Anzeige 40, 1977/78). Das ist wenig überraschend, da „Erfolge" einer nachhaltigen Bestätigung bedürfen. Weiterhin ließen sich solche externen Referenzen im Rahmen der Internationalisierung des *VW Golf I* identifizieren. Beispielhaft für Anzeigen, die das Deutungselement „Erfolge" beinhalteten, ist diejenige, die in Abbildung 4 zu sehen ist.

Abbildung 4   Werbeanzeige *VW Golf I* von 1974 (Quelle: Archiv DDB)

---

[30] Bezogen auf 11 Werbeanzeigen aus einer Summe von 69.

Aussagen, die das Deutungselement „Klassenübergreifende Überlegenheit" (15 %[31]; 1974–1982) charakterisierten, hatten innerhalb der *VW Golf I*-Werbung typischerweise einen Vergleich mit einer höheren Fahrzeugklasse zum Gegenstand. Dabei sollte zum Ausdruck gebracht werden, daß der *VW Golf I* mindestens ein ebenbürtiges, teilweise sogar ein überlegenes Fahrzeug darstellte.[32]

Das Deutungsmuster „Understatement" setzte sich im Falle der *VW Golf I*-Werbung aus zwei Deutungselementen zusammen. Es handelte sich um „Universeller Anspruch" (20 %[33]; 1974–1982) und „Bescheidenheit" (17 %[34]; 1974–1979). Kern der Aussagen zum Deutungselement „Bescheidenheit" war der scheinbare Widerspruch zwischen einem kleinen Fahrzeug wie dem *VW Golf I* und seiner Leistung, beispielsweise im Hinblick auf das Raumangebot.[35] Das Deutungselement „Universeller Anspruch" umfaßte hingegen Aussagen, die den *VW Golf I* als statusneutral, universell einsetzbar und in den verschiedensten Ländern vertreten thematisierten. In diesem Sinne wurde der *VW Golf I* in der Werbung als ein nicht-polarisierendes, egalitäres Fahrzeug angeboten, das für quasi „Jedermann" eine geeignete Fahrzeugoption darstellte.[36]

Aussagen mit einer besonders emotionalen Prägung bündelte das Deutungsmuster „Leidenschaft". Dieses Deutungsmuster setzte sich im Fall der *VW Golf I*-Werbung aus drei Deutungselementen zusammen. Am stärksten geprägt wurde es durch das Deutungselement „Ikone GTI" (12 %[37]; 1976–1982). Dabei wurden die zugehörigen Aussagen stark durch den gesellschaftlichen Kontext bestimmt, der einen Sportwagen als unvernünftig bewertete. Daher wurde der *VW Golf I GTI* stets als vernünftiger Sportwagen thematisiert, wie die folgende Textpassage zeigt:

---

[31] Bezogen auf 10 Werbeanzeigen aus einer Summe von 69.
[32] Folgende Passage aus einer Werbeanzeige spiegelt diesen Sachverhalt wider: „Ein Cadillac ist auch nicht größer als der Golf. Hier soll die Rede mal nicht von 5,4-Liter-Hubraum des Cadillac-Seville sein. Sondern von einer ganz anderen Größe, seinem 360 Liter großen Gepäckraum. 360 Liter sind nun wahrhaftig nicht wenig. Aber damit hat selbst ein Cadillac nur 10 Liter mehr als der Golf. Das entspricht etwa einer Einkaufstüte. [...] Damit ist er auch nicht langsamer als ein Cadillac." (Anzeige 47, 1978/79)
[33] Bezogen auf 12 Werbeanzeigen aus einer Summe von 69.
[34] Bezogen auf 14 Werbeanzeigen aus einer Summe von 69.
[35] Vgl. Anzeige 40, 1977/78: „Und sie waren überrascht, daß der Golf innen eine so geräumige Limousine ist, wo er doch außen nur knappe drei Meter siebzig mißt."
[36] Entsprechend lautet eine exemplarisch ausgewählte Passage aus einer Werbeanzeige: „Aber die meisten werden ihn gekauft haben, weil er alles ist: Ein wirtschaftliches, spritziges, geräumiges, komfortables, praktisches, sicheres und gut verarbeitetes Auto." (Anzeige 40, 1977/78)
[37] Bezogen auf 8 Werbeanzeigen aus einer Summe von 69.

Der Wille des Herstellers und der Eigensinn der Verwender 191

> „Kraftwerk. Manche mögen's heiß. Und deswegen bauen wir den Golf GTI. Das ist der Golf in seiner kräftigsten Ausgabe. Sein Einspritzmotor leistet mühelos 81 KW (110 PS). Er spurtet aus dem Stand in 9 Sekunden auf 100. Und schafft spielend 182 km/h Spitze. Diese kraftvolle Leistung würde manchem exotischen Kraftwagen gut zu Gesicht stehen. Aber er kann mit Sicherheit noch mehr. Durch seine innenbelüfteten Scheibenbremsen ist er jederzeit in der Lage, sich in wenigen Sekunden wieder in den Stillstand zu versetzen. Und sein Breitspur-Fahrwerk mit den breiten Felgen und den superbreiten Stahlgürtelreifen sorgt auf allen Straßen für optimale Sicherheit. Das Größte ist jedoch sein Verbrauch. Der ist im Vergleich zur gebotenen Leistung erstaunlich günstig: Nach DIN bescheidene 8,0 l Super auf 100 km. Im Golf GTI ist halt eine preiswerte Kraft am Werk." (Anzeige 50, 1979)

Die Emotionalität des *VW Golf I GTI* wurde im Rahmen der Werbeanzeigen zusätzlich verstärkt, indem er stets in Bewegung, dynamisch präsentiert wurde, wie eine Werbeanzeige von 1978 zeigt (Abb. 5).

Abbildung 5   Werbeanzeige *VW Golf I GTI* von 1978 (Quelle: Archiv DDB)

Aussagen zum „Fahrspaß" (7 %[38]; 1975–1982) bezogen sich auf den reinen Spaß, der durch einen *VW Golf I* entstehen sollte, und lauteten etwa: „Probieren Sie mal aus, was so ein Auto für Spaß macht." (Anzeige 19, 1975) Ihr Anteil innerhalb der untersuchten *VW Golf I*-Werbung war jedoch gering. Das Deutungselement

---

[38] Bezogen auf 5 Werbeanzeigen aus einer Summe von 69.

„Hohe Beliebtheit" (7 %[39]; 1975–1977) bündelte Aussagen zum *VW Golf I*, die auf seine positive Resonanz bei den Markenverwendern rekurrierten. Als Ursache führte das Unternehmen eine überdurchschnittliche Leistungsfähigkeit des *VW Golf I* an, die auch für dessen gute Absatzzahlen verantwortlich sein sollte. Entsprechend lautete eine Passage aus einer Werbeanzeige von 1975: „Bei solchen Werten, die zu den Spitzenwerten seiner Klasse zählen, ist es nur verständlich, daß sich der Golf weit und breit beliebt macht." (Anzeige 16, 1975)

Die verschiedenen Deutungsmuster der Werbung mit ihren jeweiligen Deutungselementen versorgten bestimmte Handlungsweisen mit Sinn. Innerhalb der *VW Golf I*-Werbung konnten verschiedene Praktiken identifiziert werden. Zum einen wurde das Beladen eines *VW Golf I* dargestellt. Folglich ging es um den Gebrauch eines *VW Golf I* als Nutzfahrzeug. Derartige Handlungsweisen wurden als Praktik unter dem Begriff „Beladen" zusammengefaßt. Andere Handlungsweisen konzentrierten sich auf „Ausflugfahrten" mit der Familie oder auf Praktiken, die man „Ökonomisches bzw. vernünftiges Fahren" nennen könnte. Auch konnten Handlungsweisen identifiziert werden, die ein zurückhaltendes, unauffälliges Gestalten des *VW Golf I* zum Gegenstand hatten. Diese Praktik wurde als „Zurückhaltung" bezeichnet, eine weitere als „Sportliches Autofahren". Gemeint ist die Darstellung eines gefühlsseitig als besonders intensiv empfundenen Autofahrens. Des weiteren umfaßte die *VW Golf I*-Werbung Handlungsweisen, die unter dem Begriff „Anspruchsvolles Autofahren" zusammengefaßt wurden. Hierbei stellte die Werbung in den Vordergrund, daß der *VW Golf I* aufgrund seiner technischen Beschaffenheit ein überdurchschnittlich anspruchsvolles Autofahren ermöglichte.

Die folgende Tabelle gibt einen Überblick der in der *VW Golf I*-Werbung vorgefundenen Praktiken, die auf den zuvor beschriebenen Deutungsmustern und -elementen basierten:

Tabelle 3   Praktiken *VW Golf I*-Werbung

Praktiken
• Beladen
• Ausflugfahrten
• Ökonomisches bzw. vernünftiges Fahren
• Zurückhaltung
• Sportliches Autofahren
• Anspruchsvolles Autofahren

---

[39] Bezogen auf 5 Werbeanzeigen aus einer Summe von 69.

Auf Seiten der Werbung läßt sich die *VW Golf I*-Debatte als „Sachlicher Umgang mit der Automobilmarke Golf" bezeichnen. Die gesellschaftliche Situation dieser Zeit forderte rationale Fahrzeuge mit ebensolchen Bedeutungen, und die *VW Golf I*-Werbung versuchte, diesen Anforderungen gerecht zu werden. Neben der geforderten Wirtschaftlichkeit von Automobilen ergab sich in dieser Zeit zusätzlich die Möglichkeit der Wettbewerbsdifferenzierung durch das Aufzeigen entsprechender Komforteigenschaften. Es ist daher wenig überraschend, daß ein hoher „Gebrauchsnutzen" und eine hohe wirtschaftliche „Vernunft" die Bedeutungsangebote dominierten. Die Betonung der „Überlegenheit" schloß hier an und konstruierte aus der Summe der Attribute, die aus Sicht des Unternehmens einen *VW Golf I* charakterisierten, ein Bedeutungsangebot, welches seine Überlegenheit gegenüber Wettbewerbern nochmals unterstreichen sollte. Als flankierendes Bedeutungsangebot wurde der nicht polarisierende Charakter des *VW Golf I* herausgehoben, was sich im Deutungsmuster „Understatement" widerspiegelte.

Emotionale Bedeutungsangebote kamen hingegen erst mit der Einführung des *VW Golf I GTI* auf. Eine emotionale Prägung der *VW Golf I*-Werbung läßt sich demzufolge auf den *VW Golf I GTI* zurückführen. Das entsprechende Deutungsmuster wurde vom Deutungselement „Ikone GTI" dominiert. Transportiert wurde dieses Bedeutungsangebot in erster Linie durch Werbeanzeigen zum *VW Golf I GTI*. Die Verbreitung dieser Bedeutung war durch die geringe Anzahl dieser Werbeanzeigen jedoch vergleichsweise unbedeutend. Die verschiedenen Praktiken, die innerhalb der *VW Golf I*-Werbung identifiziert wurden, manifestierten die unternehmensseitigen Bedeutungsangebote ebenfalls auf der Ebene der Handlungen.

Nach dieser exemplarischen Darstellung der synchronen Rekonstruktion der *VW Golf I*-Debatte wird im folgenden Abschnitt das Hauptaugenmerk auf den diachronen Vergleich der *VW Golf I*-und der *VW Golf V*-Debatten verlagert. Wie bereits bei der synchronen Rekonstruktion wird auch an dieser Stelle lediglich eine beispielhafte Betrachtung vorgelegt, und zwar mit Bezug auf die synchron rekonstruierten Debatten zum *VW Golf I* und *VW Golf V* seitens der Kundschaft.[40]

---

[40] Für den zweiten Zeitraum weichen die Werbebeiträge des Unternehmens und die Beiträge der Fachpresse im Vergleich zum ersten nicht unerheblich ab. Während in der Werbung ein eher dynamisch-emotionaler Kommunikationsstil vorherrscht, äußert sich die Fachpresse eher lobend, nüchtern, skeptisch.

3.2.2 Diachroner Vergleich der *VW Golf I*- und *VW Golf V*-Beiträge der Kundschaft

Die *VW Golf I*-Debatte seitens der Kundschaft wurde im Rahmen des synchronen Rekonstruktion als Thematisierung von „Leidenschaft" und „Universalität" im Umgang mit der Automobilmarke *VW Golf* definiert. Geprägt wurde diese Debatte durch spezielle Deutungsmuster mit ihren jeweiligen Deutungselementen (Tab. 4).[41]

Tabelle 4   Deutungselemente und -muster zum *VW Golf I* seitens der Kundschaft

Deutungs-muster	Deutungselement	Zeitraum	Anzahl an Beiträ-gen mit Deutungs-element	% von Beiträgen an Gesamtsample
Leidenschaft	Ikone GTI	1976–83	5	23%
	Fahrspaß	1974–80	5	23%
	Hohe Zufriedenheit	1974–83	2	9%
Understatement	Universeller Anspruch	1974–82	11	50%
Vernunft	Wirtschaftlichkeit	1974–82	9	41%
	Solider Fahrspaß	1976–80	2	9%
	Besonnenheit	1974–83	2	9%
	Solides Fahrzeugkonzept	1975	1	5%
	Hohe Sicherheit	1974	1	5%
Gebrauchs-nutzen	Hohe Zuverlässigkeit	1974–82	4	18%
	Hoher Komfort	1974	4	18%
	Hohe Funktionalität	1975–76	2	9%
Individualisie-rung	Tuning	1977–82	5	23%
	Profilierung	1974–82	4	18%
	Mangelndes Differenzierungs-potential	1977	1	5%
Überlegenheit	Klassenüberlegenheit	1974–80	5	23%
	Klassenübergreifende Überlegenheit	1974–80	2	9%

---

[41] Diese Deutungsmuster wurden hergeleitet, wie im vorhergehenden Kapitel exemplarisch am Beispiel der *VW Golf I*-Debatte in Werbung beschrieben.

Der Wille des Herstellers und der Eigensinn der Verwender 195

Tabelle 4 (Fortsetzung)

Deutungs-muster	Deutungselement	Zeitraum	Anzahl an Beiträgen mit Deutungselement	% von Beiträgen an Gesamtsample
Skepsis	Skepsis gegenüber Wirtschaftlichkeit	1974–76	2	9 %
	Skepsis gegenüber Besonnenheit	1976	1	5 %
	Skepsis gegenüber Funktionalität	1975	1	5 %
Beständigkeit	Familientradition	1974	4	18 %
	Konstanz	1974	1	5 %
Innovativität	Revolutionärer Fortschritt	1974	2	9 %

Und um die herauspräparierten Praktiken in einer Übersicht zu haben, wurden diese nochmals in eine eigene Tabelle überführt (Tab. 5).

Tabelle 5 Praktiken der *VW Golf I*-Kundschaft

Praktiken
• Fahrgemeinschaften bilden
• Vergemeinschaftung in Clubs
• Öffentliche Suche nach Clubmitgliedern
• Motorsportliche Aktivitäten
• Ausflugfahrten
• Montieren/Umgestalten

Die *VW Golf V*-Debatte war hingegen durch einen wirtschaftlichkeitsorientierten und kritischen Umgang mit der Marke *VW Golf* gekennzeichnet. Diese Debatte wurde ebenfalls durch spezifische Deutungsmuster mit ihren jeweiligen Deutungselementen geprägt (Tab. 6, S. 196f.). Und auch hier können die wichtigsten Praktiken in Form einer Tabelle schnell überschaut werden (Tab. 7, S. 198)

Tabelle 6   Deutungselemente und -muster zum *VW Golf V* seitens der Kundschaft

Deutungsmuster	Deutungselement	Zeitraum	Anzahl an Beiträgen mit Deutungselement	% von Beiträgen an Gesamtsample
Vernunft	Wirtschaftlichkeit	2004–08	12	32 %
	Besonnenheit	2004–08	10	27 %
	Solider Fahrspaß	2004–08	6	16 %
	Hohe Sicherheit	2004	4	11 %
	Solides Fahrzeugkonzept	2004–05	3	8 %
	Umweltbewußtsein	2007–08	2	5 %
Beständigkeit	Monotonie	2003–08	12	32 %
	Konstanz	2004–08	9	24 %
	Familientradition	2004–06	6	16 %
	Übertragen von Produktmerkmalen	2004–05	4	11 %
	Bruch der Konstanz	2003–04	3	8 %
	Weiterführung von Produktbezeichnungen	2004–05	2	5 %
	Vertrautheit	2003–04	2	5 %
	Tradition der Überlegenheit	2004	1	3 %
Skepsis	Skepsis gegenüber Wirtschaftlichkeit	2004–07	15	41 %
	Skepsis gegenüber Zuverlässigkeit	2003–04	4	11 %
	Skepsis gegenüber Klassenüberlegenheit	2003–04	3	8 %
	Skepsis gegenüber Funktionalität	2004	2	5 %
Abneigung	Ablehnung des Golf	2004–08	8	22 %
	Ablehnung von Tuningmaßnahmen	2004–08	7	19 %
	Ablehnung von Wettbewerbern	2004–08	4	11 %

Tabelle 6 (Fortsetzung)

Deutungsmuster	Deutungselement	Zeitraum	Anzahl an Beiträgen mit Deutungselement	% von Beiträgen an Gesamtsample
Leidenschaft	Ikone GTI	2004–08	10	27%
	Begeisterung	2004–08	9	24%
	Fahrspaß	2004–08	4	11%
	Hohe Zufriedenheit	2004–08	4	11%
	Erstaunen	2004	3	8%
	Anerkennung/ Bewunderung von Tuningmaßnahmen	2004	1	3%
Individualisierung	Tuning	2004–08	11	30%
	Mangelndes Differenzierungspotential	2004–05	4	11%
	Profilierung	2006–08	3	8%
Gebrauchsnutzen	Hohe Zuverlässigkeit	2004–06	7	19%
	Hohe Funktionalität	2004–08	3	8%
	Hoher Komfort	2004	2	5%
Innovativität	Evolutionärer Fortschritt	2004–08	7	19%
	Revolutionärer Fortschritt	2003–08	3	8%
Understatement	Bescheidenheit	2004–08	5	14%
	Universeller Anspruch	2004–08	3	8%
Überlegenheit	Klassenüberlegenheit	2004	5	14%
	Außergewöhnlich/ Einzigartig	2003–04	3	8%
	Klassenübergreifende Überlegenheit	2003–04	3	8%
	Erfolge	2004	1	3%
Dynamik	Dynamische Optik	2003–05	3	8%

Tabelle 7   Praktiken der *VW Golf V*-Kundschaft

Praktiken

- Beobachten des Fahrzeugs (Mängel und Erfahrungen)
- Geschichten erzählen über Marke und Produkt
- Zurückhaltung
- Ökonomisches bzw. vernünftiges Fahren
- Beobachten des Marktes
- Vernunftorientierte Ratschläge geben
- Rat einholen
- Über Fachpresse diskutieren
- Fachsimpeln
- Montieren/Umgestalten
- Rebellisches Verhalten
- Sportliches Autofahren

Im Rahmen des Vergleichs der *VW Golf I*- mit der *VW Golf V*-Debatte seitens der Kundschaft, der auf den Tabellen 4 bis 7 basiert, ist zunächst auffällig, daß sich die Anzahl der Deutungsmuster im Zeitverlauf deutlich erhöht hat.[42] Dieser Sachverhalt läßt auf eine Diversifikation der kundschaftsseitigen Bedeutungen schließen. So kamen die beiden Deutungsmuster „Abneigung" und „Dynamik" hinzu. Dabei weist das Deutungsmuster „Abneigung", welches insbesondere durch das Deutungselement „Ablehnung des Golf" dominant geprägt wurde, auf eine polarisierende Wirkung des *VW Golf V* hin.[43] Das Deutungsmuster „Dynamik" reflektiert hingegen die Aneignung des unternehmensseitig sehr prominenten Bedeutungsangebotes zum *VW Golf V* seitens der Kundschaft, war für diese allerdings nur von geringer Relevanz ist.

Weiterhin veränderten sich bestimmte Deutungsmuster innerhalb der *VW Golf V*-Debatte, die bereits aus der Debatte der *VW Golf I*-Kundschaft bekannt waren, hinsichtlich ihrer Relevanz, aber nicht im Rahmen ihrer Ausprägung durch die jeweiligen Deutungselemente. Lediglich die Deutungsmuster „Beständigkeit" und „Innovativität" erfuhren eine solche Verschiebung ihrer Ausprägung. So wurde das Deutungsmuster „Beständigkeit" in der *VW Golf I*-Debatte der Kundschaft insbesondere durch das Deutungselement „Familientradition" geprägt. In

---

[42] Die Anzahl erhöhte sich von neun Deutungsmustern bei der *VW Golf I*-Kundschaft auf elf Deutungsmuster bei der *VW Golf V*-Kundschaft.
[43] Ein Beispiel für diese Abneigung ist folgende Aussage: „Hi, ich find den Golf V einfach nur scheiße. Das ganze Auto ist lieblos dahingeknallt, aber die Kunden werden schon kaufen. Ich glaube, mit dem Auto hat sich VW ins Knie geschossen." (Aussage in Tread/Beitrag (13) GolfV.de, „Golf V 1.4" aus 2004)

der *VW Golf V*-Debatte dominierte das Deutungselement „Monotonie".[44] Weiterhin nahm die Kundschaft im Rahmen der *VW Golf I*-Debatte einen revolutionären Fortschritt bezüglich des *VW Golf* wahr. Dagegen deutete die Kundschaft in der *VW Golf V*-Debatte dessen Innovativität als evolutionären Fortschritt.

Die vergleichende Betrachtung der beiden *VW Golf I*- und *VW Golf V*-Debatten seitens der Kundschaft deutet auf die Entwicklung einer kritischen Reflexion des *VW Golf* im Zeitverlauf hin. Vor allem die Bedeutungsangebote des Unternehmens wurden von der *VW Golf V*-Kundschaft wesentlich kritischer diskutiert, als es noch bei der *VW Golf I*-Kundschaft der Fall war.[45] Eine Ursache hierfür findet sich in einem gestiegenen Informationsniveau, welches aufgrund der fortgeschrittenen Digitalisierung der *VW Golf V*-Kundschaft vorlag. Dieser Sachverhalt bildet die Grundlage für einen intensiven, interindividuellen Austausch innerhalb der *VW Golf V*-Kundschaft. Denn die kundschaftsseitigen Bedeutungen zum *VW Golf V* entstanden vor allem auf kollektiver Basis und schwerpunktartig mithilfe des Internets als Kommunikationsplattform. Vor diesem Hintergrund kann festgehalten werden, daß die Meinungen anderer Kunden innerhalb des Kollektivs für die Kundschaft bedeutsamer waren als die unternehmensseitigen Bedeutungsangebote.[46]

Im Hinblick auf die Praktiken konnte im Vergleich zwischen *VW Golf I*- und *VW Golf V*-Kundschaft ebenfalls ein deutlicher Anstieg festgestellt werden, ähnlich wie es bereits bei den Deutungsmustern beobachtet wurde. Bei der *VW Golf V*-Kundschaft kamen insbesondere Praktiken dazu, die auf einen intensiven, interindividuellen Austausch schließen lassen. So wurde untereinander „Rat eingeholt" und „gefachsimpelt". Darüber hinaus diskutierte die *VW Golf V*-Kundschaft kritisch über die Marke *VW Golf* und ihre Erfahrungen mit dem Fahrzeug.

---

[44] Ein Beispiel für die wahrgenommene Monotonie ist die folgende Aussage: „Und ewig grüßt das Golfgetier. VW scheint in einem Zeitloch gestrandet. Nach getanem Armuts-Zeugnis werden die zur Anti-Kreativität gegängelten Golf-Designer wohl mit leerem Blick die Wand anstarren. Anbiedernd immer nur das Minimum zu geben ist wie Spielverzögerung beim Fußball. Generation Golf gleich Generation Stillstand?" (Leserbrief „Und ewig grüßt das Golfgetier" (AMS 17/2003: 107)

[45] Ein Beispiel für die kritische Haltung der Kundschaft ist die folgende Aussage: „diese Plakatwerbung a la ‚Jetzt fährt er auch um die Kurve' ist noch nicht ganz optimal." (Aussage in Tread/Beitrag (4): DoppelWOBber.de, „Der Golf in der Presse – Durchweg ein Ervolkswagen" aus 2004).

[46] Ein Beispiel hierfür ist folgende Aussage: „Aber wenn wir mal ehrlich sind, zeigt mir bitte jemand ein vergleichbares Auto, mit so einem Motor für einen niedrigeren Preis." (Aussage in Tread/Beitrag (17): GolfV.de, „Golf 5 GTI ja oder nein" aus 2004)

3.2.3 Vergleich der Diskursfelder *VW Golf I* und *VW Golf V*

In diesem Abschnitt werden die Diskursfelder *VW Golf I* und *VW Golf V* miteinander verglichen. Das jeweilige Diskursfeld baut auf den einzelnen, synchron rekonstruierten Debatten der Werbung, Fachpresse und Kundschaft auf, wie es in Kapitel 3.2.1 anhand der Werbung zum *VW Golf I* gezeigt wurde. Damit wird nach dem im vorangegangenen Kapitel dargestellten diachronen Vergleich der Debatten einzelner Untersuchungsobjekte die Untersuchungsperspektive erweitert, um die Entwicklung der *VW Golf*-Markenkultur(en) und ihrer Bedeutungen explizieren zu können. Das *VW Golf I*-Diskursfeld, welches auf den *VW Golf I*-Debatten der einzelnen Untersuchungsobjekte aufbaut, wurde im Rahmen der Diskursrekonstruktion als „Chronik emotionalisierter Vernunft"[47] bezeichnet. Es weist auf eine emotiv-vernunftorientierte Markenkultur hin.

Das *VW Golf V*-Diskursfeld wurde demgegenüber als „Chronik einer Pluralität von Moderne und Tradition"[48] bezeichnet und weist auf eine kritisch-reflektierende, emotiv-vernunftorientierte Markenkultur hin. Bestimmte Praktiken, welche den *VW Golf I*- bzw. *VW Golf V*-Markenkultur(en) zugeschrieben werden konnten, manifestierten die jeweilige Ausrichtung des Zustandes der *VW Golf*-Markenkultur(en) zusätzlich auf der Ebene der Handlungsweisen.

Innerhalb des *VW Golf I*-Diskursfeldes diskutierten die Untersuchungsobjekte gemeinsam darüber, ob die Marke *VW Golf* eher vernunft- oder emotionsorientiert sei.[49] Als Ergebnis dieses kollektiven Aushandelns der Markenbedeutung wurde eine Übereinkunft gefunden, welche die emotionalen Aspekte eines *VW*

---

[47] Die *VW Golf I*-Debatte in der Bundesrepublik Deutschland wurde als Chronik emotionalisierter Vernunft bezeichnet, denn die Untersuchung zeigte, daß Emotionalität allein nicht hinreichend war, sondern als notwendigen Faktor vernunftorientierte Sachlichkeit erforderte. Als Beispiel dafür kann die Einführung des *VW Golf I GTD* herangezogen werden: Ein als vordergründig wirtschaftlich angebotenes und gedeutetes Diesel-Fahrzeug in der Verpackung des emotionalisierenden *VW Golf I GTI*.
[48] Auf Grundlage der empirisch rekonstruierten Debatten zum *VW Golf V* erfolgte die Konstruktion des *VW Golf V*-Diskursfeldes. Untersuchungsobjektübergreifend läßt sich die *VW Golf V*-Debatte in der BRD als Chronik einer Pluralität von Moderne und Tradition bezeichnen. Über sechs Jahre hinweg stritten zwei Diskurse über den *VW Golf* miteinander, einerseits im Rahmen einer kritischen retrospektiven Reflexion als bewährtes emotiv-vernunftorientiertes Fahrzeug und andererseits im Sinne einer zukunftsgerichteten Sichtweise als technisch innovatives und dynamisches Objekt. Diese zwei Diskurse, die das Diskursfeld des *VW Golf V* aufbauten, unterlagen insgesamt den folgenden elf Deutungsmustern: Vernunft, Gebrauchsnutzen, Understatement, Überlegenheit, Beständigkeit, Innovativität, Individualisierung, Leidenschaft, Dynamik, Skepsis und Abneigung.
[49] Ein Beispiel ist folgende Aussage: „Man kann dem Volkswagenwerk zu den neuen GTI-Modellen nur gratulieren. Namentlich der Golf tritt nicht mit reißerischer Optik, sondern vielmehr in gefälliger Funktionalität auf. Ganz im Gegensatz zu seinen unmittelbaren Markt-Konkurrenten,..." (Leserbrief (Reichrath) „Für und wider Kleinkraftwerke.", in: Gute Fahrt 10/1976: 6)

Golf durch sachliche Vernunft einrahmte. Entsprechend dominierte ein vernunftorientierter Sachlichkeits-Diskurs[50] das *VW Golf I*-Diskursfeld und beeinflußte den ebenfalls vorhandenen Emotionalitäts-Diskurs[51] nachhaltig.

Beim *VW Golf V* verhielt es sich anders. Der diachrone Vergleich der Diskursfelder verdeutlicht vor allem die Dauerhaftigkeit des *VW Golf I*-Diskursfeldes und damit der *VW Golf I*-Markenkultur. So konnten innerhalb des *VW Golf V*-Diskursfeldes zwei Diskurse festgestellt werden, wobei einer dieser Diskurse – bezeichnet als kritisch fortgesetzter, emotiv-vernunftorientierter Diskurs[52] – im Grunde das *VW Golf I*-Diskursfeld widerspiegelte und somit die *VW Golf I*-Markenkultur weiterführte. Dieser Diskurs fand vornehmlich seitens der Kundschaft statt, die sich auf die ihnen historisch überlieferten Bedeutungen bezog und damit die Mar-

---

[50] Der vernunftorientierte Sachlichkeitsdiskurs bestand aus fünf Deutungsmustern, die ihn strukturierten. Die zugehörigen Deutungsmuster wurden als „Vernunft", „Gebrauchsnutzen", „Überlegenheit", „Understatement" und „Innovativität" bezeichnet. Dieser Diskurs handelte vom *VW Golf I* als rationales, vernunftorientiertes, nicht polarisierendes Fahrzeug, das als technisch überlegen angesehen wurde und über einen hohen wahrgenommenen Gebrauchsnutzen verfügte. Sämtliche Deutungsmuster dieses Diskurses standen stets in einem engen Zusammenhang mit dem Deutungsmuster „Vernunft".

[51] Der Emotionalitätsdiskurs wurde aus vier Deutungsmustern aufgebaut, die ihn strukturierten. Die zugehörigen Deutungsmuster wurden als „Leidenschaft", „Individualisierung", „Skepsis" und „Beständigkeit" bezeichnet. Dieser Diskurs handelte vom *VW Golf I* als emotionalisierendem Fahrzeug, das die nach der Krise wieder langsam aufkommenden Individualisierungswünsche im Rahmen der Nachfragerdifferenzierung bedienen konnte, dabei aber auch Bewährtes, Vertrautheit und Konstanz in einer Zeit des Wandels und der Veränderung anbot.

[52] Dieser kritisch fortgesetzte emotiv-vernunftorientierte Diskurs wurde aus acht Deutungsmustern aufgebaut, die ihn strukturierten. Die zugehörigen Deutungsmuster wurden als „Skepsis", „Abneigung", „Beständigkeit", „Vernunft", „Gebrauchsnutzen", „Understatement" und „Individualisierung" bezeichnet. Dieser Diskurs war stark geprägt durch die Markenverwender. Er handelte vom *VW Golf V* als bewährtes emotiv-vernunftorientiertes Fahrzeug. Sämtliche Deutungsmuster dieses Diskurses standen stets in einem engen Zusammenhang mit dem Deutungsmuster „Beständigkeit", welches von zentraler Bedeutung für diesen Diskurs war. Auffällig an diesem Diskurs ist ferner, daß er die *VW Golf I*-Markenkultur fortführte, indem er sich durch bereits aus der *VW Golf I*-Debatte bekannte Diskursstränge strukturierte. Neben dieser retrospektiven Sichtweise war die kritische Reflexion von Bedeutungsinhalten durch die Kundschaft innerhalb dieses Diskurses besonders ausgeprägt. Diese wies auf einen überlegten Konsum der *VW Golf V*-Kundschaft hin. So gab es auf der einen Seite eine retrospektiv geprägte Diskussion, die vornehmlich die vernunftorientierten Aspekte der Marke *VW Golf* hervorhob. Auf der anderen Seite gab es eine retrospektiv geprägte Diskussion, die hauptsächlich die emotivorientierten Aspekte der Marke *VW Golf* thematisierte und darüber hinaus vernunftorientierte Aspekte kritisch reflektierte. Aufgrund der engen Verbundenheit beider Diskursstränge mit dem Deutungsmuster „Beständigkeit" kann nicht von zwei unterschiedlichen Diskursen gesprochen werden, wie es im *VW Golf I*-Diskursfeld der Fall war. Vielmehr handelte es sich um zwei Diskursstränge des kritisch fortgesetzten emotiv-vernunftorientierten Diskurses. Als „kritisch" wurde dieser Diskurs vor allem deswegen beschrieben, weil das übergreifende Deutungsmuster „Beständigkeit" durch einen kritisch reflektierenden Standpunkt der Markenverwender geprägt war.

kenkultur im Zeitverlauf weitertransportierte. Der zweite Diskurs, bezeichnet als innovationsorientierte Technik-Diskurs[53], war an die *VW Golf I*-Markenkultur nur wenig anschlußfähig. Dieser Diskurs war von neuen, historisch unabhängigen und eigenständigen Bedeutungsangeboten des Unternehmens geprägt.[54] Für die Kundschaft besaß er aufgrund seiner mangelnden Anschlußfähigkeit an historische Bedeutungsinhalte nur wenig Relevanz.[55] Folglich polarisierte der *VW Golf V* stark, und es entstanden unterschiedliche Ansichten über die Bedeutungen der Marke *VW Golf* zwischen Unternehmen und Kundschaft.

Vor diesem Hintergrund kann festgestellt werden, daß „Vernunftorientierung" und „Emotionsorientierung" im Zeitverlauf die Schwerpunkte der *VW Golf*-Markenkultur(en) darstellten. Diese Schwerpunkte spannten gleichzeitig einen Korridor auf, innerhalb dessen sich die unternehmensseitig angebotenen Bedeutungen der Marke *VW Golf* bewegen mußten, um durch die Kundschaft keine Ablehnung zu erfahren.[56] Denn diese Markenkultur(en) wurde(n) im Zeitverlauf durch eine zunehmend kritisch reflektierende Sichtweise geprägt, in der kollektiv entwickelten Bedeutungen der Kundschaft ein besonderer Stellenwert zuwiesen wurde.[57] Dieser Sachverhalt war vor allem dem gestiegenen Informationsniveau

---

[53] Der innovationsorientierte Technik-Diskurs wurde aus drei Deutungsmustern aufgebaut, die ihn strukturierten. Die zugehörigen Deutungsmuster wurden in der vorliegenden Arbeit als „Innovativität", „Dynamik" und „Überlegenheit" bezeichnet. Dieser Diskurs handelte vom *VW Golf V* als dynamisches und revolutionäres Fahrzeug, das durch innovative Technik als Grundlage dynamischen Fahrverhaltens bei hoher Sicherheit überzeugte. Dieser Diskurs war stark geprägt durch die Bedeutungsangebote des Unternehmens.

[54] Hierbei handelte es sich um die Deutungsmuster „Innovativität" und „Dynamik", die diesen Diskurs schwerpunktartig prägten. Auf Seiten der Markenverwender besaßen diese Deutungsmuster jedoch nur wenig Relevanz.

[55] Ein Beispiel hierfür ist folgende Aussage: „Mir ist der Golf auch zu groß und zu teuer geworden, womit er sich auch ein bißchen vom Ursprung des Golf entfernt." (Aussage in Tread/Beitrag (5): DoppelWOBber.de, „Diskussion – Beerbt der Polo den Golf? Ist die Generation Golf tot?" aus 2004)

[56] Eine strikte Differenzierung von Rationalität und Emotionalität ist jedoch als obsolet zu betrachten, wie jüngere Forschungen der Sozialwissenschaften, der Philosophie und nicht zuletzt der Wirtschaftswissenschaften zeigen, vgl. Scherke 2009. In diesen wird mehrheitlich die Ansicht verteidigt, daß der Gegensatz von Rationalität und Emotionalität zugunsten der Annahme wechselseitiger Konstitutionsverhältnisse überwunden werden müsse. Mit anderen Worten: Rationales Handeln ist auf Emotionen wie Vertrauen, Scham oder Gier angewiesen, die (Handlungs-)Ergebnisse bewerten und Handlungen damit erst motivieren, und Emotionen weisen wie alle intentionalen Phänomene eine eigene, genuine Rationalität auf. Unter Umständen können Emotionen sogar als Ergebnis rationaler Entscheidungen aufgefaßt werden. Vor diesem Hintergrund ist ein Korridor zwischen Vernunft- und Emotionsorientierung naheliegend, innerhalb dessen diese „Pole" unterschiedlich stark miteinander verflochten sind.

[57] Ein Beispiel hierfür ist folgende Aussage: „Gut finde ich auch, daß er sich vom „normalen" Golf abhebt. Beim 4er konntest du kaum den GTI von anderen Modellen unterscheiden." (Aussage in Tread/Beitrag (1): DoppelWOBber.de, „Golf GTI" aus 2004)

geschuldet. Nichtsdestotrotz ist die *VW Golf*-Markenkultur in ihrer Grundausrichtung weitgehend unverändert geblieben.

Diese Stabilität der *VW Golf*-Markenkultur zeigt sich ebenfalls anhand der Praktiken. Der diachrone Vergleich der Praktiken der *VW Golf I*- mit denen der *VW Golf V*-Markenkultur zeigt, daß bestimmte Praktiken über den Zeitverlauf hinweg unverändert blieben, während sich andere veränderten (Tab. 8). Die unveränderten, konstanten Praktiken wurden offenbar durch weitgehend konstant gebliebene Deutungsmuster mit Sinn versorgt. Somit kann, ausgehend von den konstanten Praktiken, auf die im Zeitverlauf konstant gebliebenen Deutungsmuster der *VW Golf*-Markenkultur(en) geschlossen werden. Dabei bildeten die konstanten Praktiken mit ihren zugehörigen Deutungsmustern die Voraussetzung für das Identitätsbewußtsein der *VW Golf*-Markenkultur(en). Die sich verändernden, variablen Praktiken sowie die sie mit Sinn versorgenden Deutungsmuster gewährleisteten hingegen die Anpassungsfähigkeit der *VW Golf*-Markenkultur(en) an den jeweiligen gesellschaftlich-kulturellen Kontext.

Tabelle 8   Konstante und variable Praktiken der *VW Golf*-Markenkultur(en)

Golf I	Golf V
Konstante Praktiken	
Ökonomisches bzw. vernünftiges Fahren	Ökonomisches bzw. vernünftiges Fahren
Zurückhaltung	Zurückhaltung
Montieren/Umgestalten	Montieren/Umgestalten
Sportliches Autofahren	Sportliches Autofahren
Variable Praktiken	
Verurteilen von Rowdies	Vernunftorientierte Ratschläge geben
Fahrgemeinschaften bilden	Golf-Club suche
Öffentliche Suche nach Clubmitgliedern	Geschichten erzählen über Marke
Vergemeinschaftung in Clubs	Über Fachpresse diskutieren
Motorsportliche Aktivitäten	Rat einholen
Ausflugfahrten	Fachsimpeln
Anspruchsvolles Autofahren	Beobachten des Marktes
Beladen	Rebellisches Verhalten
	Beobachten des Fahrzeugs (Mängel und Erfahrungen)
	Extravagante Ausflugfahrten
	Grundlegendes Autofahren
	Spaßorientierte Ratschläge geben

In diesem Sinne führen die identifizierten konstanten Praktiken durch das Zuweisen der passenden, mit Sinn versorgenden Deutungsmuster zu den bereits festgestellten Schwerpunkten der *VW Golf*-Markenkultur(en). Diesbezüglich kann die Praktik „Ökonomisches bzw. vernünftiges Fahren" vor allem dem Deutungsmuster „Vernunft" zugeordnet werden, während die Praktik „Zurückhaltung" dem Deutungsmuster „Understatement" zugehört.[58] Diese Praktiken und Deutungsmuster lassen sich vor allem dem Schwerpunkt „Vernunftorientierung" zuordnen. Die Praktik „Montieren/Umgestalten" kann wiederum dem Deutungsmuster „Individualisierung" zugerechnet werden, und die Praktik „Sportliches Autofahren" hängt mit dem Deutungsmuster „Leidenschaft" zusammen. Diese Praktiken und Deutungsmuster können primär dem Schwerpunkt „Emotionsorientierung" zugeschrieben werden (Tab. 9).[59]

Tabelle 9   Schwerpunkte, Deutungsmuster und Praktiken der *VW Golf*-Markenkultur

Schwerpunkt	Vernunftorientierung		Emotionsorientierung	
Deutungsmuster	Vernunft	Understatement	Individualisierung	Leidenschaft
Praktik	Ökonomisches bzw. vernünftiges Fahren	Zurückhaltung	Montieren/ Umgestalten	Sportliches Autofahren

Im Rahmen des diachronen Vergleichs der *VW Golf*-Markenkultur fiel generell auf, daß das Unternehmen eine retrospektive Sichtweise weitgehend ausblendete. Weder beim *VW Golf I* noch beim *VW Golf V* konnte das Deutungsmuster „Beständigkeit" seitens des Unternehmens identifiziert werden. Das überrascht, da der *VW Golf* aus Sicht der Kundschaft über ein historisch gewachsenes „Guthaben" verfügt und dieses wesentlich für deren Konstruktion der Markenbedeutung war.

---

[58] Eine völlig trennscharfe Zuweisung ist indessen nicht möglich, da sämtliche Praktiken einer Markenkultur durch sämtliche Deutungsmuster im Sinne eines Bedeutungsgewebes geprägt werden. Eine gewisse Schwerpunktsetzung ist jedoch möglich.
[59] Die vier genannten Deutungsmuster, die den identifizierten Schwerpunkten einer *VW Golf*-Markenkultur hauptsächlich zugrunde liegen, erklären ein Stück weit den Erfolg des *VW Golf V GTI*. Denn dieser spiegelte die Schwerpunkte der *VW Golf*-Markenkultur mit ihren Deutungsmustern und Praktiken umfassend wider. Er verfügte damit über eine hohe Deckungsgleichheit mit der *VW Golf*-Markenkultur.

4 Fazit

Von großer Bedeutung für das Marketing respektive das Markenmanagement ist die Frage, wie die Bedeutungen von Marken entstehen. Aufgrund der hohen Relevanz dieser Frage ist es wenig überraschend, daß sich ihr bereits einige Forscher gewidmet haben (Holt et al. 2004; Keller 1993; Quelch 1999). Nur wenige haben jedoch darauf hingewiesen, daß ein neues Verständnis über den Prozeß der Entstehung von Markenbedeutungen notwendig ist (Vargo/Lusch 2004; Merz et al. 2009). Die monologisch orientierten Annahmen kognitiv-psychologischer Ansätze reichen diesbezüglich nicht aus.

Der vorliegende Beitrag beleuchtete die Entwicklung markenspezifischer Bedeutungen im Zeitverlauf am Beispiel des *VW Golf* mithilfe einer für die betriebswirtschaftliche Markenforschung neuartigen Methodik. Die verwendete soziologisch orientierte Explikation und Methodik konnten zeigen, daß die Markenverwender von Unternehmen als aktive Co-Produzenten von Markenbedeutungen berücksichtigt werden sollten. Denn ihr Einfluß ist nicht zuletzt aufgrund der zunehmenden Medialisierung und der damit einhergehenden Intensivierung des C2C-Austauschs erheblich.

Unternehmen sollten die Vorteile einer Kooperation insbesondere mit ihrer Kundschaft nutzen und die Zusammenarbeit mit ihren Kundennetzwerken intensivieren. Denn dort, wo der Wille des Markenanbieters auf die Autonomie der Markenverwender trifft, entstehen Verhandlungsspielräume. Eine Marke aktiv durch die Markenverwender mitgestalten zu lassen, erfordert im Unternehmen allerdings ein Überdenken traditioneller Marketingpraktiken. Ansätze dieser Art konzentrieren sich vorwiegend auf die Beeinflussung und Überredung der Markenverwender. Notwendig sind jedoch Ansätze, die eine kooperative Beziehung zwischen Markenanbieter und Markenverwendern vorsehen. Die empirische Untersuchung bestätigte die Annahmen, daß Markenführung weder nur als Anstrengungen des Managements noch bloß als dyadische Beziehung zwischen Markenanbieter und Markenverwendern verstanden werden kann. Vielmehr muß eine Marke als kulturelles Phänomen begriffen werden, das auf wechselseitigen Austauschprozessen zwischen Markenanbieter und Markenverwendern aufbaut.

Um den Austausch von Bedeutungsinhalten zwischen Markenanbieter und Markenverwendern zu fördern, bedarf es einer aktiven unternehmensseitigen Aufnahme und Integration von Bedeutungen der Markenverwender. Dies vermag Unternehmen zu helfen, sich dem historischen „Guthaben" ihrer Marke(n) bewußt zu werden und ihre Bedeutungsangebote innerhalb des von den Markenverwendern vorgegebenen „Korridors" gezielt zu platzieren, der durch die Schwerpunkte der Markenkultur definiert wird. Die Aufgabe von Marketingverantwortlichen sollte es daher sein, eine Plattform zu schaffen, die den Markenverwendern eine aktive, offene und vor allem gleichberechtigte Interaktion mit dem Markenanbieter ermöglicht. Dies kann beispielsweise durch eine höhere Medialisierung des Marketing erreicht werden.

Die Analyse zeigte diesbezüglich, daß *VW* im Rahmen des in der vorliegenden Studie untersuchten Zeitraumes eine Marke war, die eine geringe Medialisierung aufwies. Eine solche Marke läßt im Sinne Tropps (2009) nur eine implizite Partizipation der Markenverwender zu, da sie über eine monologisch ausgerichtete Kommunikation verfügt. Sie entspricht damit dem gängigen Verständnis der bisherigen verhaltensorientiert begründeten Markenpolitik. Indes kann eine höhere Medialisierung des Marketing zu einer höheren expliziten Partizipation der Markenverwender führen. Mit der vorliegenden Untersuchung konnte gezeigt werden, daß sich durch die soziologische Explikation und Methodik ein erfolgversprechender Zugang zur realitätsangemessenen Markenpositionierung ergibt, der die Defizite einer rein betriebswirtschaftlichen Sichtweise zu kompensieren hilft.

Literatur

Beverland, Michael (2005): Brand Management and the Challenge of Authenticity, in: Journal of Product and Brand Management 14, S. 460–461.

Burmann, Christoph/Meffert, Heribert (2005): Theoretisches Grundkonzept der identitätsorientierten Markenführung, in: Heribert Meffert/Christoph Burmann/Martin Koers (Hg.): Markenmanagement: Identitätsorientierte Markenführung und praktische Umsetzung, mit Best Practice-Fallstudien. Wiesbaden, S. 37–72.

Caspar, Mirko/Metzler, Patrick (2002): Entscheidungsorientierte Markenführung. Aufbau und Führung starker Marken, Arbeitspapier Nr. 3. Münster.

Deichsel, Alexander (2004): Markensoziologie. Frankfurt/M.

Despandé, Rohit (1983): Paradigms Lost: On Theory and Method in Research in Marketing, in: Journal of Marketing 47, S. 101–110.

du Gay, Paul/Hall, Stuart/Janes, Linda/Mackay, Hugh/Negus, Keith (1997): Doing Cultural Studies. The Story of the Sony Walkman. London/Thousand Oaks/New Delhi.

Engelhardt, Werner H. (1998): Das Marketing in der Betriebswirtschaftslehre. Eine paradigmatische Betrachtung, in: Manfred Bruhn/Hartwig Steffenhagen (Hg.): Marktorientierte Unternehmensführung. Reflexionen, Denkanstöße, Perspektiven. Festschrift für H. Meffert zum 60. Geburtstag. Wiesbaden, S. 3–17.

Franke, Nikolaus (2002): Realtheorie des Marketing. Gestalt und Erkenntnis. Tübingen.

Gries, Rainer (2003): Produkte als Medien. Kulturgeschichte der Produktkommunikation in der Bundesrepublik und der DDR. Leipzig.

Haase, Michaela/Kleinaltenkamp, Michael (2004): Verhaltenswissenschaftliche und institutionenökonomische Grundlagen des Marketing, in: Klaus-P. Wiedmann (Hg.): Fundierung des Marketing. Verhaltenswissenschaftliche Erkenntnisse als Grundlage einer angewandten Marketingforschung. Wiesbaden, S. 31–41.

Hallay, Henric/Hellmann, Kai-Uwe/Raabe, Thorsten (2008): Der See ruft... Markenkultur zwischen Forschung und Praxis, in: Markenartikel 70, S. 60–63.

Hellmann, Kai-Uwe (2004): Werbung und Konsum: Was ist die Henne, was ist das Ei? Konzeptionelle Überlegungen zu einem zirkulären Verhältnis, in: Kai-Uwe Hellmann/Dominik Schrage (Hg.):

Konsum der Werbung. Zur Produktion und Rezeption von Sinn in der kommerziellen Kultur. Wiesbaden, S. 33–46.

Hellmann, Kai-Uwe/Raabe, Thorsten (2008): Der Kult ums Automobil, Präsentation in Wolfsburg im Oktober 2008.

Holt, Douglas B. (2004): How Brand become Icons. The Principles of Cultural Branding. Boston.

Holt, Douglas B/Quelch, John A./Taylor, Earl L. (2004): How Global Brands Compete, in: Harvard Business Review 82, S. 68–75.

Janich, Nina (2001): Werbesprache. Ein Arbeitsbuch. Tübingen.

Jaworski, Bernard/Kohli, Ajay K. (2006): Co-creating the Voice of the Customer, in: Robert F. Lusch/Stephen L. Vargo (Hg.): The Service-Dominant Logic of Marketing. Armonk, S. 109–117.

Kalaignanam, Kartik/Varadarajan, Rajan (2006): Customers as Co-Producers: Implications für Marketing Strategy Effectiviness and Marketing Operations Efficiency, in: Robert F. Lusch/Stephen L. Vargo (Hg.): The Service-Dominant Logic of Marketing. Armonk, S. 166–179.

Karmasin, Helene (1998): Produkte als Botschaften. Individuelles Produktmarketing, konsumentenorientiertes Marketing, Bedürfnisdynamik, Produkt- und Werbekonzeption, Markenführung in veränderten Umwelten. Wien.

Keller, Kevin L. (1993): Conceptualizing, Measuring, and Managing Customer-Based Brand Equity, in: Journal of Marketing 57, S. 1–22.

Keller, Rainer (1997): Diskursanalyse, in: Ronald Hitzler/Anne Honer (Hg.): Sozialwissenschaftliche Hermeneutik. Eine Einführung. Opladen, S. 309–335.

Keller, Rainer (2006): Wissen oder Sprache? Für eine wissensanalytische Profilierung der Diskursforschung, in: Franz X. Eder (Hg.): Historische Diskursanalysen. Genealogie, Theorie, Anwendungen. Wiesbaden, S. 51–70.

Keller, Rainer (2007): Diskursforschung, Eine Einführung für SozialwissenschaftlerInnen. Wiesbaden.

Keller, Rainer (2008a): Wissenssoziologische Diskursanalyse. Grundlegung eines Forschungsprogramms. Wiesbaden.

Keller, Rainer (2008b): Der Müll der Gesellschaft. Eine wissenssoziologische Diskursanalyse, in: Rainer Keller/Andreas Hirseland/Werner Schneider/Willy Viehöver (Hg.): Handbuch Sozialwissenschaftliche Diskursanalyse. Bd 2: Forschungspraxis. Wiesbaden, S. 197–232.

Kunz, Thomas (2005): Der Sicherheitsdiskurs. Bielefeld.

McAlexander, James H./Schouten, John W./Koenig, Harold F. (2002): Building Brand Community, in: Journal of Marketing 66, S. 33–54.

McCracken, Grant (1986): Culture and Consumption: A Theoretical Account of the Structure and Movement of the Cultural Meaning of Consumer Goods, in: Journal of Consumer Research 13, 71–84.

Merz, Michael A./He, Yi./Vargo Stephen L. (2009): The evolving brand logic: a service-dominant logic perspective, in: Journal of the Acadamic Marketing Science 37, S. 328–344.

Mommsen, Hans/Grieger, Manfred (1997): Das Volkswagenwerk und seine Arbeiter im Dritten Reich 1933–1948. Düsseldorf.

Muniz, Albert M., Jr./O'Guinn, Thomas C. (2001): Brand Community, in: Journal of Consumer Research 27, S. 412–432.

Prahalad, Coimbatore K./Ramaswamy, Venkat (2004): Co-opting Customer Competence, in: Harvard Business Review 78, S. 79–87.

Quelch, John (1999): Global Brands: Taking Stock, in: Business Strategy Review 10, S. 1–14.

Raabe, Thorsten/Caproni, Mirella/Rubens-Laarmann, Anne/Hammermeister, Jörg/Uphoff, Karsten (2004): Kultur als Gegenstand der Marketingforschung. Kritische Analyse und theoretisch-konzeptionelle Konsequenzen, in: Forschungsgruppe Unternehmen und gesellschaftliche Organisation (FUGO) (Hg.): Perspektiven einer kulturwissenschaftlichen Theorie der Unternehmung. Marburg, S. 309–339.

Sattler, Henrik (2001): Markenpolitik. Stuttgart.

Schau, Hope J./Muniz, Albert M./Arnould, Eric J. (2009): How Brand Community Practices Create Value, in: Journal of Marketing 73, S. 30–51.

Schrage, Dominik/Friederici, Markus R. (Hg.) (2008): Zwischen Methodenpluralismus und Datenhandel. Zur Soziologie der kommerziellen Konsumforschung. Wiesbaden.

Tropp, Jörg (2009): Markenführung: Wer führt wen? Die Medialisierung des Marketings und ihre Folgen für die Marketing- und die Unternehmenskommunikation, in: Frank Keuper/Jürgen Kindervater/Heiko Dertinger/Andreas Heim (Hg.): Das Diktat der Markenführung. 11 Thesen zur nachhaltigen Markenführung und -implementierung. Wiesbaden, S. 168–194.

Vargo, Stephen L.//Lusch, Robert F. (2004): Evolving Toward a New Dominant Logic for Marketing, in: Journal of Marketing 68, S. 1–17.

Markenkultur in Online-Communities
Zur Bedeutung von Diskursen
internetbasierter Brand Communities

Thomas Heun

1 Einleitung

„Subcultures of Consumption", „Brand Communities", „Brand Tribes": Die Zahl neuer Begrifflichkeiten und Konzepte, anhand derer versucht wird, der gestiegenen Bedeutung von Prozessen der Vergemeinschaftung im Markenkontext Rechnung zu tragen, hat in den letzten Jahren zugenommen (Schouten/McAlexander 1995; Muniz/O'Guinn 2001; Cova/Cova 2002). Eines macht diese Entwicklung klar: Marken stellen zu Beginn des 21. Jahrhunderts nicht nur Bedeutungsangebote für Individuen dar, sondern stehen, wie bei sog. „Brand Communities" (BCs), zunehmend im Mittelpunkt von Vergemeinschaftungsprozessen.[1]

Zentrales Kennzeichen von BCs ist, daß BC-Mitglieder über „ein Zusammengehörigkeits- bzw. Wir-Gefühl aus der Affinität zu einer Marke" (Hitzler et al. 2008: 25) miteinander verbunden sind.[2] Trotz der Vielzahl internationaler Publikationen muß das BC-Phänomen empirisch jedoch immer noch als „untererforscht" eingeschätzt werden (Pfadenhauer 2008: 214). So wurde die Analyse der kulturellen Bedeutung bzw. des „höheren Sinns" von Marken „hinter" Gemeinschaftsformen wie den BCs lange Zeit vernachlässigt. Statt der Erklärung des „Wieso?" stand bisher die Erklärung des „Was?" bzw. „Was tun?" im Fokus der Untersuchungen (Muniz/O'Guinn 2001; Algesheimer 2004; von Loewenfeld 2006). Dieses geringe Interesse für kollektiv geteilte Markenbedeutungen unter BC-Mitgliedern erstaunt um so mehr, als hier nach Auffassung des Autors einer der wesentlichen Schlüssel zum Verständnis von Vergemeinschaftungsprozessen rund um Marken liegt. Doch anstatt sich auf Basis von Beiträgen wie der von Muniz/O'Guinn erstellten Studie aus dem Jahr 2001 weiter mit den Grundfragen des Zustandekommens und der Reproduktion von BCs auseinanderzusetzen,

---

[1] Vgl. Hellmann 2004; Hallay et al. 2008; Hitzler et al 2008.
[2] Neben der Ausbildung eines gemeinsamen Wir-Gefühls betonen Muniz/O'Guinn (2001: 412) die Bedeutung von gemeinsamen Ritualen und Traditionen sowie das Gefühl einer moralischen Verpflichtung gegenüber anderen Mitgliedern der Gemeinschaft als grundlegende Kennzeichen von BCs.

rückte die Frage nach der Entwicklung, Führung und direkten ökonomischen Nutzbarmachung von BCs schnell in den Fokus des Forschungsinteresses.³ Im Vergleich zu früheren Arbeiten mutet der durch diese Studien generierte Erkenntnisgewinn zur grundlegenden kulturellen Bedeutung von Marken für BCs bescheiden an. Schienen die früheren Studien rund um die vergemeinschaftende Wirkung von Konsumgütern von Schouten/McAlexander (1995) und Muniz/O'Guinn (2001) durch sozialwissenschaftliche Fragestellungen motiviert, wurde das BC-Phänomen in den folgenden Jahren zunehmend unter absatzwirtschaftlichen Verwertungsgesichtspunkten analysiert (Ouwersloot/Oderken-Schröder 2007: 572). So wurden in den letzten Jahren Erkenntnisse zum Einfluß von BCs auf Einstellungen und Handlungen von Mitgliedern (Muniz/Schau 2005; Ahonen/Moore 2005), zur Bedeutung von hochgradig-loyalen Markennutzern für die Unternehmen (Franke/Shah 2003) und zum Potential von BCs als Quelle für die Entwicklungsarbeit von Unternehmen erarbeitet (McWilliam 2000; McAlexander et al. 2002; Kozinets 2002; Herstatt/Sander 2004; Sawhney et al. 2005; Füller et al. 2008). Die Erkenntnisse über die kulturellen Bedeutungen von Marken für BCs und die kulturellen Bindungs- und Reproduktionsmechanismen dieser Vergemeinschaftungsformen beschränken sich nach wie vor auf wenige Beispiele, deren allgemeine Aussagekraft als gering einzuschätzen ist.⁴ Darüber hinaus wurden die im Rahmen der BC-Forschung zur Anwendung kommenden Methoden als eher unspezifisch wahrgenommen.⁵

Vor diesem Hintergrund wurde beschlossen, einen grundlegenden Beitrag zum Verständnis und zur methodischen Erschließung der Kultur von BCs im Rahmen einer Primärstudie anhand von BCs im Automobilbereich zu leisten. Im Zentrum der Studie stehen drei Fragestellungen: (1) Mit welcher Methode läßt sich die Kultur von BCs angemessen und fokussiert erschließen? (2) Welche markenkulturellen Bedeutungen manifestieren sich in der Kultur von BCs? (3) Lassen

---

[3] BCs mit ihren besonders loyalen Markennutzern werden im Rahmen dieser Studien u. a. als Instrumente der Markenpolitik von Unternehmen verstanden, mittels derer Kunden dauerhaft an Marken und Unternehmen gebunden werden können, vgl. McAlexander et al. 2002; Algesheimer 2004; von Loewenfeld 2006. Fabian von Loewenfeld et al. (2006) gehen in ihrer Empfehlung sogar so weit, die „strategische Führung" von „brand communities" zu einem „Muß" für Unternehmen zu erklären.
[4] Exemplarisch hierfür steht die Studie von Marius Lüdicke und Markus Giesler (2007) zu den sog. „Hummer-Tribes". Auch wenn die Autoren zu Erkenntnissen kommen, die für diese Studie von Interesse sind, da sie für „diskursive Strategien" der Markenkommunikation im Spannungsfeld zwischen Unternehmen und Konsumenten sensibilisieren, bleibt die Reichweite ihrer Ergebnisse, aufgrund der Konzentration auf „Brand Tribes" rund um die Marke *Hummer*, limitiert.
[5] Neben ethnographischen Verfahren, wie bei Schouten/McAlexander (1995) und Muniz/O'Guinn (2001), wurden im Rahmen der BC-Forschung häufig hochgradig standardisierte Methoden wie Fragebogenstudien aus dem Bereich der quantitativen Sozialforschung eingesetzt, vgl. Algesheimer 2004; von Loewenfeld 2006.

sich systematische Muster der Markenbedeutung in BCs isolieren? Anhand der Ergebnisse der Diskursanalyse, welche dieser Studie zugrunde liegt, kann gezeigt werden, daß mit Produkten und Marken unmittelbar in Verbindung stehende Bedeutungsmuster in der Kultur von BCs auf unterschiedlichen Ebenen wirksam werden. Neben der Ebene der Marke sind die Ebenen der Markenherkunft, der Automobilklasse und des Automobildiskurses zu nennen.

2 Markenkultur als Diskursfeld

Eine der verbreitetesten theoretischen Konzeptualisierungen von Marken basiert auf der Annahme, daß deren Bedeutungen im wesentlichen von individuellen Vorstellungen abhängen und Marken „im Kopf der Verbraucher" entstehen, womit Marken zum Gegenstand einer „Psychologie der Marke" werden (Hellmann 2003: 285; Holt 2004: 15 ff.; Heun 2009: 43 f.). Diesem Paradigma folgend, wird auch die Kultur einer Marke in der Regel als Teil der „Markenidentität" primär auf Seiten der Unternehmen verortet.[6] Entgegen dieser Annahme folgt der Autor dem Grundverständnis von „Brand Culture" von Jonathan E. Schroeder und Miriam Salzer-Mörling (2006: 4 f.), welche die Kultur einer Marke nicht nur als Resultat einer „projected brand identity", sondern als Ergebnis mitunter kreativer Aneignungsprozesse verstehen, zu deren Verständnis die Kenntnis des kulturellen und sozialen Umfelds der Konsumenten essentiell ist. In Abgrenzung zu Ansätzen individualistischer Markentheorie liegt dieser Arbeit die Annahme zu Grunde, daß Markenbedeutungen von BCs erst dann umfassend erschlossen werden können, wenn den kollektiven Prozessen der Produktion von Bedeutung in der sozialen Praxis der BCs Rechnung getragen wird. Denn aus heutiger Sicht läßt sich in unterschiedlichen Bereichen zeigen, daß Marken nicht nur individuellen Nutzen stiften.[7]

---

[6] Exemplarisch für diese Perspektive steht das Verständnis von „Brand Culture" des Markentheoretikers Richard Linxweiler (1999), der Markenkultur als Teil der „Identität" einer Marke versteht. Sein Modell der Markenidentität bringt er auf die kurze Formel: Brand Identity = Brand Culture + Brand Communication. „Die Brand Culture beschreibt die Dimension der Marke, wie sie sich im Laufe der Zeit als Träger kultureller Ideologien, Mythen, Legenden und kultureller Schemata entwickelt hat. Die Markenkultur beschreibt den ‚Charakter' und die Gestaltung sowie die kulturellen Ausprägungen der Marke [...]." (Linxweiler 1999: 67) Dieses Verständnis von Markenkultur als Teil der gelebten Markenidentität des Unternehmens findet sich auch bei anderen Autoren, vgl. Holt 2004; Esch et al. 2008.
[7] Als Ausdruck dieser Entwicklung muß auch die Entwicklung neuerer theoretischer Ansätze verstanden werden. Seit dem Jahrtausendwechsel entstehen zunehmend Konzepte, die Marke jenseits der individual-psychologischen Ebene verorten, vgl. Heun 2009: 42.

Die Bedeutung von Marken im Kontext von Vergemeinschaftungsprozessen haben unterschiedliche Autoren im Rahmen der BC-Forschung aufgezeigt (Muniz/O'Guinn 2001; McAlexander et al. 2002; Algesheimer 2004; von Loewenfeld 2006; Hellmann/Kenning 2007). BCs werden in dieser Arbeit als Formen „Posttraditionaler Vergemeinschaftung" verstanden (Honneth 1993; Hitzler 1998). Das bedeutet: Rund um den Konsum von Marken entstehen dauerhafte soziale, netzwerkartige Verbindungen, welche die gelockerten traditionalen Gemeinschaftsformen wie Familie, Klasse oder Stand zum Teil ersetzen.[8]

Die Bedeutung von Kommunikation für das geteilte Selbstverständnis („Wir Gefühl") und die (Re-)Produktion von Gemeinsamkeiten in BCs wurden von unterschiedlichen Autoren herausgearbeitet.[9] Die zentralen kulturellen Bedeutungsmuster hinter Vergemeinschaftungsprozessen lassen sich im Falle von BCs nur isolieren, wenn es gelingt, BCs als Kollektive eines geteilten Gebrauchs von Sprache, Zeichen, Aussagen und Praktiken zu isolieren. Mittels kommunikativer Handlungen sorgen die BC-Mitglieder für eine Bestätigung und Reproduktion ihrer „Kommunikationsgemeinschaften". Im Zentrum der Kommunikation solcher BCs befinden sich, so die Annahme, das Automobil und die Automarke. Dabei manifestiert sich Marke in derartigen BC-Kulturen auf vielfältige Weise: von der Nennung der Marke im Namen der Community über die Einbindung von Markenlogos beim Design einer BC-Webpage bis zur Gestaltung von Werbemaßnahmen durch die BC.

Markenkultur wird im Rahmen dieser Studie als etwas Vielschichtiges, Praktisches und Dynamisches verstanden.[10] Diesem Grundverständnis folgend,

---

[8] Clyde J. Mitchell (1969: 2) hat in einer frühen Definition „Soziale Netzwerke" als „spezifische Mengen von Verbindungen zwischen sozialen Akteuren" beschrieben. Bettina Hollstein (2006: 6) führt in Anlehnung an Mitchell aus, daß „sowohl die Verbindungen als auch die sozialen Akteure ganz unterschiedliche soziale Einheiten" sein können. So können Akteure in sozialen Netzwerken „Organisationen, politische Akteure, Haushalte, Familien oder Individuen sein". Im Rahmen dieser Arbeit wird Kai-Uwe Hellmann gefolgt und jede Community als ein soziales Netzwerk verstanden. Dieses wird aber keineswegs vice versa unterstellt, vgl. Hellmann 2008.

[9] Vgl. Knoblauch 1996. Auch Autoren wie Fabian von Loewenfeld (2006: 87f.) betonen die besondere Bedeutung von Kommunikation für den Zusammenhalt von BCs: „Zusammengehalten werden solche Communities insbesondere durch gemeinsame Symbole. Marken stellen solche gemeinsamen Symbole dar." Siehe ferner Schouten/McAlexander 1995; Muniz/O'Guinn 2001; Holt 2002: 83.

[10] Innerhalb der Sozialwissenschaften ist es in den letzten Jahren zu einer Verlagerung des Forschungsinteresses von Fragestellungen rund um die Kultur zu einer Hinwendung in Richtung auf die Vielfalt des kulturellen Wandels gekommen, vgl. Gebhardt 2001; Hörning/Reuter 2004. Als „treibende Kraft" hinter derartigen Wandlungsprozessen sehen Hörning/Reuter (2004: 9) eine stärkere Orientierung der Kulturanalysen an den „Menschen als Kulturwesen", da „vor allem das Handeln der Akteure" dafür sorgt, „daß Kultur bewegt" wird. Dieser „Cultural Turn" und die „Revitalisierung der Soziologie als Kultursoziologie" lassen sich ihren Beobachtungen zufolge seit Mitte der 1980er Jahre feststellen und sind nicht nur durch Arbeiten aus dem Fach der Soziologie inspiriert,

wird Markenkultur definiert als „kollektiv existierende Ordnung im Sinne von Unterscheidungen, Deutungsmustern und Praktiken, die auf Marken bezogen sind" (Hellmann/Raabe 2008) und in Form von kommunikativen Aushandlungsprozessen zwischen Unternehmen und Konsumenten (re-)produziert werden. Aufbauend auf diesem praxeologischen Kulturverständnis wird Markenkultur als „Diskursfeld" (Keller 2003) definiert, auf dem unterschiedliche Gruppen ihre Vorstellungen von Marken kommunizieren und ausleben (Keller 2003: 285).[11] Dieser Gedanke impliziert die Einbettung „diskursiver Ereignisse" in eine umfangreichere „Debatte", bei der Produkte, Marken und ihre Bedeutungen in Richtung Dritter kommuniziert werden (Abb. 1).

Abbildung 1   Markenkultur als Diskursfeld

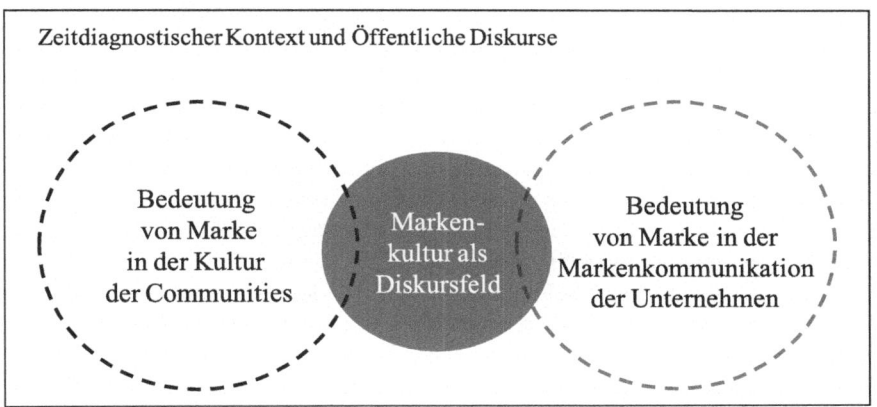

Als zentrale Akteure werden die Markenhersteller und die BCs definiert. Während die einen die Vorstellungen von „ihren" Marken mittels Maßnahmen der Markenkommunikation in Richtung einer breiten Öffentlichkeit kommunizieren,

---

sondern basieren auch auf Einflüssen anderer Disziplinen, wie der Ethnologie oder den „Cultural Studies". Mit dieser Entwicklung geht nach Meinung von Hörning/Reuter (2004: 10) neben dem Wandel des Kulturverständnisses ein Wandel des Handlungsbegriffes in der Soziologie einher, da sich gesellschaftliche Wirklichkeit weniger als „objektive Tatsache, sondern vielmehr als eine interaktive Sache des Tuns" erweist.

[11] Keller (2003: 285) führt diesen Punkt wie folgt aus: „Kultur als Diskursfeld zu begreifen, impliziert, auf Auseinandersetzungen um Reproduktion und Veränderung von Deutungsweisen und Handlungspraktiken hinzuweisen, die vielgestaltige Strukturiertheit, (Re-)Produktion, Heterogenität und Wandelbarkeit soziokultureller Ein- oder besser: ‚Vielheiten', die Bedeutung der diskursiven Artikulationskämpfe für die Erzeugung, Identitätsstabilisierung und Transformation solcher Diskurs-Kollektive zu betonen."

treten die Bedeutungen der Marken in den BCs durch kommunikative Akte zu Tage, die auf Autos und Automarken bezogen sind. Eingebettet ist der diskursive Aushandlungsprozeß von Markenkultur in einen zeitdiagnostischen Kontext, ohne dessen Kenntnis das Verständnis von Markenkultur zwangsläufig limitiert bleibt (Keller 2007: 96).

3 Operationalisierung der Fragestellung im Sinne einer Diskursanalyse

Auf die Schwierigkeit, Vergemeinschaftungsformen durch Marken mit Hilfe der in der Marketingforschung weit verbreiteten „individualistischen" Ansätze zu erforschen, hat u. a. der Soziologe Alexander Deichsel frühzeitig hingewiesen.[12] Mit dem Ansatz der Diskursanalyse wurde im Rahmen der Diskurstheorie eine Art methodischer Baukasten zur strukturierten Identifikation von gesellschaftlichen Aussagesystemen (Diskursen) entwickelt. Im Rahmen der Analyse diskursiver Formationen folgt die Arbeit den Annahmen der Wissenssoziologischen Diskursanalyse, die eine Methode darstellt, anhand derer sich soziale Praktiken und Prozesse der kommunikativen Konstruktion, Stabilisierung und Transformation sozialer Ordnungen regelgeleitet erschließen lassen. Diskurse werden dabei als analytisch abgrenzbare Ensembles kultureller Praktiken und Bedeutungszuschreibungen verstanden (Keller 2007: 7).

Das Verständnis von Markenkultur als Diskursfeld mit sich teils überlagernden, teils oppositionellen Positionen und Konzepten sowie heterogenen Akteuren erfordert begründete Entscheidungen bei der Zusammenstellung des Datenkorpus für die Diskursanalyse. Die erste Entscheidung bezieht sich auf die Auswahl der Akteure, über die ein Zugang zu den markenkulturell bedeutsamen Diskursen angestrebt wird. Markenkultur wird als ein Diskursfeld mit zwei zentralen Gruppen von Akteuren konzipiert (Abb. 1). Neben den BCs treten auf dem Diskursfeld kommerziell-handelnde Akteure mit ihren Maßnahmen der Markenkommunikation in Erscheinung. Aufgrund des praxeologischen Kulturverständnisses dieser Arbeit werden BCs als zentrale Untersuchungseinheiten definiert, über die der Zugang zu den jeweiligen Markenkulturen hergestellt werden kann.

Die zweite Entscheidung bezieht sich auf das in den Datenkorpus einfließende Datenmaterial. Vor dem Hintergrund forschungsökonomischer und -strategischer Überlegungen wurden als Zugang zu den BC-Diskursbeiträgen deren

---

[12] Den geringen Grad der Eignung individualistischer Methoden bei der Erforschung von Kundschaft hat Deichsel (1993: 67) wie folgt beschrieben: „Kein Kunde kann über Kundschaft Auskunft geben [...]. Durch die vielfachen Austauschprozesse entsteht etwas Drittes, dessen Eigenleben durch individualistische Marktforschung nur schwer abgebildet werden kann."

Internetauftritte gewählt, weil diese eine Fülle unterschiedlicher Daten bieten, anhand derer sich die besonderen kulturellen Orientierungen der BCs erschließen lassen.[13] Darüber hinaus hat sich im Laufe der Forschung gezeigt, daß die Internetplattformen von einer Vielzahl unterschiedlicher BC-Mitglieder genutzt werden und damit gegenüber anderen Formen der BC-Öffentlichkeit wie Markentreffen einen großen Stellenwert für die Verhandlung des kulturellen Selbstverständnisses von BCs haben.[14]

Die Diskursanalyse ist als eine Art Forschungsprogramm, nicht als konkret ausgearbeitete Methode angelegt.[15] In Ergänzung zur Diskursanalyse als „Haltung" bietet die Wissenssoziologische Diskursanalyse zentrale methodische Bausteine, mit deren Hilfe sich die innere Struktur von Diskursen kontrolliert erschließen läßt. Für die Isolierung des referentiellen Bezugs innerhalb der diskursiven Formationen wurde erstens eine Phänomenstruktur der Diskurse erstellt. Diese hat den Zweck, die Systematik der diskursspezifischen Verknüpfung von Elementen und Dimensionen durch die Akteure zu erfassen und die entsprechenden diskursiven Zuschreibungen sichtbar zu machen (Keller 2005: 248). Darüber hinaus wurden zentrale Deutungsmuster innerhalb der Diskurse ermittelt. Die Isolierung kultureller Deutungsmuster ermöglicht den direkten Zugang zu zentralen „Interpretationsmustern der Weltdeutung" (Lüders/Meuser 1997: 62).

Das Konzept der Deutungsmuster hat sich insbesondere mit Blick auf die Darstellung kultureller Bedeutungen von Marken als hilfreich erwiesen.[16] Mit Blick auf die methodische Operationalisierung merkt Keller (2001: 209) an, daß sich Deutungsmuster nicht unmittelbar an der Oberfläche von Texten, sondern in Form von Symbolen, Praktiken oder indirekten sprachlichen Äußerungen manifestieren. Dementsprechend plädiert er für eine möglichst große Offenheit bei der Erstellung des Datenkorpus für unterschiedliche Formen von Daten. Neben

---

[13] Nach einer ersten dimensionalen Analyse verschiedenster BC, die im Rahmen zweier teilnehmender Beobachtungen sogenannter „Brand Feasts" gemacht wurden, hat sich gezeigt, daß ein Großteil der BCs im Automobilbereich über einen eigenen Internetauftritt verfügt und diesen als primäre Plattform für die Binnen- und Außenkommunikation nutzt.
[14] Die Fülle an Daten auf den BC-Sites ermöglichte die Erhebung der Daten pro Site an bestimmten Stichtagen innerhalb der Feldzeit. Der Erhebungszeitraum bezüglich aller BC-Sites erstreckte sich von September 2009 bis September 2010.
[15] Für die Orientierung an der Diskursanalyse als „Programm" bzw. „Haltung" des Forschers steht die diskursanalytische Arbeit von Michel Foucault.
[16] Im Rahmen der Forschungsarbeit hat sich frühzeitig herausgestellt, daß mit Marken verbundene kulturelle Bedeutungen innerhalb der Diskurse größtenteils implizit kommuniziert werden. Das bedeutet: Es ließen sich kaum diskursive Praktiken wie Beiträge in Diskussionsforen isolieren, bei denen die Marken explizit Thema eines „Marken-Diskurses" waren. Bedeutungen von Marken werden von BCs vielmehr implizit in Form „nicht-diskursiven" Praktiken transportiert, wie das Tragen bestimmter Symbole oder Kleidungsstücke, vgl. Keller 2007: 62.

textförmigen Daten können diese audiovisuelle Daten, Artefakte, Vergegenständlichungen in Objekten (Autos, Gebäude etc.) oder beobachtbare soziale Praktiken sein, wie symbolische Gesten oder Praktiken des Gebrauchs von Produkten (Keller 2007: 82 f.). Abbildung 2 zeigt eine Übersicht zu unterschiedlichen Datenquellen am Beispiel einer *VW Scirocco*-Community (Quelle: www.typ53.com).

Abbildung 2   Darstellung exemplarischer Erhebungsdimensionen am Beispiel einer *VW-Scirocco*-Community

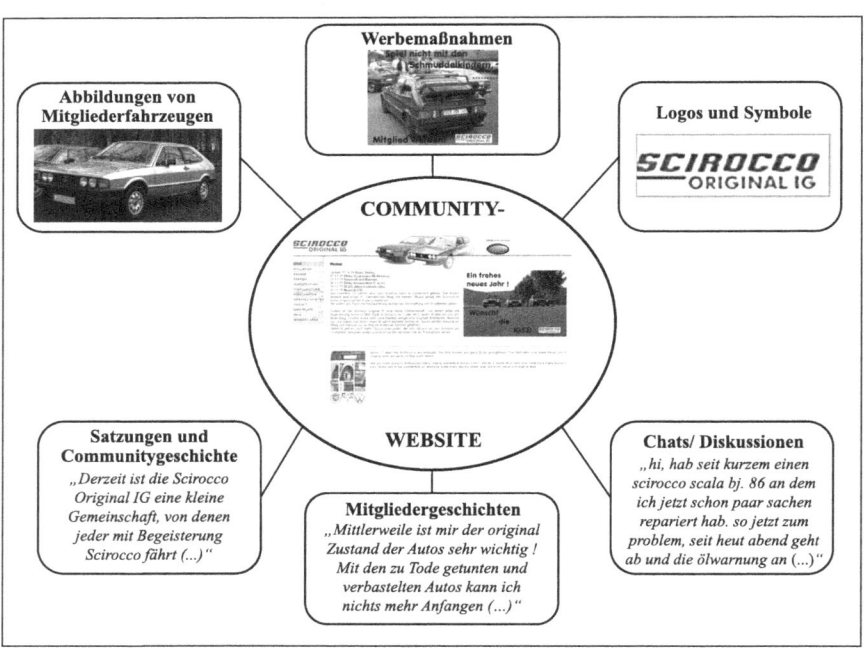

Um der möglichen Breite der Diskursbezüge gerecht zu werden, wurde für die hier vorliegende Arbeit darauf geachtet, dass sowohl Community-übergreifende Diskurse, die sog. „Öffentlichen Diskurse", als auch Teil- oder Spezialdiskurse isoliert werden konnten, und zwar auf der Ebene einer bestimmten PKW-Klasse (z. B. Sportwagen) und auf der Ebene von „Dachmarken" bzw. „Submarken".[17]

---

[17] Keller (2007: 67) betont die hohe Wahrscheinlichkeit der Identifizierung von „Subdiskursen" beim Annähern des Forschers an das Material. Im Rahmen einer Dachmarkenstrategie werden nach Franz-Rudolf Esch (2004: 273) „alle Produkte eines Unternehmens unter einer einheitlichen Marke

Diesem Anspruch wurde durch das Einbeziehen möglichst unterschiedlicher Dach- und Submarken quer über alle PKW-Klassen entsprochen.[18] Der Datenkorpus wurde nach fünf Kriterien zwecks BC-Auswahl zusammengestellt. Die Kriterien sind der Status einer BC nach der Definition von Muniz/O'Guinn (2001),[19] die Gruppierung um eine der Top 33-Marken nach *ADAC Automarxx*,[20] die Aktivität,[21] eine Mindestgröße von 20 Mitgliedern und Deutschsprachigkeit.

Tabelle 1 (S. 218) zeigt die finale Auswahl der untersuchten BCs. Insgesamt wurden die Internetauftritte von 64 BCs in den Datenkorpus integriert und analysiert. Die ausgewählten BCs wiesen Bezüge zu 21 unterschiedlichen Marken auf.

Die Datenanalyse basiert auf dem Prinzip des „Theoretical Sampling" der „Grounded Theory".[22] Die Daten wurden mit dem computergestützten Erhebungs- und Analyse-Programm MAXQDA erfaßt.[23]

---

geführt". Beispiele für Dachmarken sind *BMW, Fiat* oder *VW*. Von Submarken spricht man, wenn die Dachmarke durch Zusätze wie *VW Golf, VW Polo* oder *VW Transporter* ergänzt wird.

[18] Womit der Forderung nach minimaler und maximaler Kontrastierung anhand von unterschiedlichen Daten genügt wird, vgl. Keller 2007: 88. Die Anwendung dieses Prinzips soll im Rahmen dieser Forschungsarbeit dazu führen, daß die im Fokus der Arbeit stehenden Aussagensysteme der zu untersuchenden diskursiven Formationen durch eine Wechselbewegung zwischen scheinbar ähnlichen und scheinbar sehr verschiedenen Aussagesystemen möglichst deutlich zu Tage treten.

[19] Vgl. Fn. 2. Als wesentliche Merkmale dieser sozialen Gemeinschaften gelten nach Muniz/O'Guinn (2001: 412) die Ausbildung eines gemeinsamen Wir-Gefühls, Rituale, Traditionen und ein Gefühl moralischer Verpflichtung gegenüber anderen BC-Mitgliedern.

[20] Als Basis für die Communitysuche wurde, aus forschungsökonomischen Gründen, eine Erhebung des Allgemeinen Deutschen Automobil Clubs (ADAC) zu Grunde gelegt. Die jährlich durchgeführte Studie *ADAC Automarxx* ist eine Untersuchung zur Verbreitung und Beliebtheit von Automarken in Deutschland. Über die Orientierung an den beliebtesten Automarken im deutschen Sprachraum wurde die BC-Suche in Richtung besonders verbreiteter und populärer Marken angeleitet.

[21] Die Aktivität der BC-Mitglieder wurde über die Datumsangaben in den Diskussionsforen und anhand der Aktualität der Terminhinweise kontrolliert.

[22] Das dem „Theoretical Sampling" zugrunde liegende Prinzip ist bei empirisch-basierten Prozessen der Theoriebildung innerhalb der Soziologie verbreitet. Durch diese spezifische Forschungshaltung, die sich in einem permanenten Hin-und-Her-Wechseln zwischen der Auswertung des empirischen Daten und dem Formulieren theoretischer Erkenntnisse ausdrückt, kommt es zu frühzeitigen Anbindungsversuchen von ersten Codes und Deutungselementen zu theoretischen Kategorien. Pierre Bourdieu (1998: 14) hat ein analoges Vorgehen als „diskursive Montage" bezeichnet.

[23] Das Programm wurde mit dem Ziel entwickelt, Antworten auf offene Fragen in Fragebogenstudien auszuwerten, vgl. Friese 2006: 460. Heute sind derartige Analyseprogramme fester Bestandteil von Studien aus dem Bereich der qualitativen Sozialforschung. Susanne Friese (2006: 464ff) sieht die Hauptfunktionen derartiger Programme in der Strukturierung des Forschungsprozesses entlang der Aufgaben „Bemerken, Sammeln und Nachdenken", vgl. Seidel 1998: 2. MAXQDA ist wiederum eines der stark verbreiteten „Qualitative Data Analysis-Programme" (QDA), die inzwischen auch jenseits sozialwissenschaftlicher Forschungen Verbreitung gefunden haben, vgl. Kuckartz et al. 2004: 14.

Tabelle 1   Auswahl der in die Analyse einbezogenen Brand Communities

1	Opel Motorsportclub Oranienburg	23	Ford Club Hot Engines	45	Opel Commodore B und Rekord D Club D
2	Alfa Romeo Club 2000 2600	24	Ford Focus Club Deutschland	46	Opel GT Württemberg
3	Alfaclub	25	Ford KA Owner Club D	47	Opel Kapitän Club
4	Alt Ford Freunde	26	Ford Oldtimer und Motorsportclub Köln	48	Original Golf IG
5	Alt Opel IG	27	GT Club Aggertal	49	Passat Kartei
6	Andre Citroen Club	28	Honda Generation Berlin	50	Porsche Club Hamburg
7	Audi 80 GTE Club	29	Honda-MV-Team	51	Porsche Club Köln
8	BMW 02 Club	30	IG T2	52	Renault Club 16
9	BMW 6er Club	31	IG T3	53	Rice Racers
10	Bullikartei	32	Internationales Trabantregister	54	Saab Club Deutschland
11	Capri Club Deutschland	33	Kadett A und Olympia B Club	55	Saab Club Schweiz
12	Citroen Club Rhein-Ruhr	34	Kadett C Zentralstelle	56	Scirocco Original IG
13	Citroen Veteranen Club	35	Käferfreunde Oelde	57	Scirocco SG
14	Der Classic Opel Club	36	Lion Leaders	58	Skoda Club Zwickau
15	Der Mini Club München	37	Mazda Club Sachsen	59	Skoda Veteranen Club
16	Der Renault Club Gera	38	MB/8 Club D	60	VfFdW123
17	Der Volvo Club Deutschland	39	MB 100 Club D	61	Volvo Car Club Bodensee
18	Escort Freunde D	40	MB W123-Club	62	VW Club Rhein-Neckar
19	Fiat 124 Spider Club Deutschland	41	MeinGolf.de	63	VW Club Schkeuditz
20	Fiat 600 Club	42	Mitsubishi Club Bayern	64	VW Käfer Club Celle
21	Fiat Barchetta Club D	43	Opel 400 Club		
22	Fiatfreunde Schleswig Holstein	44	Opel Club Langenhagen		

Bei der Diskursanalyse handelt es sich um ein Verfahren aus dem Bereich der qualitativen Sozialforschung, d. h. das Entdecken von Strukturen in den Daten ist gegenüber der Isolierung von Häufigkeitsverteilungen vorrangig.[24]

Die Auswertung im Sinne der Wissenssoziologischen Diskursanalyse wird durch die Suche nach zusammenhängenden Argumentationslinien innerhalb diskursiver Formationen angeleitet.[25] Die Akzentuierung und Verknüpfung von Deutungselementen und -mustern durch BCs haben einen zentralen, den Diskurs konstituierenden Stellenwert. In einem ersten Analyseschritt wurden systematische Relationen zwischen Deutungselementen isoliert. Zudem wurden im Rahmen der Codierarbeit Thesen über Diskurse und Deutungsmuster, die sich über die argumentative Verknüpfung einzelner Deutungselemente in der BC-Praxis konstituieren, formuliert und einer systematischen Prüfung unterzogen. Im Folgenden werden zunächst die in den jeweiligen BC-Kulturen zentralen Diskurse vorgestellt. Im Anschluß an diese Darstellung werden zentrale Deutungsmuster auf der Markenebene beispielhaft ausgeführt.

4 Die Bedeutung des Original- und des Tuning-Diskurses für die Kultur der Brand Communities

Die Analyse der für BC-Mitglieder relevanten Deutungselemente stellt einen wesentlichen Schritt auf dem Weg zur systematischen Rekonstruktion kulturellrelevanter Diskursformationen dar. Aufgrund der Deutungsmuster übergreifenden Präsenz von Deutungselementen wie „Fahrdynamik" oder „Restaurationsarbeit" sind die Zuordnung und Verknüpfung von Deutungselementen zu einem Diskurs zentrale Aufgaben der Diskursanalyse. Deutungselemente und Deutungsmuster werden in Diskursen zu kohärenten Deutungsfiguren verbunden (Keller 2007: 104f).

Im Zuge der Diskursanalyse konnten zwei zentrale, die Kommunikation und Kultur der BCs prägende Diskursformationen isoliert werden. Hierbei handelt es sich um den „Original"- und den „Tuning"-Diskurs. Ohne die Kenntnis dieser zentralen, auf Automobile und Marken bezogenen Diskursordnungen müßte jeder

---

[24] Ein Blick auf die quantitative Verteilung der Deutungselemente über alle im Datenkorpus befindlichen Daten bestätigt die geringe heuristische Qualität eines quantitativ orientierten Vorgehens: Neben der übergreifenden Bedeutung der Konzepte „Dynamik" (13 % aller Ausprägungen) und „Original" (7 % aller Ausprägungen) zeigt sich ein hohes Maß an Heterogenität auf der Ebene der Deutungselemente. „Tuning" ist nach dem quantitativen Gewicht über alle in der BC-Kommunikation erfaßten Kodes ähnlich bedeutsam wie „Vernunft"; Aussagen wie „(Ich bin ein) Fan/Freund der Marke" stehen neben Wertorientierungen wie „Status" oder „Gesellligkeit".
[25] Keller spricht in diesem Zusammenhang vom „roten Faden" in der Argumentation von Diskursen.

Versuch der Annäherung an die in den BCs gelebten Formen von Markenkultur unvollständig blieben.

Im Rahmen der Feldarbeit sind Praktiken der Modifikation von Automobilen und Praktiken der Restauration von Automobilen frühzeitig in den Fokus geraten.[26] Diesen Praktiken, die u. a. über teilnehmende Beobachtungen sogenannter „Brand Feasts" dokumentiert werden konnten, wurden frühzeitig die auch in der Kultur der BCs gebräuchlichen Labels „Tuning" und „Original" zugeordnet.[27] Die große BC-übergreifende kulturelle Bedeutung der Konzepte hat sich im Laufe der Diskursanalyse bestätigt. Nach dem Megawert „Dynamik" vereinen die Konzepte „Original" und „Tuning" eine Fülle von Kodings aus der Analyse der BC-Kommunikation auf sich. Die Zentralität der kulturellen Bedeutung dieser Konzepte für die hier vorliegende Diskursanalyse zeigt sich anhand der BC-übergreifenden Relevanz und in Anbetracht ihrer kulturellen Gegenläufigkeit.[28]

Praktiken der Modifikation des Originalzustands bzw. der Konservierung und Akzentuierung des Originalzustands konnten anhand unterschiedlicher Daten dokumentiert werden. Bei der Analyse der Tuning-Praktiken fällt die konsequente Bearbeitung und Verfremdung der Automobile auf. So sind die modifizierten Automobile für Laien häufig kaum noch als Fahrzeuge bekannter Marken zu identifizieren (Abb. 3, Bild links).

Sowohl bei der Analyse solcher Artefakte, wie sie in Abbildung 3 am Beispiel modifizierter *VW Golf*-Fahrzeuge dargestellt sind, als auch beim Studium der Diskussionsbeiträge auf den BC-Webseiten zeigte sich eine klare Orientierung an extremen Formen der Individualisierung von Automobilen. Die Tuner gehen dabei so weit, daß sie originale Markenlogos entfernen, Produkte anderer Marken hinzufügen,[29] die Form der Karosserien verändern und – in extremen Fällen – ihre

---

[26] Praktiken, Symbole und Narrationen werden im Rahmen dieser Arbeit als Daten begriffen, anhand derer sich bestimmte Deutungsmuster und Diskurse manifestieren, vgl. Keller 2001: 209. Die Bedeutung von Praktiken ist von unterschiedlichen Diskurstheoretikern betont worden, vgl. Foucault 2002: 10; Keller 2001: 209; Diaz-Bone 2010: 209f.

[27] Als „Originale" werden von den BC-Mitgliedern diejenigen Automobile bezeichnet, die dem Ursprungs-Zustand „ab Werk" möglichst nahe kommen und keine „untypischen" Details, Verzierungen oder Ersatzteile aufweisen. Unter „Tuning" wird die Modifikation des Originalzustands zum Zweck der Steigerung der optischen Anmutung und/oder der Fahrleistung verstanden. Das Ausmaß der Modifikation variiert zwischen „leichter Veredelung" und „Totalumbau".

[28] Hinweise auf die stark (sub-)kulturelle Prägung der Tuning-Kultur kommen auch von anderen Autoren. So hat Fabian von Loewenfeld (2006: 259) im Rahmen seiner Studie die Kultur der Anhänger des Auto-Tunings – in Anlehnung an Schouten/McAlexander (1995) – als „Subcultures of Consumption" beschrieben. Philipp Lorig und Waldemar Vogelsang (2003: 259) sprechen in diesem Zusammenhang auch von „Tuning-Freaks", womit sie, bewußt oder unbewußt, den kulturell-besonderen Status der Anhänger von Modifikationspraktiken hervorheben.

[29] Abbildung 3 (Bild rechts) zeigt einen modifizierten *VW Golf I*, auf dessen Felgen das Logo der Marke *Porsche* zu erkennen ist.

Abbildung 3 Manifestationen von Tuning-Praktiken auf einem Treffen von
VW-Brand Communities in Bautzen (2008)

Automobile bis ins letzte Detail modifizieren. So meint der Moderator der BC Honda-MV über den *Honda CRX Del Sol* von BC-Mitglied Andreas:[30]

> „Der Honda CRX Del Sol ist schon im Serienzustand ein Blickfang auf Deutschlands Straßen [...] Im Laufe der Jahre wurde der CRX durch diverse Tuningmaßnahmen weiter optisch aufgewertet. Andreas baute sich den Del Sol ganz nach seinen Vorstellungen um und hat dadurch ein einzigartiges Fahrzeug auf die Räder gestellt. So ist es kein Wunder, das der CRX immer wieder die interessierten Blicke der Leute auf sich zieht. Rot-weiße Klarglasrückleuchten ersetzen die Original Rückleuchten. In den Kotflügeln wurden weiße Golf IV Klarglasseitenblinker verbaut, durch die Mattig Scheinwerferblenden bekommen die Frontscheinwerfer einen aggressiven Blick. Die Frontschürze wurde von Andreas in Eigenarbeit zu einem Unikat umgebaut, so hat er die eigentlich grilllose Front, mit ein Grill vom Suzuki Swift, sowie mit Original Honda Nebelscheinwerfer versehen. Ein Hai, als Airbrushmotiv, macht den Tankdeckel zu einem Einzelstück."

Die Vorstellung von einem „guten Auto", die im Rahmen dieser kurzen Erzählung zum Ausdruck kommt, legt u. a. den Eindruck nahe, daß unter den Anhängern des Tunings dem Wert „Individualität" große Bedeutung zukommt. Die Opposition zu Anhängern von Autos im Originalzustand wird im „offiziellen" Bereich der BCs durch die Formulierung eines spezifischen Anspruchs an die Fahrzeuge (potentieller) Mitglieder kommuniziert: „Bei uns sind alle Freunde der Marke *Honda* willkommen egal ob getunt oder nur dezent veredelt."[31] Auch wenn Autos im

---

[30] Quelle: www.honda-mv.de/?section=andreas75crxdelsol. Hierbei handelt es sich um einen Auszug aus einem Bereich, in dem die Mitglieder die Möglichkeit haben, sich und ihre Fahrzeuge (und deren besondere Qualitäten) in Form von Markenproduktgeschichten darstellen zu lassen.
[31] Quelle: www.honda-mv.de/?section=aboutus.

Serien- oder Originalzustand nicht explizit abgelehnt werden, scheint bei dieser BC ein Mindestmaß an Modifikation des Automobils vorausgesetzt zu werden. Das Tuning der Autos wird mit „Veredelung" gleichgesetzt, womit das Markenoriginal als gewöhnliches Auto diskriminiert wird.

Diese Praktiken von Anhängern originaler Automobile unterscheiden sich in vielfältiger Weise von Praktiken, bei denen die Pflege und Erhaltung des fabrizierten Markenoriginals zentral ist. Abbildung 4 verdeutlicht die unterschiedlichen Vorstellungen vom „guten Auto" anhand originaler PKW der Marken *VW* und *Opel*.

Im Rahmen der besuchten Treffen von Anhängern der Marken *Opel* und *VW* wurden immer wieder Praktiken der Zurschaustellung „historischer" Gegenstände beobachtet. Als besonders beliebte Gegenstände zur Akzentuierung des originalen Zustands haben sich hierbei historische Reisekoffer und Skier herausgestellt (Abb. 4, Bild links). Weit verbreitet war auch die Auslage von (originalen) Produktbroschüren oder Bedienungsanleitungen im Innenraum der PKW, und all dies mit dem Ziel, den originalgetreuen Zustand „wie damals" (beim Kauf) zu dokumentieren und in Richtung der anderen BC-Mitglieder zu kommunizieren.[32]

Abbildung 4   Originalpraktiken auf den Community-Treffen von Anhängern der Marke *VW* in Bautzen (Bild links) und *Opel* in Oschersleben (Bild rechts) aus dem Jahr 2008

---

[32] Vor diesem Hintergrund ist auch die Verwendung sog. „Wackel-Dackel" und umhäkelter Klopapierrollen (Abb. 4, Bild rechts) zu verstehen, gelten diese doch allgemein als Ausdruck eines traditionellen Lebensstils und Inbegriff der „Spießigkeit". Diese dekorativen Auto-Praktiken hat Reiner Franzpötter (1999: 52) in seiner Studie aus dem Jahr 1999, in Anlehnung an eine Arbeit von Gerhard Schulze, als typische Handlungen von Vertretern des „Harmoniemilieus" zugeordnet: „Dabei findet eine Vermengung des Dekorativen mit dem Praktischen statt. Im Auto finden sich dann typischerweise Accessoires wie Sonnenjarlousien, Leselämpchen, Halterungen für Notizblock und Getränkedosen, Schonbezüge für Sitze und Lenkrad, neuerdings das Handy [...] Beliebt sind auch Duftbäume, die am Rückspiegel befestigt werden, der Dackel mit Wackelkopf, der Pepitahut sowie Glücksbringer der verschiedenen Art."

Trotz der grundlegenden Opposition der Konzepte „Tuning" und „Original" konnten im Rahmen der Studie auch BCs isoliert werden, die sowohl Original- als auch Tuning-Anhänger in den Reihen ihrer Mitglieder führen. Zwecks Isolierung der diskursiven Pole „Tuning" und „Original" wurden in einem weiteren Analyseschritt einige BCs zu Gruppen zusammengefaßt, deren Orientierung an den Konzepten „Original" oder „Tuning" anhand von mehr als drei Kodings dokumentiert war. Aus dieser Operation resultierten zwei BC-Gruppen: eine Gruppe, die eher dem Konzept „Tuning" zugeneigt ist, und eine Gruppe, deren Mitglieder sich eher mit dem Konzept „Original" identifizieren.

Auf Basis der Gruppierung in Tuning- und Original-BCs wurde der Datenkorpus mit Hilfe der Funktion „Code Relations" des MAXQDA-Programms nach systematischen Überschneidungen der beiden Konzepte „Original" und „Tuning" mit anderen Elementen wie kulturellen Werten, Praktiken, Mythen untersucht. Ziel dieser Analyse war die strukturierte Erschließung systematischer Näheverhältnissen zentraler Kulturelemente und die Isolierung von Mustern in der Argumentation innerhalb der beiden Diskurse. Die Diagramme 1 und 2 (S. 224) zeigen die Ausprägungen der Kodes für die beiden BC-Gruppen.

Diagramm 1   Argumentative Nähe von Deutungselementen zum Original-Konzept bei Brand Communities mit einer starken Original-Orientierung

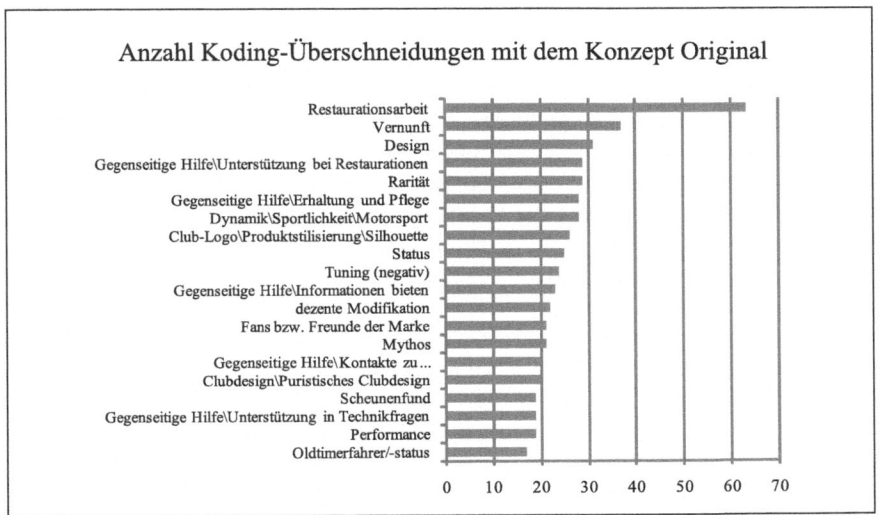

Diagramm 2 Argumentative Nähe von Deutungselementen zum Tuning-Konzept bei Brand Communities mit einer starken Tuning-Orientierung

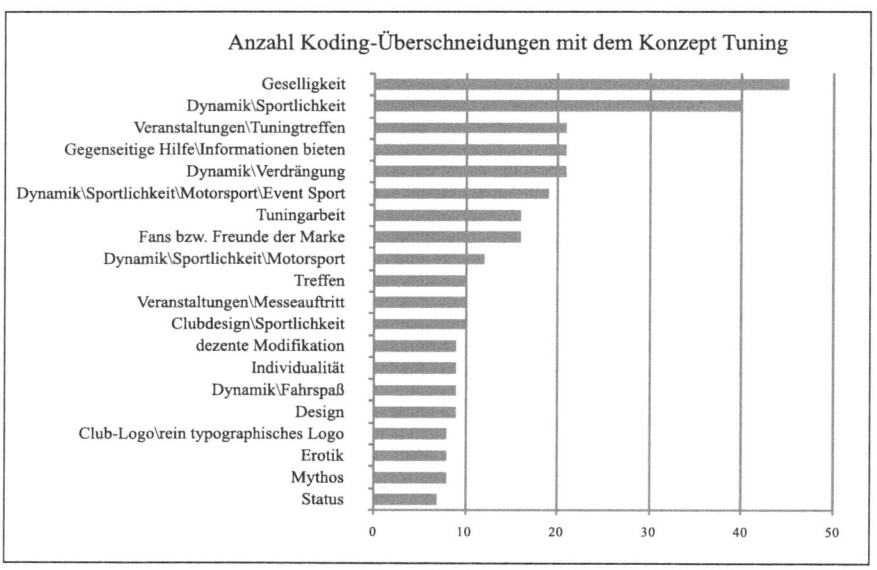

Die Analyse der Ausprägungen der Deutungselemente zeigt systematische Unterschiede zwischen den beiden Konzepten, die mit Blick auf die bereits gewonnenen Erkenntnisse den Eindruck verstärken, daß es sich bei der Orientierung am Original- bzw. Tuning-Ideal um zwei distinktive Perspektiven handelt, die in vielerlei Hinsicht den Kriterien von Diskursordnungen entsprechen. Während innerhalb des Original-Diskurses kulturelle Praktiken wie „Restaurationsarbeit" oder „Erhaltung und Pflege" originaler Automobile und kulturelle Werte wie „Vernunft", „Design", „Rarität" oder „Status" im Zentrum der Argumentation stehen, wie Diagramm 2 aufzeigt, werden der Tuning-Diskurs und damit die Kultur der Tuning-BC durch eine starke Orientierung an Werten wie „Geselligkeit" und „Dynamik" und einem entsprechend dynamischen Gebrauch der Automobile in Form von sportlichen Fahrpraktiken geprägt.

Während sich bei BCs mit Original-Orientierung die permanente Suche nach (originalen) Ersatzteilen für Reparaturen oder Restaurationsprojekte in der großen Bedeutung der Kodes „Restaurationsarbeit" ausdrückt, ist bei den am Tuning orientierten BCs – neben dem wichtigen Aspekt „Informationsaustausch" – auch das gesellige Beisammensein ein wichtiger Bestandteil ihrer Kultur.

Der Eindruck der Gegenläufigkeit der Diskursordnungen bestätigt sich bei der weiteren Auswertung. Diese unterschiedlichen Verständnisse bezüglich der „richtigen" automobilen Gebrauchspraktiken drücken sich auch auf der symbolischen Ebene in Form entsprechender Photographien aus. Während sich über die photographischen Abbildungen von Fahrpraktiken auf Seiten der Tuning-orientierten BCs das Ideal eines (auch im Alltag) dynamisch-aggressiven Fahrens manifestiert, wie das linke Bild in Abbildung 5 zeigt, legen die Darstellungen auf BC-Webpages, die vornehmlich am Originalzustand interessiert sind, den Eindruck eines eher „undramatischen" Ideals des Fahrens nahe.[33]

Abbildung 5 Typische Praktiken von Anhängern modifizierter (Bild links) und originaler PKW (Bild rechts)

Als weiterer, systematischer Unterschied muß die größere Bedeutung des Automobils unter den Anhängern der Original-Kultur verstanden werden. Während sich Originalos stark am „guten Auto" als einer „Rarität" orientieren, wird das Auto von Tunern stärker mit seiner Bedeutung für die eigene Persönlichkeit („Individualität") und geselligem Beisammensein thematisiert. Die Auswirkungen dieser unterschiedlich emotionalen Bindungen an das Automobil drücken sich unter Originalos in der allgemein stärkeren Hinwendung zu Marken- oder Produkt-nahen Deutungselementen aus, während sich bei den Tunern Anzeichen für

---

[33] Bei den Tunern ist die starke Orientierung am rasanten Fahren auch jenseits etablierter Rennen auf den Rundkursen der Motorsportringe auffällig. Hierzu zählen Geschwindigkeitsrennen über die 1/4- oder 1/8-Meilen-Distanzen, sog. „Burn-Outs", gewagte Überholmanöver sowie die Darstellung demonstrativen Hinwegsetzens über die Straßenverkehrsordnung im Alltag, vgl. das Überholmanöver im Bereich des Überholverbots in Abb. 5, Bild links. Bei den Originalos drückt sich die Orientierung am eher undramatischen und kaum sportlichen Fahren aus. Bevorzugt wird die Idealisierung gemeinsamer Ausfahrten in Form von Kolonnen von historischen Automobilen entlang (kulturell und/oder landschaftlich) besonderer Strecken, vgl. Abb. 5, Bild rechts.

bedeutsame Orientierungsmuster manifestieren, die nicht unmittelbar mit dem Produkt oder der Marke verbunden sind.[34]

Die kulturelle Opposition der beiden Diskursordnungen „Original" und „Tuning" manifestiert sich im Datenkorpus auf vielfältige Weise: Während Originalos den ursprünglichen Fabrikzustand idealisieren, kultivieren Tuner die maximale Modifikation ihrer PKW. Während die einen Markenlogos polieren und konservieren, werden von den anderen die Markenlogos aus optischen Gründen entfernt und PKW-Fronten begradigt. Während die einen sich an Konstruktionsplänen der Markenhersteller orientieren und versuchen, originale Zustände wieder herzustellen, streben die anderen nach technischen Höchstleistungen, die sich häufig an Plänen markenunabhängiger Tuningexperten orientieren. Tabelle 2 zeigt die zentralen Elemente der Diskursformationen „Original" und „Tuning".[35]

Tabelle 2   Phänomenstruktur der zentralen Diskurse „Original" und „Tuning"

Phänomenstruktur	Original-Diskurs	Tuning-Diskurs
Qualitätskonventionen		
Automobilkonzept	Orientierung am Originalzustand „ab Werk". Ablehnung von individuellen Modifikationen	Orientierung an der individuellen Modifikation zwecks Steigerung der Fahrleistung und der optischen Anmutung. Ablehnung von Standardausführungen
Angemessene Fahrsituation	Undramatischer und Materialschonender Fahrstil. Bspw. Idealisierung der gemeinsamen Ausfahrt entlang (kulturell oder landschaftlich) besonderer Routen	Dynamischer und Material-fordernder Fahrstil. Idealisierung eines offensiven Fahrens auf jeder Straße. Übertretung der StVO als „Kavaliersdelikt"

---

[34] Die größere Bedeutung von allgemeinen Werten und Deutungselementen zeigt sich bei den Tunern anhand der Relevanz der Konzepte „Geselligkeit", „Individualität" und „Erotik". Hinter diesen Werten verbirgt sich einerseits die starke Hinwendung zu BC-Aktivitäten, bei denen der „Spaß mit Gleichgesinnten" im Vordergrund steht. Andererseits wird die Bedeutung des Ausdrucks einer eigenen Persönlichkeit („Individualität") auch jenseits der jeweiligen Automarke immer wieder stark betont. Die kulturelle Bedeutung von Auto und Automarke bei den Originalos manifestiert sich in den Deutungselementen „Rarität", „Design" und „Mythos". Hier kommt es immer wieder zu einer Verehrung der Marken als „Mythos" oder „Kult". Besonders rare Originale erfahren eine starke Aufmerksamkeit, und die Mitglieder verstehen sich als Botschafter der Marke und betreiben eine aktive Öffentlichkeitsarbeit (für „ihre" Marke).

[35] Die tabellarische Gegenüberstellung eignet sich nach Keller (2007: 100) und Diaz-Bone (2010: 410) in besonderer Weise, um dem distinktiven Charakter von Diskursordnungen und Kulturformen auf der Ebene der Darstellung zu entsprechen.

Tabelle 2 (Fortsetzung)

Phänomenstruktur	Original-Diskurs	Tuning-Diskurs
Erwartete Kompetenzen und „Bearbeitungsethos"	Fähigkeit zur Orientierung an originalen und historischen Plänen. Viel Arbeit mit scheinbar geringem Effekt. Aufwändige Suche von originalen Ersatzteilen. Restauratoren-Ethos	Fähigkeit zur max. Leistungssteigerung. Das Maximale aus dem Fahrzeug herausholen. Zudem: Fähigkeit zur optisch-originellen Verarbeitung. Handwerker-Ethos
Ästhetische Orientierung	Design-Purismus im Sinne eines „Weniger ist Mehr". Bspw. über reduzierte BC-Logos und die Konzentration auf die typischen Stil-Elemente der Marken/Produkte bei der Gestaltung der Websites	Design-Potenz im Sinne eines „Wolf im Schafspelz". Gleichzeitigkeit von Modifikation möglichst vieler Teile und gestalterischer Harmonisierung (bspw. durch das Entfernen von Marken-Logos)
Idealtypische Werthaltungen als zentrale kulturelle Orientierungen	Vernunft, Rarität, Status	Dynamik, Geselligkeit, Individualität
Haltung zum Unternehmen	Akteure als Bewahrer der Geschichte der Marke/Teil des Unternehmens. Starke Identifikation mit dem Unternehmen bspw. über Bezug von Mitarbeiterzeitschriften oder direkte Kooperation (bspw. in Form von gemeinsamen Messeauftritten oder bei der Pflege von Archiven)	Akteure als Konsumenten. Keine exklusive Markenbindung/ Offenheit für Komponenten anderer Hersteller. Orientierung an Händlern als lokalen Sponsoren
Kulturelle Praktiken	Gegenseitige Hilfe, Restaurationsarbeit	Tuningarbeit, Parties feiern
Mythen	Scheunenfund, Totalrestauration, rare Sondermodelle	Modifikation „bis zum Tankdeckel"/Totalumbau
Auto und Sport/ Vorstellung von Fahrdynamik	Orientierung am Ideal „Klassischer Sport" (regelgeleiteter Wettkampf, Fairplay). Fahrerisches Können ebenso von Bedeutung wie Motor-Leistung	Sport als unkonventionelles Event mit starker Leistungsorientierung („Mehr ist besser"). Fokus auf 1/4-Meilen-Rennen (max. Beschleunigung), Burn-Outs (max. Qualmentwicklung) oder Show & Shine (max. Modifikation)
Angemessene Form der Vergemeinschaftung	Die BC als eingetragener Verein. Stammtische, gemeinsame Ausfahrten und Museumsbesuche (bspw. in ein Technikmuseum) als Manifestationen des Vereinslebens	Die BC als Mittel zum Zweck „nette Menschen kennenzulernen" und gemeinsam „Spaß zu haben"
Individualisierung vs. Vergemeinschaftung?	Idealisierung von individuellen Raritäten bspw. in Form von raren Sondermodellen (bspw. *VW Golf GTi Pirelli*) oder Einsatzfahrzeugen (bspw. Post-Autos)	Besondere Wertschätzung individueller, technischer oder gestalterischer Pionierleistungen

5 Zentrale Deutungsmuster in der Kultur der Brand Communities

Neben den zentralen Diskursordnungen „Original" und „Tuning" konnten, quasi als Teil der Original- oder Tuning-orientierten BC-Kulturen, zentrale Deutungsmuster mit Bezug zu Produktkategorien und Marken isoliert werden. Abbildung 6 zeigt alle im Rahmen der Diskursanalyse isolierten Deutungsmuster und ihre Position innerhalb der Diskursformationen „Original" und „Tuning". Anhand des Konzepts des Deutungsmusters lassen sich die in einer BC-Kultur mit bestimmten Produkten und Marken verbundenen typischen Muster der kulturellen Bedeutung isolieren und visualisieren. Neben der Präsenz von Deutungsmustern auf der Ebene der PKW-Klasse (z. B. Sportwagen) und der nationalen Markenherkunft (z. B. Autos aus Italien) konnten auch Deutungsmuster auf der Ebene von Marken (z. B. *Opel*) isoliert werden. Die typischen, mit Automarken verbundenen kulturellen Bedeutungen in der BC-Sphäre werden im Folgenden anhand der Deutungsmuster zu italienischen Autos und den Marken *Volkswagen* und *Opel* exemplarisch dargestellt.

Abbildung 6 Übersicht der zentralen Ebenen der Diskursanalyse der Brand Community-Kultur

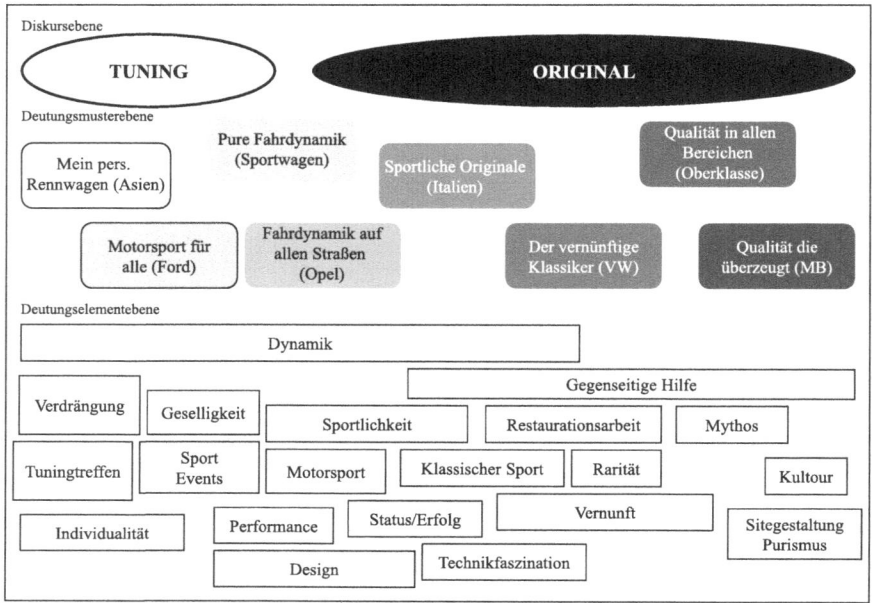

5.1 Deutungsmuster auf der Ebene der Markenherkunft

Auf die Bedeutung der nationalen Herkunft von Marken für Wahlentscheidungen von Konsumenten haben unterschiedliche Theoretiker hingewiesen. Im Rahmen ihrer Arbeit zum Konzept der Markenidentität thematisieren Heribert Meffert und Christoph Burmann (2002: 58) die „fundamentale" Bedeutung nationaler Herkunft für Marken.[36]

Auch im Rahmen dieser Analyse wurde die Verwendung von national spezifischen Symboliken und Begrifflichkeiten auf den BC-Sites frühzeitig als auffällig wahrgenommen. So werden Besucher der Website des Alfaclub mit dem italienischen Gruß „Benvenuto", gestaltet in den italienischen Nationalfarben, willkommen geheißen (Abb. 7, Quelle: www.Alfaclub.de). Darüber hinaus kommt es in unterschiedlichen Bereichen der Webpage zu der italienisch-anmutenden Selbstbezeichnung der *Alfa Romeo*-Fahrer als „Alfisti".

Abbildung 7   Eingangsseite der Website des Alfaclub

---

[36] Bestätigung erfährt diese These durch Arbeiten der sog. „Country-of-Origin"-Forschung. Im Rahmen dieser Forschungsarbeiten, bei denen der Einfluß der nationalen Herkunft von Produkten und Marken auf Konsumentenentscheidungen im Zentrum des Interesses steht, hat sich gezeigt, daß Konsumenten Marken „oftmals anhand ihrer nationalen bzw. regionalen Herkunft bewerten", vgl. Meffert/Burmann 2002: 58; Hausruckinger 1993; Lebrenz 1996; Baumgarth 2004.

Aufgrund der auffälligen Verwendung italienischer Wörter und Symboliken durch BC-Mitglieder wurden alle BCs mit Bezug zu Automarken italienischer Herkunft isoliert und mittels der Funktion Code-Matrix des MAXQDA-Programms nach systematischen Zusammenhängen in der Akzentuierung von Deutungselementen und Deutungselement-Kombinationen analysiert.[37] Abbildung 8 zeigt die Ausprägungen und Beziehungen von Deutungselementen des unter den BCs der italienischen Marken *Alfa Romeo* und *Fiat* verbreiteten Deutungsmusters „Sportliche Originale".[38]

Abbildung 8 Das Deutungsmuster zu Automarken italienischer Herkunft in Form einer Brand Cultural Map

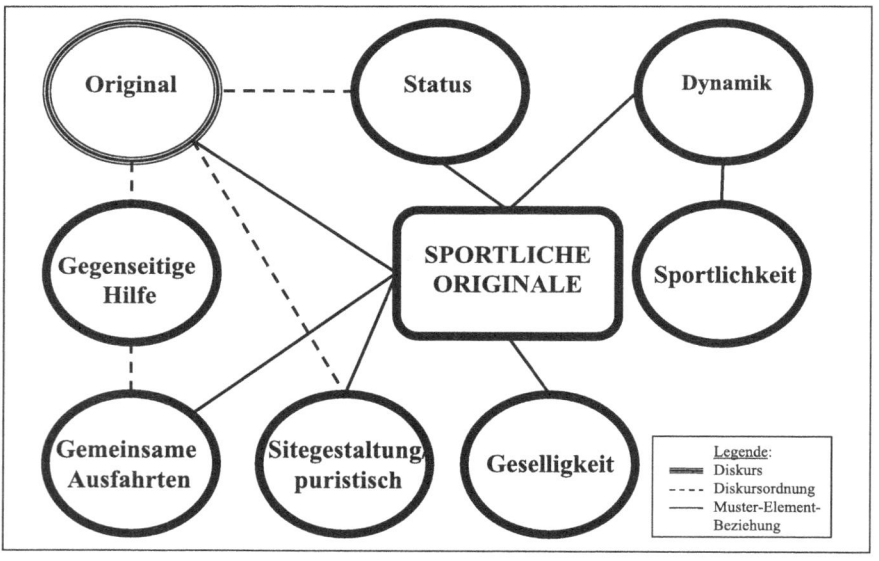

Als besondere Herausforderung im Umgang mit dem Deutungsmusterkonzept nennt Keller die Präsentation und Vermittlung in Richtung Dritter. Mit der Entwicklung der „Brand Cultural Map" (Abb. 8) wird dem „Bedarf an experimen-

---

[37] Die Funktion erlaubt die graphische und tabellarische Darstellung der Ausprägungen einzelner Codes über eine selektierte BC-Anzahl.
[38] Entsprechend ihrer Orientierung an Automobilmarken italienischer Herkunft wurden die BCs Alfaclub, Alfa Romeo Club 2000 2600, Fiat Freunde Deutschland, Fiat 600 Club, Fiat 124 Spider Club Deutschland und Fiat Barchetta Club Deutschland selektiert.

tellen Darstellungen" (Keller 2007: 113) bei der Vermittlung von Ergebnissen der Diskursanalyse entsprochen.[39] Die Darstellung der Deutungsmuster in Form von „Brand Cultural Maps" beruht auf den generierten Erkenntnissen zu den Relationen und Näheverhältnissen der Deutungselemente. Der kulturelle Bezug zu bestimmten Diskursordnungen wird in den Maps durch die graphische Hervorhebung der Diskurse akzentuiert.[40] Im Falle des Deutungsmusters „Sportliche Originale" zeigt sich eine starke Orientierung am Original-Diskurs und den damit verbundenen Praktiken „Gegenseitige Hilfe" und „Gemeinsame Ausfahrten".

Für den sozialintegrativen und distinktiven Charakter des Deutungsmusters mit Bezug auf italienische Automarken läßt sich im Datenkorpus eine Fülle von Hinweisen auf geteilte kulturelle Orientierungen isolieren. Das Deutungsmuster zu Autos italienischer Herkunft für *Alfa Romeo*- und *Fiat*-BCs kann als Orientierung an „Sportlichen Originalen" beschrieben werden. In besonderer Weise kennzeichnend ist die kulturelle Co-Präsenz der Deutungselemente „Original" und „Dynamik" sowie die Akzentuierung des Wertes „Sportlichkeit". Die besondere Statusfunktion der italienischen Automobile wird durch ihren Charakter als „Sportliche Originale" und die hiermit verbundenen Erfolge im Motorsport assoziiert sowie häufig in Form von geselligen Zusammenkünften und Ausfahrten zelebriert. Demgegenüber steht die relativ geringe Bedeutung des Konzepts „Tuning", da modifizierte italienische Autos, selbst wenn aus der Modifikation ein Mehr an Dynamik resultiert, einen geringen Stellenwert in der jeweiligen BC-Kultur haben.

---

[39] Die „Brand Cultural Maps" stellen, ähnlich den sog. „Mind-Maps", systematische Beziehungen von kulturellen Werten und Praktiken in Form von Netzen kultureller Bedeutung dar. In Abgrenzung zu dem aus der Marketingwissenschaft stammenden Konzept der „Brand Concept Map" (John et al. 2006) wird eine „Brand Cultural Map" nicht durch Gruppen von Konsumenten konstruiert, sondern als ein Ergebnis der Diskursanalyse vom Forscher erstellt. Ein Vorteil kann darin gesehen werden, daß im Gegensatz zum „Brand Concept Map"-Verfahren nicht der Versuch unternommen wird, die Bedeutung von Marken für Konsumenten durch Konsumenten im Rahmen einer artifiziellen und hochgradig reflektierten Studiosituation konstruieren zu lassen, sondern es kommt zu einer regelgeleiteten Übertragung von kulturellen Relationen durch den Forscher, basierend auf seinen Beobachtungen in der sozialen Praxis.

[40] Die Abbildung zeigt eine grundlegende Visualisierung des spezifischen Musters im Sinne von im Muster wirksamen Praktiken oder Werthaltungen. Die in dem Deutungsmuster präsenten Diskursorientierungen werden in der Abbildung durch eine doppelte Linie graphisch hervorgehoben. Die mit dem Diskurs in unmittelbarer Verbindung stehenden Deutungselemente werden durch eine unterbrochene Verbindungslinie visualisiert. Der Bezug der Deutungselemente zum Deutungsmuster wird über Linien abgebildet. Die Größe der Elemente und ihre Position im Raum sind ebenso frei gewählt wie der Abstand zueinander. Elemente, die keine direkte Beziehung zu dem in der Mitte der Graphiken abgebildeten Deutungsmuster haben („Sportlichkeit") werden als Subcodes von übergeordneten Codes („Dynamik") verstanden.

5.2 Deutungsmuster auf der Markenebene

Um Aussagen über die Existenz von Deutungsmustern auf der Ebene von Marken treffen zu können, ist eine Mindestanzahl an BC-Bezügen zu einzelnen Marken im Sample unerläßlich. Vor diesem Hintergrund wurde bereits in der Anlage der Studie darauf geachtet, daß für ausgewählte Marken eine besonders hohe Anzahl von BCs erhoben werden konnte. Die Entscheidung über die Auswahl der Marken wurde aus dem empirischen Material heraus und mit Blick auf die angestrebte markenübergreifende komparative Analyse getroffen. Während sich bezüglich der Verfügbarkeit von BCs je Marke bereits kurz nach dem Eintritt in das Forschungsfeld erste Klumpungen rund um einzelne Marken ergaben, galt es im zweiten Schritt, ein Spektrum an Marken zu isolieren, deren Vergleich die Herausarbeitung systematischer Unterschiede in ihrer Bedeutung für die BCs erlaubt. Aufgrund der (quantitativ) hohen Abdeckung von BCs – und einer starken Orientierung der Fachmedien an diesen Marken in Form vergleichender Produkttests oder Darstellungen zu Markenwertentwicklungen – gerieten zu einem frühen Zeitpunkt der Feld- und Analysearbeit BCs rund um die Marken *Opel* und *VW* in den Fokus. Insgesamt konnten Daten von 23 Webauftritten von an diesen Marken orientierten BCs in den Datenkorpus integriert werden (Tab. 3). Die Ergebnisse der komparativen Analyse dieser BCs werden im Folgenden anhand der Deutungsmuster dargestellt.

Das mit der Marke *Opel* verbundene Markenbedeutungsmuster „Fahrdynamik auf allen Straßen" kennzeichnet im Kern eine starke übergreifende Orientierung am dynamischen Fahren. Diese Orientierung manifestiert sich in der Selbstdarstellung der BCs anhand der besonderen Bedeutung der kulturellen Werte „Dynamik" und „Sportlichkeit" sowie der damit verbundenen Praktik „Tuning" (Abb. 9). Darüber hinaus ist die Orientierung an Originalen und an den damit verbundenen Praktiken „Gegenseitige Hilfe" und „Informationen bieten" auffällig.

Die Bedeutung der Diskursordnungen „Original" *und* „Dynamik" mag auf der ersten Blick erstaunen, konnte aber auch bei anderen Deutungsmustern isoliert werden.[41] Die Besonderheit dieses Musters liegt in der Orientierung von BCs an den Konzepten „Original" und „Tuning". Trotz der erfahrenen Unterschiede in den kulturellen Orientierungen deuten die Kulturen der *Opel*-BCs nicht auf eine Tendenz zur Bildung unterschiedlicher Subtypen hin. Vielmehr läßt sich selbst bei BCs mit einer starken Orientierung am Markenoriginal eine (bei anderen BCs

---

[41] Beispielsweise bei Deutungsmustern auf der Ebene der Markenherkunft (bspw. italienische Autos) und im Falle des Deutungsmusters „Sportwagen" bei einem Deutungsmuster auf der Ebene von PKW-Klassen.

Markenkultur in Online-Communities 233

Tabelle 3   Liste der Brand Communities zu den Marken *VW* und *Opel*

VW		Opel	
1	Bullikartei eV	1	Opel Motorsportclub Oranienburg
2	IG T2	2	Alt Opel IG
3	IG T3	3	Der Classic Opel Club
4	Käferfreunde Oelde	4	GT Club Aggertal
5	MeinGolf.de	5	Kadett A und Olympia B Club
6	Original Golf IG	6	Kadett C Zentralstelle
7	Passat Kartei	7	Opel 400 Club
8	Scirocco Original IG	8	Opel Club Langenhagen
9	Scirocco SG	9	Opel Commodore B und Rekord D Club D
10	VW Club Rhein-Neckar	10	Opel GT Württemberg
11	VW Club Schkeuditz	11	Opel Kapitän Club
12	VW Käfer Club Celle		

Abbildung 9   Die Brand Cultural Map zu dem mit der Marke *Opel* verbundenen Deutungsmuster

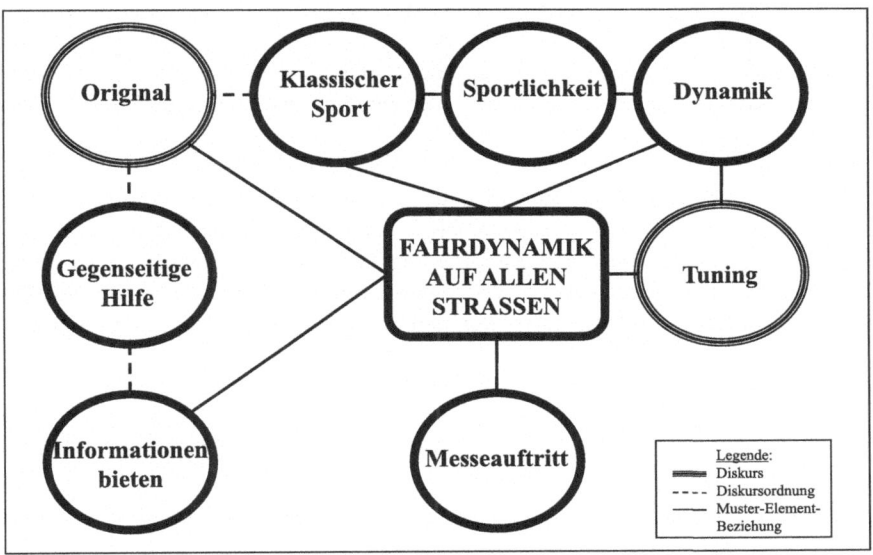

kaum beobachtete) Toleranz gegenüber den Praktiken „Dezente Modifikation" bzw. „Tuning" feststellen (Abb. 10).[42]

Abbildung 10   Nebeneinander von Tuning und Original am Beispiel der Darstellung von Automobilen und Praktiken der Brand Communities im Internet

Abbildung 10 verdeutlicht das Nebeneinander von Original und Tuning bei zwei *Opel*-BCs. Die programmatische Gleichbehandlung der Konzepte zeigt sich anhand zentraler Gestaltungselemente der BC-Auftritte im Internet (Bildleiste oben). Die Einbindung von photographischen Ansichten unterschiedlicher Modelle des *Opel Kadett* in den „Frame" der Startseite der BC Kadett C Zentralstelle[43] – vom Markenoriginal (ganz links) über Motorsport-Modelle (3. Bild von rechts) bis hin zu stark modifizierten Modellen (3. Bild von links) – kann als Wertschätzung von originalen *und* modifizierten *Opel*-PKW verstanden werden. Diese kulturelle Orientierung manifestiert sich auch bei den Fahrzeug-Photographien. Der undogmatische Umgang mit den beiden Diskursordnungen „Original" und „Tuning" zeigt sich im Nebeneinander von originalen Modellen (Abb. 10, Bild unten links),

---

[42] Bild oben: Quelle www.kadett-c-zentralstelle.de; Bilder unten: Quelle: www.kadett-b-und-olympia-a-club.de.
[43] Auch wenn es sich hier um Photodokumente handelt, die eine spezifische Frontansicht der *Opel*-Modelle zeigen, läßt sich anhand der Kombination einer „Tieferlegung" mit der Verwendung von (extremen) Breitreifen auf eine Orientierung am Tuning-Ideal schließen.

modifizierten (Bild unten in der Mitte) und sportlichen Sondermodellen (Bild unten rechts) der Marke *Opel Kadett*.[44]

Diese Co-Präsenz von Original und Tuning macht eines deutlich: Während in der Kultur anderer BCs Tuning und Original selten parallel existieren, scheint die starke Orientierung an Qualitäten des dynamischen Fahrens alternative kulturelle Werte bzw. Praktiken zu dominieren. Dynamisches Fahren ist unter *Opel*-Anhängern ein Wert an sich, egal ob diese kulturellen Qualitäten in originalen oder modifizierten PKW der Marke *Opel* praktiziert werden.

Das mit der Marke *VW* verbundene Deutungsmuster „Der vernünftige Klassiker" zeigt im Vergleich zum Deutungsmuster der Marke *Opel* ein höheres Maß an kultureller Heterogenität. Während das Deutungsmuster zur Marke *Opel* eine starke kulturelle Prägung durch die Orientierung am Wert „Dynamik" aufweist, wird die Marke *VW* in der Kultur entsprechender BCs stark mit den Werten „Design", „Vernunft" und „Mythos" verbunden (Abb 11, S. 236).

Hierbei handelt es sich um Werthaltungen, die auch innerhalb des Original-Diskurses von zentraler Bedeutung sind. Während der distinktive Charakter der Diskursordnungen „Original" und „Tuning" unter den *Opel*-BCs über eine starke Orientierung an den Werten „Dynamik" und „Sportlichkeit" überwunden scheint, wird der Gegensatz in der Kultur der *VW*-spezifischen „brand communities" geradezu idealtypisch repräsentiert (Abb. 12, S. 237, Quelle: www.typ53.com). „Dynamik" und „Sportlichkeit" haben als übergreifende Werthaltungen in den untersuchten *VW*-spezifischen BCs eine eher nachrangige Bedeutung und werden, wenn überhaupt, in Form von Tuning gelebt.

Im Gegensatz zu den Qualitätszuschreibungen, die auf die Marke *Opel* bezogen sind, geht es bei Marken wie *VW Käfer, VW Transporter* oder *VW Golf* häufiger um Zuschreibungen wie „Kult" oder „Mythos". Dieser besondere kulturelle Status manifestiert sich in direkten Aussagen sowie kulturell-codierten Narrationen. Als ein narratives Muster, welches der besonderen Bedeutung von Marken im biographischen Lebenskontext Ausdruck verleiht, muß das Erzäh-

---

[44] Der Eindruck einer feinen Austarierung zwischen den beiden Konzepten „Original" und „Tuning" in der Kultur der *Opel*-BC wird durch integrative Gestaltungspraktiken verstärkt. Exemplarisch steht hierfür die Dokumentation einer Orientierung am sportlichen Fahren durch die Wahl einer „Rennschildkröte" als BC-Symbol des *Opel*-Club Langenhagen und die Einbeziehung von aus dem Motorsport bekannten schwarz-weiß-karierten Signalfahnen als zentralen Gestaltungselementen der BC-Website bei gleichzeitig dokumentierter Tuning- und Original-Orientierung auf der Ebene der Darstellung von Mitglieder-Fahrzeugen. Diese für automobile BC ungewöhnliche Diskursunabhängigkeit hat sich auch bei der eher an Oldtimern orientierten Gemeinschaft der Alt Opel IG in das über den Internetauftritt transportierte Selbstverständnis eingeschrieben: „Die ALT-OPEL IG e. V. ist ein Club für alle Freunde der Marke Opel. Ob jemand einen Opel fährt, oder ob jemand einen Opel sucht oder sich grundsätzlich für die Marke Opel interessiert – bei uns ist jeder herzlich willkommen." (www.alt-opel-ig.de).

Abbildung 11   Die Brand Cultural Map zu dem mit der Marke *VW*
verbundenen Deutungsmuster

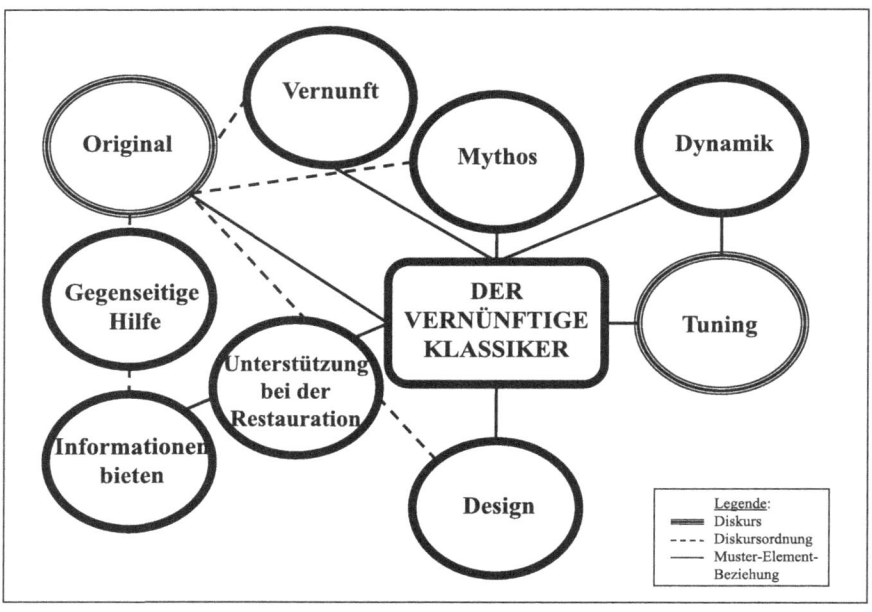

len von persönlichen Markengeschichten gesehen werden (Denzin 1989; Winter 2008: 86).[45] Diese Form der Darstellung und Kultivierung der eigenen Markengeschichte wurde bei der Diskursanalyse der Kommunikation der *VW*-spezifischen BCs in Form von Bildern wie in Abbildung 13 und Texten beobachtet:

> „Alles begann mit einem Fliegenden Scirocco [...] alles begann in dem Auto meines Onkels 1981!!! Damals als für mich jedes Auto gleich aussah nahm mein Onkel mich in seinem Knall Grünen Scirocco mit und sagte daß dieses Auto Fliegen kann. Er drehte also alle Lüftungsknöpfe auf und sagte daß wir gleich abheben. Was sollte ich mit 4 Jahren anderes machen als es zu glauben. Dann habe ich 27 Jahre später den neuen Scirocco gesehen und fühlte mich beim Namen gleich 27 Jahre zurück versetzt. Es liefen Bilder aus meiner Kindheit vor mir ab. Also es war geschehen!!! Ich mußte einen Scirocco haben. Am 26.06.2008 war es dann soweit und ich habe mir das neue Modell bestellt. Dann kam aber in mir die Leidenschaft auf genau

---

[45] Winter (2008: 86) spricht im Zuge der zunehmenden Bedeutung von narrativen Daten in der Qualitativen Sozialforschung von einer „narrativen Wende".

Markenkultur in Online-Communities 237

Abbildung 12 Werbemotive der Scirocco Original IG[46]

das Auto zuhaben mit dem ich Fliegen gelernt habe. Ich habe mich also lange im Netz umgesehen und bin auf die IG gekommen [...]. Die erste Fahrt in Hamburg bei Strahlend Blauem Himmel und Sonne war ein Traum!!! Das gute Stück besitzt nun ein H-Kennzeichen und freut sich schon auf die erste längere Fahrt bei Sonne [...]." (BC-Mitglied „mspehr", Quelle: http://www.typ53.com)

Abbildung 13 Dokumentation der familiären Markentradition (Bild links) und kindlicher Markenerfahrung (Bild rechts)

---

[46] Hierbei handelt es sich um Werbeanzeigen, anhand derer die IG ihr Verständnis der Marke und der idealtypischen BC-Mitglieder (ungewohnt offen) in Richtung einer breiten Öffentlichkeit im Internet kommuniziert, vgl. Abb. 12. Die „Submarke" *VW Scirocco* wird demnach als „aufregend vernünftige" Marke wahrgenommen (Abb. 12, Bild links), und Anhänger von modifizierten *VW Sciroccos* werden offen als „Schmuddelkinder" diskriminiert (Abb. 12, Bild rechts).

Der Beitrag des Mitglieds der Scirocco Original IG steht exemplarisch für eine Vielzahl von Narrationen, anhand derer sich die Bedeutung einer Marke für BC-Mitglieder erschließen läßt. Der Autor dieser Geschichte nennt keine konkreten Gründe wie Motorleistung oder Fahrdynamik für seine besondere „Leidenschaft", sondern erklärt diese vielmehr mit einer durch einen Verwandten vermittelten Markenerfahrung, bei der sowohl die grüne Lackierung des *VW Scirocco* als auch das Versprechen einer „automobilen Flugerfahrung" eine große Rolle spielen.[47] Während sich unter den *Opel*-BCs Submarken-übergreifend eine kulturell-geteilte Orientierung an Werten und Praktiken rund um das Konzept „Fahrdynamik" manifestiert, zeigt sich unter den *VW*-spezifischen BCs ein heterogenes Bild der kulturellen Markenbedeutung: Automobile der *VW*-Marke werden einerseits für ihre „Vernunft"-Qualitäten wie „Langlebigkeit" und „Zuverlässigkeit" geschätzt, andererseits stellen Produkte wie der *VW Käfer*, der *VW Golf* oder der *VW Transporter* automobile Klassiker dar, die u. a. durch ihre einzigartigen Qualitäten wie das Design faszinieren. Dieses Plus an kultureller Reichhaltigkeit geht jedoch auf der Ebene der Dachmarke *VW* zu Lasten einer stark einheitlichen kulturellen Markenbedeutung.[48]

6 Fazit

Im Rahmen der hier vorgelegten Studie waren neben der Frage nach angemessenen Methoden für die Erforschung kollektiver Markenbedeutungen in „brand communities" Fragen nach der Art der Markenbedeutungen und möglicher BC-übergreifender Muster der Markenbedeutung zentral. Mit Hilfe der Wissenssoziologischen Diskursanalyse konnten zentrale und übergreifende Muster der markenkulturellen Bedeutung deutschsprachiger BCs im Automobilsektor in Form der Orientierung an Diskursen und Deutungsmustern isoliert werden. Zu diesem Zweck wurde das Konzept der Markenkultur als Diskursfeld konzipiert, anhand dessen die für die (Re-)Produktion von BCs zentralen kulturellen Bedeutungen erschlossen werden konnten. Anhand der Ergebnisse der Diskursanalyse konnte gezeigt werden, daß die automobilen Markenkulturen in den BCs stark von den Original- und Tuning-Diskursen beeinflußt werden. Diese Diskurse müssen als hochgradig kulturell strukturierend verstanden werden, lassen sich doch

---

[47] Zur Bedeutung von biographischen Markenerfahrungen für die Mitglieder von *VW*-spezifischen BCs, vgl. Abb. 13, Quelle: www.kaeferfreundeoelde.de, www.bulli.org
[48] Die geringe Orientierung an dem Wert „Dynamik" unter *VW*-spezifischen BCs wird durch die im Vergleich zu Automobilen wie dem *Opel GT*, *Opel Manta* oder *Opel Kadett* geringen maximalen Höchstgeschwindigkeiten von „Kultautos" wie dem *VW Käfer* oder *VW Transporter* zusätzlich plausibilisiert.

jeweils spezifische diskursive Formationen von kulturellen Werthaltungen, Praktiken, Mythen hiermit in Verbindung bringen.

Bezogen auf die Vorstellung eines „guten" Automobils kann die Frage nach der Orientierung am Original- oder Tuning-Diskurs als eine der Grundfragen des kulturellen Selbstverständnisses und als kultureller Rahmen der Markenkultur verstanden werden. Während die Originalos dem Markenoriginal des Herstellers huldigen, ihre Automobile getreu den Vorgaben der Produzenten restaurieren und als kulturelle Mythen verehren, kommt es bei den Tunern zum Ausleben von teilweise extremen Formen der Modifikation und Individualisierung. Während die Originalos einen sorgsamen und musealen Gebrauch praktizieren, dienen die Automobile den Tunern als Vehikel für intensive Fahrerlebnisse und gemeinsame Festivitäten.

Darüber hinaus konnten in den untersuchten BC-Kulturen kollektive Deutungsmuster auf der Ebene der Produktkategorie, der Markenherkunft und sog. „Dachmarken" isoliert werden. Neben der Grundfrage nach dem Grad der Unversehrtheit bzw. Modifikation des Automobils werden die Kulturen von BCs durch Muster der kulturellen Bedeutung auf der Ebene der PKW-Klasse und der nationalen Herkunft der PKW-Marken geprägt. Im Rahmen dieser Studie konnten bei den entsprechenden BCs systematische Bedeutungen auf der Ebene der PKW-Klasse und der Markenherkunft herausgearbeitet werden. Das heißt: Bestimmte Erwartungen an die unterschiedlichen Qualitäten von Automobilen der Oberklasse und des Sportwagensegments sowie „nationale" bzw. „kontinentale" Qualitäten konnten für Automobilmarken aus Asien und Italien als systematische Muster des Gebrauchs und der kulturellen Bedeutungs-(Re-)Produktion herausgearbeitet werden. Darüber hinaus ließen sich markenkulturelle Bedeutungsmuster auf der Ebene von spezifischen Marken isolieren. Hierbei sind Markenbedeutungsmuster für die Marken *Ford, Mercedes-Benz, Opel* und *VW* sichtbar geworden.

Neben der übergreifenden Bedeutung des Konzepts „Dynamik" wirkt die Orientierung an den Diskursen „Original" und „Tuning" auch auf der Markenebene stark strukturierend. Während bei Vergemeinschaftungsprozessen um Automobilmarken asiatischer Herkunft Tuning eine starke Rolle spielt, wird die Markenkultur der BCs rund um die Marken *Alfa Romeo* oder *Fiat* von einem starken Original-Purismus geprägt. Während die *VW*-Kultur unter den *VW*-spezifischen BCs ein hohes Maß an Heterogenität entlang der Pole „Tuning" oder „Original" zeigt, wird die Kultur der Marke *Opel* in den BCs stark von der (einzigartigen) Koexistenz kultureller Orientierung am Ideal des Markenoriginals und des Tunings geprägt. Das bedeutet: Während ein „guter" *VW* entweder „vernünftiger Klassiker" oder stark-modifiziertes Vehikel für einen rasanten Fahrstil ist, kennzeichnet den „guten" *Opel* eine übergreifende Orientierung am dynamischen Fahren und an dezenten Formen der Modifikation.

Literatur

Ahonen, Tomi T./Moore, Alan (2005): Communities Dominate Brands. Business and Marketing Challenges for the 21st Century. London.
Algesheimer, René (2004): Brand Communities. Begriff, Grundmodell, Implikationen, Wiesbaden.
Arnould, Eric J./Thompson, Craig J. (2005): Consumer Culture Theory: Twenty Years of Research, in: Journal of Consumer Research 31, S. 868–883.
Baumgarth, Carsten (2004): Markenpolitik. Markenwirkungen – Markenführung – Markencontrolling. Wiesbaden.
Bourdieu, Pierre (1998): Praktische Vernunft. Zur Theorie des Handelns. Frankfurt/M.
Chaney, David (1994): The cultural turn. scene setting essays on contemporary cultural history. London.
Cova, Bernard/Cova, Veronique (2002): Tribal Marketing. The Tribalisation of Society and its Impact on the Conduct of Marketing, in: European Journal of Marketing 36, S. 595–620.
Deichsel, Alexander (1992): Marke – das Recht auf Ungleichheit. Zum Markenkonzept im Werk von Hans Domitzlaff, in: Der Markenartikel 54, S. 274–280.
Denzin, Norman K. (1989): Interpretive Biography. London.
Diaz-Bone, Rainer (2010): Kulturwelt, Diskurs und Lebensstil. Eine diskurstheoretische Erweiterung der bourdieuschen Distinktionstheorie. Opladen.
Esch, Franz-Rudolf/Fischer, Alexander/Hartmann, Kerstin (2008): Abstrakte Markenwerte in konkretes Verhalten übersetzen, in: Torsten Tomczack/Franz-Rudolf Esch/Joachim Kernstock/Andreas Herrmann (Hg.): Behavioral Branding. Wie Mitarbeiterverhalten die Marke stärkt. Wiesbaden, S. 161–180.
Foucault, Michel (2002): Die Geburt der Klinik. Eine Archäologie des ärztlichen Blicks. Frankfurt/M.
Füller, Johann/Matzler, Kurt/Hoppe, Melanie (2008): Brand Community Members as a Source of Innovation, in: The Journal of Product Innovation Management 25, S. 608–619.
Franke, Nikolaus/Shah, Sonali K. (2003): How Communities Support Innovative Activities: An Exploration of Assisting and Sharing among End-Users, in: Research Policy 32, S. 157–178.
Franzpötter, Reiner (1999): Der Sinn fürs Auto und die Lust an der Unterscheidung – Zur Praxeologie des Automobils in der Erlebnisgesellschaft, in: Gerd Schmidt/Gotthard Bechmann/Werner Rammert (Hg.): Technik und Gesellschaft. Jahrbuch 10: Automobil und Automobilismus. Frankfurt/M., S. 41–62.
Friese, Susanne (2004): Computergestützte Analyse qualitativer Daten, in: Ruth Ayaß/Jörg Bergmann (Hg.): Qualitative Methoden der Medienforschung. Reinbek, S. 459–474.
Gebhardt, Winfried (2001): Vielfältiges Bemühen. Zum Stand kultursoziologischer Forschung im deutschsprachigen Raum, in: Soziologie, S. 40–52.
Hallay, Henric/Hellmann, Kai-Uwe/Raabe, Torsten (2008): Der See ruft ... Markenkultur zwischen Forschung und Praxis, in: Markenartikel 70, S. 60–63.
Hausrucklinger, Gerhard (1993): Herkunftsbezeichnungen als präferenzdeteminierende Determinanten. Frankfurt/M.
Heun, Thomas (2009): Marke und Kultur. Chancen einer kulturalistischen Perspektive auf Marken, in: Sozialwissenschaft und Berufspraxis 32, S. 42–55.
Hellmann, Kai-Uwe (2003): Soziologie der Marke. Frankfurt/M.
Hellmann, Kai-Uwe (2004): Werbung und Konsum: Was ist die Henne, was ist das Ei? Konzeptionelle Überlegungen zu einem zirkulären Verhältnis, in: Kai-Uwe Hellmann/Dominik Schrage (Hg.): Konsum der Werbung. Zur Produktion und Rezeption von Sinn in der kommerziellen Kultur. Wiesbaden, S. 33–46.
Hellmann, Kai-Uwe (2008): Communities vs. Social Networks. Quelle: markeninstitut.wordpress.com/2008/04/13/communities-social-networks, 11.05.09.
Hellmann, Kai-Uwe/Kenning, Peter (2007): Die Kreise der Communities, in: Absatzwirtschaft 50, S. 40–43.
Herstatt, Cornelius/Sander, Jan G. (2004): Produktentwicklung mit virtuellen Communities. Kundenwünsche erfahren und Innovationen realisieren. Wiesbaden.

Hitzler, Ronald (1998): Posttraditionale Vergemeinschaftung. Über neue Formen der Sozialbindung, in: Berliner Debatte INITIAL 9, S. 81–89.

Hitzler, Ronald/Honer, Anne/Pfadenhauer, Michaela (2008): Ärgerliche Gesellungsgebilde?, in: Ronald Hitzler/Anne Honer/Michaela Pfadenhauer (Hg.): Posttraditionale Gemeinschaften: Theoretische und ethnographische Erkundungen. Wiesbaden, S. 9–31.

Hörning, Karl H./Reuter, Julia (2004): Doing Culture. Kultur als Praxis, in: Karl H. Hörning/Julia Reuter (Hg.): Doing Culture. Neue Positionen zum Verhältnis von Kultur und sozialer Praxis. Bielefeld, S. 9–15.

Hollstein, Bettina (2006): Qualitative Methoden und Netzwerkanalyse – ein Widerspruch?, in: Bettina Hollstein/Florian Straus (Hg.): Qualitative Netzwerkanalyse. Wiesbaden, S. 11–36.

Holt, Douglas B. (2002): Why do brands cause trouble?, in: Journal of Consumer Research 29, S. 70–91.

Holt, Douglas B. (2004): How Brands become Icons. The Principles of Cultural Branding. Boston.

Honneth, Axel (1993): Posttraditionale Gemeinschaften, in: Micha Brumlik/Hauke Brunkhorst (Hg.): Gemeinschaft und Gerechtigkeit. Frankfurt/M., S. 262–263.

John, Deborah Roedder/Loken, Barbara/Kim, Kyeongheui/Monga, Alokparna Basu (2006): Brand Concept Maps: A Methodology for Identifying Brand Association Networks, in: Journal of Marketing Research 43, S. 549–563.

Keller, Reiner (2001): Der Müll der Gesellschaft – eine wissenssoziologische Diskursanalyse, in: Reiner Keller/Andreas Hirseland/Werner Schneider/Willy Viehöfer (Hg.): Handbuch Sozialwissenschaftliche Diskursanalyse. Wiesbaden, S. 197–232.

Keller, Reiner (2003): Kultur als Diskursfeld, in: Susan Geideck/Wolf-Andreas Liebert (Hg.): Sinnformeln. Berlin, S. 283–306.

Keller, Reiner (2005): Wissenssoziologische Diskursanalyse: Grundlegung eines Forschungsprogramms. Wiesbaden.

Keller, Reiner (2007): Diskursforschung. Eine Einführung für SozialwissenschaftlerInnen. Wiesbaden.

Knoblauch, Hubert (1996): Einleitung: Kommunikative Lebenswelten und die kommunikative Konstruktion einer geschwätzigen Gesellschaft, in: Hubert Knoblauch (Hg.): Kommunikative Lebenswelten: Zur Ethnographie einer geschwätzigen Gesellschaft. Konstanz, S. 7–24.

Kozinets, Robert V. (2002): The Field behind the Screen: Using Nethnographie for Marketing Research in Online Communications, in: Journal of Marketing Research 39, S. 61–72.

Kroeber-Riel, Werner/Esch, Franz-Rudolf (2004): Strategie und Technik der Werbung. München.

Kuckartz, Udo/Grunenberg, Heiko/Lauterbach, Andreas (2004): Qualitative Datenanalyse: computergestützt. Wiesbaden.

Lebrenz, Silke (1996): Länderimages: Einflussfaktor und Bedeutung für das Konsumentenverhalten. Köln.

Linxweiler, Richard (1999): Marken-Design. Marken entwickeln, Markenstrategien erfolgreich umsetzen. München.

Lorig, Philipp/Vogelsang, Waldemar (2003): Paintball: Sport oder Kriegsspiel? Räuber und Gendarm als Event für Erwachsene, in: Andreas Hepp/Marco Höhn/Waldemar Vogelsang (Hg.): Populäre Events. Medienevents, Spieleevents, Spaßevents. Wiesbaden, S. 239–268.

Lüders, Christian/Meuser, Michael (1997): Deutungsmusteranalyse, in: Ronald Hitzler/Anne Honer (Hg.): Sozialwissenschaftliche Hermeneutik. Stuttgart, S. 57–80.

Lüdicke, Marius K./Giesler, Markus (2007): Brand communities and their social antagonists: insights from the Hummer case, in: Bernard Cova/Robert V. Kozinets/Avi Shankar (Hg.): Consumer Tribes. London, S. 275–295.

Lutter, Christina/Reisenleitner, Markus (2001): Cultural Studies. Eine Einführung. Wien.

McAlexander, James H./Schouten, John W./Koenig, Harold F. (2002): Building Brand Community, in: Journal of Marketing 66, S. 38–54.

McWilliam, Gil (2000): Building Stronger Brands through Online-Communities, in: Sloan Management Review, S. 43–54.

Meffert, Heribert/Burmann, Christoph (2002): Wandel in der Markenführung – vom instrumentellen zum identitätsorientierten Markenverständnis, in: Heribert Meffert/Christoph Burmann/Martin

Koers (Hg.): Markenmanagement. Grundfragen der identitätsorientierten Markenführung. Wiesbaden, S. 17–33.
Mitchell, Clyde J. (1969): The concept and use of social networks, in: Clyde J. Mitchell (Hg.): Social networks in urban situations. Analysis of personal relationships in central African towns. Manchester, S. 1–50.
Muniz, Albert M., Jr./O'Guinn, Thomas C. (2001): Brand Community, in: Journal of Consumer Research 27, S. 412–432.
Muniz, Albert M., Jr./Schau, Hope Jensen (2005): Religiosity in the Abandoned Apple Newton Brand Community, in: Journal of Consumer Research 27, S. 412–432.
Ouwersloot, Hans/Odekerken-Schröder, Gaby (2008): Who's who in brand communities – and why?, in: European Journal of Marketing 42, S. 571–585.
Sawhney, Mohanbir/Verona, Gianmarion/Prandelli, Emanuela (2005): Collaborating to Create: The Internet as a Platform of Customer Engagement in Product Innovation, in: Journal of Interactive Marketing 19, S. 4–17.
Schroeder, Jonathan E./Salzer-Mörling, Miriam (2008): Introduction: The cultural codes of branding, in: Jonathan Schroeder/Miriam Salzer-Mörling (Hg.): Brand Culture. London, S. 1–11.
Schouten, John W./McAlexander, James H. (1995): Subcultures of Consumption: An Ethnography of the New Bikers, in: Journal of Consumer Research 22, S. 43–61.
Seidel, John V. (1998): Qualitative Data Analysis. The Ethnograph v5. Appendix E. Quelle: http://www.qualisresearch.com.
von Loewenfeld, Fabian (2006): Brand Communities. Erfolgsfaktoren und ökonomische Relevanz von Markengemeinschaften. Wiesbaden.
von Loewenfeld, Fabian/Perrey, Jesko/Schröder, Jürgen (2006): Brand Communities müssen strategisch geführt werden, in: Akzente 2, S. 9–15.
Winter, Rainer (2008): Reflexivität, Interpretation und Ethnografie: Zur kritischen Methodologie von Cultural Studies, in: Andreas Hepp/Rainer Winter (Hg.): Kultur, Medien, Macht: Cultural Studies und Medienanalyse. Wiesbaden, S. 81–92.

Beiträge zur „Brand Community"-Forschung: Ein Nachwort

Kai-Uwe Hellmann

2011 feiert die „Brand Community"-Forschung ihr zehnjähriges Jubiläum, nachdem Albert M. Muniz, Jr. und Thomas C. O'Guinn 2001 den Anfang gemacht hatten. Schaut man sich die Anzahl der Publikationen im Jahresverlauf an – wobei innerhalb dieses Jahrzehnts keineswegs alle erhoben wurden, dafür aber auch Vorarbeiten wie der wichtige Beitrag „Subcultures of Consumption" von John W. Schouten und James J. McAlexander aus dem Jahre 1995 Berücksichtigung fanden, um den Vorlauf anzudeuten, der die Verbreitung dieses relativ neuen Forschungsfeldes mit vorzubereiten half –, dann sieht man, daß die Hochzeit in den Jahren von 2005 bis 2008 lag und sich seitdem eine gewisse Erschöpfung im Feld abzeichnet (vgl. Abb. 1).

Abbildung 1 Anzahl der „Brand Community"-Publikationen (total 110)

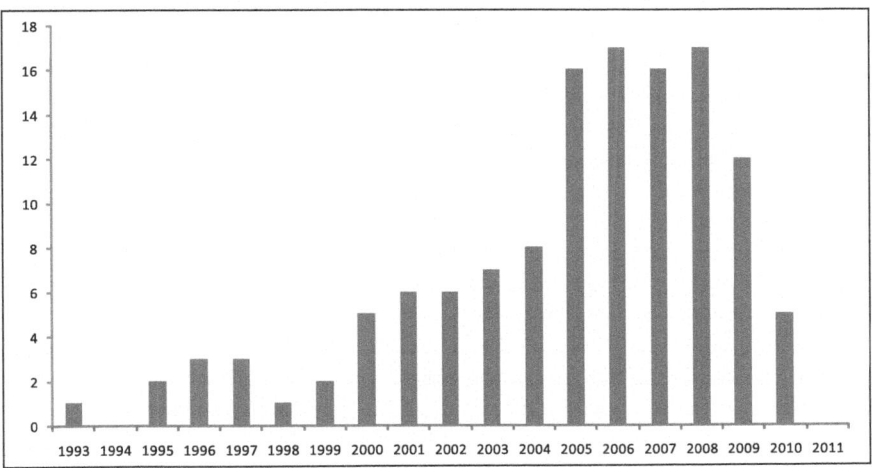

Ob dies der typische Verlauf einer „marketing fashion" ist oder andere Gründe hat, soll hier nicht weiter geprüft werden (Birnbaum 2000; Newell et al. 2001). Bedeutsam ist vielmehr, daß ein neues Forschungsfeld spätestens nach zehn Jahren an einen Punkt kommen dürfte, an dem erste Zwischenbilanzen gezogen, Stärken und Schwächen bewertet werden können und eine allmähliche Konsolidierung einsetzt.

Der vorliegende Band versteht sich als ein Beitrag dazu. Insofern liegt es nahe, die im Rahmen des Graduiertenprojekts „Markenkultur und Unternehmenskultur" erwirtschafteten Erträge hieraufhin zu bewerten. Konzentriert man sich dabei auf die empirisch gehaltvollen Arbeiten und läßt die konzeptionell orientierten außen vor, gibt es eine Reihe von Anmerkungen und Befunden, die es lohnen, durch die „Brand Community"-Forschung zukünftig in Betracht gezogen zu werden.

Was die „Brand Community"-Forschung seit jeher als Manko belastet, ist mangelnde Systematizität. Ein Versuch, dieses Manko zu beheben, liegt etwa mit dem Beitrag „How Brand Community Practice Create Value" von Hope Jensen Schau, Albert M. Muniz, Jr. und Eric J. Arnould aus dem Jahre 2009 vor, weil darin stärker vergleichend argumentiert wird. Gewiß ist Systematizität auch eine Frage der Zeit, ja der Reife. Denn es muß erst einmal genug Einzelbeiträge geben, bevor systematisch verglichen werden kann. Nichtsdestotrotz sind Bemühungen dieser Art in der absoluten Minderzahl, warum auch immer.

Um damit auf den ersten Beitrag von *Melanie Wenzel* einzugehen, kann gesagt werden, daß dieser in zweierlei Hinsicht wertvoll ist. Zum einen bringt er die Option der externen Differenzierung voran, indem verschiedenste „brand communities", wenngleich allesamt der „Volkswagenwelt" zugehörig, miteinander verglichen werden. Dieser Pfad, der durch qualitative Forschung, gar Ethnographie sicher nicht gangbar ist, sollte fortgeführt werden, um neben allen Differenzen, und seien es am Ende nur Nuancen, auch die Spezifik des Gesamtphänomens besser auf den Begriff zu bringen, um also die Einheit der Vielheit zu verstehen und daraufhin entscheiden zu können, womit man es genau zu tun hat, in Abgrenzung zu benachbarten Untersuchungsobjekten.

Zugleich treibt *Wenzels* Beitrag die Option der internen Differenzierung voran, indem sie nicht nur eine Typologie der „brand communities", sondern auch eine Typologie der „brand community"-Mitglieder mittels der neueren Sozialstrukturanalyse weiterführt, ein Vorhaben, wie es in vergleichbarer Weise zuvor schon von Schau/Muniz (2002), McAlexander et al. (2002), Ouwerslot/ Odekerken-Schröder (2008) u. a. angegangen wurde. Hier gibt es noch viel zu tun, um in der Lage zu sein, nicht mehr nur einzelfallspezifische, sondern strukturelle Gemeinsamkeiten wie Unterschiede identifizieren zu können.

Wendet man sich daraufhin dem Beitrag von *Jörg Marschall* zu, so trägt er zur Verbesserung des Auflösevermögens der „Brand Community"-Forschung bei. Denn ein Großteil dieser Forschung begnügt sich doch häufig mit der Dokumentation von Äußerungen und Aussagen sogenannter „brand community"-Mitglieder, ohne daß dadurch auch nur ansatzweise geklärt wäre, womit man es genau zu tun hat, weil es sich dabei oft nur um Einstellungen und Meinungen einzelner handelt. Wo aber bleibt die Prüfung, daß die damit verbundenen Rückschlüsse auf eine gegebene „brand community" tatsächlich gerechtfertigt sind? Wie wird sichergestellt, daß den Worten auch Taten folgen? Was in der „Brand Community"-Forschung eindeutig dominiert, ist Einstellungsforschung. Konkretes Verhalten wird unterdessen kaum erforscht. Hier nun empfiehlt sich der Praktiken-Ansatz von *Marschall,* soweit es sich um Verhaltensweisen dreht, die einen hohen Verbindlichkeitsgrad aufweisen, aber auch von einer solchen kollektiven Dichte gezeichnet sind, daß derartige Rückschlüsse auf Kollektivphänomene wie „brand communities" tatsächlich nachvollziehbar, plausibel, ja evident werden können. In dieser Hinsicht zeigt sich die „Brand Community"-Forschung unterversorgt.

Bezüglich des Beitrags von *Felix Teschner* ist festzuhalten, seine methodische Innovation mal beiseite gelassen, daß sich die Anwendung der Modelle von Harold Garfinkel und Victor W. Turner, also Krisenexperimente und Übergangsriten, auf seinen Fall als fruchtbar erwies. Denn bei der Analyse des Diskussionsverlaufs des *VW Touareg* Forums halfen diese Modelle, den unterschiedlichen Verlauf der drei identifizierten Phasen vor, während und nach der Einführung des *VW Touareg*-Nachfolgemodells weiterführend aufzuklären. Insbesondere die von *Teschner* aufgezeigte Abfolge von Verunsicherung, gegenseitiger Vergewisserung, kurzfristiger Öffnung, Re-Integrationsversuchen, Entwicklung und neuerlicher Festigung der spezifischen Ausrichtung der *VW Touareg*-„brand community" könnte nunmehr an vergleichbaren Fällen erneut durchgeprüft und auf ihre Stimmigkeit hin verbessert werden, auch dies eine Möglichkeit, die in der „Brand Community"-Forschung bislang noch keine rechten Vorbilder besitzt.

Bei *Vivian Hartlebs* Beitrag kann das Innovative darin gesehen werden, daß sie gerade für die Automobilbranche das Konzept der zentralen Kontaktpunkte nutzbringend aufnimmt und anhand der Autohändler nachweist, welche Bedeutung diesen spezifischen Schnittstellen zukommen könnte, wenn sich Hersteller, Händler und „brand community"-Mitglieder kooperativer aufeinander einstellen würden. Relevanz dürfte diese Studie überdies erhalten, wenn sie in dem Sinne vergleichend durchgeführt werden sollte, daß für andere Branchen funktional äquivalente Kontaktpunkte und Schnittstellen aufgespürt und demgemäß analysiert werden würden.

Ein Großteil der „Brand Community"-Forschung geht fest davon aus, daß die Binnenkommunikation bei „brand communities", gerade wenn sie online erfolgt, essentiell ist. Selten jedoch sind hierzu akkurate, methodisch sauber durchgeführte Studien vorgelegt worden. Im Falle von *Michael Friedemanns* Arbeit ist ein Anfang gemacht. Sicherlich haftet seinen Untersuchungsergebnissen noch etwas Statisches an, weil die Arbeit von vornherein auf einen diachronen Vergleich ausgerichtet war und nicht als Verlaufsstudie durchgeführt werden konnte. Ungeachtet dessen besteht mit der Diskursanalyse, bei aller Vielfalt, die sich in diesem Zoo diskursanalytischer Theorie- und Methoden-Exemplare inzwischen ausgebildet hat, und mehr noch durch die Anwendung der Unterscheidung von Diskursfeld, Deutungsmuster und Deutungselement auf den *VW Golf*-Fall, ein Exempel dafür, was mit dieser Methode im Gegenstandsbereich der „Brand Community"-Forschung im Prinzip erreich- und leistbar ist. Ein Gleiches gilt übrigens für den Beitrag von *Thomas Heun,* der in einem vergleichbaren Vorgehen gleich mehrere „brand communities" für mehrere Automarken diskursanalytisch untersucht hat. Was damit sicherlich nicht erbracht werden kann, ist ein schlüssiger Beweis dafür, daß es sich bei „brand communities" tatsächlich um „communities" handelt. Was dafür mit dieser Methode aber gelingt, ist ein Überschreiten des bislang nur Vermuteten, soweit es die Annahme existenter Formen von Binnenkommunikation bezüglich derartiger Kollektivphänomene betrifft.

Es bleibt abzuwarten, wie sich die „Brand Community"-Forschung weiter entwickeln wird. Zweifellos hat sie mit einem Gegenstand zu tun, der nicht nur die Konsumforschung noch lange beschäftigen dürfte. Fraglich ist allerdings, ob es sich dabei durchgängig um „communities" handelt. Insofern könnte es passieren, daß im Laufe der nächsten Jahre die Selbstverständigung im Fach soweit voranschreitet, daß dieser zentrale Punkt, nach Jahren intensiver Forschung, nochmals kritisch aufgenommen wird. Für die theoretische Selbstverortung wäre dies allemal hilfreich.

Literatur

Birnbaum, Robert (2000): The Life Cycle of Academic Management Fads, in: The Journal of Higher Education 71, S. 1–16.
McAlexander, James H./Schouten, John W./Koenig, Harold F. (2002): Building Brand Community, in: Journal of Marketing 66, S. 38–54.
Newell, Sue/Robertson, Maxine/Swan, Jacky (2001): Management Fads and Fashion, in: Organization 8, S. 5–15.
Ouwersloot, Hans/Odekerken-Schröder, Gaby (2008): Who's who in brand communities – and why?, in: European Journal of Marketing 42, S. 571–585.
Schau, Hope Jensen/Muniz, Albert M., Jr. (2002): Brand Communities and Personal Identities: Negotiations in Cyberspace, in: Advances in Consumer Research 29, S. 344–349.
Schau, Hope Jensen/Muniz, Albert M., Jr./Arnould, Eric J. (2009): How Brand Community Practice Create Value, in: Journal of Marketing 73, S. 30–51.

Autorenangaben

Michael Friedemann, Dipl. Kaufmann, externer Doktorand im Gradiertenprojekt „Markenkultur und Unternehmenskultur", Produktreferent „Golf internationale Märkte" bei der Volkswagen AG. Forschungsschwerpunkte: Markenpositionierung, Markenführung, Markenkultur.

Vivian Hartleb, Dr. rer. pol., Wirtschaftswissenschaften, Lehrstuhl für Betriebswirtschaftslehre, insb. Distribution und Handel, Marketing Centrum Münster, Westfälische Wilhelms-Universität Münster. Forschungsschwerpunkte: Consumer Behaviour und Behavioural Pricing. How to Make Brand Communities Work: Antecedents and Consequences of Consumer Participation, Journal of Relationship Marketing 7, 2008, S. 237–256 (zus. m. David Woisetschläger und Markus Blut); Brand Community Management: Eine empirische Analyse am Beispiel der Automobilbranche. Wiesbaden 2009; An empirical multi-method investigation of price knowledge in food retailing, in: International Journal of Retail & Distribution Management 39, 2011, S. 362–382 (zus. m. Peter Kenning und Helmut Schneider).

Kai-Uwe Hellmann, PD Dr., Soziologie, Fachvertretung an der Helmut-Schmidt-Universität Hamburg. Forschungsschwerpunkte: Politische Soziologie, Organisations-, speziell Militärsoziologie, Wirtschaftssoziologie. Ausgewählte Publikationen: Soziologie der Marke. Frankfurt/M. 2003; Ausweitung der Markenzone. Interdisziplinäre Zugänge zur Erforschung des Markenwesens. Wiesbaden 2005, (hrsg. zus. m. Rüdiger Pichler); Fetische des Konsums. Studien zur Soziologie der Marke. Wiesbaden 2011.

Thomas Heun, Diplom-Soziologe, externer Doktorand im Gradiertenprojekt „Markenkultur und Unternehmenskultur", Verwaltungsprofessur für Sozialpsychologie und Kommunikationsstrategie am Fachbereich Gestaltung der HAWK in Hildesheim, Gründer der New School of Research & Development. Vor dieser Tätigkeit hat Thomas Heun lange Jahre für Unternehmen der Werbe- und Medienindustrie als Marktforscher, Strategischer Planer und Innovationsentwickler gearbeitet. Forschungsschwerpunkte: Kommunikations- und Konsumforschung. Ausgewählte Publikationen: Zwischen Schein und Sein. Die Bedeutung der Marktforschung für die Werbewirtschaft und ihre Werbung, in: Dominik Schrage/

Markus Frederici (Hg.): Zwischen Methodenpluralismus und Datenhandel. Zur Soziologie der kommerziellen Konsumforschung. Wiesbaden 2008, S. 73–94; Marke und Kultur. Chancen einer kulturalistischen Perspektive auf Marken, in: Sozialwissenschaft und Berufspraxis 32, 2009, S. 42–55.

Jörg Marschall, Soziologe M.A., wissenschaftlicher Mitarbeiter im Gradiertenprojekt „Markenkultur und Unternehmenskultur", Institut für Soziologie der TU Berlin. Forschungsschwerpunkte: Brand Communities, Ethnographie, Netzwerkanalyse, Wirtschaftssoziologie. Ausgewählte Publikationen: Online-Communities of Commerce. Die soziale Struktur von eBay-Marktplätzen, in: Ulrich Dittler/ Michael Kindt/Christine Schwarz (Hg.): Online-Communities als soziale Systeme. Wikis, Weblogs und Social Software im E-Learning. Münster 2007, S. 129–146; Weder Methode noch Metapher. Zum Theorieanspruch der Netzwerkanalyse bis in die 1980er Jahre, in: Christian Stegbauer/Roger Häußling (Hg.): Handbuch Netzwerkforschung. Wiesbaden 2010, S. 281–290 (zus. m. Bögenhold); „So ein Auto ist eigentlich ‚ne lebende Baustelle'". Markengemeinschaften als Prosumentenkollektive, in: Birgit Blättel-Mink/Kai-Uwe Hellmann (Hg.): Prosumer Revisited. Zur Aktualität einer Debatte. Wiesbaden 2010, S. 149–168.

Thorsten Raabe, Dr. habil., Universitätsprofessor, Lehrstuhl für Absatz und Marketing an der Carl von Ossietzky Universität Oldenburg, Leitung des Graduiertenprojekt „Markenkultur und Unternehmenskultur". Forschungsschwerpunkte: Makromarketing (Wechselwirkungen zwischen Marketing und Gesellschaft), Markenforschung, Cultural and Sustainability Marketing-Research, empirische Forschungsmethoden und -strategien. Ausgewählte Publikationen: Konsumentenbeteiligung an der Produktinnovation, Frankfurt/New York 1993; OSSENA – Das Unternehmen nachhaltige Ernährungskultur, Marburg 2006 mit diversen Beiträgen. Marburg (hrsg. zus. mit Reinhard Pfriem und Achim Spiller); Ernährung, Kultur, Lebensqualität. Wege regionaler Nachhaltigkeit. Marburg 2008 (hrsg. zus. mit Irene Antoni-Komar, Reinhard Pfriem und Achim Spiller).

Felix Teschner, Diplom Betriebswirt (FH), externer Doktorand im Gradiertenprojekt „Markenkultur und Unternehmenskultur", Mitarbeiter im Team Marketing Kommunikation Online der Volkswagen AG. Forschungsschwerpunkte: Marketing Kommunikation Online, Brand Communities, Social-Media-Monitoring.

Melanie Wenzel, Dipl. Soz., wissenschaftliche Mitarbeiterin im Graduiertenprojekt „Markenkultur und Unternehmenskultur", Fachgebiet Absatz und Marketing der Carl von Ossietzky Universität Oldenburg. Forschungsschwerpunkte: Brand Communities, quantitative Sozialforschung, Marketing. Ausgewählte Publikation:

Konsumorientierte Gemeinschaften aus Sicht des Marketing, in: Irene Antoni-Komar et al. (Hg.): Neue Konzepte der Ökonomik – Unternehmen zwischen Nachhaltigkeit, Kultur und Ethik. Marburg, S. 287–306 (zus. m. Thorsten Raabe).

Umfassender Überblick zu den Speziellen Soziologien

> Profunde Einführung in grundlegende Themenbereiche

Georg Kneer /
Markus Schroer (Hrsg.)

**Handbuch
Spezielle Soziologien**

2010. 734 S. Geb. EUR 49,95
ISBN 978-3-531-15313-1

Erhältlich im Buchhandel
oder beim Verlag.
Änderungen vorbehalten.
Stand: Juli 2011.

Das „Handbuch Spezielle Soziologien" gibt einen umfassenden Überblick über die weit verzweigte Landschaft soziologischer Teilgebiete und Praxisfelder. Im Gegensatz zu vergleichbaren Buchprojekten versammelt der Band in über vierzig Einzelbeiträgen neben den einschlägigen Gegenstands- und Forschungsfeldern der Soziologie wie etwa der Familien-, Kultur- und Religionssoziologie auch oftmals vernachlässigte Bereiche wie etwa die Architektursoziologie, die Musiksoziologie und die Soziologie des Sterbens und des Todes.

Damit wird sowohl dem interessierten Laien, den Studierenden von Bachelor- und Masterstudiengängen als auch den professionellen Lehrern und Forschern der Soziologie ein Gesamtbild des Faches vermittelt. Die jeweiligen Artikel führen grundlegend in die einzelnen Teilbereiche der Soziologie ein und informieren über Genese, Entwicklung und den gegenwärtigen Stand des Forschungsfeldes.

Das „Handbuch Spezielle Soziologien" bietet durch die konzeptionelle Ausrichtung, die Breite der dargestellten Teilbereichssoziologien sowie die Qualität und Lesbarkeit der Einzelbeiträge bekannter Autorinnen und Autoren eine profunde Einführung in die grundlegenden Themenbereiche der Soziologie.

www.vs-verlag.de

VS VERLAG

Abraham-Lincoln-Straße 46
65189 Wiesbaden
tel +49 (0)6221.345 - 4301
fax +49 (0)6221.345 - 4229

Das Grundlagenwerk für alle Soziologie-Interessierten

> in überarbeiteter Neuauflage

Werner Fuchs-Heinritz / Daniela Klimke / Rüdiger Lautmann / Otthein Rammstedt / Urs Stäheli / Christoph Weischer /Hanns Wienold (Hrsg.)
Lexikon zur Soziologie
5., grundl. überarb. Aufl.
2010. 776 S. Geb.
EUR 49,95
ISBN 978-3-531-16602-5

Das *Lexikon zur Soziologie* ist das umfassendste Nachschlagewerk für die sozialwissenschaftliche Fachsprache. Für die 5. Auflage wurde das Werk neu bearbeitet und durch Aufnahme neuer Stichwortartikel erweitert.

Das *Lexikon zur Soziologie* bietet aktuelle, zuverlässige Erklärungen von Begriffen aus der Soziologie sowie aus Sozialphilosophie, Politikwissenschaft und Politischer Ökonomie, Sozialpsychologie, Psychoanalyse und allgemeiner Psychologie, Anthropologie und Verhaltensforschung, Wissenschaftstheorie und Statistik.

„[...] das schnelle Nachschlagen prägnanter Fachbegriffe hilft dem erfahrenen Sozialwissenschaftler ebenso weiter wie dem Neuling, der hier eine Kurzbeschreibung eines Begriffs findet, für den er sich sonst mühsam in Primär- und Sekundärliteratur einlesen müsste."
www.radioq.de, 13.12.2007

Erhältlich im Buchhandel oder beim Verlag.
Änderungen vorbehalten.
Stand: Juli 2011.

www.vs-verlag.de

Abraham-Lincoln-Straße 46
65189 Wiesbaden
tel +49 (0)6221.345 - 4301
fax +49 (0)6221.345 - 4229

Zur Differenzierungstheorie

> Der Sammelband zum Thema Differenzierung

Thomas Schwinn / Clemens
Kroneberg / Jens Greve (Hrsg.)
Soziale Differenzierung
Handlungstheoretische
Zugänge in der Diskussion
2011. 433 S. Br. EUR 39,95
ISBN 978-3-531-17388-7

Erhältlich im Buchhandel
oder beim Verlag.
Änderungen vorbehalten.
Stand: Juli 2011.

Das Konzept der sozialen Differenzierung ist unerlässlich für die Beschreibung und Analyse moderner Gesellschaften. Während die prägenderen Zugänge zu diesem Gegenstand in der Systemtheorie entwickelt worden sind, haben seit einiger Zeit handlungstheoretisch fundierte Differenzierungstheorien an Bedeutung gewonnen.

Der Sammelband fragt nach den Erkenntnisgewinnen handlungstheoretischer Zugänge zum Thema Differenzierung. Dies geschieht in Auseinandersetzung mit systemtheoretischen Positionen sowie mit Zugängen, die sich als Alternative zu den beiden Grundlagentheorien verstehen.

Der Band enthält sowohl grundlagentheoretische als auch angewandte Beiträge zur Analyse eines zentralen Strukturierungsmerkmals moderner Gesellschaften.

Mit Beiträgen u.a. von Uwe Schimank, Jörg Rössel, Hartmut Esser, Gesa Lindemann, Wolfgang Ludwig Schneider, Ingo Schulz-Schaeffer, Hartmann Tyrell

www.vs-verlag.de

Abraham-Lincoln-Straße 46
65189 Wiesbaden
tel +49 (0)6221.345 - 4301
fax +49 (0)6221.345 - 4229

The manufacturer's authorised representative in the EU is Springer Nature Customer Service Centre GmbH, Europaplatz 3, 69115 Heidelberg, Germany. If you have any concerns regarding our products, please contact ProductSafety@springernature.com

Printed and bound by CPI Group (UK) Ltd, Croydon, CR0 4YY
23/03/2026
02076680-0004